기업과 전시회마케팅

김 용 관 저

Corporate Exhibit Marketing

백산출판사

서 문

전 세계적으로 최근 개최되고 있는 전시회의 총량에 대한 공식적 통계는 없지만, 북미지역의 전시회는 약 14,000여 개 이상이며, 독일, 영국, 프랑스, 이태리를 중심으로 한 유럽에서 개최되는 전시회도 연간 수천 개가 넘는 것으로 알려지고 있다. 우리와 이웃한 중국도 경제발전이 가속화되면서 최근 연간 3,000 개 이상의 전시회가 개최되고 있으며, 국내에서도 연간 400 개 이상의 크고 작은 전시회가 개최되고 있다.

이렇게 전시회가 활발하게 개최되는 배경에는 전시회 참가를 통해 기업들이 다른 마케팅 경로를 통해서는 만나기 어려운 유망고객 또는 유통업체들과 대면 접촉이 가능하며, 그들에게 신제품 소개 및 그 반응을 실시간으로 확인할 수 있고,다양한 미디어와 접촉할 수 있는 홍보기회의 포착은 물론, 궁극적으로는 제품의 판매주기를 단축시킬 수 있는 등 전시회가 기업들에게 이른바 통합적 세일즈 및 마케팅 활동을 펼칠 수 있는 최적의 공간으로 인식되고 있기 때문이다.

국내에서 전시회 또는 전시회산업을 바라보는 시각은 크게 두 가지가 있다. 전시회와 관련된 기존의 국내 저술이 매우 부족하지만, 첫째 관점으로는 전시회 주최자 입장에서 전시회란 무엇이며 어떻게 전시회를 개발하고 운영해야 하는가를 기술하는 것이다. 두 번째 관점은 전시회를 기업의 매출 또는 수출을 증대시키기 위한 세일즈 및 마케팅 도구로 인식하면서 정부의 관련기구나 민간협회 등에서 기업들이 전시회에 참가하기 위해서 어떻게 접근해야 하는지에 대한 기본적인 내용을 소개하는 것이다. 그런데 대부분 전시회 참가신청 방법과 하드웨어적인 부스 설계, 장치, 디자인, 물품 운송 및 반출입 방법 그리고 부스 현장상담 에티켓 등을 설명하는 것이 주류를 이루고 있다.

그러나 기업의 전시회 참가성패는 그 상당 부분이 부스를 제작하고 설치하는 하드웨어적 준비가 아니라 기업의 전체적 마케팅 전략과 연계하여 전시회 참가 프로젝트를 소프트웨어적 관점에서 어떻게 기획하고 준비하느냐에 달려있다.

국내적으로 기업의 '전시회 마케팅 프로젝트'에 대한 전략 수립과 실행에 관련해서는 몇 가지 참고 매뉴얼은 있었지만, 이 분야에 대해 전문적 시각으로 접근한 서적은 매우 드문 실정이다. 본서는 이러한 공백상태를 해소하기 위해 그 동안 국내외에서 이론적으로 연구 또는 발표된 자료와 실무적으로 축적된 업계의 사례들을 하나로 묶어 전문적인 실행 지침서로서의 역할을 수행하고자 저술되었다. 이 책이 전시회 현장에서 우리 기업이 당면하는 모든 문제에 대한 해답을 제시할 수는 없겠지만, 전시회 참가에 따른 성과를 제고할 수 있는 체계적인 의사결정과 실행전략 수립에 많은 도움을 줄 수 있을 것으로 기대한다.

정부의 수출통상강화정책과 더불어 국내외 시장개척을 해야 하는 기업의 전시회 마케팅 활동을 전담 수행해야 할 전문인력의 양성이 시급하다. 이 책은 저자가 주장해 오던 이른바 '전시 컨설턴트(exhibit consultant)'라는 21세기형 새로운 직업에 대한 수요가 늘어나면서, 새로운 분야에 한발 앞서 도전해 보고자 하는 사람들에게 주목을 받을 수 있을 것으로 기대한다. 특히, 컨벤션 및 전시회 관련학과를 포함하여 호텔관광학, 무역학 및 경영학 등을 전공하는 대학 및 대학원생을 포함한 새로운 직업세계에 도전해 보고자 하는 사람들에게도 읽혀지기를 기대해 본다.

그러나 아직까지도 기업의 전시회 마케팅에 관련된 선행적 문헌과 자료는 물론 공식적인 통계수치도 매우 부족하다는 한계가 있음을 인식하는 한편, 본 저술에서 제안된 방법상의 오류나 부족함은 전적으로 저자 자신이 감당해야 할 몫이라고 생각하면서 지속적인 관심과 연구를 통해 더 보강할 것이라는 약속으로 서문에 대신하고자 한다.

2007년 봄

저자 김 용 관

차례

제1부 기업과 전시회

제1장 전시회의 이해

제7장 전시회 선정

제3부 ▪▪▪ 전시회 현장 운영

제11장 ▣ 전시회 현장 프로모션

부록

제1부

기업과 전시회

Exhibition Marketing

제1장 전시회의 이해

제1절 전시회의 개념적 정의

1. 전시회의 정의

전시회의 영어 표현으로는 trade fair, trade show, exhibition 또는 exposition이 대표적이다. Fair는 휴일(holiday)을 뜻하는 라틴어에서 유래했는데 어원적으로는 종교적 휴일과 연관이 있는 축제적 성격의 모임을 의미하다가 중세시대에 물물교환이나 매매를 위해 정기적으로 사람들이 모이는 시장의 형태로 발전하였다. 오늘날에는 일반인들의 관람을 제한하면서 기업 대 기업(business-to-business)의 거래에 초점을 맞춘 전문 전시회를 일컫는 용어로 무역 또는 교역을 의미하는 'trade'와 결합된 trade fair라고도 부른다. 다만, 유럽지역과는 달리 북미지역에서는 trade show라는 표현이 더욱 선호되어 사용되고 있을 뿐이다.

한편, '메세'(messe)라는 용어는 fair와 마찬가지로 종교적 모임에서 유래하였는데, 어원상 '미사(mass)'와 같은 어근의 가톨릭 예배행사를 지칭한다. 중세시대

종교적 모임의 계기로 물물교환을 하는 경우가 생겨나면서, 점차 전문화된 물물교환의 장소를 지칭하는 전시회를 의미하게 되었다고 본다. 오늘날에는 전세계에서 전시산업(the exhibition industry)이 가장 발달한 독일에서 이 매세라는 용어는 전시회 및 전시회장을 의미하는 용어로 널리 쓰이고 있다.[1)]

전시회의 또다른 영어 표현으로 exhibit 또는 exhibition이 있는데 이 용어도 '본다'(to see)는 의미의 라틴어에서 유래했다고 한다. 18세기 이후, 산업혁명이 고도화되면서 영국, 독일, 프랑스 등 유럽 각국에서는 자국의 잉여 생산물을 전세계 시장에 판매하기 위한 목적으로 한시적인 시장을 구성해 내면서 exhibition이라는 용어를 사용하기 시작했다. 다만, 전시된 상품의 판매나 일반인 관람객들의 전시회 입장이 부분적으로 허용된다는 측면이 trade fair와 다소 차이가 난다.[2)]

그리고 Exposition은 라틴어 'expositio'에서 파생된 프랑스어로 '전시회에 진열하다'라는 의미인데 영어의 'exhibition'과 매우 유사한 뜻이며, 무역거래를 촉진할 목적으로 정부, 공기업, 또는 산업별 협회 등에 의해 개최되는 큰 규모의 전시회를 뜻하는 경우가 많다.[3)] 북미 지역에서는 Exposition이 전시회를 뜻하는 용어로 많이 사용되지만, 국내적으로는 'EXPO'라는 축약어로서 '박람회'라는 의미로 더 많이 사용되고 있다. 박람회는 물물교환의 개념이 없고 상업적 활동이나 전시된 상품의 매매는 금지되는 사회문화적 행사이다.

그러나 국내에서는 전시산업이 아직은 독립적 산업으로서의 인식을 확보하지 못하고 있으며, 학문적 연구의 대상으로 포착되기 시작한 역사도 매우 일천하기 때문에 전시회에 관한 산업적 또는 학술적 정의를 합의할 수 있는 기회를 갖지 못한 채, 그에 관련된 많은 용어들이 정확한 구분이 없이 혼용되고 있다.

이상과 같이 전시회에 대한 어원적 개념을 간략히 정리해 보았는데, 본서에서는 전시회를 다음과 같이 개념적으로 정의해 두고자 한다.

1) Frankfurt Messe, Hanover Messe, Berlin Messe 등.
2) Sandra L. Morrow, The Art of the Show, IAEM Education Foundation, 1997. p.9.
3) Sandra L. Morrow, 상게서.

■ 전시회의 개념적 정의

전시회란 "사전에 주최자에 의해 설정된 주제와 목표에 따라 일정한 기간동안 일정한 장소에서 기업이 관람객을 대상으로 제품 및 서비스를 진열해 놓고 사업적 상담을 벌이거나 판매 촉진활동을 할 수 있도록 기획된 행사이다."

2. 전시회와 유사 개념

(1) 박람회(exposition)

박람회란 일종의 전시회로서 일반 대중의 교육과 계몽을 주된 목적으로 하며 인류의 노력에 의하여 성취된 발전성과를 전시하고 미래에 대한 희망을 보여줌으로써 새로운 발전을 추구하는 것을 목적으로 하는 행사이다.[4] 즉 박람회는 비사업적 성격을 갖고 대중 계몽을 주된 목적으로 기획되는 전시회를 의미한다. 상거래가 직접적인 목적이 아니기 때문에 전시장에서의 전시품목에 대한 일체의 상업적 광고 및 홍보는 제한되는 경우가 많고 국가단위의 홍보만이 허용된다. 일반적으로 국제적으로 공인된 박람회는 전시회에 비해 관람객이 대규모이며 개최기간도 최소 몇 개월 이상으로 매우 긴 특징을 갖고 있다. 그러나 앞에서 언급했듯이 북미지역 등지에서는 일반적 의미의 전시회를 일컫는 용어로서, exhibition 또는 trade show와 더불어 혼용되고 있다.

(2) 컨벤션(convention)

컨벤션은 동사원형인 'convene'이 '함께 만나다'(to meet together)인 점으로 미루어보아 '회의'(會議)를 의미하는 것이다. 그러나 일반적으로 회의를 뜻하는

4) 국제박람회기구(BIE: Bureau of International Exposition)의 박람회협약 제1조 Exposition에 대한 정의.

용어로는 meeting과 conference 등이 있는데, 엄밀히 구분하자면 컨벤션은 회의를 중심축으로 전시회와 같은 이벤트가 복합적으로 개최되는 행사를 지칭한다. 특히 전시회가 부수되어 개최된다고 하더라도 회의가 중심이 되는 행사이기 때문에, 오늘날에는 대규모 국제회의를 지칭하는 용어로 흔히 쓰이는 경향이 있다.

이러한 맥락에서 어떤 시설의 명칭을 '컨벤션 센터'라고 했다면, 그 시설은 회의를 개최할 수 있는 회의시설과 전시회를 개최할 수 있는 전시시설을 동시에 보유하고 있는 복합시설이라고 보면 된다. 반면에 회의만을 목적으로 건축된 시설을 북미지역에서는 'conference center', 유럽지역에서는 'congress center'라고 부른다. 만일 대규모 회의를 할 수 있는 공간은 없고 전시회를 개최할 수 있는 공간만을 갖추고 있는 시설물은 'exhibition center'라고 부르는 것이 상례이다.

(3) 로드 쇼(road show)

로드 쇼는 국가, 단체 또는 일반기업이 특정 지역에 소재하는 도소매 유통업체, 딜러 또는 일반 소비자들을 대상으로 특정 제품이나 서비스를 전시하여 소개함으로써 상품의 판매촉진과 사업적 상담을 벌이는 행사를 의미한다. 예를 들면, 우리나라의 경우, 수출 유관부서나 협회 등이 국제경쟁력이 있다고 판단되는 제품군을 선정한 후, 세계 주요 국가 또는 도시를 찾아가 단독적인 한국제품전시회를 개최하면서 수출 촉진활동을 벌이는 경우가 이에 속한다.

민간부문의 대기업들도 특정 지역에서의 판촉활동을 목적으로 전시회 형태의 단독적인 이벤트로서 로드 쇼를 개최하는 경우가 자주 있다. 물론 해당 지역에서 개최되는 전시회에 참가업체의 일원으로서 참가하는 것이 좋을지 혹은 단독적인 로드 쇼를 개최하는 것이 좋은지는 각각 장단점이 있기 때문에 기업의 개별적 판매 및 마케팅활동 목표에 따라 결정되게 된다.

제2절 - 전시회의 유형 분류

전시회는 흔히 참가업체가 소재하는 지역의 분포, 산업의 종류, 주최자의 성격, 참가업체 및 관람객 특성, 국제단체의 인증여부 등 여러 기준에 따라 다양하게 분류될 수 있다.

1. 참가업체의 지리적 소재지에 따른 분류

일반적으로는 전시회에 참가하는 대부분의 기업들이 국내기업인지 또는 해외기업인지를 기준으로 분류가 된다. 참가업체가 국내에 소재한 기업인 경우라 해도 국내 일부 지역에 소재한 기업들이 대다수 중심이 될 경우에는 지방전시회(local exhibition), 전국에 걸쳐 소재한 기업들이 중심이 될 경우에는 전국전시회(national exhibition)로 나누게 된다.

미국과 같은 경우에는 전시회 개최지에서 400마일 이내에 소재한 기업들이 중심이 되면 지방전시회(local show), 400마일을 넘어서, 예를 들어 미국의 동부지역 또는 서부지역을 하나의 축으로 하여 참가업체가 구성이 되면 지역 전시회(regional show), 미국 전역에 소재한 다양한 기업들이 참여하면 전국 전시회(national show)로 구분한다. 또한 영국의 경우에는 대부분의 참가업체가 전시회 개최지로부터 100마일 이상 떨어져 있을 경우에 전국전시회(national exhibition)라고 칭한다. 그러나 국가별 국토의 크기가 다르기 때문에 이렇게 전시회 개최지로부터 참가업체의 소재지가 떨어져 있는 거리를 기준으로 전시회를 일률적으로 구분하기는 어렵다. 현재까지 지역별 전시회 분류기준에 대해 국제적으로 정형화된 합의는 없다.

기업들이 대거 참가를 할 경우에도 동북아, 동남아, 북미, 유럽 등 일정한 지역을 중심축으로 이루어진다면 일반적으로 지역전시회(regional exhibition)로 분류하며, 특정 국가나 지역에 한정되지 않고 세계 여러 곳에서 골고루 참가할 경우에는 국제전시회(international exhibition)라고 분류한다.

2. 관람객의 특성 차이에 따른 분류

1) 대중전시회(Public Show)

대중전시회란 이른바 Business-to-Consumer를 지향하면서 전시회에 참가한 기업이 일반 소비자인 대중들을 주요 관람객으로 상대하는 전시회를 지칭한다. 전시회에 출품되는 상품들은 전문적인 산업재이기보다는 주로 일반 소비재들이 주류를 이루는 경우가 많다. 예를 들면, 국내적으로는 건축 및 인테리어 전시회(Home and Interior Show), 건강박람회(Health Expo), 교육 및 직업박람회(Education & Job Fair), 결혼상품전시회(Wedding Expo), 관광전시회(Travel Show) 등이 이러한 유형에 속한다고 볼 수 있다. 물론 이러한 전시회 중에서도 전문 바이어들이 관람객으로 초대되어 방문을 하기는 하지만 기본적으로는 일반 소비자들을 대상으로 제품의 홍보와 마케팅을 주목적으로 개최되는 전시회라고 볼 수 있다.

2) 전문전시회(Trade Show or Trade Fair)

전문전시회(Trade Show)는 business-to-business를 지향하면서 기업이 다른 기업, 혹은 도 · 소매업자를 대상으로 세일즈 및 마케팅 활동을 펼치는 전시회를 뜻한다. 예를 들면, 국내적으로는 공장자동화전시회(Korea Factory Automation Show), 광산업전시회(Photonics Korea), 용접기술전시회(Welding Technology, Equipment, Tools Show), 철도물류전시회(Railroad & Logistics Fair), 보석전시회(Jewelry Show), 국제 방송 · 음향 · 조명기기 전시회(KOBA), 조선 · 해양전시회(KOMARINE) 등이 전문전시회를 지향하고 있다. 국제적으로 규모가 큰 해외 유명전시회들은 대부분 이러한 전문전시회에 해당된다고 하겠다. 이러한 전문전시회는 기업과 기업간의 협상과 교역에 초점을 맞추어 비즈니스 환경을 조성하기 위해서 등록된 관람객 또는 전문바이어들만이 참관할 수 있으며 일반인들의 참관은 일반적으로 제한된다.

3) 혼합전시회(Mixed Show)

대중전시회와 전문전시회의 두 가지 기능이 혼합된 전시회를 지칭한다. 예를 들면, 국내에서 개최되고 있는 관광전시회(Travel & Tourism Fair), 스포츠레저전(Sports & Leisure Exhibition), 가전제품전(Consumer Electronic Show), 선물용품전(Gift Goods Show), 컴퓨터전(Computer Show) 등이 여기에 속한다. 기본적으로는 해외 유명전시회와 마찬가지로 국내 전시회들도 산업간 또는 기업간의 교역을 촉진시키려는 목적의 전문전시회로서의 특성을 지향하려고 노력하지만, 국내적으로 개최되는 전시회는 운영 및 재정적인 문제로 인해서 대부분 혼합적 성격을 띠고 있다.

3. 참가업체와 관람객의 특성을 동시에 고려한 분류

전시회에 참가하는 참가업체가 동일 산업군에 속해 있는지, 아니면 다양한 산업이나 분야에 속해 있는지 여부에 따라 수평전시회(horizontal show)와 수직전시회(vertical show)로 나눌 수 있다. 아울러 관람객 측면의 경우에도 동일 산업군인지, 아니면 다양한 산업분야에서 참가를 하는지 여부에 따라 분류할 수 있다. 따라서 이러한 분류방식을 기준으로 전시회를 다음과 같이 모두 4가지 형태로 나누어서 설명해 보겠다.

1) 수직적 전시회(Vertical exhibitor/vertical visitor)

"숙박업체를 위한 컴퓨터 소프트웨어전시회"의 경우에는 호텔 및 모텔 등 숙박업소에서 직원 또는 투숙객이 효율적으로 사용할 수 있도록 개발한 소프트웨어 제작업체들만이 참가할 것이고, 관람객도 숙박업소 관계자들로만 수직적으로 한정되어 방문하게 될 것이다. 또한 "호텔종사자를 위한 제복(유니폼)전시회"가 있다면, 참가업체는 의류제조업체 중에서도 제복(유니폼) 제작업체들만이 수직적으로 참가하게 되며, 관람객들도 호텔산업의 구매담당 관련자들만이 수직적으로 참가하게 될 것이다. 이러한 전시회들을 수직적 전시회라고 유형화할 수 있으며 대부분 전문전시회로서의 성격을 갖는다.

2) 수평적 전시회 (horizontal exhibitors/horizontal visitors)

일반적으로 대중적인 종합전시회를 수평적 전시회로 분류할 수 있을 것이다. 예를 들어, 건강을 주제로 한 전시회가 개최된다면, 참가업체는 건강식품회사, 운동기구 제조업체, 의료관련업체, 실버산업 관련업체, 보험업체 등과 같이 건강과 직·간접적으로 관련된 제품과 서비스를 공급할 수 있는 업체, 즉 산업의 분류와 상관없이 수평적으로 다양한 산업에 속해 있는 기업들이 참가하게 된다. 또한 관람객들의 경우에도 건강이라는 주제는 모든 사람들의 관심사이기 때문에 이러한 전시회는 대부분 대중전시회(public show)의 성격을 띤다. 따라서 수평적으로 남녀노소를 막론하고 매우 다양한 사람들이 방문하게 될 것이다.

3) 수평적 참가업체와 수직적 관람객 (Horizontal exhibitor/vertical visitor)

'호텔용품전시회'의 경우, 호텔산업에서 필요로 하는 모든 제품과 서비스를 공급할 수 있는 기업들, 가령 고기, 과일, 생선 등 식음료 공급업체, 기타 식자재 공급업체, 침대 및 사무용가구 공급업체, 컴퓨터 및 소프트웨어 공급업체, 주방용품 또는 주방 위생기기, 인테리어, 유니폼 제작업체 등과 같이 서로 다른 산업군에 속해 있는 다양한 기업들이 참가업체(exhibitor)로서 참가하게 된다. 그러나 반면에 호텔용품전시회의 관람객들로는 호텔업계의 구매담당자를 비롯하여 호텔산업에 수직적으로 관련되어 있는 사람들이 주류를 이루게 된다. 이렇게 참가업체들은 다양한 산업군에서 수평적으로 참가하고, 관람객들은 동일 산업내에서 활동하는 사람들이 주류를 이룰 경우에는 이러한 유형으로 분류할 수 있으며, 역시 전문전시회의 성격을 갖게 된다.

4) 수직적 참가업체와 수평적 관람객 (vertical exhibitor/horizontal visitor)

'비즈니스용 유니폼전시회'가 개최된다면, 참가업체는 주로 유니폼 제작업체들만이 수직적으로 참가하게 될 것이다. 그러나 관람객들은 항공사, 호텔, 은행, 백화점, 무역회사, 법률회사, 전자제품관련기업, 기계관련기업, 정부기관 등 업종의 구별없이 제복(유니폼)을 필요로 하는 수평적으로 다양한 산업에 속해 있는 구매담당자들로 이루어질 것이다. 이러한 유형의 전시회를 수직적 참가업체와 수평적 관람객으로 이루어진 전시회라고 분류한다.

그러나 수평적 또는 수직적으로 참가업체나 관람객을 분류하는 것은 전시회의 특성 또는 성격을 이해하는데 도움이 되겠지만, 참가업체의 수평과 수직의 범위를 어떻게 나눌 것인가 하는 점은 주최자의 전시회 개최목적 혹은 주관적 판단에 따라 달라진다.

4. 기타 분류방법

전시회를 분류하는 기타 방법으로는 국제전시연맹(Union of International Fair)의 인증 여부에 따라 인증 전시회와 비인증 전시회로 구분하는 경우가 있다. UFI가 인증하는 국제적 전시회는 UFI의 내부규약에 따라 다음과 같은 조건을 만족시킬 수 있느냐에 달려 있다.[5)]

5) UFI Internal Rules, Nov. 1999.

1) 전시회 참가업체 중 해외 참가업체의 비율
2) 전체 전시면적 중 해외 참가업체가 임차한 비율
3) 전시회 관람객 중 해외 관람객의 비율
4) 해외 참가업체나 관람객을 위한 특별 서비스를 제공하되, 참가 지원에 필요한 양식 및 광고홍보물은 주최국 언어 이외에 최소 1개 이상의 외국어로 제작되어야 함.
5) 국제적 전시회로 최소 3회 이상의 개최실적이 있어야 함.
6) 전시회 운영규정상, 전시회 부스현장에서의 상품판매가 금지된 전시회여야 함.
7) 일정한 주기를 갖고 개최되어야 하며, 전시회 기간은 2주를 초과하지 않아야 함.

참고로 UFI의 인증을 받은 전시회가 중국은 30여개, 싱가포르도 15개 이상에 이르고 있지만, 한국은 2003년 이후 겨우 5개 정도 인증을 받았듯이 아시아 지역에서조차 전시회의 국제화에 뒤떨어져 있는 실정이다.

제3절 전시회의 구성요소

오늘날 전시회를 구성하는 요소는 <그림 1-1>과 같이 크게 관람객(visitor), 참가업체(exhibitor), 전시주최자(organizer), 전시협력업체(contractor), 전시장 운영주체(hall owner) 등 5개의 주체로 구성되어 있으며, 각 지역이나 도시에는 컨벤션 및 방문객 사무국(Convention & Visitor's Bureau)이라는 전담조직이 전시회 진흥을 지원하고 있다.

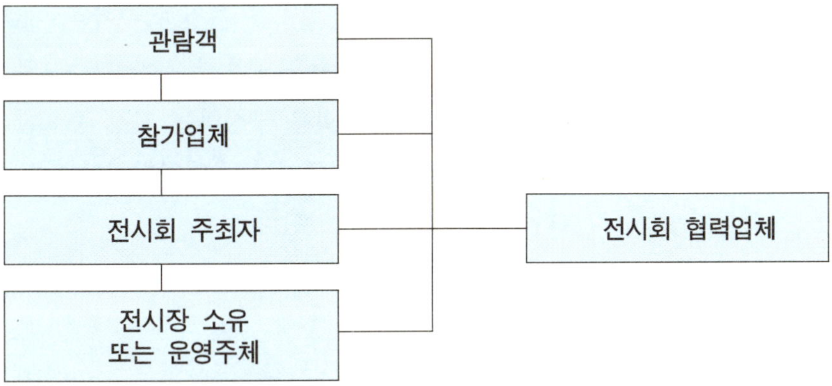

<그림 1-1> 전시회의 구성요소

1. 관람객(Attendee)

관람객이란 전시회를 방문하는 고객으로서 관점에 따라 관람객(attendee), 방문객(visitor), 구매자(buyer) 등으로 다양하게 칭하는데, 이 책에서도 설명의 편의에 따라 상호 교대적으로 사용할 예정이다. 이들은 전시회를 신제품 관람, 공급업체(vendor)와의 사업적 접촉 또는 상담, 산업의 현황파악 등 다양한 목적을 이룰 수 있는 시장이나 공간으로 인식한다. 전시회 자체를 하나의 서비스 상품이라고 본다면, 전시회 관람객은 전시회 참가업체와 더불어 전시회를 구매하는 궁극적인 소비자이며 고객이라고 할 수 있을 것이다.

관람객은 일반적으로 실질적인 구매결정권을 갖고 있거나 또는 구매결정에 영향력을 행사할 수 있는 사람들로서 전문적인 관람객과 일반 관람객으로 구분된다. 앞 절의 전시회 분류에서 이미 설명을 했듯이 이러한 관람객의 특성에 따라 전시회를 수직적 전시회와 수평적 전시회로 분류하기도 한다. 일반적으로 전시회 개최의 성공여부는 전시회가 지향하는 표적시장 관람객의 양적 규모와 질적 수준에 따라 큰 영향을 받는다. 왜냐하면 전시회에 처음 참가하고자 하는 기업이 전시회를 선정하는 경우이거나, 전시회에 참가경험이 있는 기존 참가업체들도 해당 전시회에 지속적으로 참가할 것인지를 결정하는 기준으로서 해당 전시회를 방문하는 관람객들의 특성이나 수준을 중요한 평가 기준으로 고려하기 때문이다. 이런 맥락에서 관람객은 전시회를 구성하는 가장 중요한 요소라고 할 수 있으며, 전시회 주최자는 구매결정권이나 구매영향력이 있는 관람객들을 유치하기 위해 각별한 노력을 경주하게 된다.

2. 참가업체(Exhibitor)

일반적으로 기업은 자사의 세일즈 및 마케팅목표를 달성하기 위한 수단으로서 전시회를 활용한다. 물론 구체적인 기업의 전시회 참가목표는 신제품 소개 및 반응조사 또는 주문확보 등은 물론 시장이나 경쟁업체에 대한 정보수집에 이르기까지 매우 다양하다. 또한 앞 절에서 설명한 바와 같이 참가업체의 특성에 따라 전시회를 분류한다. 특정 업종에 수직적으로 속해 있는 기업들을 중심으로 참가업체가 구성되면 수직적 전시회라고 부르며, 어느 한 가지 특정 업종에 속해 있지 않고 다양한 업종에 속해 있는 기업들이 전시회의 주제나 성격에 맞추어 참가업체로 구성되면 수평적 전시회라고 구분할 수 있다.

그런데 관람객 또는 바이어들의 입장에서 보면, 참가업체의 양적 규모와 질적 수준은 그들의 전시회 방문 여부를 결정하는데 결정적인 영향을 미친다. 예를 들면, 업종을 대표하는 특정 기업들이 전시회 참가업체로 등록되어 있는지 여부는 특정 전시회가 해당 업종을 아우르는 대표성을 갖느냐 하는 점을 방증하는 기준이 될 수 있다. 또한 업종을 대표하는 기업들이 참가하는지의 여부에 따라 경쟁기업이나 관련기업들의 참여 여부가 결정되는 경우가 많기 때문에 업종을 대표하는 기업, 이른바 앵커부스(anchor exhibitor)의 참가 유치는 전시회의 성패에 상당한 영향을 주는 경우도 있다.

전시회 주최자의 입장에서 보면, 전시회에 참가하는 기업은 전시회라는 서비스 상품을 1차적으로 구매해 주는 고객이 된다. 최근에는 전시회 참가에 따른 기업의 비용부담이 늘어나면서, 기업들이 자사의 참가목표에 부합하는 전시회를 선정하려는 노력은 물론 전시회 참가에 소요되는 예산의 투자회수율(ROI)을 높이려는 다양한 관심을 기울이는 추세이다. 따라서 전시회라는 무형적 서비스를 판매해야 하는 주최자는 전시회에 참가하는 기업은 물론 관람객들의 참가 만족도를 높일 수 있는 활동에 주력해야 한다.

3. 전시회 주최자(Trade Show Organizer)

전시회 주최자는 영어로 TSO(Trade Show Organizer) 또는 PEO (Professional Exhibition Organizer)라고 불리는데, 상업적 전시회를 기획하고 운영하는 조직 또는 기업들을 의미한다. 이들은 전시회의 개발과 운영을 담당하는 주체로서 전시회의 기획, 홍보, 참가업체 및 관람객 유치, 전시회 현장 운영, 사후관리 등 모든 과정을 책임지게 된다. 전시회 주최자가 공공부문이거나 협회 등일 경우에 내부적 역량이 부족하거나 외주(outsourcing)의 필요성이 있다면 전시회 세일즈, 광고 및 홍보, 그리고 운영관리 일체를 전문성있는 외부의 전시회 운영업체(show management company)에게 위탁운영시키거나 컨설팅을 받기도 한다.

국내의 경우에는 전시회 주최자의 성격이 매우 다양하여 정부기관, 전시장 소유주체, 민간 전시회 기획업체, 산업별 협회 또는 단체, 언론 및 방송사 등이 모두 망라되어 있다. 그 외에도 이벤트회사, 개별기업 및 국내주재 외국 대사관 또는 무역관 등도 크고 작은 전시회 주최자로서의 역할을 하는 경우가 있다. 이렇게 전시회 주최자의 성격이 중층적 구조를 이루게 되면서 국내 전시산업의 경우에는 엄격한 의미에서 시장경쟁원리가 정상적으로 가동되지 못하는 경우도 있다.

나아가 국내적으로는 각 지방자치단체별 전시장 건립의 증가와 더불어 최근 전시회를 개최할 수 있는 면적의 공급이 확대됨에 따라 새로운 전시회의 개발하고자 하는 수요가 늘어나고 있다. 이러한 전시회 개발수요가 증대되면서 발생하는 과도기적 현상일 수도 있지만, 최근 국내 전시회 주최자들이 각 산업별로 중복 또는 유사 전시회를 양산해 내는 문제를 낳고 있다. 그 결과 참가업체인 기업의 입장에서는 유사 전시회를 식별하기가 어렵거나 비슷한 전시회를 중복적으로 참가하게 된다는 불만이 제기되고 있다. 그러나 무엇보다도 국내 시장을 상대로 전시회주최자 사이에 경쟁이 과열되거나 전시회 내용의 부실화가 우려되면서 국내 전시회가 시장적 경쟁력을 상실하게 된다면, 오히려 국내 참가업체나 관람객들이 국내 전시회를 외면하고 해외 전시회로 발걸음을 옮기게 될 수 있음을 우려해야 할 것이다.

이와 같은 국내 전시회 주최자들을 중심으로 한 우리나라 전시산업은 해묵은 과제인 전시회의 국제화와 대형화를 이룰 수 있는 역량확보가 시급하며, 나아가 세계 11~12위권 무역국가의 위상에 걸맞은 국제적 규모와 수준의 전시회를 개발 및 육성해야 하는 과제가 주어져 있다.

4. 전시회 협력업체(Contractor)

일반적으로 전시회 협력업체란 전시회 부스의 설계 혹은 장비의 설치와 기타 필요한 서비스를 제공하면서 전시회의 물리적 환경을 만들어내는 업체를 의미한다.

즉 전시회 참가업체들의 부스 디자인 및 제작을 돕는 전시회 부스 및 장치공사업체들과 전시회 부스에서 필요한 카펫, 컴퓨터, 시청각 기자재 등을 임대해 주는 업체들도 포함된다. 북미지역에서 1970년대까지지도 전시 장치업체(show decorators)라고 불리던 이러한 업체들을 크게 분류하면 전시회가 개최될 수 있도록 전반적인 서비스를 제공하는 종합협력업체(GSC: General Service Contractor)와 특정 전문 서비스를 제공하는 전문협력업체(Specialized Service Contractor)가 있다. 종합협력업체(GSC)는 전시회 개최와 관련된 모든 서비스를 취급하므로 참가업체의 전시회 참가업무의 수행을 용이하게 해주며, 전문협력업체는 특정 분야의 차별화된 서비스를 제공함으로써 전문성을 가지고 있는 장점이 있다.

5. 전시장 소유주체(Exhibition Facility Owner)

전시장 소유주체란 전시회가 개최되는 물리적인 공간이나 시설을 소유 또는 운영하는 주체를 의미하며, 전시회 주최자에게 전시회를 개최할 수 있는 공간 및 부대시설을 제공한다. 대부분의 국가에서 전시장은 사회간접자본시설(SOC)의 형태로 개발하여 공급하고 있다. 그 주된 이유는 전시장 시설의 임대사업만으로는 막대하게 소요되는 전시장 건설비용을 단기간에 수지타산을 맞추거나 투자비용을 회수하기가 어렵기 때문에 민간자본의 참여를 유도하기 어렵기 때문이다. 또한 공공부문 입장에서 볼 때, 전시장 시설의 건설에 소요되는 비용을 회수하기 위해서 전시회 주최자에게 공간을 임대해서 얻을 수 있는 이익보다는 해당 지역 내에 건립된 전시장에서 전시회가 빈번히 개최되거나, 대규모 국제적 수준의 전시회를 유치했을 경우에 지역경제 전체가 얻을 수 있는 부가가치가 훨씬 크기 때문이다. 나아가 전시산업이 사회문화적 측면에서 지역사회에 긍정적인 파급효과를 가져다 줄 것이라고 기대하기 때문이다. 실제로 미국, 독일 또는 싱가포르와 같이 전시산업이 발전된 지역에서는 전시장 건립과 더불어 전시산업을 해당 국가나 도시의 전략산업으로 육성하여 지방정부의 세금수입 증대는 물론 고용창출효과와 더불어 관광산업이 활성화되는 등 부가적 파급효과를 누리고 있다.

이런 맥락에서 북미지역의 경우에는 각 지방자치단체들이 전시장을 개발 및 소유를 하고 있으며, 이들 공공부문은 주로 전시장 시설의 임대업무에 주력하고 있다. 따라서 각 지역과 도시마다 전시장 공간의 임대사업을 활성화하기 위해서 주기적으로 북미지역을 순회하며 개최되는 전시회를 자기 지역으로 유치하고자 CVB(Convention & Visitor's Bureau)라는 전시컨벤션 마케팅 전담기구나 조직을 운영하고 있다. 물론 전시회 자체를 기획 및 주관하거나 현장을 운영하는 일은 전문적으로 전시회를 기획 또는 운영하는 민간부문에게 위탁 또는 위임하는 이원적 체제로 이루어져 있다.

반면에 유럽지역, 특히 독일에서는 공공부문이 국가 또는 지방자치단체가 전시장을 건립하고 소유하면서 동시에 대부분의 전시회를 직접 기획하고 운영하는 경우가 많다. 일본, 중국, 싱가포르 등의 아시아지역은 미국과 유럽의 혼합형으로 전시장 소유 및 운영주체가 전시장시설 임대사업은 물론, 전시회 자체를 기획 및 주관하는 업무를 동시에 수행하는 경우가 많다. 우리나라도 민간부문이라고 할 수 있는 사단법인 한국무역협회가 소유하고 있는 COEX를 제외하고는 거의 대부분 중대형 전시장들은 공공부문인 각 지방자치단체가 시설의 소유주이며 동시에 운영조직을 법인화하여 전시장의 임대는 물론 전시회 자체를 개발, 기획 또는 운영하도록 하고 있다.

물론 전시회가 개최되는 장소로는 목적형 시설(purpose-built)인 전문 전시장(exhibition center)뿐만이 아니라 호텔 또는 다른 컨퍼런스 센터 등이 사용된다. 최근 동향에 따르면 북미지역에서 개최된 전시회의 약 48%는 전시회장 또는 컨벤션센터에서 개최되고 있으며, 나머지는 호텔(32%) 또는 기타 시설(20%)에서 개최되고 있는 것으로 나타났다. 참고로 북미지역 중 라스베가스는 연간 780회의 전시회가 개최되어 가장 전시회가 활발하게 개최되는 도시이며 토론토(605), 올랜도(582), 애틀란타(478), 시카고(431) 및 뉴욕(419) 등도 전문 전시장을 포함하여 각종 전시회장 공급면적이 많은 편이기 때문에 유명 전시회를 많이 유치하는 도시로서의 명성을 갖고 있다.[6)]

6. 컨벤션뷰료(CVB : Convention & Visitor's Bureau)

컨벤션 및 방문객 사무국(CVB)은 지역사회 경제활성화를 목적으로 설립된 마케팅 조직이다. 도시나 지역에 소재해 있는 전시 및 컨벤션 시설과 서비스를 중심으로 그 지역의 문화관광적 매력을 대외적으로 알리면서 자기 도시에서 전시회나 컨벤션행사가 개최될 수 있도록 모든 정보와 편의를 제공하는 것이 주요 임무이다.

6) Exhibitor (2005). State of the Industry, Exhibitor December.

전시회나 컨벤션이 개최되면, 개최국가나 도시에 사회경제적 측면에서 막대한 파급효과를 가져다 주기 때문에 최근 각 국가의 주요 도시들은 CVB를 중심으로 그 행사를 유치하기 위해 치열한 경쟁을 벌이고 있다. 컨벤션이나 전시회를 도시로 유치하기 위해서는 각 업체들의 독립·개별적인 노력보다는 CVB를 측으로 한 연합적 노력이 보다 효율적이다. CVB는 고객(방문객)들이 필요로 하는 정보와 아이디어를 손쉽게 구할 수 있도록 원스톱 쇼핑센터로서의 역할을 하여야 한다.

세계 최초의 CVB는 1896년 미국 Detroit시에서 등장을 했고, 현재 북미지역의 각 도시에는 400여개 설립되어 있으며, 일본에도 지방자치단체별로 40여개가 설립되어 운영되고 있다. 우리나라에서는 최근 서울, 부산, 대구, 제주, 대전 등 전시컨벤션센터가 건립되었거나 건립 중인 도시들을 중심으로 전시회와 컨벤션산업을 진흥 또는 육성시키기 위한 CVB가 공공재원을 기반으로 법인화되어 운영되고 있다. 전시회 및 컨벤션 진흥을 선도해야 하는 CVB를 중심으로 전시산업의 구조를 시각화해 본다면 <그림 1-2>와 같다.

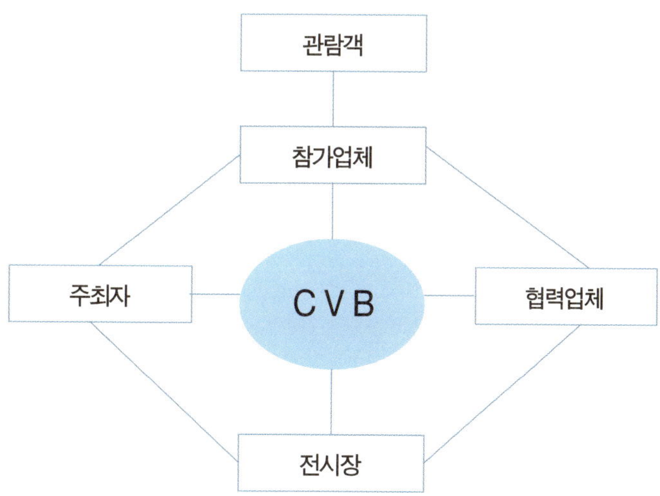

<그림 1-2> 전시산업의 구성체계

그러나 국내적으로 중앙정부의 소관업무 측면에서 전시산업은 산업자원부에서, 컨벤션산업은 문화관광부에서 전담하도록 이원화되어 있다. 이에 따라 전시산업과 컨벤션산업이 중앙정부차원에서 육성되기 위한 법적 근거도 이원화되어 있기 때문에 산업의 특성상 두 산업을 통합적으로 지원 또는 육성하여 상호 호혜적인 시너지 효과를 창출하기에는 다소 어려움이 있다.

제2장 전시회의 기능적 역할의 진화

21세기를 경영하는 오늘날 기업들이 당면한 가장 핵심적인 문제는 역설적이지만, 제품이 부실하거나 부족한 것이 아니라, 이를 구매해 줄 수 있는 충분한 규모의 고객을 적기에 못 만나거나 찾아내지 못하는 점이다. 산업의 종류를 막론하고 대다수 기업, 특히 많은 중소기업들은 기술혁신을 통해 양질의 제품을 생산해 낼 수 있는 능력은 갖추었지만 적기에 수요를 발굴하지 못해 생산과잉의 결과를 초래하는 경우가 많다. 이러한 과잉생산이 오래 지속되면 기업들은 대부분 가격경쟁만을 해야 하는 상황으로 내몰리고, 어쩔 수 없이 제품의 가격을 인하하게 되면서, 수익성이 악화되고 결국은 경영상의 위기에 직면하게 된다.

이러한 기업들에게 전시회는 이미 꽤 오래 전부터 매우 효율적이며 중요한 시장적 기회를 제공해 주는 기능을 수행해 왔다. 특히, 수출 의존형 경제발전 모델을 갖추고 있는 한국경제의 경우, 국내기업들은 해외시장 개척을 위해 많은 비용과 시간을 들여 고객 또는 바이어를 직접 방문하지 않고도 전시회에 참가만 하여도 일시적으로 많은 바이어들과 사업적 접촉 또는 상담, 그리고 실질적인 거래도 이룰 수 있기 때문에 이른바 매출을 발생시키기까지의 과정에 소요되는 '무역거래비용'을 획기적으로 낮출 수 있는 기회를 갖게 된다. 게다가 기업이 전시회를 참가하게 되면 해당산업의 시장적 변화와 특성을 한 눈에 파악할 수도 있으며, 새로운 시장개척 및 잠재고객의 발굴, 전략적 네트워킹 구축 및 강화 등 많은 부가적 기회를 맞을 수 있게 된다.

그런데 전시회라는 모임의 장(場)도 시대적 변화 및 시장적 상황과 관련하여 그 기능 또는 역할이 변화해 왔는데 그 기능적 역할이 시대에 따라 어떻게 진화되었는지를 우선 살펴보자.

1. 판매 중심적 공간으로의 전시회

전통적으로 전시회는 판매를 성사시키거나 구매욕구를 촉진시킬 수 있는 일시적 시장공간으로 역할을 해왔다. 기업은 주로 매출(sales) 증대를 목적으로 전시회에 참가했으며, 따라서 전시회 참가를 위한 모든 노력도 매출을 늘릴 수 있는 기회포착에 초점이 맞추어졌었다. 국내뿐만 아니라, 북미지역의 경우에도 불과 2~30년 전인 1970~80년대까지도 전시회는 기업이 판매증진 활동을 펼치기에는 효율성이 매우 높은 시장(market place)이었다. 당시 기업들은 전시회에 참가를 하기만 하면 모든 투자비용과 힘든 노력을 보상받을 수 있을 만큼 비교적 쉽게 매출증대의 성과를 올릴 수 있었다. 대부분 '견본시'(見本市)의 성격을 띠고 있던 당시의 전시회는 참가하는 기업이 "현장 주문을 받기 위한 전시회" 로서의 기능을 했고, 기업은 전시회 참가비용을 회수할 수 있을 만큼의 주문을 받아내는 것이 어렵지 않았기 때문에 다른 판매경로에 비해 투자 회수율이 높은 편이었다. 그렇지 않은 경우라도 대부분의 기업들은 전시회에서 선별된 양질의 리드를 상당수 확보하여 전시회 폐막 후에도 양질의 고객과 지속적인 관계를 유지하면서 매출로 연결시킬 수 있었다.

이렇게 전시회가 판매공간으로서 주목을 받았던 이유 중에 하나는 우선 1970~80년대까지만 해도 기업들이 양질의 시장 또는 고객과 의사소통을 할 수 있는 다른 통로나 수단이 상대적으로 빈약했기 때문이었다. 기업의 세일즈 및 마케팅 담당자들은 주요 고객이나 바이어에게 자사 상품을 소개하거나 정보를 제공하면서 구매를 설득하기 위해서는 먼 거리를 여행하여 잠재고객을 직접 방문해야 했다. 따라서 해외시장을 개척하기 위해서 기업들은 상당한 규모의 무역거래비용을 지불해야만 했다. 더욱이 당시 대부분의 국가의 상황은 오늘날과 같이 업계의 동향이나 소식을 전문적으로 전하는 업계 전문지도 많지 않았으며, 기업이 시장과의 접촉이나 의사소통을 위해서는 대부분 전화, 텔렉스 또는 우체국 등에 의지했다. 그러나 국내 장거리 전화 또는 국제전화는 비용이 많이 소요되었고, 우편은 속도 면에서 매우 느린 편이었다. 또한 대부분 시장의 유통채널은 전국적이거나 국제적이기보다는 지역적으로 한정된 시장범위를 갖추고 있었다.

이러한 당시의 상황 때문에 각국의 모든 공급업체와 바이어들이 함께 모여 각종 상품이 전시된 한 지붕 아래에서 사업적 상담을 가능케 해주는 메커니즘에 대한 필요성이 대두되었다. 이런 흐름 속에서 전시회는 전 세계 모든 기업과 사람이 함께 만나서 의사소통과 무역거래를 원활히 할 수 있는 연례적이고 보다 조직화된 큰 시장으로서의 역할을 당당하게 되었다.

따라서 대부분의 기업들은 주기적으로 개최되는 국제적 규모의 전시회 일정에 맞추어 신상품을 개발・소개하는데 주력했다. 만일 신상품 출시 시기를 놓치면 다음 전시회가 개최될 때까지 최소 1~2년을 기다려야 했기 때문이다. 그리고 당시에는 경쟁업체가 신상품을 복제하여 출시하는 것도 쉽지 않았기 때문에, 전시회를 통해 신상품을 최초로 시장에 소개할 수 있다면, 경쟁업체에 비해서 적어도 6개월 또는 1년 이상 경쟁에서 앞서 갈 수 있었다.

전시회를 이렇게 판매를 늘리기 위한 공간으로 활용하려는 접근방식은 일부 국내 중소기업의 경우 지금도 여전히 유용하게 받아들여지고 있다. 앞에서도 살펴보았듯이 좋은 품질의 상품개발만 하면 된다고 생각하는 상품 또는 생산지향적 성향의 중소기업들은 대개 예산이나 인력을 상품개발 또는 생산성 향상에만 치중한다.

그러나 새로운 상품개발에 성공했더라도 체계적인 유통경로를 확보하지 못하거나 광고 및 홍보활동을 포함한 마케팅 촉진활동이 미약하면 판매부진에 직면하게 된다. 따라서 이러한 중소기업들의 판로확보를 위해 전시회를 찾게 되지만, 오늘날 전시회는 현장에서의 주문확보를 위한 공간으로 보다는 대부분 신상품 소개 또는 홍보와 같이 판매촉진 활동을 위주로 한 마케팅 중심적인 공간으로 변모하였다.

2. 판매촉진 수단으로서의 전시회

이렇게 판매 중심적 공간이었던 초창기 전시회의 기능은 새로운 다중매체(multi-media)의 등장과 더불어 크게 변모하는 시장환경에 맞추어 마케팅 중심적 공간으로 그 기능적 변화를 맞게 된다. 전시회의 가치에 대한 기업의 인식이 제고되고, 전시회에 대한 수요가 늘어남에 따라 1980~1990년에는 각 지역 및 국가별로 새로운 전시장들이 속속 개장되고, 그에 따른 전시회의 개최건수도 크게 늘기 시작했다. 특히 1990년대 이후에는 인터넷의 등장을 포함해서 무엇보다도 기업이 시장과 의사소통을 할 수 있는 통로나 수단이 과거에 비해 괄목할 정도로 다양해졌으며, 전시회의 경우에도 새로운 전시회의 개발에 따라 종류별 또는 성격별로 선택의 폭이 넓어진 것이다. 그 결과, 기업들은 전시회의 활용가능성을 현장에서의 매출증대보다는 새로운 시장개척, 해당 시장고객의 성향이나 구매욕구를 파악하고, 새로운 상품을 소개하려는 촉진(promotion)활동 쪽에서 찾기 시작한 것이다.

촉진이란 기업이 고객들에게 자사 상품을 널리 알려고 설득하여 상품을 구매하게 하려는 마케팅 커뮤니케이션을 의미한다. 기업의 촉진활동은 고객들에게 자사 또는 자사 상품에 대한 정보를 제공하고, 호의적인 태도를 갖도록 설득하며, 궁극적으로는 고객의 구매행동에 영향을 주고자 하는 목적으로 실시된다. 기업이 마케팅 커뮤니케이션 효과를 극대화하기 위해서 가장 많이 활용하는 수단은 일반적으로 판매촉진, 광고, 홍보, 인적 판매 등 네 가지로 크게 나눌 수 있는데, 어떤 기업들은 이러한 네 가지 마케팅 촉진믹스(promotion mix) 중에서도 광고, 홍보, 인적 판매를 제외해 놓고 전시회라는 메커니즘을 상대적으로 짧은 기간에 고객을 상대로 행하는 판매촉진(sales promotion) 활동의 한 가지 수단으로 간주하여 왔다. 실제로 아직도 많은 국내 기업들은 전시회를 홍보 또는 광고와 비슷한 유형의 촉진수단으로 여기는 경향이 많음은 사실이다.

3. 통합적 마케팅 믹스 전략을 위한 새로운 공간

앞에서 살펴보았듯이 지금까지도 전시회는 일반적으로 기업의 마케팅 믹스 중에서 판매 및 마케팅 촉진(sales and marketing promotion) 수단의 하나로 간주되고 있다. 그러나 최근에 와서는 전시회가 기업의 마케팅 믹스 전략수립의 전체적 측면에 다각적으로 활용될 수 있다는 인식이 자리잡기 시작했다. 특히 독일전시산업협회(AUMA)는 전시회가 단순히 판매촉진을 위한 공간이 아니고 기업의 효과적인 마케팅 믹스 전략수립에 효과적으로 기여할 수 있다고 강조하면서, 기업은 전시회를 상품, 가격, 유통 및 촉진 등 통합적 마케팅 측면에서 전략적으로 활용해야 한다고 권장하고 있다.

통합 마케팅 전략(integrated marketing plan)이란 시장조사, 상품개발, 디자인, 포장, 유통, 광고 및 홍보, 판매촉진, 고객관리, 판매관리 등 일련의 마케팅 활동을 한 가지 공통된 가이드라인을 통해 통합적으로 계획하여 실행하는 것을 말한다. 즉 기업의 모든 마케팅 활동이 과거에는 부서별로 중복 또는 단절된 형태로 마케팅 활동이 이루어졌으나, 이제는 시장과 세분화된 고객층에 공통된 초점을 맞추어서 상호 보완적으로 추진해야 하는 것이다.[7] 그러나 기업의 모든 마케팅 활동을 통합적으로 운영하기 위해서는 특히 기업내부에서 서로 다른 전술적 목표를 지향하는 마케팅 부서와 판매부서 사이에 차원 높은 통합적 사고와 전략에 대한 합의가 뒷받침되어야 한다. 즉, 통합적 마케팅활동이 성공을 거

7) Morrow, S. The Art of The Show, IAEM Foundation, 2000. p. 77.

두기 위해서는 무엇을, 누가, 어떻게 할 것인가를 결정하고, 그에 따른 예산의 적정한 배분 등에 대한 평가와 합의가 이루어져야 한다.

오늘날 상당수 기업들이 통합적 마케팅 경영방식을 채용하고 있으며, 그 과정에서 전시회는 고차원적인 통합적 마케팅 전략을 현실적으로 실행할 수 있는 유용한 수단으로서 새로운 주목을 받고 있다. 따라서 많은 기업들에게 전시회 참가는 전사적 차원의 마케팅 계획과 통합예산에서 중요 요소로 인식되어 가고 있으며, 전시회는 단발적인 행사가 아닌 지속적이며 반복적으로 활용해야 하는 기업의 핵심적인 마케팅 수단으로 자리잡아 가고 있다.

4. 전시회와 마케팅 믹스 전략

마케팅 믹스(Marketing Mix)란 기업이 표적시장에서 마케팅 목표의 달성을 위해 사용하는 마케팅 도구들을 의미하는데 흔히 'Marketing 4Ps'로 일컬어지는 제품(Product), 가격(Price), 유통(Place or Distribution) 및 촉진(Promotion)으로 구성되며, 이 네 가지 구성요소를 효과적으로 조합하는 것이 중요하다. 기업은 이러한 마케팅 믹스의 구성요소별 전략을 개별적으로 결정하기 보다는, 네 가지 믹스가 상호 조화롭게 조합될 수 있도록 의사결정을 하는 것이 바람직하다. 따라서 마케팅 믹스의 구성요소 네 가지를 중심으로 기업이 어떻게 전시회를 활용한 마케팅 믹스 전략의 구사가 가능한지 살펴보기로 하자.

1) 전시회를 이용한 상품믹스 전략

기업들이 전시회에 참가하려는 목표 중에서 신제품 소개와 그에 따른 시장의 반응조사는 늘 상위순위에 있으며, 전시회 주최자들도 참가업체에게 호의적인 조건을 제시하면서 신제품 전시를 적극 유도한다. 그 주된 이유는 전시회를 방문하는 관람객들의 가장 중요한 방문동기가 신제품 관람 또는 체험이기 때문이다. 따라서 전시회 주최자나 전시회 참가업체가 전시회에서 보다 나은 성과를 거두기 위해서는 당연히 품질이 우수한 신상품을 선보일 수 있어야 한다. 그러나 소비자의 욕구가 급변하고 또한 과학과 기술의 발전에 따라 상품의 수명주기는 점차 단축되는 경향을 보이고 있다. 기업에 있어서 신상품 개발은 쉬운 문제는 아니지만 기업의 지속적인 성장을 가능하게 하는 필수적인 요건이라 하겠다.

신상품 개발은 기업내적인 활동으로 기술개발이 선도하여 신상품을 만드는 경우(technical push)와 마케팅활동에 의해 신상품 출시가 주도되는 경우(marketing pull)의 두 가지가 있는데, 이 두 방법은 상호 보완적인 성격을 가진다.[8] 전시회를 활용한 기업의 상품마케팅 전략은 전자에 비해 후자, 즉 전시회 현장에서의 마케팅활동에 의해 신상품 출시가 주도될 수 있는 가능성이 높다. 우선 기업은 전시회 참가를 통해서 자사 상품믹스(product mix)의 각 구성요소 및 상품자체를 검증받을 수 있다. 상품믹스 전략의 범주에는 상품의 품질, 상품군, 브랜드 및 디자인 등이 포함될 수 있을 것이다. 즉, 전시회 현장에서 산업의 새로운 경향파악 및 경쟁업체에 대한 마케팅조사, 그리고 자사 부스를 방문해 주는 고객들과의 접촉, 반응확인 및 대화 등을 통해서 신상품 개발과 상품믹스 전반적 측면에 관한 매우 귀중한 정보를 수집할 수 있다는 점에 주목할 필요가 있다.

기업의 전시회 참가와 관련된 중요한 문제 중에 하나는 전시회에 어떤 상품들을 위주로 전시해야 하는 것이다. 상품믹스 전략을 검토하기 위해서는 전시될 상품과 특정 시장의 생명주기를 반드시 파악해 두어야 한다. 신상품이 소개되는 전시회, 특히 새로운 전시회가 최초로 개최될 경우에는 필요하다면 전시회에서 소개할 상품군의 범위를 확대할 수도 있을 것이다. 상품은 반드시 최신경향으로 디자인 또는 포장이 되어 있어야 보다 쉽게 시장에 수용될 수 있음은 두말할 나위조차 없을 것이다. 만일 상품이 브랜드화되어 있다거나 혹은 상표가 사용되어 있다면 반드시 설명을 해 두어야 한다.

---

8) 채서일, 마케팅, 제2판, 학현사, 2000.

2) 전시회를 이용한 가격믹스 전략

상품의 가격은 상품이 갖고 있는 효용성에 대해 고객이 부여한 가치로서 마케팅 믹스 중 가장 경쟁에 민감한 요소이며, 경쟁기업에 대해 기업이 보유 또는 통제할 수 있는 중요한 경쟁우위의 원천 중의 하나이다. 가격 및 거래조건 믹스의 요소 중에는 가격(price), 신용(credit), 할인(discount), 지불방법(payment) 및 서비스(service)가 포함된다. 특히, 상품의 개별적인 가격(price) 및 거래조건(conditions) 믹스의 개발에 영향을 미치는 것은 고객 프로파일에 대한 정확한 지식, 거래기업의 규모, 상품의 인도거리 등이다. 기업은 전시회 참가를 통해 고객과 대화나 상담 속에서 위와 같이 중요한 정보를 알아낼 수 있다. 즉, 기업은 전시회 참가를 통해서 기존의 가격 및 거래조건에 대한 새로운 착상을 할 수 있으며 새로운 영역의 시장을 타진해 볼 수도 있다. 일반적으로 가격은 가격목표의 결정, 가격전략의 방향설정, 최종가격산정을 거쳐 결정되며, 가격(price)이나 기타 조건(condition) 결정에 영향을 미치는 요소에는 상품에 대한 수요, 원가구조, 경쟁상품의 가격과 품질, 법적 환경 등을 꼽을 수 있다.

그러므로 기업이 가격믹스 전략개발을 위해 전시회에 참가할 경우, 다음과 같은 사항들을 반드시 염두에 두고 가격믹스에 관련하여 자사와 경쟁사의 경쟁우위 확보를 위한 현황과 전략 분석을 실시해야 한다.[9)]

① 포장, 운송 및 보험 비용
② 애프터 서비스를 포함한 고객 서비스 제공비용
③ 기존 가격 계산방법
④ 지불조건
⑤ 지불, 수량 및 특별 할인가격
⑥ 상품 인도조건
⑦ 거래 취소조건

9) 전게서, AUMA Praxis, p.18

물론 기존 또는 잠재고객의 결제능력과 신용도에 관련된 사항도 또한 반드시 고려해야 한다. 이렇게 전시회를 통해 가격과 거래조건 믹스를 올바로 결정할 수 있다면, 기업은 마케팅목표의 달성과 이윤 확보가 가능해질 것이다.

3) 전시회를 이용한 유통믹스 전략

기업의 유통경로 결정은 기업이 제품이나 서비스를 자사의 표적시장에 효율적으로 도달할 수 있는 방법을 선택하는 것이다. 효율적인 유통믹스란 상품이 표적시장의 고객에게 적절한 시간에, 구매하기에 용이한 장소에서, 적절한 수량으로 제공된다는 것을 의미한다. 그런데 유통경로에서 다양하게 수행되는 기능들, 즉 수급조절기능, 보관기능, 위험부담기능, 정보수집기능 등을 제조업자가 모두 수행하면 전문성이 결여되므로 다수의 중간상이 분업의 원리로서 유통경로에 참여하는 것이 효율적인 유통기능의 수행이 가능하다는 것이다.[10)]

그러므로 기업은 전시회 참가를 통해서 기존 유통망의 재구성, 딜러나 중개업자의 발굴, 상품의 보관 및 운송을 위한 협력업체의 발굴 등과 같은 기존 유통경로의 변화나 재구성이 필요한지 여부에 대한 시장조사를 할 필요가 있다. 아울러 전시회는 참가업체에게 현재 자사의 유통경로가 양적으로나 질적으로 변화되어야 할 필요가 있는지를 판단할 수 있도록 단서와 정보를 제공해 주는 매우 효율적인 공간이기도 하다.

실제로 새로운 유통경로를 확보하기 위한 목적으로 전시회에 참가하는 기업이 적지 않음이 실증적 연구를 통해서도 입증되고 있다. 특히, 각 국가나 지역은 그 특성에 따라 고유한 유통경로가 있고, 이 유통경로는 그 지역의 역사적 배경과 시장환경에 의하여 영향을 받기 때문에 해외시장으로의 수출에 비중을 두고 있는 기업들은 그 해당 지역에서 개최되는 전시회에 참가하여 지역별 실정에 적합한 유통경로를 설계할 필요가 있다.

10) 채서일, 마케팅 2판, 학현사, 1999. p. 447.

4) 전시회를 이용한 촉진믹스 전략

마케팅 커뮤니케이션 또는 촉진믹스란 기업이 효율적인 상품판매를 위해서 표적시장의 고객들과 의사소통을 하는 것을 의미한다. 일반적인 마케팅 촉진도구는 인적 판매, 판매촉진, 광고 및 홍보(PR)를 가리키며, 시장조사(market research)나 기업의 CI(Corporate Identity)[11]에서 표현된 시각적 이미지도 또한 기업이 활용할 수 있는 촉진도구에 포함될 수 있다. 그러나 이러한 촉진도구들은 상품이나 시장의 특성에 따라 중요성과 효과가 달라진다. 이미 오래 전부터 실증적 연구를 통해 입증되었지만,[12] 일반적으로 소비재에 비해서 산업재는 기술적으로 품질평가가 복잡하고 어려우며, 거래당 구매가격이 높아서 구매위험부담이 많고, 구매규모가 큰 소수의 고객(바이어)으로 구성되어 있기 때문에 직접우편(DM)이나 광고에 비해서 인적 접촉이나 전시회를 통한 촉진활동이 보다 많이 활용된다.

기업의 마케팅 커뮤니케이션 목표 중 하나는 정보의 제공과 교환이다. 전시회의 경우에도 기업은 자사의 부스, 진열된 상품 및 부스 상담요원을 통해 고객들에게 정보를 제공하는 역할을 하며, 부스 방문객들은 정보 수신자의 역할을 한다. 물론 방문객들은 정보수신자 역할만이 아니라, 시간이 경과되면서 점차적으로 정보 교환에 있어서 적극적인 참여자가 된다. 이렇게 정보교환에 적극적인 바이어들을 대상으로 시장조사 활동을 하게 되면, 기업은 매우 귀중한 시장정보를 획득할 수 있을 것이다. 즉, 전시회는 커뮤니케이션 수단 또는 매체로서의 기능을 하며, 고객과의 면대면 커뮤니케이션은 기업이 기대하는 전시회의 핵심적 기능 중에 하나이다.

---

11) CI(Corporate Identity)란 '기업이미지 통합작업'을 일컫는데, 기업의 이미지를 고객들에게 우호적으로 전달하고자 기업이 사용하는 로고에서부터 모든 표식의 색상이나 디자인 그리고 상징물까지도 기업이 추구하는 경영이념을 일관성 있게 나타낼 수 있도록 만들어 가는 작업을 의미한다.

12) Parasuraman, A(1981). "The Relative Importance of Industrial Promotion Tools", *Industrial Marketing Management*, pp. 277~81.

마케팅 커뮤니케이션이 추구하는 또 다른 기본목적은 제품이나 서비스에 대한 수요를 자극하는 것인데, 특히 기업은 전시회 참가를 통해 상품에 대한 고객의 구매욕구를 자극하여 궁극적으로는 구매주기를 단축시킬 수 있는 기회를 갖게 된다. 기타 전시회 참가를 통해 기업이 추구해야 할 커뮤니케이션의 목표로는 상품의 차별화 및 판매의 안정화 등이 있다. 따라서 전시회에 참가하는 기업은 부스 방문객에게 적절한 마케팅 메시지를 전달하는 동시에 자사와 방문객 사이에 생산적인 상호작용이 발생될 수 있는 거래환경을 조성하기 위해 노력해야 한다.

5. 전시회를 바라보는 기업의 시각

지금까지 살펴본 바와 같이 기업이 중장기 전략을 바탕으로 전시회를 활용한 통합적 마케팅 활동을 펼친다면 기업은 시장 내에서 자사의 미래를 보다 효율적으로 설계할 수 있을 것이다. 따라서 기업은 자사 마케팅 믹스 전략의 전반적인 검토과정을 통해 전시회 참가활동이 자사의 마케팅 목표 달성에 어떻게 도움이 될 수 있는지를 종합적으로 판단하여 참가여부를 결정해야 한다. 물론 전시회 참가여부에 대한 최종적 판단은 전시회 방문객(바이어)의 양적 및 질적 수준 등을 포함하여 다양한 기준이 고려되어야 할 것이다. 그러나 기업이 전시회 참가를 통해 기대하는 성과를 올리려면 여러 가지 다른 마케팅 도구나 수단들과의 조화로운 활용을 염두에 둔 체계적인 노력을 기울여야 한다.

아울러 전시회에 참가하려는 기업은 단기간에 성과를 기대하기보다는 중장기적인 전략적 차원에서 같은 혹은 동종 전시회에 적어도 3회 이상 지속적으로 참여하면서 시장 또는 고객과의 관계형성에 주력할 필요가 있다. 전시회를 단발적으로 참가할 경우, 참가기업 스스로가 전시회 참가성과에 대해 오히려 왜곡된 인식 또는 경험을 갖게 될 수 있으며, 무엇보다도 중요한 것은 전시회에 처음 참가해서 최초로 형성된 고객과의 접촉기회가 후속적으로 지속 또는 강화될 수 없기 때문이다.

그러나 오늘날 기업의 마케팅 환경은 크게 변모하고 있다. 무엇보다도 기업이 시장과 의사소통을 할 수 있는 통로나 수단이 과거에 비해 괄목할 정도로 다양해지고 있다. 따라서 기업은 큰 규모의 부스를 마련해서 연례적으로 참가해 오던 전시회에 대해서 다른 마케팅 수단들과 비교하여 상대적 효용성이나 투자회수율이 어떠한지를 꼼꼼히 따져 보면서 성과지향적인 전시회 마케팅 전략을 구사해야 할 것이다.

제3장 전시회의 힘

제1절 전시회가 제공하는 기회

전시회는 기업에게 다른 마케팅 수단을 통해서는 포착할 수 없는 매우 효율적이고 역동적인 판매 및 마케팅 기회를 제공해 준다. 최근 독일에서 기업의 의사결정권자를 대상으로 전시회의 효용가치에 대해 실시한 설문조사의 결과에 따르면, 기업의 의사결정권자 228만 명 중 84%가 '제품구매'와 '정보 획득'을 목적으로 전시회를 활용한다고 응답했다. 특히 사업적 목적을 갖고 연중 여러 차례 전시회를 방문한다고 응답한 독일기업의 의사결정권자의 수가 2005년에는 전년도에 비해 23.6%가 증가한 것으로 나타났다. 이러한 조사결과를 통해 독일 전시산업협회는 기업의 의사결정권자들의 사업적 접촉이나 커뮤니케이션에 있어서 전시회가 다른 마케팅 수단들에 비해서 그 중요성이나 효율성 측면에서 가장 앞서가는 수단임을 입증한 것이라고 주장하고 있다.13)

기업이 전시회를 활용한 마케팅 활동에 관심을 두어야 할 만한 가치가 있다는 사실은 미국의 전시산업연구센터(CEIR)가 기업의 의사결정권자들이 전시

13) www.auma.de Press Release No.12. Number of decision-makers at trade fairs grows: Trade fair visit becoming a matter of course. 2005.

회의 중요성을 어떻게 인식하고 있는지를 조사한 통계결과에서도 잘 드러나고 있다.[14)]

<표 3-1> 기업의 의사결정권자가 보는 전시회의 가치(복수응답)

89% – 산업의 최신동향과 발전을 파악할 수 있다.
88% – 한시적 공간에서 많은 공급업체를 만날 수 있어서 시간이 절약된다.
86% – 제품 또는 서비스 구매결정을 내리는데 도움이 된다.
84% – 전문가들과 당면한 문제점과 아이디어를 토론할 수 있는 기회를 제공해 준다.
83% – 집적된 시간 내에 나의 생산성을 매우 높여준다.
62% – 한시적 공간에서 많은 공급업체를 만날 수 있어서 비용이 절약된다.

기업의 의사결정권자들은 사업상의 중요한 의사결정을 내리기 위해서 정보를 수집하는데 위의 조사결과에서도 드러나 있듯이 전시회를 매우 중요한 정보원으로 인식하고 있음을 알 수 있다. 특히 전시회에 방문하여 많은 공급업체를 일정한 공간에서 한정된 시간내에 접촉할 수 있기 때문에 시간과 비용의 절감을 이룰 수 있음을 장점으로 인식하고 있다. 나아가 이들은 전시회가 <표 3-2>와 같이 다양한 측면에서 다른 마케팅 수단들과는 차별화된 독특한 기회를 제공해 준다고 평가했다.

<표 3-2> 전시회가 제공해 주는 기회

• 새로운 제품과 서비스를 직접 비교해 볼 수 있는 최고의 기회
• 오감을 통해 직접 경험해 볼 수 있는 최고의 기회
• 전시회 현장에서 실시간으로 품질을 평가할 수 있는 기회
• 참가업체의 판매, 마케팅 및 기술전문가들을 동시에 만날 수 있는 기회

이와 같이 전시회를 바이어들에게는 새로운 제품과 서비스를 오감을 통해 직접 경험해 보는 한편 다양한 공급업체들을 실시간으로 비교해 볼 수 있는 매력

14) CEIR(2003). Power of Exhibitions, PE 2.03: Exhibitions Provide Business Opportunities.

을 제공해 준다. 또한 다른 마케팅 매체와는 달리 공급업체의 관계자들을 직접 대면할 수 있는 기회가 제공된다.

또 다른 조사에 따르면 전시회를 다녀온 후, 기업 구매자들은 그들이 전시회에서 얻거나 알게 된 지식이나 정보를 <표 3-3>과 같이 사내 여러 다른 사람들과 공유하는 것으로 나타났다.[15)]

<표 3-3> 전시회 정보공유 행태

36%	1~3명과 정보를 공유한다.
35%	4~6명과 정보를 공유한다.
20%	11명 이상과 정보를 공유한다.
9%	7~10명과 정보를 공유한다.

이 통계가 시사하는 바는 관람객들은 전시회를 단순히 다녀가는 것만이 아니라, 구매결정에 영향을 줄 수 있는 자사 내 여러 사람들에게 참가업체의 판매 및 마케팅 메시지를 전달한다는 것이다.

한편, 전시회 참가업체 담당자들은 전시회가 다른 마케팅 도구에 비해서 그들에게 <표 3-4>와 같은 잠재적 기회를 더욱 많이 제공해 준다고 응답을 하고 있다.

<표 3-4> 참가업체가 인식하는 전시회의 가치

- 새로운 잠재고객을 만날 수 있는 기회
- 자발적으로 찾아온 관람객들에게 신제품과 응용제품을 소개할 수 있는 기회
- 핵심 고객들에게 구체적 응용사례를 시연할 수 있는 기회
- 산업 내에서 자사의 안정성과 신뢰성을 보여줄 수 있는 기회
- 판매과정을 마무리할 수 있는 기회
- 진행 중인 주문에 관한 협상을 매듭지을 수 있는 기회

15) Konopacki, A.(2000). The Extended Reach of the Exhibitor's Sales Message, CEIR SM 36.

요약하자면, 기업은 전시회에 참가하여 자발적으로 찾아와 준 잠재고객들을 대상으로 자사의 제품과 서비스를 소개해 주거나 현재 진행 중인 세일즈과정을 마무리할 수 있는 기회를 갖게 된다.

이렇게 전시회가 참가업체나 관람객들에게 제공해 주는 다양한 혜택 또는 장점을 다음 절에서 항목별로 정리해 보자.

제2절 전시회의 장점

1. 저비용 고효율적인 거래공간

오늘날과 같이 기업의 구조조정이나 다운 사이징이 상시화되는 환경 속에서 연중 내내 잠재고객을 찾아 나서는 일은 시간적 소모도 많을 뿐만 아니라 비용도 많이 소요된다. 특히 인력과 자본의 제약이 있는 중소기업들의 경우에는 불특정 잠재고객을 찾아 무작정 해외로 나갈 수도 없을 것이다. 고객인 바이어 입장에서도 우수한 공급업체들을 개별적으로 찾아내어 연중 방문하는 일은 비효율적이며 많은 비용이 소요된다. 이럴 경우, 공급자 및 수요자 양측이 서로 쉽게 만날 수 없기 때문에 상당한 무역거래비용을 지불해야 한다.[16)]

따라서 이러한 공급업체나 바이어 양측은 당연히 사업적 만남과 거래를 원활히 도모할 수 있도록 저비용 고효율적인 시장 메커니즘을 필요로 하게 되었는데, 현대적 형태의 고도화된 전시회가 그러한 수요에 대한 응답이 되고 있는 것이다. 즉, 오늘날에는 특정 산업이나 주제를 중심으로 점점 세분화되

16) 기업이 전시회 참가를 통해 무역거래비용 절감과 수출증대의 기회를 가질 수 있기 때문에 오늘날 많은 국가들이 자국 기업들의 해외 전시회 참가비용의 일부를 지원해 주는 정책을 시행하고 있다.

고 전문화된 전시회에 참가하여 공급업체나 바이어 양측 모두가 시간, 노력, 그리고 경비를 절약하면서 사업적 거래를 보다 용이하게 진행할 수 있게 된 것이다.

CEIR의 조사에 따르면, 판매비용 절감이라는 측면에서 전시회가 참가업체에게 제공해 주는 가장 중요한 혜택은 전시회 기간 동안 바이어에게서 발주된 주문의 50%는 전시회가 폐막된 이후에 영업팀이 후속적으로 바이어를 방문을 하지 않아도 판매를 마무리할 수 있다는 점이다. 물론 나머지 25%는 영업팀이 2회 이상 후속적인 방문을 해야 판매가 마무리되는 것으로 나타났다.

또한 전시회에서 발굴한 리드(lead)를 바탕으로 매출을 성사시키려는 노력은 세일즈 담당자가 벌이는 직접 판매방식에 비해서 약 56%의 비용절감 효과가 있다고 한다.

<표 3-5>는 산업재 구매 바이어들이 최종적인 구매의사를 결정하기 위해서 평소 의존하는 정보원의 활용도에 대한 조사결과이다.

<표 3-5> 바이어가 구매결정시 활용하는 정보원(복수응답)

90% — 전시회
75% — Direct Sales & Field Sales
75% — PR
63% — 인터넷
58% — DM(Direct Mail)
55% — 전문잡지 광고
50% — 텔레마케팅

* 출처: CEIR(2000). Research Report II

이와 같이 바이어들에게 전시회는 현장 방문판매를 비롯한 PR, 광고, DM, 텔레마케팅 등 기타 어떠한 마케팅 수단들에 비해서도 정보원으로서의 가치가 높은 것으로 조사되었다. 따라서 전시회에서는 비용이 상대적으로 덜 소요되면서도 양질의 세일즈 리드, 즉 잠재고객의 프로파일을 확보할 수 있는 공간이라 할 수 있다. 일반적으로 4일간 개최되는 전시회에 참가해서 확보할 수 있는 리드의 규모는 고객의 회사를 직접 방문해야 하는 현장판매를 통해서 6개월간 확보할 수 있는 리드의 양과 비슷한 것으로 알려지고 있다. 따라서 전시회 참가를 통한 기업의 세일즈 및 마케팅 활동이 불과 몇 일만에 끝나버린다는 점에서 투자비용이 상대적으로 많이 드는 수단이라는 주장은 논리적 타당성이 부족하다. 오히려 저비용 고효율적인 측면에서 전시회는 다른 어떤 마케팅 수단에 비해서 우월성을 보이고 있음에 주목하면서 오늘날 많은 기업들이 전시회를 통한 마케팅 활동에 더욱 적극성을 보이고 있다.

2. 고객이 자발적으로 방문해 주는 공간

기업이 직접 비용을 들여 바이어들을 초청하지 않더라도 그들 스스로 자기 비용과 시간을 들여서 전시회 부스를 방문하여 기업이 전달하고자 하는 마케팅 메시지를 능동적으로 수용해 준다는 점이 다른 마케팅 수단들로부터 전시회를 뚜렷하게 구별시켜 주는 특징 중의 하나이다. 이런 의미에서 전시회 방문객의 상당수는 사전에 선별된 잠재고객이라고 간주할 수 있을 것이다. 즉 고객을 직접 방문하여 세일즈 활동을 해야 하는 직접 판매방식에 비해서 자발적으로 전시회를 방문해 주며, 또한 상대적으로 구매가능성이 높은 고객들을 상대로 주도권을 갖고 세일즈 및 마케팅 활동을 할 수 있다는 것은 참가업체 입장에서는 상당한 이점이 될 수 있다. 물론 전시회 부스 공간은 참가업체의 독점적 공간도 아니지만 바이어가 관할하는 공간은 더더욱 아니다. 즉 전시회는 참가업체나 바이어의 소속회사 어느 쪽의 배타적 영역이 아닌 이른바 중립적 공간이다.

그러나 어느 정도 시간적 여유를 갖고 고객을 대할 수 있는 직접 판매방식에서의 환경과 비교할 때 산만한 분위기의 전시회장내 좁은 부스 공간에서 한정된 시간내에 상대적으로 많은 관람객들과 접촉을 해야 하는 환경은 부스 상담스텝에게 별도의 대처능력을 요구한다. 따라서 많은 관람객들이 일시에 방문하는 경우에 관람객을 선별하거나 통제할 수 있는 현장 대처능력을 갖추기 위해서 상당한 준비와 훈련이 필요할 것이다.

한편, 전시회를 방문하는 고객은 일반 점포에서 만나는 고객이나 바이어의 소속회사를 직접 방문할 경우에 흔히 접촉할 수 있는 고객과는 특성적 차이가 있다. 전시회가 제공해 주는 가장 큰 장점 중에 하나는 평상시 직접 방문판매를 할 경우에는 접촉하기 어려운 구매결정권을 갖고 있거나 구매의사 결정에 영향력을 행사할 수 있는 고객들이 자발적으로 방문해 준다는 것이다. 직접 판촉 또는 구매설득을 하기 위해서 기업의 구매담당 임원을 방문하려면 비서실을 거쳐야 하거나 사전에 약속을 해야만 하지만, 전시회장은 그러한 노력을 하지 않아도 구매업체의 임원들이 스스로 참가업체의 부스를 찾아와 주는 공간이다.

다른 측면에서 살펴본다면 대규모 공급업체들의 정례적인 방문(sales call)을 받게 되는 구매 규모가 큰 기업들은 오히려 첨단기술이 적용된 혁신적 제품을 공급할 수 있는 중소기업 규모의 공급업체들이 자사를 방문해 주지 않거나 그들의 존재 자체를 인식하기 어려워 접촉이 매우 어렵다는 점을 우려하는 경우도 있다. 이러한 이유 때문에 대규모 구매를 하는 구매업체 임원을 포함한 구매자들은 전시회 방문을 정례화하면서 기존의 대규모 공급업체 이외에 대안적 공급업체가 될 수 있는 기술력이 뛰어난 중소기업 규모의 공급업체와의 접촉과 그들에 대한 정보수집에 비교적 적극적인 관심을 보이게 된다. 따라서 전시회에서는 대규모 공급업체들만 유리한 것이 아니고 많은 중소규모 공급업체에게도 틈새시장을 확보할 수 있는 기회가 많이 주어진다.

3. 대면접촉이 가능한 공간

전시회에 참가하는 기업의 입장에서 볼 때 전시회는 행사가 개최되는 비교적 짧은 기간 내에 세일즈 및 마케팅 활동을 집중적으로 전개해야 하기 때문에 상대적으로 비용이 많이 소요된다는 인식을 하게 될 수 있다. 그러나 전시회는 부스 현장에서 제품을 판매하는 활동에 집중하는 공간이라기보다는, 부스 현장에서 접촉이나 상담을 나눈 고객들과 전시회가 폐막된 이후에도 상당기간 사업적 관계를 유지하여 궁극적으로는 판매로 연결될 수 있도록 단서나 기회를 포착해야 하는 공간이다.

최근 인터넷의 확산에 따라 가상공간에서의 고객접촉이 보다 용이해진 것은 사실이지만, 대부분 사업적 거래, 특히 전문 제품의 거래 성사는 가상공간이 아니라 사람과 사람의 직접적인 대면 접촉을 통해서 이루어진다는 점을 주목해야 할 것이다. 더욱이 국경없는 경쟁이 치열해지는 21세기 시장환경 속에서 새로운 고객이나 바이어를 찾아내거나 대면접촉을 할 수 있는 기회가 과거에 비해서 점점 줄어들고 있다. 웹사이트를 포함하여 다양한 매체를 통한 광고, 홍보, DM 및 텔레마케팅 등이 구매자들의 흥미를 유발시킬 수는 있겠지만, 궁극적인 구매행동은 구매자와 판매자간의 직접적 만남과 사업적 협상을 통해서 이루어지고 있다.

더구나 오늘날에는 제품에 관련된 과학 또는 기술적 혁신이나 응용기술의 적용범위가 점차 넓어지고 있기 때문에 구매자들이 공급업체와의 직접적인 대면접촉이나 상담이 없이 문제를 해결하거나 구매결정을 내리기가 더욱 어려워지고 있다. 아울러 구매자와 공급자가 서로 만나서 사업적 상담과 대면접촉을 하면 상호간의 정보교환이 질적으로나 양적으로 증가되고, 무엇보다도 의사소통이 원활해지면서 서로간의 신뢰감을 쌓기가 용이해진다. 대면접촉을 통해 형성되는 친밀감이나 신뢰감은 바이어들이 전시회 부스 현장에서 공급업체의 제품이나 서비스를 3차원적인 직접경험을 한 후 내리게 되는 품질평가에 있어서도 긍정적인 효과를 낳게 되며, 이후에도 양측의 호혜적이고 지속적인 관계를 유지할 수 있는 매우 중요한 기반이 된다.

한편, 전시회를 통해 대면접촉 방식의 사업적 상담이나 거래를 할 수 있을 경우에 참가업체는 최종 판매과정까지 소요되는 시간을 단축시킬 수 있고, 바이어는 구매에 따른 정보수집, 비교평가 등의 과정과 시간을 줄일 수 있다는 것이 다른 마케팅 수단에 비해 전시회를 무엇보다도 주목해 보아야 하는 중요한 장점이다.

4. 3차원상의 제품시연이 가능한 공간

인터넷을 포함한 정보통신기술이 괄목할 정도로 발전을 이루었지만 가상공간의 편리함이 제품을 실제로 보고 경험할 수 있는 실물 전시회를 대체하기는 어려울 것이다. 그 이유는 대다수의 제품과 서비스에 대해서 인간은 오감을 통해 감지하고 경험하길 원하며 3차원상의 설명을 필요로 하는 경우가 많기 때문이다. 또한 제품개발에 있어서 기술적 혁신이 빈번하고, 제품이나 서비스의 적용 또는 이용범위가 빠르게 확대되고 있기 때문에 전문적인 바이어들조차도 제품을 직접 보거나 설명을 듣지 않고는 최종적인 구매결정을 내리기가 어려워지고 있다.

더구나 이러한 첨단기술이 적용된 제품들은 구매업체를 방문하면서 서류가방이나 노트북만을 이용하여 고객의 구매동기를 자극하기에는 여러 가지 제약이 따르게 된다. 특히 기업이 소개하고자 하는 첨단제품의 설명(presentation)이나 시연(demonstration)이 멀티미디어 등을 활용해야 하는 기술적 제약이 있거나, 또는 중장비나 기계류와 같이 하중문제 등으로 운반하기가 어렵거나 불가능한 제품의 경우에는 전시회라는 수단을 활용하지 않고서는 커뮤니케이션할 방법이 없게 된다. 아울러 공급업체 입장에서는 수많은 잠재고객들을 개별적으로 모두 방문하여 설명하기는 현실적으로 불가능하기 때문에 전시회를 통해 일정한 시간에 많은 바이어들을 한꺼번에 모아놓고 3차원적 시연을 하게 된다.

전시회장 내부에 중장비 제품이 전시된 모습

전시회에서는 조명, 색상, 그래픽, 소리 그리고 기타 다양한 시청각 기자재를 모두 동원하여 제품이나 서비스를 최적화된 환경에서 소개할 수 있기 때문에 바이어들의 구매동기에 강력한 시청각적인 영향력을 미칠 수 있게 된다. 즉, 전시회는 인간의 오감(五感)에 호소할 수 있는 유일한 마케팅 수단이다. 따라서 사무실에서 세일즈맨과 만나서 상담을 받는 경우에 비해서 바이어들은 제품의 품질을 경험 또는 확인해 보려는 관심도가 높아지며, 새로운 기술적 혁신이나 제품의 아이디어에도 더 민감하게 반응한다. 이렇게 3차원적인 제품의 이해가 가능하기 때문에 전문 바이어들은 전시회가 개최되기도 전에 신제품에 대한 정보를 입수하거나, 실제적으로 제품을 경험하거나 확인해 보기 위해서 특정 부스에 방문하겠다는 사전 통보를 하는 경우도 많다.

5. 신제품 소개 및 고객의 반응조사가 가능한 공간

전시회 방문객들이 전시회를 찾아가는 가장 우선되는 동기가 신상품을 보러 가기 위한 것이라는 사실은 많은 연구조사[17]를 통해 입증되고 있듯이 전시회는 신상품을 소개하기 위한 최고의 공간이라고 사실에 이견이 없을 것이다.

또한 만일 기업이 신상품 출시에 따라 전세계 주요 표적 시장별 반응을 확인하려 한다면 상당한 노력, 시간 및 비용이 소요될 것이다. 그런데 전시회는 이렇게 신상품에 대한 주요 고객들의 반응 등을 조사하기에는 시간과 공간적 측면에서 가장 이상적인 수단이 될 수 있다. 왜냐하면 국제적 수준의 전시회에는 다양한 특성의 고객들이 방문을 하기 때문에 그들을 대상으로 신상품에 대한 반응을 파악하기에 안성맞춤이기 때문이다. 따라서 전시회 참가기업들이 국가 또는 지역별 대표 전시회를 통해 고객들에게 신제품이나 서비스를 표준상태로 시연

전시회 부스를 둘러보고 있는 관람객들

17) Morris M. Industrial and Organizational Marketing, Merrill Publishing Co., 1998.

또는 제공하면서, 그들에게서 즉각적인 반응을 얻을 것이고, 그 결과를 바탕으로 신제품의 수정이나 가감을 할 수 있는 것이다. 전시회가 제공해 주는 이러한 기회나 혜택 때문에 일부 기업들은 오히려 유망 전시회의 개막일정에 맞추어 신제품 개발계획을 세우는 경우도 있다.

6. 원스톱 쇼핑기회를 제공하는 공간

앞 절에서 인용했던 CEIR의 연구결과에서 나타나 있듯이, 바이어 입장에서 전시회를 선호하게 되는 가장 큰 장점이라면, 비교적 짧은 전시회 기간 동안에 다양한 공급업체가 내놓은 신제품과 서비스를 한눈에 관람하면서 동시에 비교해 볼 수 있기 때문에 시간과 경비를 절약시켜 준다는 것이다. 즉 기존 공급업체와의 관계를 유지하기 위해서 전시회 부스를 방문하지만, 동시에 전시회는 예상치 못한 경우를 대비한 대안을 준비하거나, 혹은 기술적 혁신을 이룬 새로운 공급업체를 아울러 발굴할 수 있는 공간이 되기도 한다.

또한 만약 바이어가 신문, 잡지, TV 또는 라디오 광고를 통해서, 혹은 DM이나 텔레마케팅을 통해 구매에 필요한 정보를 얻기 위해서는 상당한 시간이 걸린다. 그러나 전시회를 방문한 바이어들은 전시회 현장에서 즉각적으로 구매결정을 내리기 위해 필요한 정보수집과 여러 가지 궁금증을 풀 수 있다. 부스 담당자의 설명을 통해 관심을 갖게 된 제품에 대한 관심은 곧바로 구매욕구로 전환될 수 있으며, 심지어 주문으로까지 이어질 수도 있다.

일반적으로 현장방문을 통한 직접 판매의 경우에는 판매 담당자가 잠재고객으로부터 제품에 관한 기술적 문의를 받게 되면, 자사에 다시 의뢰해서 답을 주어야 하는 경우가 발생할 수 있는 단점이 있다. 그러나 전시회에서는 대부분 기술전문가가 부스 현장에서 즉시 답해 줄 수 있다는 장점이 있다.

기술적 혁신이나 개발의 속도가 빠른 첨단산업 분야의 경우에 상당수 잠재구매자들은 완제품의 개발이나 새로운 응용 등에 관련하여 여러 가지 기술적 어려움이나 문제점에 부닥치는 경우가 많다. 이러한 경우 전시회에 참가한 업체들은 잠재고객들에게 자사 또는 유사 제품에 관련된 기술적 문제를 해결해 주기 위해서 전시회에 참가하는 사례도 있다. 즉, 바이어 입장에서는 전시회장을 방문할 경우, 현장 부스에서 많은 공급업체의 판매 담당자, 마케팅 담당자, 전문기술자 등을 모두 만나 자신들이 당면해 있는 다양한 문제에 대한 해결책을 일거에 찾아낼 수도 있을 것이다. 물론 전시회 주최자 입장에서도 해당 산업에 속해 있는 바이어들이 안고 있는 다양한 문제에 초점을 맞추어 전문 컨퍼런스, 세미나 또는 심층 교육훈련 프로그램을 제공하여 참가자들의 만족감을 높이기 위해 노력한다.

참가업체 입장에서도 단순히 신제품을 소개하고 반응을 조사하거나, 새로운 고객과 대면접촉 등의 목적을 추구하는 것 이외에 자사가 필요로 하는 다양한 지식과 정보를 구할 수 있다. 심지어 참가업체 자신이 바이어 입장에서 다른 참가업체를 통해 필요한 제품이나 서비스를 구매할 수도 있고, 자사 직원들의 개인적 발전을 장려하는 차원에서 교육프로그램에 참가시키거나, 사기진작을 위해서 전시회 개최지역에서 새로운 문화 및 관광의 경험을 갖게 해 줄 수도 있다. 물론 시간기근(time-famine)의 어려움을 겪고 있기는 마찬가지인 바이어들도 개인적 발전을 추구할 수 있는 특별 프로그램이나 문화관광적 수요를 해소하기 위해 전시회가 각종 혜택을 원스톱 서비스 개념으로 패키지화하여 기회를 제공해 주기를 희망하는 추세이다.

지금까지 살펴본 바와 같이 전시회는 다른 어떠한 마케팅 수단도 갖고 있지 못한 많은 장점을 갖고 있지만, 기업의 전시회 참가는 다른 마케팅 수단과 통합적으로 연계해서 그 득과 실을 분석한 후 실행해야 할 것이다. 한편, 기업이 전시회에 참가하는 이유를 이해하는 것 못지않게 중요한 것은 전시회에 참가하지 않는 이유를 이해하는 것인데, <표 3-6>은 전시회에 참가하지 않는 기업들의 전시회에 대한 인식을 조사한 결과이다.[18)]

18) D. Shipley, C. Egan and Wong K.(1993) Dimensions of Trade Show Exhibiting Management, Journal of Marketing Management 9: 55~63.

<표3-6> 전시회 참가하지 않는 이유에 대한 인식

점수	이유
6.08	너무 비용이 많이 든다
4.92	매출이 충분히 발생하지 않는다
4.83	기존 프로모션 방법에 만족한다
4.83	관람객이 부족하다
3.33	참가하기에 합당한 전시회가 없다
3.27	자사의 산업분야에서는 비전통적인 수단이다
2.25	경쟁업체가 너무 많이 참가한다
1.33	전시회 참가에 대해 생각을 했다

* 7=매우그렇다. 1=전혀 그렇지 않다.

제2부

전시회 참가 사전준비

(Pre-Show Marketing Management)

Exhibition Marketing

제4장 전시회 참가성과를 올리지 못하는 이유

앞 장에서 설명했듯이 전시회가 많은 장점을 갖고 있음에도 불구하고 전시회에 참가하는 기업들 모두가 성공을 거두는 것은 아니다. 특히 전시회를 마케팅 수단으로 활용해 온 경험적 축적이 부족한 국내 기업들은 전시회 참가를 통해 가시적인 성과를 높이는데 상당한 어려움을 겪고 있다. 전시회가 기업에게 제공해 줄 수 있는 혜택을 극대화하기 위해서는 전시회의 기능과 특성에 대한 정확한 이해와 논리적인 접근이 필요하다.

지구촌 전역에서 무한경쟁을 벌이고 있는 오늘날 기업은 국내외적으로 개최되고 있는 수많은 각종 전시회에 참가해야 할 필요성이나 기회가 해마다 늘고 있다. 그러나 이와 동시에 기업이 전시회에 참가하여 기대하는 성과를 올리기 위해서는 극복해야 할 과제도 그 만큼 늘어나고 있다. 문제는 국내 기업들은 전시회를 활용한 마케팅 활동의 효용성에 대한 이해가 부족하거나 그 중요성을 간과하는 경향이 있기 때문에 전시회 마케팅을 실행할 수 있는 적정한 수준의 예산확보가 적기에 이루어지지 않고 있으며, 아울러 전시회 참가를 위한 체계적인 기획과 준비가 매우 미흡한 상황이다.

기업 내부적으로는 그 동안 국내외 전시회에 참가해 오던 기업도 전체 마케팅 예산 중에서 전시회 참가를 위한 예산할당에 더욱 신중을 기하고 있으며, 나아가 전시회 마케팅을 위한 비용 투자의 타당성 검토에 보다 민감해지고 있다. 기업 외부적으로는 시장환경의 변화와 산업별 기술혁신 속도가 가속화되면서 다양한 규모와 형태의 전시회들이 개발되고 있으며, 전시회 참가비용도 점차적으로 늘어나고 있다. 따라서 각 기업의 입장에서는 자사 마케팅 목표에 적합한 전시회를 찾아내는 일이 더욱 어려워지고 있으며, 국제적으로 명성이 있는 전시회에 참가할 기회를 맞는다 해도 한정된 예산과 전략적 또는 전술적 준비 부재 때문에 기대하는 성과를 올리기가 쉽지 않다.

미국의 어느 조사에 따르면, 전시회 참가업체 85%가 비효율적이고, 자기중심적이며, 평범하고 따분한 계획으로 전시회 마케팅을 실행하고 있다고 한다. 또한 처음 전시회에 참가한 기업의 50%는 다시는 전시회에 참가하지 않겠다고 할 정도로 매우 저조한 결과를 경험한다고 한다. 특히, 그 동안 우리나라 기업은 국내외 전시회에 꾸준히 참가해 오고 있었지만 투자비용에 상응할 만한 성과를 거두기에는 많은 어려움을 겪고 있는데, 일부 국내 기업이 전시회에 참가하여 성과를 올리지 못하는 이유는 대체로 다음과 같은 것으로 추정된다.

제1절. 기업 외부적 이유

많은 국내외 전시현장에서 "이번 전시회는 형편 없었다"고 하는 전시참가업체의 푸념을 드물지 않게 듣게 된다. 그들은 대개 "주최자가 충분한 관람객 유치에 실패해서 전시회장이 너무 한산했다." 혹은 "이번 한국관은(정부, 협회 또는 대행사가) 입지선정을 잘못해서 바이어의 발길이 너무 뜸했다"라고 불평을 하면서 전시회에 투자한 만큼의 성과를 올리지 못한 이유를 외부에서 찾는 경우가 적지 않다.

다른 한편, 국내외 전시회 현장에서 한국 기업의 부스 담당자들에게 가장 많이 듣게 되는 이야기 중에 하나는 "자신이 전시회에 참가하기 시작한 지가 벌써 10년이 넘었고 이미 수십여 개 국내외 전시회에 참가해 본 경험이 있기 때문에 전시회 마케팅계획은 구체적으로 작성하지 않아도 머리 속에 다 들어가 있으며, 나보다 더 잘 알고 있는 사람도 없는 것 같아서 특별히 배울 것이 없다"는 것이다. 전시회 참가를 많이 해 봐서 다 알고 있다는 자만심 때문에 지금 자신이 하고 있는 방법만이 가장 효과적이라고 생각한다. 과연 그럴까? "10여 년 전 처음 전시회에 참가했을 당시, 여러분에게 누가 전시회 마케팅이나 부스 운영방법을 가르쳐 주었는가?" 아마 이 질문에 대한 답은 "아무도 가르쳐 준 사람이 없다"일 것이다. 그렇다면 지금껏 어떻게 전시회 부스를 운영해 왔는가? 대개는 다른 업체들이 하는 방식을 보고 그대로 따라하기 시작한 것이다. 그 결과, 특히 한국 중소기업들의 전시회 마케팅 방식은 비슷한 경우가 많다. 그런데 다른 업체들의 전시회 마케팅 방식이 옳은 것인지는 어떻게 판단할 수 있는가? 그나마 모범적인 업체의 전시회 마케팅 방식을 따라 했다면 그건 큰 행운이라고 본다. 이 문제는 뒤집어놓고 생각한다면, 그 동안 국내적으로 제도교육권내에서 기업의 전시회 마케팅에 대한 연구와 교육이 거의 이루어지지 않았기 때문이기도 하다.

물론 많은 경험을 바탕으로 시행착오를 거쳐 상당한 성과를 올리고 있는 기업들도 적지 않다. 또한 국가관을 운영하는 담당자들의 노력에도 불구하고 한국관의 위치가 참가업체 모두를 만족시킬 수는 없는 구조적 문제도 있다. 그러나 대부분의 참가업체 담당자들은 자사의 전시회 참가성과 부진에 대한 이유를 외부적 요인 탓으로 생각하는 경향이 많고, 참가성과를 높일 수 있는 체계적인 방법을 내부적으로 찾거나 연구해 보려는 적극적인 노력이 부족한 것으로 보여진다.

설령 전시회 참가성과가 부진한 이유가 외부적 요인 때문이었다는 주장을 부분적으로 인정한다 해도, 전시회 참가경험이 십수 년 이상 된다는 상당수 기업의 경영진들이나 전시회 마케팅 책임자들이 전시회에 참가해서 좋은 성과를 올리지 못하는 이유는 무엇일까? 그 구체적 이유를 분석해 보면 대체적으로 다음과 같이 기업 내부적 요인 때문인 것으로 볼 수 있을 것이다.

제2절 기업 내부적 이유

1. 전시회 참가목표를 제대로 설정하지 못하기 때문이다.

기업이 전시회에 참가하여 성과를 올리지 못했다면 가장 큰 이유는 참가목표를 명확히 설정하지 못했기 때문이라고 보는 것이 타당할 것이다. 만일 기업의 전시회 참가목표가 구체적으로 설정되어 있지 않다면, 부스 담당자는 어떤 성과를 올리기 위해서 무슨 노력을 기울여야 하는지를 알 수 없을 것이다. 뿐만 아니라 전시회 참가목표가 설정되어 있지 않다면, 무엇을 기준으로 기업의 전시회 참가성과가 성공적이었는지 실패한 것인지를 판단할 수 있겠는가. 물론 신상품을 소개하고 반응을 알아보며, 운이 좋으면 주문계약을 성사시켜 매출을 늘리기 위한 목적으로 전시회에 참가한다고 답을 하는 참가업체들이 많다. 그러나 그러한 목표들조차도 명문화하여 전시회 프로젝트를 수행하는 담당자들이 공유하는 사례는 매우 드물다. 전시회에 참가하는 국내 기업들 대부분은 참가목표를 구체적으로 설정해야 하는 중요성을 간과한 나머지 전시회 참가 준비와 현장운영에 있어서 방향성을 상실하게 되며 그 결과, 전시회 참가성과는 늘 부진을 면치 못하는 경우가 많다.

2. 전시회를 잘못 선정해서 참가하기 때문이다.

모든 전시회는 그 특성과 지향점이 서로 다르다. 우선 주최자가 서로 다른 만큼 전시회 자체를 마케팅하는 능력이나 방향이 다르며, 그 결과 같은 산업에 속한 전시회라고 해도 전시회에마다 참가업체와 관람객의 규모, 바이어들의 방문목적 또는 행동특성 또한 서로 다르다. 이와 같이 전시회마다의 다양한 특성을 인식하지 못하고 전시회에 처음 참가하는 기업들은 전시회 선정을 잘못하여 낭패를 보게 된다. 그리고 간혹 전시회 참가목표를 나름대로 설정한 기업인 경우에도 비록 전시회의 규모가 크지 않더라도 그 목표를 현실화시켜 줄 수 있는 전문 전시회에 참가하기보다는, 국제적으로 전시회의 브랜드가 알려져 있고 수천 개 기업이 참가하는 수평적 성격의 대규모 전시회만을 선호하기 때문이다. 전시회에 참가하는 기업이 자사의 전략적 마케팅 목표와 상관없이 유명 전시회만 선호하여 참가하는 것으로는 성과를 기대할 수 없다.

3. 바이어가 저절로 찾아와 줄 것이라고 기대만 하고 있기 때문이다.

양질의 관람객 또는 바이어를 전시회장으로 불러들이는 일차적 책임은 전시회 주최자에게 있다. 전시회 주최자들은 전시회의 지속적인 성장을 위해 실질적 구매결정권을 갖고 있는 관람객 확보에 많은 노력을 기울인다. 그러나 전시회 주최자가 수백 또는 수천의 개별 참가업체의 핵심고객이나 잠재적 고객층을 완전히 파악하여 관람객을 유치하는 일은 불가능하다.

한편, 전시회 주최자에 의해 전시회장으로 유도된 관람객 또는 바이어들을 대상으로 수많은 참가업체 부스 중에서 구석에 위치한 자사 부스를 기꺼이 찾아 방문하도록 유도하는 일은 참가업체 자신이 해내야 할 몫인 것이다. 관람객 또는 바이어들이 전시회 기간 동안 평균적으로 몇 군데 부스를 방문하며, 전시회를 순수하게 관람시간이 얼마나 되는지 알고 있는가? 어떤 고객과 어떻게 접촉해야 하는지에 대한 대비책이 있으며, 관람객 입장을 고려한 편의를 제공해 본 적이 있는가?

아직까지도 많은 국내 기업들은 부스만 잘 제작하여 전시회에 참가하기만 하면 된다고 생각하는 경향이 많다. 따라서 부스와 관련된 공간임대, 디자인, 그래픽, 운송, 보관 및 설치와 같은 하드웨어에는 비용을 많이 쓴다. 그러나 국내 기업들은 몇몇 바이어들에게 자사가 전시회에 참가한다는 초보적 내용의 이메일을 보내는 작업 이외에는 체계적인 사전 마케팅 프로모션(pre-show marketing promotion) 활동을 거의 하지 않고 있거나, 혹은 실행수준이 초보적어서 이에 대한 예산지출도 거의 이루어지지 않고 있다. 전시회 참가를 통한 판매 및 마케팅 활동으로 기업이 성과를 올리기 위해서는 다양한 마케팅 수단을 입체적으로 활용하여 사전 및 현장 프로모션을 해야 한다. 전시회 개막 전에 바이어가 자사 부스를 방문하도록 유도하려는 사전 프로모션 노력은 거의 하지 않고 구매력을 갖고 있는 바이어가 자사 부스를 방문해 줄 것이라고 막연히 기대하는 일은 복권당첨을 바라는 것과 다를 바 없다.

4. 교육과 훈련이 안된 직원을 배치하기 때문이다.

새로 구입한 중형차의 키를 엊그제 운전면허증을 처음 받은 아들이나 딸에게 넘겨주고 뒷자리에 앉아 있을 수 있는 사람이 있는가? 전시회 부스는 자사를 대표하는 공간이거나 또는 전문 바이어들에게 그 동안 총력을 기울여 개발한 자사의 신제품을 소개하는 자리다. 그러나 적지 않은 부스 담당자들은 왜 전시회 현장에 자신이 배치되어 있는지 이유와 목표를 정확히 모르며 아울러 부스 현장에서 무엇을 어떻게 해야 하는지도 잘 모르고 있는 경우가 많다. 전시 부스 담당자에게 전시회 마케팅 또는 전시회 운영에 관련된 최소한의 기본 교육이나 훈련이라도 시켜놓고 부스에 배치해야 하는 것은 당연하지 않은가? 자사 제품이나 서비스에 관심을 갖고 방문하는 전문 바이어들이 아마추어 수준의 부스 담당자와 본격적인 구매상담을 할 것이라 기대하는가? 전문 바이어들은 부스 현장 담당직원의 수준이 곧 그 기업의 수준이라고 판단할 것이다.

5. 섣부른 판단이나 추정을 하기 때문이다.

전시회 부스에 방문하는 관람객 중 20~30%만이 구매결정권이나 구매영향력을 행사할 수 있으며, 70~80%는 그냥 둘러보는 사람들이라고 가정해 보자. 그렇다 하더라도 섣부른 자사 부스 담당자가 방문객을 단순히 외모나 명찰만으로 판단해서 결례가 되는 행동할 수 있음을 경계해야 한다. 전문 전시회의 경우에는 모든 방문객들이 잠재고객이라고 볼 수 있을 것이다. 적어도 그들에게 직접적 구매권한이 없다 해도 구매에 관련된 영향력을 행사할 수가 있기 때문이다. 앞서 통계를 통해 지적했듯이 전시회 방문객의 55%가 자신이 새로 알게 된 지식이나 정보를 많게는 11명의 다른 사람과 공유한다는 사실을 기억할 필요가 있다. 물론 냉담하거나 오만한 태도를 갖고 있는 부스 담당자도 있지만, 부스 앞 통로를 지나가는 모든 관람객들에게 필사적으로 매달리는 섣부른 부스 담당자는 오히려 관심을 갖고 있던 잠재 관람객들조차도 거북한 느낌을 받고 그 부스를 피하려 할 것이다.

6. 듣기보다는 말을 너무 많이 하기 때문이다.

자사 부스에 방문하는 바이어들에게 자사 상품 또는 서비스를 잘 알 수 있도록 설명하고 소개해야 하는 것은 당연하다. 그러나 자사 제품에 대한 설명을 잘하는 일보다 더 중요한 것은 방문객의 이야기를 경청하는 것이다. 제품에 대한 장황한 자랑이나 설명보다는 바이어가 찾고 있는 정보나 상품이 무엇인지, 혹은 그들이 어떤 문제를 해결해야 할 상황에 봉착되어 있는지, 나아가 어떤 구매계획과 절차를 갖고 있는지를 묻거나 들어서 알아내는 것이 전시회 부스에서 수행해야 하는 임무의 핵심적 요체인 것이다.

7. 리드 선별과 후속조치가 부실하기 때문이다.

유망한 바이어를 신속정확하게 식별하고 유인하는 방법을 모르는 경우가 많다. 전시회는 관람객으로 넘쳐 나서 많은 사람들과 상담을 하고 유인물을 건네주기는 하지만, 상당수 국내 참가업체 담당자들이 자사제품에 대한 바이어의 관심도나 구매력 수준 등과 같은 정보를 체계적으로 수집하려는 노력이나 방법적 수준이 매우 미흡하다. 부스를 잠시 방문해 준 바이어의 명함 수집을 통한 초보적 수준의 정보로는 후속적 관리도 어렵거니와 궁극적으로는 바이어의 관심을 매출로 연결시키기 불가능하기 때문이다.

그나마 전시회가 폐막된 후, 자사로 돌아간 뒤에는 원래 자신의 주요 담당업무가 전시회와 직접적인 관계가 없었던 담당자는 전시회에 참가하느라고 밀려있던 자신의 급한 현안을 처리하느라고 전시회장에서 문의해 온 바이어들의 질문, 정보 또는 자료요청을 재검토해 보거나, 적기에 응답해야 하는 등의 후속조치를 제대로 못하는 경우도 많다.

나아가 전시회에 참가하고 돌아온 이후에도 전시회 참가 결과보고서 작성하여 보고하는 체계를 갖춘 기업이 드물며, 또한 전시회 담당자들은 결과보고서 작성의 중요성을 간과하고 있는 것은 물론이거니와, 무엇을 어떻게 결과보고서에 기술해야 하는지조차 모르는 경우가 대부분이다.

지금까지 기업이 전시회에 참가해서 기대한 만큼의 성과를 올리지 못하는 이유들을 설명했다. 따라서 위에서 지적한 실수만 피할 수 있어도 기업은 과거 참가했던 전시회에 비해 월등히 나은 성과를 올릴 수 있을 것이다. 그러나 전시회 마케팅 프로젝트를 실행하는 방법론적 교육과 훈련을 받지 못해서 올바른 전시회 마케팅 활동을 하지 못했다고 한다면, 다음 장에서부터 설명하는 방법론을 따라 구체적인 실행방법을 익혀보기로 하자.

제5장 전시회 관람객의 행동 이해

제1절 관람객 행동에 대한 이해의 필요성

고객만족(customer satisfaction) 실현을 목표로 하는 기업의 모든 마케팅 활동의 출발점은 고객을 정확히 이해하는 것에서부터 시작된다. 기업의 전시회 마케팅 활동도 예외가 될 수 없다. 특히, 전시회는 보통 연중에 1~2번 개최되는 비일상적인 공간이고, 한정된 개최기간 동안에 매우 이질적인 특성과 배경을 띤 많은 내방객이 일시적으로 오가기 때문에 효과적인 판매 또는 마케팅 활동을 펼쳐나가기가 매우 어렵다. 따라서 참가업체는 전시회 마케팅 실행 계획이나 전략을 수립하기 전에, 반드시 어떤 관

전시회 현장등록을 하기 위해서 줄을 서 있는 관람객들

람객들이 어느 규모로 해당 전시회를 방문하는지 등에 대한 이해가 필수적이다.

전시회 관람객 또는 바이어의 특성과 욕구 등을 모르고서는 전시회 참가목표를 설정하기 어려우며, 부스 디자인, 예산규모 책정, 현장 스텝의 선발, 판촉용 답례품 기타 어떤 전략과 전술도 효과적으로 수립할 수는 없기 때문이다. 전시회 방문객이 누구이며, 그들이 전시회에 대해 어떤 기대감을 갖고 있고, 전시회에서 획득한 정보를 어떻게 활용하는지 등에 대한 명확한 이해는 전시회 주최자나 기업의 전시회 마케팅 담당자 모두에게 방문객들의 기대감을 충족시키고, 방문성과를 높여줌으로써 성공적인 전시회를 만들어가기 위해 절대적으로 필요한 선행요건이다.

이 주제를 본격적으로 다루기 전에 우선 전시회를 방문하는 바이어들은 어떠한 준비를 거쳐 전시회를 방문하게 되는지 알아보고, 이어서 전시회 바이어의 소속기업들이 실행하는 산업구매(industrial buying)의 특성과 그 구매과정에 있어서 전시회의 역할을 잠시 살펴보도록 하자.

제2절 바이어의 전시회 방문계획

전시장을 방문하여 구매관련 업무를 수행하기 위해서 바이어들은 마치 사무실에서 근무를 하고 있는 것과 같이 일부 기본적인 원칙을 계속 견지하게 된다. 다만, 사무실에 앉아있는 상태에서 공급업체 세일즈맨의 방문을 받는 것이 아니고, 스스로 공급업체의 부스를 방문한다는 것이 두드러진 차이점일 것이다. 사업적 대화나 협상을 하는 공간과 방법은 바뀌지만 구매자로서 그들의 역할이나 임무는 변함이 없다. 참가업체 입장에서는 이들 전시회 방문객들을 효과적으로 응대하기 위해서 그들이 어떤 절차에 따라 전시회 방문을 준비하는지를 먼저 이해할 필요가 있다.

모든 전시회 방문객들이 사전에 구체적인 방문계획을 수립하는 것은 아니지만, 전문 바이어들은 일반적으로 다른 바이어들이 특정 전시회를 방문을 하니까 자기들도 덩달아 방문하는 경우는 매우 드물다. 자신의 소속기업을 대신해서 조직구매행위(organizational buying behavior)를 해야 하는 전문 바이어들은 언제나 자신의 전시회 방문에 소요되는 비용지출의 타당성을 입증해서 보고해야 하기 때문에 참가업체에 비해서 오히려 전시회에 접근하는 태도가 보다 엄격하거나 체계적인 경우가 많다. 따라서 일반적으로 바이어들은 전시회 디렉토리를 사전에 살펴보고, 동료들과 의논을 해 보거나, 혹은 주최자나 참가업체가 보내준 초청장이나 DM 자료 등을 읽어 보고, 나아가 개별 참가업체들과의 현장접촉을 위해 사전 약속을 준비하는 등 일련의 방문계획을 수립한다. 참고로, 독일에서 개최되는 전시회를 방문하는 바이어들은 전시회 방문을 준비하기 위해 <표 5-1>에서와 같은 행동을 보이고 있는 것으로 나타났다.[19)]

<표 5-1> 독일 전시회 관람객의 방문 전 행동 (복수응답)

행동	비율
우선 방문기업 결정	22%
동료와의 정보교환	21%
참가업체와의 사전접촉	20%
전시주최자의 웹사이트에 방문의사 통보	18%
참가업체의 웹사이트에 방문의사 통보	14%
업계전문지에 방문의사 통보	10%
주최자가 제공하는 정보 활용	8%
관련산업협회를 통한 방문의사 통보	8%

이 조사결과를 보면 독일 전시회 방문객의 일부는 전시회 현장을 방문하기 이전에 실제로 방문하고자 하는 공급업체를 결정해 놓고 해당 참가업체 및 전시회 주최자와도 방문의사 통보를 포함하여 사전접촉을 하고 있음을 알 수 있다. 즉, 전시회에서는 전시회 참가업체만이 참가목표를 설정하고 행동을 하는

19) www.auma.de/content

것이 아니고, 바이어들도 전시회를 방문하는 목표를 설정한 뒤, 이를 달성하기 위해서 어떤 전시회의 어떤 참가업체의 부스를 방문할 것인지에 대해 치밀한 계획을 갖고 방문하고 있음을 알 수 있다. 일반적으로 전시회 방문객들은 <표 5-2>에서와 같이 단계별 방문계획을 수립하게 된다.

<표 5-2> 전시회 방문객의 단계별 방문계획

1. 전시회 방문목적 설정
2. 방문할 전시회 선정
3. 참가업체 목록작성
4. 방문할 공급업체 선별 및 사전접촉
5. 기존 공급업체 접촉과 평가
6. 새로운 공급업체 현장접촉 및 평가
7. 최종 공급업체 추천
8. 전시회 기간 중 또는 폐막 후 구매결정

참고로, 북미지역의 컴퓨터를 포함한 첨단기술관련 전시회 방문객들을 대상으로 조사한 결과를 보면[20], 응답한 방문객의 46%는 구매관련 추천을 하기 위해서[21], 8%는 공급업체를 평가하는 역할을 수행하기 위해서 전시회를 방문했다고 한다. 응답자의 23%는 최종 구매의사 결정권자라고 밝혔으며, 14%는 구매결정과정에는 아무런 역할을 하지 않는다고 답했다.

기본적으로는 구매관련 업무를 수행하기 위해 전시회를 방문하는 것이지만, 보다 구체적으로 어떤 범주의 목표들을 달성하기 위해서 가는 것인지 등의 전시회 방문목표를 정확히 설정함으로써 구매기업은 전시회 방문에 필요한 일정 및 예산을 편성할 수 있고, 누가 전시회 방문을 하는 것이 가장 적합할지 등을 포함한 모든 활동의 방향을 잡을 수 있게 되는 것이다.

20) CEIR, The High Tech Trade Show Audience: Who They are - What They Look Like, CEIR AC: 24A.

21) 참고로 TSB 보고서 AC 23에 따르면, 북미지역 전시회 전체의 경우, 구매추천을 하기 위해 바이어가 전시회를 방문하는 비율은 평균 55%임.

<표 5-3> 전시회 관람을 위한 3단계 접근법

전시회 방문 경험이 많지 않은 관람객 입장에서는 전시회 현장에서 자신이 추구하는 방문 목적에 부합하는 참가업체의 부스를 선별하기 위해서 다음과 같이 3단계 접근방법을 활용하는 것이 바람직할 것이다.

1. 개막 전부터 방문을 하고자 계획했던 특정 업체의 부스나 혹은 제품설명서를 수집하고 싶은 부스들을 주목하여 관찰하면서 전시장 홀 전체를 가급적 빠르게 둘러보라. 만일 브로셔 혹은 기타 제품설명서(literature) 등을 중간에 집어 들게 되면 대부분 해당 부스 담당자에게 이끌려 계획에 없던 시간을 소비하게 된다.
2. 앞 단계에서 흥미를 유발시켰던 부스들을 다시 방문을 해서 제품설명서 등 필요한 자료를 수집한다. 단, 아직까지는 해당 부스 담당자들과 대화를 시작하지는 말아야 한다.
3. 수집된 제품설명서 등의 자료를 꼼꼼히 살펴보고, 그 중에서도 특히 자신의 방문목적에 부합하거나 흥미를 유발하는 정도에 따라 우선순위를 정한 뒤 해당 공급업체를 찾아가 대화를 시작하라.

이러한 3단계 접근방법을 통해서 전시회 부스 모두를 둘러 본 뒤, 자신의 흥미를 유발시킨 공급업체들과 시간을 효율적으로 쓸 수 있을 것이다. 기타 유의할 점들은 다음과 같다.

1. 복장과 신발은 되도록 편안한 차림을 하되 바이어로서의 전문성을 잃지 않도록 품위를 유지해야 한다.
2. 전시회 주최자가 금지한 사항인지 여부를 확인하고 가급적 디지털 카메라를 이용하여 필요한 정보를 시각적 자료로 확보하는 것도 바람직하다.
3. 제품설명서와 같은 자료 수집을 하기 위한 가방이나 백은 가볍고 질긴 것을 선택하도록 한다.
4. 전시장 내부는 공기가 혼탁하고 소음이 심한 경우가 많으므로 전시회장 안팎에서 주기적으로 휴식을 취함으로써 피곤을 덜고 집중력을 유지하도록 한다.

전시회는 참가업체와 방문객 양쪽 모두에게 판매 또는 구매기회를 제공해 주는 이상적인 공간이다. 전시회가 개막되기 전에 체계적으로 수립한 사전 계획은 참가업체나 바이어 모두에게 전시회 참가에 따른 성과를 제고시킬 수 있는 중요한 역할을 해 준다는 점을 잊지 말아야 한다.

즉, 바이어들은 설정된 목표에 따라 어떤 공급업체의 누구를 만나 무엇을 논의할 것인지에 대해서 <표 5-3>에서와 같은 절차에 따라 일정표를 준비하게 된다. 우선 바이어들은 전시회에 사전등록을 하면 주최자가 제공해 주는 전시회 안내도 등을 참조하면서 어떻게 관람을 하는 것이 자신의 시간과 노력을 효과적으로 배분할 수 있는가를 미리 살펴둘 필요가 있다. 경우에 따라서는 기존 공급업체를 포함한 주요 공급업체들과 전시회 현장에서 사업적 만남을 갖기 위해 사전 약속을 해야 한다. 또한 바이어들은 지금까지 자사에 제품이나 서비스를 공급해 오던 기존 공급업체 이외에 대안적으로 새로운 공급업체를 발굴하기 위한 여분의 시간을 준비해 두기도 한다. 특히, 구매주문을 받기 위해 정례적으로 자사를 방문하는 큰 규모의 공급업체 이외에, 새로운 기술이나 발상을 갖고 있는 중소 규모의 공급업체들이 자사를 직접 방문을 하지 않는 것을 우려하여 대기업 구매담당 바이어들은 전시회를 방문하는 동안 새로운 공급업체를 찾으려 하는 경우도 적지 않다.

이렇게 방문객이 사전에 작성한 전시회 방문계획을 '바이어의 방문일정표'(buyer's agenda)라고 부른다. 예를 들면, CEIR조사에 따르면, 첨단기술관련 전시회 바이어들의 약 44%가 이와 같이 미리 설정된 계획표에 따라 전시회를 방문했다고 한다.[22] 따라서 참가업체는 이러한 구매자의 방문계획표에 자사 부스 방문이 포함될 수 있도록 바이어의 방문목적이나 필요에 맞춘 사전 프로모션 활동을 하는 것이 중요하다.

국제적으로 명성이 있는 전시회를 방문을 하려면 교통 및 숙소예약의 어려움이 있을 수 있기 때문에 어떤 기업은 1년 전부터 전시회 참가경비를 연간예산에 미리 반영해서 집행하기도 한다. 또한 바이어들의 전시회 방문에도 많은 비용이 소요되기 때문에 일부 중소기업들은 한 사람의 구매담당자만을 대표로 전시회에 보낸다. 물론 전시회를 다녀온 담당자는 통상적으로 소속기업 내부의 구성원들과 전시회에서 수집한 정보와 지식을 공유하게 된다. 이미 앞에서 인용을 했지만, 전시회 방문을 마치고 돌아온 바이어의 20%는 자사 내부 구성원 11명 이상의 사람들과 전시회에서 얻은 정보와 지식을 공유하는 것으로 나타났다. 단, 기업의 구매결정이 시급하거나, 제품이 첨단기술이 응용되는 등 품질이나 성능의 판단이 어렵거나 복잡한 상황일 경우, 즉 구매에 따른 위험수위가 높기 때문에 여러 사람을 전시회에 바이어로 보내어 다양한 정보수집과 다수에 의한 구매의사 결정을 내리게 된다.[23]

22) CEIR, AC24A, 상게보고서.

23) Hough, J. Corporate Executives' Perceptions of Trade Expositions-Factors Which Influence Attendance Decisions, Research Report #1030, Trade Show Bureau.

어떤 직급의 바이어가 전시회로 보내져야 하는지는 각 기업의 규모와 상황에 따라 다르게 결정된다. 중소기업 소속의 바이어들은 구매결정에 영향력이 큰 중역들이 많지만, 대기업에서는 대부분 중견관리자들을 보내어 구매결정을 내리는데 필요한 정보를 수집해 오도록 임무를 부여한다.[24] 또한 기업의 상황, 즉 구매의 시급성과 복잡성의 정도에 따라 서로 다른 직급의 여러 사람들이 전시회에 보내지기도 한다.

구매부서 책임자들에게는 전시회 참가가 지속적인 업무의 일부가 되고 있으며, 특히 학습주기(learning cycle)가 짧은 첨단산업의 경우에는 새로운 지식과 정보를 입수하고 미래에 대비하기 위해서 전시회 방문을 매우 중요한 수단으로 인식하고 있다.

제3절 산업구매의 특성

개인소비자의 구매행동과는 구별되는 전문 바이어의 '산업구매행동(industrial buying behavior)' 또는 '조직구매행동(organizational buying behavior)' 중에서 가장 두드러진 특성은 그들의 구매행위가 최종 결정되는 과정에 여러 사람들이 개입 또는 관여된다는 점이다. 아울러 그들 각자는 구매부서(buying center)에서 서로 다른 역할을 수행한다. 그러나 산업의 종류 및 기업의 규모에 따라서도 구매집단의 성격, 구조, 기능 및 역학관계 등이 다르다. 물론 기업의 성격 또는 산업의 종류에 따라 전시회의 역할이나 비중도 또한 서로 다른 경우가 많다. 따라서 산업구매행동은 매우 복잡한 특성을 띠기 때문에 일률적인 판매방식으로 구매자들을 대처하기는 어렵다.

개인 소비자가 일반적 상품을 구입하는 것과는 달리 기업이 산업용 제품이나

24) Trade Show Bureau, Analysis of Trade Show and Conference Attendees Regarding Their Opinions of Why They Attend Various Trade Shows and Conferences, Research Report #1100, Trade Show Bureau.

서비스를 구매하는 산업구매의 경우에는 조직 내부의 구매부서 또는 구매센터가 그 역할을 주로 담당하는데 중간상을 배제하고 직접구매에 나서는 경우가 많다는 특징을 갖고 있다. 이러한 산업구매자도 개인 소비자와 마찬가지로 여러 가지 요인에 의해 영향을 받는데, 그 요인은 환경적 요인, 조직 내부요인, 개인적 요인 등이 있다. 환경적 요인은 경기전망 또는 예상수요, 경쟁강도, 제품의 수명주기 등이 있으며, 조직 내부요인으로는 조직의 규모, 구매와 관련된 목표, 절차, 시기, 구조 등이 있다. 그리고 개인적 요인으로는 연령, 직위, 경험, 태도 등이 있을 수 있다.

전시회 마케팅과 관련하여 설명하자면, 일반적인 대중전시회(public show)에서는 자신의 필요와 욕구충족을 위해 상품을 구매하는 개인소비자의 행동분석이 중요하지만, 전문적인 무역 또는 교역전시회(trade show/fair)의 경우에는 자신의 소비를 목적으로 하지 않고 생산 또는 재판매 목적으로 상품을 구매하는 조직구매자(organizational buyer)에 대한 이해가 필요하다. 조직구매자에는 크게 산업구매자와 재판매자 혹은 유통업자(reseller or distributor), 그리고 정부와 같은 공공조직(public agency)이 있는데, 이 중 전시회 마케팅활동에서 큰 비중을 차지하는 조직구매자는 바로 산업구매자이다. 산업구매자는 자신들이 완제품 또는 서비스를 생산하기 위해서 이에 필요한 원자재, 부품, 기계설비 등을 구매하기 때문이다. 다음으로는 대형 백화점이나 체인점들처럼 재판매나 유통을 목적으로 상품을 구입하는 개인과 조직체의 행동에 대한 이해도 매우 중요하다.

이러한 바이어들은 구매결정을 내리기까지 일반적으로 <표 5-4>에서와 같은 과정을 거치게 되는데, 각 단계별로 구매결정에 참고가 될 만한 정보를 수집하기 위해서 전시회를 포함한 다양한 정보원(information sources)을 활용하게 된다.

예를 들면, 북미지역에서 개최된 컴퓨터 관련 전시회 방문객들 중 구매 필요성을 인식하기 위해서 전시회를 찾는 방문객은 약 13%, 최종적인 구매결정을 내리기 위해 전시회를 방문한 바이어는 약 8%에 이르는 것으로 조사되었다.[25]

여기서 주목해야 할 점은 무려 50% 이상의 대다수 방문객들은 전시된 여러 제품 및 공급업체를 평가하기 위해서 전시회를 방문했다고 응답을 한 것이다. 기업의 구매결정 과정에서 제품 및 공급업체의 평가는 핵심적인 사항이며, 전시회 참가를 통해서 기업은 이러한 초기 평가과정에 있는 잠재적 구매 고객에게 긍정적 영향을 줄 수 있는 기회를 포착할 수 있다는 것이다.

<표 5-4> 바이어의 산업구매 결정과정

제1단계	구매 필요성 인식
제2단계	구체적인 구매 품목군 결정
제3단계	예산결정
제4단계	경쟁제품 및 공급업체 평가
제5단계	공급업체와 협상
제6단계	구매할 제품 추천
제7단계	최종 공급업체 선정

제4절 바이어의 전시회 방문목적

전시회를 방문하는 바이어들은 여러 가지 목적으로 전시회를 방문한다. 예를 들면, 신제품을 관찰 및 비교하고, 그 제품의 공급업체 또는 판매업체와 전시회 현장에서 접촉을 갖거나, 자사의 구매선택 결정을 최종 점검하기도 하고, 업계의 새로운 변화의 동향을 점검하거나, 자사가 당면한 기술적 문제의 해결책을 찾기 위해서 전문가를 만날 목적으로 전시회를 방문한다.

물론 바이어의 전시회 방문목적이나 동기는 기계적으로 쉽게 파악될 수 있거나 단순통계로도 잘 잡히지 않기 때문에 체계적으로 이해하기는 쉽지 않다.

25) CEIR, AC 24A, 상게 보고서.

더구나 전시회의 규모가 커질수록 방문객들의 특성이 더욱 이질적인 성향을 보이게 된다. 이미 앞에서 언급을 했지만, 전시회는 보통 연중에 1~2번 개최되는 비일상적인 공간이고, 한정된 개최기간 동안에 매우 이질적인 특성과 배경을 띤 많은 내방객이 일시적으로 오고 간다.

따라서 방문객의 방문목적, 소속기업의 규모, 방문객의 직급, 구매특성(시기, 방법, 규모) 등이 서로 다를 경우, 참가업체들은 방문객들을 선별하여 그 특성에 따라 대응하는 일은 매우 도전적인 과제가 된다.

여기서는 기존 연구를 바탕으로 전시회 방문객들이 어떤 동기를 갖고 전시회를 방문하는지를 살펴봄으로써 참가업체의 효과적인 판매 또는 마케팅 전략수립을 위한 시사점을 도출해 보고자 한다.

1. 바이어의 일반적인 전시회 방문동기

북미지역에서 개최되는 전시회의 관람객이 부스를 방문하는 구체적인 동기는 <표 5-5>와 같은 것으로 나타났다.[26]

<표 5-5> 북미지역 전시회 관람객의 부스 방문동기 (복수응답)

방문동기	비율
새로운 제품 또는 서비스 관람	75%
구매결정에 필요한 자료 및 정보 수집	61%
참가업체의 임원, 세일즈 담당, 기술전문가와 접촉	59%
상품의 직접적 체험	32%
참가업체와 유대감 구축	27%
행사특별가격, 답례품 등 프로모션 때문에	17%
부스가 매우 흥미진진해서	10%
구매를 하기 위해서	8%
직접우편(DM) 광고자료 수집	4%
기타	3%

26) Tradeshow Week, 2002.5.

이와 비교해서 독일에서 개최되는 전시회의 관람객들이 전시회를 방문하는 목적으로 꼽고 있는 것은 <표 5-6>과 같다.[27]

<표 5-6> 독일지역 전시회 관람객의 부스 방문동기 (복수응답)

방문동기	비율
신제품에 관한 정보 수집	42%
일반적인 시장의 동향 또는 추세 파악	41%
지식확장	34%
경험이나 정보교환	29%
사업적 접촉 강화	26%
새로운 사업적 접촉 형성	23%
경쟁기업 점검	18%
의사결정 준비	17%
상품개발에 대한 영향력 행사	12%
계약마무리 및 구매	7%

북미지역과 독일에서 별도로 조사된 위의 자료들은 조사방법의 상호 일관성은 없지만, 바이어들의 전시회 방문 동기와 관련해서 몇 가지 흥미로운 공통점들이 있음을 쉽게 확인할 수 있다. 즉, 바이어들의 전시회 방문 동기는 신제품 정보수집, 네트워킹 강화, 대면접촉, 기술적 문제해결 등 크게 4가지로 대별되고 있다. 그 중에서도 바이어들이 전시회를 방문하려는 가장 중요한 동기는 신제품을 관람하고 정보를 구하는 것과 공급업체들과 대면접촉을 통한 사업적 상담을 하는 것이다.

한편, 전시회 주최자와 참가업체들의 사전 마케팅 프로모션 활동은 바이어들이 전시회를 방문하도록 동기를 부여하는 중요한 요인으로 꼽히고 있다. 바이어들이 평판이 좋은 전시회를 방문하고자 하는 가장 기본적인 동기는 대부분의 믿을만한 유력 공급업체가 많이 참가하고 있기 때문이다. 그런데 전시회의 종류에 따라 다소 차이가 나지만 전시회 방문객의 상당수가 구매 영향력을 갖고 있다. 의사결정권을 갖고 있는 기업의 임원들 중 대다수는 전시

27) www.auma.de, AUMA Praxis, 2004.

회장에서 현재의 공급업체를 만나고, 적어도 1개 이상의 새로운 공급업체와 접촉을 하며, 참가업체의 세일즈 담당자가 자사를 방문해 주도록 요청한다고 한다.

참가업체들 입장에서는 전시회 참가를 통해서 구매 가능성이 높은 바이어들과 접촉을 하려는 것이 가장 주된 참가목적 중의 하나이다. 따라서 참가업체들은 방문객들의 구매결정권 또는 구매영향력이 어느 정도인지를 가늠하기 위해 많은 관심을 둔다. 물론 전시회 방문객 모두가 전시회 현장에서 구매주문을 내기 위해서 참가하는 것은 아니지만, 그들의 상당수가 구매에 따른 직간접적인 영향력을 갖고 있기 때문에 구매결정에 어떤 정도의 영향력을 갖고 있는지에 따라 부스 현장 방문객을 선별하는 일은 매우 중요하다.

그런데 만일 참가업체가 구체적인 구매계획을 갖고 있거나 혹은 구매시기가 임박해 있다고 판단되는 바이어들만 상대를 한다면, 아마도 전시회를 방문하는 대다수 잠재고객, 특히 구매에 영향력을 행사할 수 있는 고객을 놓치게 된다는 점을 유의해야 할 것이다.

2. 장기적 동기와 단기적 동기에 따른 방문목적

지금까지 살펴본 바이어들의 일반적인 전시회 방문목적을 다른 관점에서 분석해 볼 필요도 있다. 여기에서는 바이어의 방문목적을 장기적 관점과 단기적 관점으로 분류하는 방법을 소개하고자 한다.[28] 장기적 관점에서의 방문동기를 갖고 있는 바이어들은 다년간에 걸쳐 방문목표가 달성되도록 전략적 관점에 맞추어 행동하는데 반해, 단기적 방문동기를 갖는 바이어들은 당장 결정 내리거나 해결해야 하는 사안에 대한 욕구를 충족시키려는 데 집중하기 때문에 대체로 전술적 관점에 맞추어 행동하는 차이가 있다.

28) Godar & O'Connor(2001). Same Time Next Year — Buyer Trade Show Motives, Industrial Marketing Management 30: 77~86.

(1) 단기적 동기

일반적 구매자들은 구매 직후 자신이 올바른 구매행위를 한 것인지에 대한 확신이 부족하여 '인지 부조화'(cognitive dissonance)의 혼란을 겪는 경향이 있다. 그들은 이미 구매결정을 내려졌고 번복이 불가능한 상황이더라도 자신의 구매결정 행동이 잘된 것인지를 확인하기 위해서 다른 대안을 탐색 또는 조사하려는 경향을 띠게 된다. 따라서 이러한 유형의 바이어들은 자신이 거래를 한 업체와 경쟁관계에 있는 참가업체 부스를 방문하면서 다른 대안이 없었는지 등을 조사하게 된다. 이러한 인지부조화의 갈등은 자신의 구매결정이 다른 대안에 비해 우수하다는 판단이 들게 되면 비로소 해소된다.

때로는 바이어들이 다소 상이한 문제에 직면하기도 한다. 예를 들어, 제품을 구매했는데 문제가 생겼다거나, 제품이 예상과는 달리 작동한다거나, 혹은 고객 서비스 라인에 문제가 있다고 여겨지는 경우들이다. 이런 경우에도 바이어들은 자신의 구매행동을 재점검하게 된다. 이때는 경쟁사 전시회 부스를 방문하기보다는 구매한 제품의 판매업체나 생산업체를 방문하여 교환이나 수리 등의 사후 보증을 확보하여 자신의 구매결정을 보완하려 한다. 따라서 구매결정의 단순한 확인이거나, 혹은 문제점에 대한 빠른 해결책을 강구하려는 등의 단기적 동기를 갖고 있는 바이어들은 자신의 인지부조화를 해소하고 구매결정의 하자를 보완해 두려는 목적으로 전시회 부스를 방문하는 것이다.

(2) 장기적 동기

어떤 부류의 바이어들은 전시회에서 공급업체 및 다른 구매자 집단들 모두와의 접촉을 강화하려고 시도하는 경우가 있다. 공급업체와 제품의 구매자 또는 사용자들과 자신의 과거 구매행동이나 결정을 토론하면서, 바이어들은 자신들의 위상에 대한 추가적인 보증을 확보하려는 것이다. 예를 들어, 일부 주력 공급업체가 자사 원자재 또는 부품조달의 안전한 확보에 중요한 영향을 미치는 산업구매 시장에서는 바이어들이 주력 공급업체들과 매우 우호적인 관계를 구축하고자 빈번한 접촉을 하게 된다. 이러한 바이어들은 1년에 한 차례 개최되는 전시회에 참가하면서 사업 및 준 사교적 모임을 통해 공급업체나 다른 제품 이용자들과의 접촉을 유지하고자 한다. 비록 가까운 시기에 재구매 결정을 하지 않더라도, 훗날 발생할지 모를 문제점에 대한 해결책을 제시해 줄 수 있는 공급업체와 우호적 관계를 맺어두는 일이 그들에게는 매우 중요하기 때문이다.

3. 소속기업의 규모 및 사내 직급에 따른 방문목적

산업구매의 경우, 바이어의 역할 또는 구매행동은 자신의 사내직급과 소속기업의 규모에 따라 다르게 결정된다.29) 즉, 이 두 가지 조건에 따라 방문객들은 서로 다른 역할을 수행하기 위한 목적으로 전시회를 방문하며, 수집하고자 하는 정보의 종류도 다른 것으로 알려지고 있다.

우선 관람객의 사내직급이 높을수록 구매결정권에 미치는 영향력이 높아지며, 구매의사 결정과정에 폭넓게 관여하는 경향이 있다. 또한 일상적인 구매과정에서와는 달리 중요한 장비를 구매하게 될 경우, 구매할 장비의 결정, 공급업체 결정 및 구매예산 책정 등은 전부 상위직급의 임원들이 관여하는 경향이 있다.

한편으로는 기업의 규모 측면에서 보자면, 대기업은 직원들의 직무를 세분화시키고 있기 때문에 대기업 소속의 바이어들은 중소기업 소속 바이어들에 비해 전시회에서 상대적으로 한정된 역할만을 수행한다. 또한 대기업은 대량구매 또는 고액구매 등의 결정에 따른 위험을 줄이기 위해서 매우 조직화된 내부의 정보수집 부서를 두는 경우가 많기 때문에 중소기업에 비해서는 구매결정을 위해 외부 정보에 의존하는 비율이 낮은 편이다.

바이어들이 전시회를 통해 수집하고자 하는 정보도 크게 두 가지로 나누어진다. 그 하나는 기술적 정보(technical information)로서 제품의 운영특성 및 적

29) Slater, R.(1985). Organization Size and Differentiation. Research in the Sociology of Organizations. 4: 127~180.

용된 기술 등에 관한 정보를 의미하고, 또 다른 하나는 거래적 정보(transaction information)로서 공급업체가 제공하는 가격 혹은 지불조건 등에 관한 정보를 의미한다.[30)]

관람객의 사내직급과 소속기업의 규모를 동시에 고려해서 살펴보면, 임원급 방문객들은 중간관리자급에 비해 비인적 정보원을 선호하는 한편, 기술적 정보뿐만 아니라 거래적 정보에도 관심을 보인다. 중소기업 소속 방문객들은 대기업 소속 방문객들에 비해 사내직급이 높은 편이며, 대면접촉을 통한 정보에 보다 많이 의존하고 기술적 정보는 물론 거래적 정보를 포함한 폭넓은 종류의 정보를 선호한다. 특히 소속기업의 규모가 작은 기업의 방문객일수록 최종적 구매결정에 더 많은 영향을 주는 것으로 나타났다.[31)]

또한 중간관리자급 방문객들은 중역급 방문객들에 비해 정보습득을 위해 전시회에 동반되어 개최되는 세미나 참석, 자신의 직무능력 향상 기회, 업계의 규제사항 및 다른 기업의 현황 파악 등의 방문목적을 보다 중요하게 인식하는 경향이 있는 것으로 조사되었다.[32)]

4. 바이어의 방문목적 분석에 따른 시사점

바이어들의 일반적인 전시회 방문목적 중에서도 '신제품 관람'과 '공급업체와의 접촉'은 그 빈도나 중요성에 대한 인식을 분명히 하고 있다. 따라서 참가업체는 제품의 진열이나 시연의 효과를 극대화할 수 있도록 부스 디자인에 관심을 갖는 것이 필요하다. 또한 주요 바이어들의 방문목적을 정확히 파악해 내고, 그들이 원하는 정보를 효과적으로 전달할 수 있는 직원을 부스 현장에 선발·배치하는 것이 중요하다.

30) Bello, D. & Barksdale, G.(1990). Using Industrial Trade Shows to Improve New Product Development. Journal of Business and Industrial Marketing 5: 43~56.

31) Bello, D. & R. Lohtia(1993). Improving Trade Show Effectiveness by Analyzing Attendees, Industrial Marketing Management 22: 311~318.

32) Tanner, J.(2000) 전게논문, CEIR: AC 37.

만일 부스 방문객들의 대다수가 해마다 반복적으로 자사 부스를 방문하는 바이어들이라면, 비록 예산의 제약이 따르겠지만, 부스 방문에 대한 관심과 흥미를 유발시키고, 자사의 이미지를 제고시키기 위해서 부스 디자인의 변화도 모색해 볼 필요도 있을 것이다. 전시회장에서 방문객과 참가업체 사이의 사업적 대화 및 정보교류는 아마도 전시회가 존재하는 가장 근본적인 이유일 것이다. 그런데 방문객들이 전시회를 통해 수집하고자 하는 구매관련 정보의 내용은 산업의 종류, 구매자의 소속기업의 규모, 직급 및 직무의 성격에 따라 다르다는 것을 살펴보았다. 이에 따라 참가업체가 방문객에게 정보를 전달하는 방식이나 내용도 방문객 집단에 따라 차별화하여 제공해야 할 것이다.

또한 방문객들의 규모가 크거나 특성상 이질성이 많을수록 그들을 선별하기가 더욱 어렵게 되는데, 바이어를 선별할 수 있는 능력이 없다면, 구매가능성이 희박한 바이어들에게 시간과 관심을 빼앗기게 되어 구매가능성이 높은 바이어들과 상담을 벌일 수 있는 기회를 놓쳐버림으로서 전시회 참가성과를 높일 수 없을 것이다. 따라서 참가업체들은 전시회 방문객들이 선호하는 정보원이나 정보의 내용에 따라 달리 대처해야 함을 시사한다.

이상에서 살펴본 바와 같이 전시회 참가업체는 각 전시회에 따라 방문객이 어떤 목적으로 방문을 하는 것인지를 이해하는 일은 매우 중요하다. 특히, 수만 명의 방문객이 찾아오는 대규모 국제전시회의 경우, 참가업체가 성과를 높이기 위해서는 자사부스 현장 담당자들이 방문객을 올바로 선별하고, 참가목적에 따라 차별화된 방식으로 상담 또는 대처할 수 있는 능력배양이 매우 중요하다.

동시에 전시회 마케팅 프로젝트 책임자들은 전시회의 유형에 따라서도 방문객의 유형이 다를 수 있다는 점을 명확히 인지할 필요가 있을 것이다. 따라서 참가업체는 전시회 주최자로부터 잠재 방문객 명단을 입수하여 자사의 표적시장 고객의 특성에 부합하는 바이어 집단이 있는지 살펴보고, 그 특성이나 유형에 따라 전시회 개막 전에 부스 현장 담당자의 선발 및 교육, 부스 디자인이나 기타 필요한 지원물품 등을 준비해야 한다.[33)]

한편, 바이어들이 전시회를 방문하는 이유를 이해하는 것 못지않게 중요한 점은 그들이 방문하지 않는 이유를 알아야 한다는 사실이다. 전시회를 방문하지 않는 가장 큰 이유는 아무래도 시간과 비용부담을 꼽히고 있으며, 개최장소까지의 거리도 영향을 주는 것으로 나타났다. 또 다른 이유로는 과거 전시회에 대한 부정적인 경험과 부스 담당직원의 전문적 지식 부족 등이 가장 중요한 영향을 많이 준 것으로 밝혀졌다.[34)]

결론적으로 전시회 참가업체는 잠재 방문객들의 방문동기를 고려한 전시회 마케팅 전략을 수립함으로써 한정된 자원을 보다 효율적으로 배분하여 활용할 수 있고, 전시회 마케팅 활동이 보다 활성화될 수 있으며 궁극적으로는 전시회 참가 성과를 제고할 수 있을 것이다.

제5절 전시회 방문결정에 필요한 정보원

구매기업이 전시회 참가방침과 목적을 설정하고 나면, 어떤 전시회를 선정해서 방문할 것인지를 결정하기 위해서 다양한 정보를 수집하여 활용할 것이다. 따라서 구매기업, 즉 바이어들이 어떤 정보원(information source)을 활용하여 전시회 방문결정을 내리는지에 대한 이해는 참가업체뿐만이 아니라 전시회 주최자에게도 전시회의 효과적인 프로모션을 위해 매우 중요하다. 미국 전시산업연구센터(CEIR)의 전신이었던 전시회사무국(Trade Show Bureau)의 조사에 따르면, 전시회 방문경험의 유무에 따라 바이어들이 활용하는 정보는 다른 것으로 알려지고 있다.[35)] 해당 전시회에 방문경험이 있는 바이어들은 전시회 주

33) Bello, D. & Lohtia, R,(1993). Improving Trade Show Effectiveness by Analyzing Attendees. Industrial Marketing Management 22: 311~318.

34) Tanner, J.(2000). Come One, Come All: Segmenting Attendees by Title, CEIR AC 37.

35) Trade Show Bureau(1991). Understanding and Influencing Your Audience: An Analysis of First-time and Previous Trade Show Audiences, Research Report, AC 23, Trade Show Bureau.

최자가 보내주는 자료나 정보를 보다 많이 활용하는 반면에, 방문경험이 없는 최초 방문객들은 해당 전시회 방문여부를 결정하기 위해서 구전(word-of-mouth)을 보다 많이 활용한다는 것이다.

참고로 의료, 기계, 식·음료, 첨단기술, 선물 및 의류, 그리고 관광분야 등 6개 산업에 관련된 북미지역 전시회 방문객 3,000명을 대상으로 실시한 미국 CEIR의 조사에 따르면, 그들이 방문할 전시회를 선정할 때 활용하는 정보원의 중요도를 <표 5-7>에서와 같이 인식하고 있는 것으로 나타났다.[36)]

<표 5-7> 방문할 전시회를 선정할 때 활용하는 정보원의 중요도

중요도	정보원
4.9	동료의 추천과 구전
4.7	업계전문지의 기사
4.6	업계전문지의 행사일정 안내
4.5	전시회 주최자가 보내 준DM
4.2	전시회 주최자의 광고
3.7	참가업체 영업부의 초청
3.6	참가업체의 광고
3.3	웹 사이트
2.7	이 메일
2.7	참가업체의 텔레마케팅
2.6	전시회 주최자의 텔레마케팅

(1=전혀 중요치 않음; 7=매우 중요함)

대체로 북미지역 바이어들이 방문할 전시회를 선정하고자 할 때 가장 중요하게 인식하고 활용하는 정보원은 '동료의 추천 및 구전'인 것으로 나타났다. 아마도 그 이유는 전시회 자체가 서비스 상품이기 때문에 품질을 스스로 평가할 유형적 단서가 부족하고 또한 미리 경험해 볼 수 없다는 한계가 있기 때문에 준거집단(reference group)이 될 만한 업계 동료 등의 구전에 의한 정보를 많이 신뢰하는 것으로 추정된다.

36) Tanner, J.(1999). The Most Effective Methods in Attracting Attendees, CEIR AC 31.

같은 맥락에서 업계전문지에 실린 전시회에 대한 기사나 행사일정 안내 등은 정보원으로서 중요성이 인식되고 있지만, 상업적 광고나 텔레마케팅 메시지는 그다지 중요하게 인식하지 않는 것으로 나타났다.

아울러 인터넷의 광범위한 사용에 비해 웹사이트나 이메일 수신은 정보원으로서의 활용가치가 매우 떨어진다는 것이다. 그러나 한 가지 덧붙일 것은, 방문객의 소속기업 내부 직급에 따라 활용하는 정보원의 중요성에 대한 인식이 다르다는 연구결과이다. 특히 임원급 방문객들은 중하위 관리자급 방문객들에 비해서 웹사이트나 이메일 등과 같은 정보원의 중요도를 더욱 낮게 인식하고 있는 것으로 조사되었다.[37)]

그러나 전시회에 대한 정보를 알고 있는 것과 전시회를 방문하는 것은 별개의 문제이다. 실제로 바이어가 특정 참가업체를 방문하게 되는 동기는 크게 바이어가 소속한 기업의 내부적 필요와 외부에서 주어진 광고나 홍보와 같은 촉진활동의 영향 때문인 것으로 나눌 수 있다. 이를 실증적으로 입증하는 조사보고서에는 독일에서 개최된 전시회를 찾는 바이어들이 특정 참가업체 부스를 방문하게 되는 동기를 유발하는 정보원이 <표 5-8>에 나타난 결과와 같은 것으로 나타났다.

<표 5-8> 독일 전시회 바이어의 특정 참가업체 부스 방문동기 (복수응답)

방문동기	비율
기존 공급업체와의 접촉 필요성	42%
잠재적 비즈니스 관계 유지	30%
참가업체의 초청장	24%
참가업체로부터의 우편 또는 상품정보	16%
참가업체의 전화접촉	14%
인터넷상의 기업의 전시회 참가광고	12%
신문상의 전시업체 광고	11%
참가업체가 보내준 무료입장권	10%

37) Tanner, J.(2000). 전게논문, CEIR AC 37. Jan.

독일 전시회의 방문객들이 특정 참가업체의 부스를 방문하는 가장 중요한 내부적 동기는 아마도 기존 공급업체와의 접촉을 통해서 관계유지 또는 강화를 하기 위한 것으로 추정이 된다. 물론 새로운 업체와의 잠재적인 비즈니스 관계를 맺으려는 것도 중요 동기가 되고 있음도 주목할 필요가 있다. 그러나 방문동기의 외부적 요인으로서 가장 영향을 크게 미치는 것은 참가업체가 보내준 초청장이나 우편과 같은 DM이 중요한 정보원으로 꼽히고 있다.

그러나 놀라운 것은 북미지역의 경우, <표 5-9>에서 보듯이 산업별로 약간의 차이는 있지만, 전시회 방문객의 불과 10% 정도만이 전시회가 개막되기 전에 참가업체에 의해 접촉되고 있는 것으로 조사되었다.[38] 다시 말하자면, 구매결정에 영향력을 갖고 있는 방문객들의 약 88%는 전시회 개막 전 12개월 동안에 참가업체로부터 아무런 사전 접촉을 받지 못하고 전시회 현장 부스에서 우연한 계기로 참가업체 부스를 처음으로 방문하게 된다는 의미이다.

<표 5-9> 사전접촉을 받지 못한 전시회 방문객의 비율

비율	산업
93%	식음료
90%	컴퓨터
88%	첨단기술
87%	제조
87%	정보통신
85%	의료 및 건강
업계 평균: 88%	

이러한 통계결과는 대체로 두 가지 의미를 갖고 있다. 첫째는, 참가업체들이 잠재 관람객들을 대상으로 자사 부스를 방문해 주도록 초대 또는 유도하려는 목적의 사전 프로모션 활동을 대체로 미흡하게 펼치고 있다는 것을 시사한다. 둘째로는 다른 측면에서 보자면, 참가업체들이 실제적으로 전시회를 방문하게

38) CEIR,(2000). Reaching the Unknown Prospect — Exhibition Attendees Not Reached by Regular Sales Calls. CEIR: AC 1120, Oct.

되는 관람객(바이어)들에 대한 접근경로를 정확히 이해하지 못하고 있음을 보여주는 것이라 할 수 있을 것이다. 즉, 전시회를 방문하는 관람객은 전시회 주최자나 참가업체들이 다른 마케팅 경로를 통해서는 접근할 수 없거나 접촉하기 어려운 특성을 띤 고객층이라고 볼 수 있으며, 그 결과 참가업체의 일반적인 사전 프로모션 활동에 거의 노출되지 않은 채 처음으로 전시회를 방문하는 경우가 많았던 것으로 추정할 수 있다.

실제로 북미지역에서 개최된 50개 이상의 전시회를 방문한 관람객들을 대상으로 조사한 결과에 따르면 전시회 관람객 전체에서 전시회를 처음으로 방문했다는 관람객이 상당한 비율을 이루고 있는 것으로 나타났다. 특히 통신산업(communications)분야의 전시회에는 관람객의 약 44%가 최초로 전시회를 방문하였다고 응답했으며, 첨단산업, 의료 및 건강산업, 식음료산업 그리고 제조업 등 산업 전체를 포함시킬 경우에 전시회를 처음 방문한 관람객의 비율이 평균 약 35%에 이르는 것으로 드러났다.[39)]

지금까지 살펴보았듯이 관람객들의 전시회 방문결정에 영향을 미치는 정보원의 중요도에 대한 인식이나 특정 참가업체 부스를 방문하게 되는 동기 등을 올바로 이해할 수 있다면 참가업체는 자사의 사전 프로모션 활동의 효율성을 높일 수 있을 것이다. 전시회 방문객들의 이러한 행동을 분석해 보면, 참가업체들은 바이어들의 산업구매의 특성이나 전시회 참가목적, 그리고 그들이 전시회 방문결정을 내릴 때 활용하는 정보원 등을 포함한 방문객의 행동에 대한 정확한 이해를 바탕으로 보다 치밀한 전시회 사전 프로모션 계획을 준비해야 할 것이다. 아울러 전시회 현장에서도 자사의 참가목표에 부합하는 고객을 선별하고 발굴하기 위해 부스담당인력에 대한 보다 체계화된 교육과 훈련이 요구된다.

39) CEIR (2001). First-Time Attendees vs. Seasoned Attendees, ACRR 1155.

제6절 바이어가 구매결정을 위해 활용하는 정보원

구매결정을 내리기 위해서 바이어들이 의존하거나 또는 활용하는 정보원은 다양하다. 전시회가 모든 산업분야를 막론하고 정보를 입수할 수 있는 가장 중요한 원천으로 인식되는 것은 아니지만, 다양한 측면에서 바이어들은 전시회를 활용하여 매우 중요한 구매 관련 정보를 수집하는 것으로 알려져 왔다.

특히, '구매 필요성 인식'(need recognition)과 '경쟁제품의 평가'(competitive product evaluation) 단계에서는 업계전문지(trade magazine or publication)와 더불어 전시회가 가장 선호되고 있다. 전시회가 구매결정에 수반되는 정보수집과 평가를 할 수 있는 기회를 제공한다는 점은 앞에서도 언급한 바 있었는데 '구매할 제품을 추천'하는 단계에 있어서는 산업별로 전시회에 의존하는 정도가 다른 것으로 나타났다. 예를 들면, 식・음료, 의류, 선물용품 등의 분야에서는 전시회에서 수집한 정보가 구매에 결정적인 영향을 주지만, 반면에 중장비나 기계분야와 같은 경우에는 구매의 복잡성과 구매위험 때문에 바이어들이 다양한 정보원을 활용하여 정보를 수집하는 것으로 나타났다.40)

북미지역에서는 바이어들이 제품 또는 공급업체에 대한 구매정보를 수집하기 위해서 다양한 정보원들을 <표 5-10>에서와 같이 활용하고 있는 것으로 나타났다.

이 조사결과에도 드러나 있듯이 북미지역에서도 전시회는 바이어들이 구매 관련 정보를 구할 수 있는 가장 중요한 원천(source)으로 평가되고 있다. Bello의 연구에서도 방문객들은 소속기업의 규모와 상관없이 전시회가 다른 어떤 종류의 정보원보다도 중요하다고 응답한 것으로 나타났다.41) 특히, 전시회 방문

40) Trade Show Bureau(1992). Trade Shows in the Purchasing Cycle, Research Report, Audience Characteristics #25, Trade Show Bureau.

41) Bello, D.(1998). Attendee Purchase Behavior at an Industrial Trade Show. CEIR AC 1070.

객들이 제품에 대한 정보를 수집할 때 '제품의 시연', '부스 담당직원의 설명' 및 '제품 소개자료' 등을 중요시한다고 응답을 하였다.

<표 5-10> 북미지역 바이어가 활용하는 정보원 (복수응답)

90%	전시회
75%	Direct Sales & Field Sales
75%	PR
63%	인터넷
58%	Direct Mail
55%	업계 전문지 광고
50%	텔레마케팅

출처 : CEIR(2000) Research Report II.

한편, 독일 전시회를 방문한 바이어들이 구매와 투자에 관한 결정을 내리기 위해서 정보원을 활용하는 비율은 <표 5-11>과 같은 것으로 나타났다.

<표 5-11> 독일 전시회 방문객의 정보원 활용실태 (복수응답)

49%	인터넷
43%	전시회
32%	업계 전문지
32%	우편물, 브로셔, 카탈로그
29%	공급업체의 세일즈팀
24%	기업의 프리젠테이션
8%	TV 혹은 라디오
3%	기타

독일의 경우에 응답비율은 다소 차이가 나지만, 바이어들이 구매 또는 투자 관련 의사결정을 내리기 위해서 정보를 구할 때, 인터넷(49%)을 제외하고는 전시회(43%)를 가장 많이 활용하고 있는 것으로 나타났다.

제7절 방문객의 행동 특성

전시회는 구매의사를 결정하려는 바이어들에게는 매우 효율적인 공간이다. 전시회 현장을 방문한 바이어들은 신제품을 관람하고 평가하며, 공급업체들과 새로운 접촉을 하거나 관계를 발전시키거나 구매행동을 한다.

Simmons Market Research Bureau가 전시회를 방문한 약 1천명의 바이어들을 대상으로 실시한 조사결과에 따르면, 응답자의 약 72%는 가격조회를 하며, 13%는 전시회 현장에서 실제로 주문계약서에 서명을 한다고 대답했다.

이들은 북미지역에서 개최된 제조업 관련 전시회(Manufacturing Show)에 방문한 바이어들로서 이들의 구매의사 결정과정 참여수준과 관련해서는 97%의 응답자가 구체적으로 제품이나 서비스를 추천하는 위치에 있고, 약 63%는 실제로 구매를 결정 또는 승인한다고 대답하였다. 한편 이들은 연중 약 3회 이상 전시회를 방문하며, 대다수(74%)의 응답자들이 관리자급이거나 구매전문가들인 것으로 나타났다. 이들이 전시회 현장에서 행한 활동에 대한 조사결과는 <표 5-12>에 내용과 같다.[42]

<표 5-12> 북미전시회 방문객의 행동 특성

비율	행동
96%	제품 소개자료 발송 요청
95%	유사한 제품의 비교
94%	기존 공급업체와 접촉
75%	최소한 1개 이상의 신규 공급업체 발굴
72%	제품가격 조회 요청
55%	판매담당자 연락 요청
13%	주문 계약

42) CEIR, The Power of Exhibitions: Attendance Quality Series. Fact About Manufacturing Show Attendees. CEIR PE6.

이 통계결과는 앞에서 인용했던 바이어의 전시회 방문동기 중요도와 일관성을 보이고 있다. 즉, 신제품을 관람하고 비교해보거나, 기준 또는 신규고객과의 접촉활동을 활발히 펼치고 있음을 알 수 있다.

그런데 바이어들은 전시회를 방문하여 수집한 정보를 가지고 무엇을 하는가? 물론 산업의 종류에 따라 차이가 나겠지만, 참고로 건강 및 의료관련 전시회 방문객들을 대상으로 조사한 연구에 따르면, 응답자의 약 59%가 전시회 폐막 후 7개월 이내에 구매를 했으며, 약 41%는 12~19개월 이내에 구매할 예정이라고 답을 한 것으로 조사되었다.[43)]

<표 5-13>은 미국 Exhibit Surveys Inc.가 북미지역에서 개최된 여러 산업을 대상으로 한 48개 전시회 방문객들의 행동특성을 조사한 결과이다.

이 조사에 따르면, 전시회 방문객들은 전시회 개최지역에서 평균 2.3일을 체재하며, 전시회장내에서는 평균 8.9시간을 머무는 것으로 나타났다. 조사 응답자의 54%가 전시회 폐막 후 12개월 이내에 구매할 계획을 갖고 있으며, 이들 방문객의 대부분(83%)이 구매결정에 영향력을 행사(포괄적 추천, 구체적 추천,

<표 5-13> 2003년 북미지역 전시회 방문객의 특성

	첨단기술	소매	의료	제조	**산업전체**
방문객 구매관련 지표(%)					
전체 구매계획	51	63	57	46	**54**
순수 구매영향력	85	89	78	83	**83**
최종결정	35	53	30	36	**39**
구체적 추천	29	26	25	33	**28**
포괄적 추천	58	48	60	53	**55**
방문객 행동지표					
전시회장 체재 평균시간(시간)	9.1	10.3	7.5	9.5	**8.9***
전시회 방문소요 평균일수(일)	2.2	2.2	2.6	2.1	**2.3***
전시회 최초방문(%)	35	30	21	32	**30**
전년도 전시회 방문경험(%)	37	45	44	35	**40**
전시장 통행밀도(명/100 f^2)	2.4	1.4	1.7	2.1	**2.0**
전시장까지 640 km 이상 여행(%)	62	56	77	55	**64**

(출처: Expo 2004, 6에서 인용)

43) CEIR, Attendee Purchase Practices At a Major Health Care Conference, CEIR AC 17.

최종결정)한다고 밝혔다.

아울러 전시회의 순수 전시면적 100 f^2 당 방문객의 수를 측정하는 수치인 '통행밀도'(traffic density)는 약 2.0명이고, 응답자 중 전시회를 최초로 방문한 비율은 약 30%에 이르고 있는 것으로 조사되었다.

그러나 조사결과 중 가장 주목해야 할 사항의 하나는 전시회 부스를 방문한 관람객의 84%는 해당 부스의 기업으로부터 전시회 개막 12개월 이전에 아무런 접촉을 받은 적이 없다는 점이다. 이 통계수치는 기업이 '전시회 개막 이전에 펼치는 프로모션(pre-show promotion)'에 좀더 적극적인 노력을 기울여야 한다는 것을 시사하고 있다. 또한 이들 북미지역 전시회에 참가한 기업들은 잠재 고객 1명이 자사 부스를 방문하도록 하는데 약 117달러가 소요되었고, 부스 담당자와 구체적 상담을 하도록 하는데 약 200달러가 소요되었다고 응답하였다.44)

그리고 참가업체가 개별적으로 부스 방문객을 선별·분석해 본 결과, 78%의 부스 방문객들이 전시되고 있는 제품이나 서비스에 관심을 갖고 있었으며, 48%의 부스 방문객들은 향후 12개월 이내에 방문한 부스의 상품 또는 서비스를 구매할 계획을 갖고 있고, 77%의 부스 방문객들은 구매결정에 영향력을 행사한다고 응답을 했다.

<표 5-14> 북미지역 전시회 방문객 행동지표 변화추세(1999~2003)

	1999	2000	2001	2002	2003
구매행동지표					
구매계획	57	56	53	53	54
순 구매영향력	83	83	83	83	83
전시회에서 사용하는 시간					
평균소요시간	9.2	9.6	8.9	8.3	8.9
평균체재일수	2.1	2.1	2.1	2.1	2.3
방문객 프로파일					
최초 방문객 비율	35	35	37	35	30
전년도 전시회 참가경험	43	43	44	41	40

(Expo 2004.6에서 인용)

44) CEIR(2000). Reaching Unknown Prospect — Exhibition Attendees Not Reached by Regular Sales Calls. ACRR #1120.

한편, 북미지역 전시회 방문객의 1999년 이후 2003년까지 5년간의 주요 행동지표 추세변화를 살펴보면 <표 5-14>와 같다.

이 표에 따르면, 북미지역 전시회를 방문하는 바이어의 평균 54%는 구매계획을 갖고 있으며, 전시회 공간에서 평균적으로 소요하는 시간은 약 9시간 정도인 것으로 조사되었다. 또한 전체 방문객 중 약 30% 이상은 최초로 전시회를 방문하고 있다는 사실도 주목할 만하다. 이 조사에서 기타 사항으로 밝혀진 방문객 행동특성은 <표 5-15>와 같이 나타났다.

<표 5-15> 북미지역 전시회 방문객 행동특성

- 기업 의사결정권자의 약 46% 는 전시회에서 상품을 구매한다.
- 바이어의 약 79%는 전시회에서 구매 관련 정보를 획득한다.
- 관람객의 50%는 "신제품 관람" 이 가장 중요한 방문동기라고 한다.
- 기업중역의 76%는 자사의 경쟁력을 점검하기 위해서 단독으로, 혹은 자사 부스 운영과 관련해서 전시회를 방문한다.
- 기업의 의사결정권자의 83%는 전시회를 활용하여 동종 산업의 추세나 최근 발전 상황을 점검한다.
- 관람객은 평균적으로 약 9시간을 전시회장 관람에 사용하는데, 그 시간 동안 약 26개 부스를 방문하고 각 부스에서 약 13분씩 시간을 쓴다.

<표 5-16> 독일지역 전시회 방문객 행동특성

- 전시회 관람객의 61%는 구매의사 결정권자(결정적 영향력 행사)
- 해외에서 방문하는 관람객들의 경우에는 75%가 의사결정권자, 구매의사 결정권자의 44%는 전문전시회를 2일 이상 관람
- 독일인 관람객의 30%(해외바이어의 경우 48%)는 임원급이거나 자영업자
- 전시회 관람객의 35%는 전문전시회에 처음 참관
- 독일인 관람객의 79%는 종업원 1,000명 이하의 기업소속이며, 해외 바이어의 54%는 종업원 100명 미만의 중소기업 소속

이에 반해 독일전시산업협회(AUMA)가 49개의 전문전시회에서 4,219명의 전시회 방문객을 대상으로 실시한 최근 조사에 의하면, 이들의 행동특성과 제품 구매의사 결정과정에 미치는 영향력은 <표 5—16>과 같은 것으로 나타났다.45)

독일지역에서 개최되는 전시회를 방문하는 바이어의 대다수(79%)가 종업원 1,000명 이하의 중소기업 소속이며, 이들의 상당수(61%)가 구매의사 결정권자인 것으로 조사되었다.

이상과 같이 북미지역이나 독일에서 개최되는 전문전시회 관람객들은 비교적 구매의사 결정력이 높은 양질의 바이어들이지만, 평균 2일간 전시회 개최지역에 체류하면서 불과 9시간 안팎의 시간을 전시회장에서 머물며, 수백 개 이상의 참가업체 중에 겨우 20~30개 정도의 부스를 방문하는 것으로 나타났다.

이러한 기초적 통계자료가 시사하는 바는 평판이 좋은 국제적 수준의 전시회일수록 참가업체 수나 관람객의 수가 많은 것과 비례해서 그만큼 경쟁이 치열하다는 것이다. 결국 이러한 경쟁을 뚫고 유력한 바이어들에게 호소력 있는 전시회 마케팅 프로그램을 설계하기 위해서는 방문객들을 정확히 이해하는 일이 필수적이다. 즉, 전시회 참가업체는 방문객의 특성이나 행동분석을 바탕으로 치밀한 전시회 사전 마케팅활동을 통해 바이어의 방문일정표(buyer's agenda)에 포함될 수 있도록 더 많은 노력을 경주해야 한다. 전시회 현장 부스에서도 수많은 관람객들 중 자사 표적시장에 부합하는 고객들을 선별해내고, 그들의 욕구와 필요에 부합할 만한 사업적 상담이나 접촉을 신속하고 효과적으로 펼치지 못한다면, 경쟁사의 프로모션에 이끌리고, 시간기근에 쫓기는 바이어들을 유망고객으로 확보할 수 있는 기회를 놓치게 될 것이다. 다시 한번 더 강조하지만, 전시회에 참가하는 기업이 고객만족을 실현하기 위해서는 방문객을 이해하는 것이 첫 번째 과제이며 또한 전부라고 해도 과언이 아닐 것이다.

45) www.auma.de 2005.

제6장 전시회 참가목표 설정

제1절 참가목표 설정의 중요성

국내외 전시회에 참가하는 기업의 담당자에게 전시회 참가목표를 갖고 있는지를 질문해 보면, 대부분 '새로운 판로개척' 또는 '현장에서의 주문확보'라고 대답을 한다. 전시회 참가경험이 부족한 기업일수록 전시회를 통해 그 동안 접근경로가 없었던 새로운 시장의 유력 바이어들을 만나 대량주문을 받아낼 수 있을 것으로 기대한다. 물론 전시회 참가경험이 비교적 많은 기업들도 현장에서의 주문확보만이 모든 전시회 참가를 위한 투자를 시켜줄 것이라고 생각하는 경향이 있다.

'유망한 잠재고객'에 대한 정보, 즉 '리드(lead) 확보'가 참가목표라고 대답하는 경우에도 정확히 어떤 수준과 규모의 리드 확보를 목표로 설정하고 있는지 다시 질문해 보면, 명확한 대답을 하는 참가업체는 매우 드문 실정이다. 산업의 분야별 차이를 막론하고 국내 기업들 중 상당수가 '주문확보' 만을 염두에 두고 있을 뿐, 그 이외에는 구체적인 참가목표를 설정하지 않고 전시회에 참가하는 경우가 많다. 참가목표가 있다고 주장하더라도 추상적이며 경영진의 일부 사람이나 부스 현장 책임자의 머리 속에서만 의도되고 있을 뿐, 참가목표가 명문화되어 부스 현장 담당자를 포함한 기업 내부 구성원들 사이에 공유되는 경우는 드물다.

해외 유명전시회에 참가하는 상당수 국내기업의 전시회 운영책임자들도 전시회가 기업 이미지 제고나 제품홍보에 도움이 되기 때문에 참가한다고 대답을 한다. 그 이외에도 해외시장의 동향이나 새로운 시장개척의 가능성을 타진해 보기 위해서, 또는 경쟁사들이 참가하니까 한번 참가해 보았다고 대답하는 기업들도 많다. 심지어는 중앙정부 또는 지방자치단체가 기업의 해외전시회 참가에 따른 비용을 일부 지원해 준다고 해서 경험 삼아 그냥 한번 참가해 보았다고 하는 경우도 적지 않다. 물론 꼭 잘못되었다거나 틀린 대답은 아니다.

그러나 전시회 참가결과가 어떻게 될 것인지를 단순히 예상해 보는 것으로 참가목표를 설정을 대신할 수 있는 것은 아니다. 기업은 새로운 회계연도를 맞을 때마다 대부분 측정 가능한 구체적 생산목표, 영업목표 또는 마케팅목표 등을 설정한다. 목표를 설정해야 하는 가장 중요한 이유는 목표를 갖고 있어야 이를 달성하기 위한 기업의 모든 활동이 기획되고 방향성을 갖게 되기 때문이다. 목표의 수준에 따라 예산이 책정되고, 생산계획이 수립되며, 영업과 마케팅전략도 세워지는 것이다.

전시회 참가 프로젝트도 예외가 아니다. 전시회 참가를 통해서 어떤 바람직한 결과를 예상할 수 있을지를 미리 결정할 수 있는 기업은 전략적 또는 전술적으로 상당한 이점을 갖게 된다. 우선 분명하고 구체적이며 측정 가능한 목표를 사전에 설정해 두지 않는다면, 많은 비용과 시간을 투자하여 참가하는 전시회 참가전략에 대한 방향성을 결정할 수 없을 것이고, 또한 참가성과가 어떠했는지를 측정해낼 근거나 방법이 없게 된다. 전시회 참가목표가 구체적으로 설정되면 기업은 이를 바탕으로 전시회 참가 프로젝트를 수행하기 위한 전반적인 전략을 수립하게 된다.

지난 십수 년간 해외에서 발표된 여러 연구문헌에도 참가할 전시회 선정, 예산의 규모, 전시회 부스의 디자인, 전시할 품목, 현장에서 사용할 판촉물의 내용은 물론, 가장 중요한 전시회 현장 담당인력의 선발, 교육 및 운영까지도 사

전에 설정된 참가목표에 따라 결정되고 진행되어야 한다는 점이 강조되고 있다.46)

요약을 하자면, 기업이 전시회 참가목표를 구체적으로 설정해 두어야 하는 이유는 다음과 같이 명백하다. 우선 올바른 인식은 아니지만 전시회 마케팅 프로젝트는 외견상 전시회가 개최되는 보통 3~5일 동안에만 이루어지기 때문에 비용이 많이 소요된다고 여기는 경향이 있기 때문에 무엇보다도 투자회수율을 높이기 위해서 노력할 필요가 있다. 물론 투자회수율은 전시회 현장에서의 주문확보라는 목표에만 치중해야 하는 것은 아니고 전반적인 마케팅 활동에 대한 성과가 어떠했는지를 주목하면 된다. 이런 맥락에서 전시회 참가목표가 명확하게 설정되어야만 기업의 모든 전시회 마케팅 프로젝트 활동이 방향성을 갖게 되면서 사전 마케팅 과정에서부터 현장운연은 물론 사후관리에 이르는 전체 프로젝트의 실행과정이 효율적으로 통제될 수 있다. 그 결과로서 참가성과가 제고되는 물론 그 결과를 측정하기도 용이해질 것이다.

46) Blythe, J.(2000). Objectives and Measures at UK Trade Exhibitions. *Journal of Marketing Management* 16: 203~/222.
Cavanaugh, S.(1976). Setting Objectives and Evaluating the Effectiveness of Trade Show Exhibits, *Journal of Marketing* 40: 100~103.
Head, J.(2000). Positioning, Objectives, and Selection Factors for Trade Shows. *CEIR*, MC 24.
Miller, S.(2003). *The Most Wanted Marketing Strategy for Exhibitors*, WA: Hikelly Productions, Inc.
Shoham, A.(1992). Selecting and Evaluating Trade Shows, *Industrial Marketing Management* 21: 335~341.

제2절 기업의 전시회 참가목표에 대한 연구의 종합

그렇다면 기업은 왜 전시회에 참가하고 어떤 목표를 설정하게 되는가? 그 동안 전시회에 관련하여 해외에서 발표된 학술적 연구문헌에는 기업의 전시회 참가목적을 주제로 한 연구가 많았다. 이들 연구결과를 종합해 보면, 일반적으로 기업들은 새로운 고객과의 만남 또는 기존 고객과의 관계강화에 이어서 신제품 소개, 네트워킹, 시장 및 경쟁상황 파악 등을 가장 중요한 전시회 참가목적으로 인식하고 있다. 그 중에서 우선 기업의 전시회 참가목적을 판매목표(selling objectives)와 판매외 목표(non-selling objectives)로 구분한 연구가 주목된다.[47] 전시장에서의 현장판매, 잠재고객의 확인, 구매의사 결정권자와의 접촉, 기존 고객에게 정보와 서비스 제공 등을 판매목표로 분류하고, 도매업자나 유통업자를 새로 발굴하고 이들에게 편의와 서비스를 제공하는 것도 판매목표에 포함시켰다.

한편, 기업의 이미지 제고 및 확대, 시장 및 경쟁정보 수집, 신제품 테스트, 직원의 사기진작 등은 판매외 목표로 구별을 했다. 그러나 기업의 전시회 참가목표를 판매와 커뮤니케이션으로 구별하면서, 전시회 참가목표는 결국 판매를 위한 것이라는 주장도 있다.[48]

이와 같은 맥락에서 판매목표만이 참가할 전시회를 선정할 때 가장 중요한 요인이라는 예외적인 연구결과도 있다.[49] 이런 견해들에 대해 비록 마케팅 활동이 궁극적으로는 판매를 위한 것이지만, 전시회에서의 모든 활동이 반드시 판매목표로 귀결되는 것은 아니라는 입장을 보인 연구도 있다.[50]

47) Bonoma, T.(1983). Get More out of your Trade Shows, *Harvard Business Review*, 61: 75~83.

48) Siskind, B.(1997). *The Power of Exhibit Marketing*, 4th ed., Self-Control Press.

49) Kijewski, V., Yoon, E. and Young, G.(1992). *Trade Shows: How Managers Pick Their Winners*, Institute for the Study of Business Markets.

한편, 기업의 전시회 참가목적을 판매목표와 판매외 목표로 분류한 기존 연구를 실증적으로 검증해 본 연구에서는 기업의 마케팅 담당 임원들이 전시회 참가가 판매목표의 달성보다는 판매외 목표달성에 더욱 효과적이라고 인식하고 있는 것으로 나타났다.51)

그런데 판매목적 위주의 참가목표는 판매외 목적의 참가목표에 비해서 그 결과를 측정하고 평가하기가 상대적으로 쉽다고 여기는 경향이 있다. 국제적 규모의 전시회에 참가한 캐나다 회사를 상대로 실시한 또다른 실증적 연구결과에는, 참가업체 중 49%가 전시회 현장에서 그리고 전시회 참가 후 1년 이내에 판매를 발생시키지 못한 것으로 응답을 했다.52)

그러나 산업의 종류 또는 전시회의 종류에 따라 전시회의 구매유발효과가 다르게 나타날 수 있기 때문에 이러한 결과를 일반화시킬 수는 없을 것이다. 왜냐하면, 미국 의료관련 전시회에서는 방문객의 59%가 전시회 폐막 후 7개월 이내에 구매를 했으며, 이들 중 72%는 전시회 부스에서의 경험이 자신들의 구매결정에 영향을 주었다고 응답을 하고 있는 경우도 있기 때문이다.53)

기업의 전시회 참가목적을 판매목적과 판매외 목적으로 구별하려는 시도를 잘못된 것으로 보는 견해도 있다. 기업이 판매를 위해 전시회에 참가를 하지만, 동시에 구매자로 참가하는 경우도 있으며, 전시회를 방문하는 바이어들도 역시 전시회 참가업체와 마찬가지로 판매목적과 판매외 목적을 동시에 추구하는 경우도 있음을 지적하기도 한다.54) 기업은 전시참가의 단기적인 효과와 장기적인 효과 모두를 극대화시키기 위해 판매목적과 판매외 목적을 결합시켜 전시회 참

50) Blythe, J.(2000). Objectives and Measures at UK Trade Exhibitions, *Journal of Marketing Management*. 16: 203~222.

51) Kerin, R. & Crone, W.(1987). Assessing trade show functions and performance. *Journal of Marketing*. 5: 87~94.

52) Rosson & Sheringhaus(1990)전게논문.

53) CEIR, Attendee Purchase Practices At A Major Health Care Conference, *CEIR* AC 17.

54) Hansen, K.(1996). The dual motives of participants at international trade shows. *International Marketing Review*, 13(2), 39~53.

가목표를 세우는 것이 가장 이상적이라고 주장하는 연구도 있다.

영국에서 개최된 엔지니어링관련 전시회에 참가한 기업을 대상으로 참가목적을 연구·조사한 결과에 따르면, 다섯가지 참가목표가 가장 중요한 것으로 인식되고 있는데, 새로운 고객과의 만남, 회사 이미지 제고, 기존 고객과의 상호교류, 기존제품 프로모션, 신제품 소개가 그에 해당한다. 참고로 이 연구조사에서는 전시회 현장에서의 주문 확보는 참가목표의 중요성 평가에서 후 순위로 평가되었다.[55] 또한 북미지역 기업전시회 담당매니저 1,500명을 대상으로 실시한 조사에서는, 새로운 고객발굴, 판매활동 강화, 기존 고객과의 관계강화 및 기업의 이미지 제고 등이 가장 중요한 전시회 참가 4대 목적인 것으로 나타났다. 이 조사결과에서는 신상품 소개가 중요한 참가목표로 꼽히지 않은 것을 예외라고 해석하고 있다.[56]

한편, 미국에서 개최된 COMDEX 2003, CES 2004 및 ISCE 2004 등의 국제규모 전시회에 참가한 한국 기업들을 대상으로 한 연구조사에서는 해외시장 진출, 신제품 소개 및 새로운 유통업체 발굴 등이 가장 중요한 참가목표로 나타났다.

그러나 한국 기업들은 기존고객과의 접촉, 기업 이미지 제고 및 전시회에 동반된 세미나 참석 등의 참가목표는 거의 추구하지 않는 것으로 조사되었다. 그 이유는 조사대상 국내기업들 대부분은 국가관(national pavilion)의 일원으로 정부로부터 일부 참가비용을 지원받고 참가한 중소기업들이어서 흔히 대기업들이 추구하는 기업 이미지 제고 등과 같은 목표를 동시에 수행하기에는 대부분 여력이 부족하기 때문인 것으로 추정된다. 그러나 국내 참가업체들은 위에서 언급한 상위 3개의 참가목표를 갖고 해외 전시회에 참가했다고 답했지만, 대부분은 참가결과의 측정이 가능한 형태의 계량화된 참가목표를 설정한 것은 아니었던 것으로 조사되었다.[57]

---

55) Shipley, D., Egan, C. & Wong K.S.(1993). Dimension of trade show exhibiting management. *Journal of Marketing Management*,(9), 55~63.

56) Kijewski, V., Yoon, E. & Young, G.(1993). How exhibitors select trade shows. *Industrial Marketing Management*, 22, 287~298.

학술적 연구결과는 아니지만, 미국에서 발행되는 전시회 전문 간행물의 발표에 따르면 북미지역의 기업들은 <표 6-1>에서와 같이 다음과 같은 참가목표를 가장 중요시하는 것으로 나타났다.[58)]

<표 6-1> 기업의 전시회 참가목표 (복수응답)

참가목표	응답 비율
양질의 리드 확보	54%
브랜드 이미지 제고	50%
신제품 소개 및 시연	41%
다른 기업과 경쟁	32%
현장 판매	28%
기타	5%
잘 모름, 해마다 참가해 왔을 뿐	1%

이 조사에 따르면, 기업들이 가장 중요시하는 참가목표로는 리드의 확보가 54%의 응답을 보이면서, 이미지 제고(50%), 신제품소개(41%) 및 타사와의 경쟁(32%) 등이 우선시되고 있다. 그러나 현장판매를 목표로 하는 비율은 복수응답의 결과이면서도 28%에 불과한 것으로 나타났다.

반면에 독일전시산업협회(AUMA)가 의뢰하여 TNS가 2005년에 조사한(복수 응답) 바에 따르면, 독일에서 개최된 전시회에 참가한 기업들의 경우, 신규고객의 발굴(92%)과 기업 및 제품에 대한 인지도 향상(92%)을 가장 중요한 참가목표로 간주하고 있는 것으로 나타났다. 또한 신제품 소개(90%), 기존 고객과의 관계강화(89%), 기업 및 제품 브랜드 이미지 증진(88%) 등의 참가목표도 매우 중요시되고 있다. 그 외, 새로운 시장개척(76%), 전시회 전후 판매마무리(69%), 소비자행동 및 제품선호도 등에 대한 시장조사(57%) 등도 비교적 자주 언급되고 있는 참가목표인 것으로 발표되었다.[59)]

57) Kim, Yong-Kwan(2005). Korean Exhibitors' Management Practices in Overseas Exhibitions, *Journal of Hospitality, Tourism & Leisure Science*, 2005-1.

58) Tradeshow Week, 2002. 5.

독일에서 개최된 전시회에 참가한 기업들은 매출증대와 마케팅 활동을 강화하려는 목표 모두를 적극적으로 추구하는데, 특히 창업한 지 4년 이하의 신생기업들은 전시회가 개최되는 동안 또는 폐막 직후에 거래를 성사시키려는 노력을 기존 기업에 비해서 더 많이 하는 것으로 조사되었다. 그리고 매출의 10% 이상을 해외시장에 의존하고 있는 참가업체들의 82%는 '새로운 시장개척'이라는 목표에 보다 주력하고 있었음을 주목할 만하다. 즉, 이미 해외시장에 진출해 있는 참가업체들은 전시회 참가를 통해 지속적으로 해외 시장개척을 해나가고자 하는 목표가 명백한 것으로 해석되었다.

기업규모의 차이와 상관없이 국내외 기업들이 전시회에 참가할 경우 가장 우선시하는 참가목표와 관련해서 그 동안의 각종 연구발표에 나타난 조사결과를 종합적으로 정리해 보면 <표 6-2>와 같다.

<표 6-2> 대표적인 기업의 전시회 참가목표

- 새로운 고객 창출 - 리드 발굴
- 기존 고객과의 접촉 및 관계 강화
- 신상품 개발을 위한 새로운 아이디어나 응용사례 발굴
- 신상품 소개 및 반응조사
- 기존 유통업체와의 접촉 및 관계 강화
- 새로운 유통업체 발굴
- 경쟁기업의 전시회 마케팅 활동조사 및 대응
- 기업 이미지 제고
- 현장 판매활동 강화
- 운반·진열하기 어려운 제품의 시연
- 마케팅 및 기술적 문제 해결책 모색
- 지역 판매 또는 유통망의 사기진작
- 인력발굴 및 채용
- 해외시장 수출기회 탐색 및 창출

59) http://www.auma.de/aktuell/presse05/gb-presse3-2005.html.

위의 표에서와 같이 기업의 전시회 참가목표는 매우 다양하지만, 참가업체는 어떤 목표가 자사의 입장에서 가장 중요한지를 판단하고, 그 목표를 구체적으로 계량화하는 것이 우선 중요하다. 또한 참가목표를 성취하는 데 있어서 전시회와 다른 마케팅도구를 비교하여 어떤 것이 더 효과적인지도 판단하도록 해야 한다. 끝으로 전시회 참가목표를 설정한 기업들이 목표를 설정하지 않고 참가한 기업들에 비해 전시회 참가에 대한 만족감이 더 높았다는 연구결과를 주목할 필요가 있음을 지적해 둔다.[60)]

다음 절에서는 빈도적 측면에서 기업이 가장 많이 전시회 참가목표로 삼는 것들을 중심으로 어떻게 구체적으로 목표를 설정할 수 있는가를 설명해 보도록 하겠다. 그런데 산업이나 전시회의 종류에 따라서는 참가목표의 중요성에 대한 우선순위가 달라질 수도 있다. 따라서 항상 특정 참가목표가 다른 참가목표에 비해 우선시되어야 한다고 일반론적인 단언을 내리기는 어려울 것이다. 그리고 참가목표가 무엇인지에 따라서 다음 장에서 설명하게 되는 참가할 전시회 선정과정에 직접적인 영향을 준다.

예를 들어, 기존 시장에서 새로운 고객을 창출하려고 하거나, 신규 유통업체를 발굴하려는 목표 등을 우선적으로 달성하려는 경우에는 수직적 전시회(vertical show)보다는 수평적 전시회(horizontal show)를 선정해서 참석하는 것이 적합할 것이다. 반면에 새로운 시장을 개척하고자 할 경우에는 그 동안 진출할 기회가 없었지만, 새로운 수요를 자극할 만한 경쟁력이 있다고 판단된다면, 기꺼이 새로운 국가나 지역에서 개최되는 전시회를 방문 또는 참가하면 될 것이다. 그러나 참가목표 설정에 따라 참가할 전시회를 선정하는 방서와는 역으로 전시회의 특성 또는 종류에 따라 참가목표를 설정하는 경우도 있을 수 있다.

---

60) Kerin, R. & Crone, W.(1987). Assessing trade show functions and performance. *Journal of Marketing*, 5(July), 87～94.

제3절 전시회 참가목표 설정방법

대면접촉방식으로 잠재고객과의 사업적 만남을 가능하게 해 준다는 점에서 전시회는 다른 마케팅수단들이 제공할 수 없는 뚜렷한 장점을 갖고 있다. 특히, 전시회에 참가를 하면 다른 기회나 경로로는 좀처럼 만나기 어려운 주요 바이어들을 만날 수 있다는 것도 강점이다. 예를 들어, 직접 판매를 위해 고객기업을 개별적으로 방문하는 경우에도 구매결정에 큰 영향력을 행사하는 중역들을 만나기가 여러 가지 이유로 어려운 경우가 많다. 더구나 고객회사의 사무실은 자사 직원이 통제할 수 없는 환경이기 때문에 사업적 상담을 하기에도 제약이 따른다. 그러나 전시회라는 시·공간은 자사 소유의 전용공간은 아니지만, 고객의 전유공간도 아닌 중립지대이며, 참가업체 입장에서 상당한 통제력을 발휘할 수 있는 공간이라는 장점이 있다. 그렇다면 이러한 기회가 제공되는 전시회에 참가해서 기업이 추구할 수 있는 참가목표의 설정에 관해서 하나씩 살펴보기로 하자.

1. 새로운 고객 창출 – 리드 발굴

전시회에 참가하는 기업에게 새로운 고객을 발굴·확보하는 일은 가장 중요한 목표 중의 하나로 줄곧 인식되고 있다. 전시회에 관한 실증적 연구조사 결과에서도, 새로운 고객 창출, 곧 리드 발굴(lead generation)은 기업의 전시회 참가목표 중 가장 중요한 것으로 확인되고 있다.[61] 전시회에서 리드(lead)란 '유망 고객의 프로파일'을 의미하며, '양질의 선별된 리드'(qualified lead)는 전시회 참가기업의 데이터 베이스의 일부로 즉각 편입될 수 있고, 고객과의 후속적

61) Bello, D. & Lohtia, R.(1993). Improving Trade Show Effectiveness by Analyzing Attendees, *Industrial Marketing Management*, 22: 311~318.
Kim, Yong-Kwan(2005). 전게논문.

접촉과 관계를 지속적으로 유지할 필요가 있을 경우에 활용될 수 있는 고객에 대한 정보를 의미한다. 따라서 리드 카드(lead card)에는 접촉할 고객의 이름, 소속, 직위, 연락처 등에 관한 기본적인 정보 이외에 자사 제품 또는 서비스에 대한 관심도, 현재 사용하고 있는 상품에 관련된 만족도 또는 문제점 등을 포함하여 향후 고객과의 추가적인 접촉을 용이하게 할 수 있는 구매계획에 관련된 정보도 포함되어야 한다.

한편, 일반적으로 전시회를 통해 확보되는 새로운 유망고객에 대한 프로파일, 즉 리드는 다른 마케팅 수단이나 경로를 통해서 확보한 리드에 비해서 비용대비 가치가 뛰어난 것으로 평가되고 있다. 산업의 종류에 따라 차이는 있겠지만, 전시회에서 발굴된 양질의 리드를 활용할 경우, 전시회 폐막 이후, 자사 세일즈팀의 방문, 요청한 자료나 정보제공, 전화, 이메일 또는 서신발송 등과 같이 매출을 성사시키기 위해 수반되는 후속적인 바이어와의 접촉횟수도 상대적으로 적게 소요된다. 전시회에서 발굴된 리드가 실제 매출로 전환되는 비율이 높으며, 매출발생에 소요되는 시간도 상대적으로 짧다. 2002년 5월 미국의 Trade Show Week가 인터넷을 통해 실시한 조사에 따르면, 전시회 참가업체 담당자들의 52%는 전시회를 통해서 창출된 리드가 다른 어떤 마케팅 수단에 의해 확보된 리드에 비해서 가치가 있다고 응답한 것으로 나타났다.

리드 발굴에 소요되는 비용적 측면에서도, 고객의 사무실 현장을 방문해야 하는 방식을 통한 리드확보 비용은 전시회에 참가해서 리드를 확보하는 비용에 비해서 약 2.5배가 더 드는 것으로 보고되고 있다. 또한 한 사람의 유망고객 접촉비용이 직접판매 방식의 경우에는 평균 292 달러가 소요되는 것에 비해서, 전시회에서는 185달러에 지나지 않는 것으로 나타났다. 다른 마케팅 촉진도구, 예를 들면, 라디오, TV, 신문, 잡지, 텔레마케팅, DM(직접 우편), 인터넷 등을 통한 세일즈 리드 확보비용이 어느 정도 소요되는지 계산해 본다면 전통적인 다른 마케팅 도구들에 비해서 전시회에서의 리드 확보가 가장 효율적인 것을 알게 될 것이다.

처음 참가하는 전시회에서 참가업체가 바이어로부터 다량의 주문확보를 받아낼 수 있는 확률은 매우 희박하며, 오히려 새로운 유망고객들에 대한 양질의 정보, 즉 리드를 발굴 또는 확보하려는 노력을 선행시키는 것이 궁극적으로는 기업의 매출증대에 기여하게 될 것이다. 그렇다면 리드 발굴에 관련된 참가목표 설정은 어떻게 하는 것인지 다음과 같이 가상적인 시나리오를 바탕으로 그 구체적인 방법을 살펴보자.

Ⅰ. '리드 발굴' 목표설정 방법 - 계량화된 목표설정(예)

1. 전시회 총 관람객수를 기초로 접근하는 방법

A: 예상되는 전시회 총 관람객(바이어)수
B: 특정 상품군에 관심을 갖고 있는 관람객 비율
C: 바이어의 자사 부스 방문 가능성 비율
D: 리드 확보를 위한 잠재적 참가목표

가령, XYZ 전시회에 연평균 10,000명(A)의 관람객(바이어)이 방문을 한다고 하자. 특정 상품군에 관심을 갖고 방문할 것으로 집계된 관람객의 비율은 약 20%(B)이다(전시회 주최자가 바이어의 전시회 등록과정에서 수집한 정보 속에 이러한 기초통계가 나타나 있다). 그렇다면, 자사가 전시할 제품군에 관심을 갖고 있는 관람객 수는 A × B, 즉 10,000 × 0.20 = 2,000 명 정도가 될 것으로 추산할 수 있을 것이다.

자사 제품군에 관심을 갖고 있는 바이어들 중 실제로 자사 부스에 방문할 가능성은 약 21%(C)라고 가정하자(물론 전문전시회의 경우에는 이보다 다소 높은 방문 가능성을 보일 수 있을 것이다). 그렇다면 2,000명 × C(0.21) = D(420명), 즉 420명 안팎의 바이어들이 자사 부스를 방문할 가능성이 있을 것으로 예상할 수 있을 것이다. 바로 이들 바이어 420명 에 대한 구체적인 고객정보를 수집하는 일이 리드 확보와 관련된 잠재적 참가목표(D)가 되는 것이다.

참가목표 = 방문 가능 바이어의 수 420명 = 리드 420건 확보

2. 부스 담당자의 실행 능력을 기초로 접근하는 방법

가령, 전시회가 매일 오전 10시에 개장하고 오후 5시에 폐장하는 일정으로 4일간 개최된다면, 전시 부스 운영 가능 최대시간은 4일 x 7시간 = 28시간이 될 것이다. 그런데 중소기업인 자사가 전시회 현장에 3명의 직원을 파견·배치시킨다면, 이론상으로는 이들 3명 모두가 한 번도 쉬지 않고 28시간 동안 부스에서 일을 할 경우, 28시간 x 3명 = 84시간, 즉 부스 운영 직원의 총 가용시간은 84시간으로 계산할 수 있을 것이다. 그런데 각 부스 담당자가 매 시간당 5명의 바이어와 상담을 해낼 수 있다고 계산한다면, 전시회 기간을 통틀어 자사 직원들이 바이어들과 상담이 가능한 최대수치는 84시간 X 5명, 즉 420건이 된다. 구매가능성 측면에서 바이어들의 질적인 차이는 있겠지만, 이들과의 상담결과를 모두 리드로 확보한다고 가정하자.

참가목표 = 방문 가능 바이어의 수 420명 = 리드 420건 확보

전시 기간 (4일 × 7시간)	**28 시간**
부스 운영 직원수 ×	**3 명**
부스 운영 직원의 총 가용시간	**84 시간**
시간당 바이어 상담 가능건수 ×	**5 건**
바이어와의 총 상담 가능건수 =총	**420 건**

그러나 해외에서 개최되는 전시회의 경우, 시차 극복의 어려움은 물론, 언어 및 문화적 장벽, 직원 개인의 경험 및 상담능력 편차 등을 감안해야 한다. 따라서 세 사람의 현장 부스 담당자들이 중간에 휴식을 위해 교대해 가면서 바이어 상담을 한다면, 실제로는 1인당 전시회 4일간 확보할 수 있는 리드 목표는 다소 낮게 설정하는 것이 현실적일 것이다.

3. '리드 발굴' 목표 설정이 주는 시사점

이러한 리드 발굴목표를 관리적 측면에서 살펴보려면, 이 예상 리드목표를 총 전시시간으로 나누어 보면 된다. 예를 들어, XYZ전시회가 4일간, 하루 7시간씩 진행되었다고 가정하자. 그렇다면, 420명 ÷ 4일 = 105명, 즉 하루에 약 105명이 자사 부스에 방문하게 될 것이다. 1일당 리드(Lead Per Day)가 105명인데, 이를 시간당으로 계산해 보면, 105명 ÷ 7시간 = 15명, 즉 시간당 약 15명(Lead Per Hour)이 자사 부스를 방문하게 될 것으로 예상할 수 있다. 시간당 리드수가 15명이라는 것은 대략 매 4분마다 1명(Lead Per 4 Minutes) 정도의 바이어가 자사 부스를 방문하게 된다는 것을 의미한다.

이상과 같이 계산을 해 보면, 부스 인력운영 측면에서 바이어들과의 효과적인 상담을 위해 몇 명의 현장 부스 담당자가 필요할지, 어떻게 대처할지 또한 부스 현장 근무 스케줄을 어떻게 작성해야 할지 등에 대한 전술적 대비가 가능할 것이다. 좀 더 자세한 계산방식은 제8장 전시회 참가 예산 수립에서 설명할 것이다.

2. 기존 고객과의 관계유지 및 강화

기업이 전시회 참가해서 새로운 시장을 발굴하거나 고객을 확보하는 일도 중요하지만, 기존 거래 고객과의 우호적인 관계를 유지 또는 강화하는 일도 매우 중요함은 아무리 강조해도 지나치지 않다. 왜냐하면 우량기업이 되기 위한 한 가지 조건으로 고객 구성 포트폴리오에 있어서 기존고객의 비율이 높아야 할 것이다. 기업의 전체 매출규모가 증가한다 해도, 신규고객이 구매를 하도록 유도하기 위해 소요되는 세일즈 및 마케팅비용이 너무 많이 들면 자연히 기업의 채산성이 악화될 것이다. 즉 신규고객을 확보하기 위해 소요되는 비용이 기존 고객의 재구매를 유도하는 비용보다 월등히 많이 들기 때문에 고객구성 비율에 있어서 기존고객이 일정 비율 이상을 유지시킬 수 있다면 기업은 수익성이 개선되는 효과를 누릴 수 있을 것이다.

따라서 어느 기업이든 기존고객의 구성비율이 두터워야 우량기업이 될 수 있는 기반이 확고해지는 것이다. 아울러 핵심적인 기존 구매고객이 공급업체의 의사결정과정, 예를 들면, 자사의 상품개발과정에 참여 또는 기여를 하고 서로 이익을 나눌 수 있는 형식의 동반자적 관계를 구축할 수 있다면 공급업체의 안정성과 장래성에 매우 유리할 수 있기 때문이다. 이런 맥락에서 지속적으로 전시회에 참가하여 해당지역의 기존고객과 우호적인 관계를 유지 및 강화시키면서 이들의 이탈을 방지하는 것도 기업의 매우 중요한 참가목표가 될 수 있다. 물론 반대로 경쟁업체에게 빼앗긴 고객을 다시 찾아오겠다는 것도 의미있는 전시회 참가목표가 될 수 있을 것이다.

만일, 전시회가 개최되는 짧은 기간 동안에 기존 고객 중, 자주 만나기 힘든 핵심고객(key account)을 자사 부스로 초대하여 우호적인 관계를 지속시켜 나갈 수 있다면, 고객회사를 개별적으로 직접 방문하여 판매하는 노력 이상의 효과를 올릴 수 있을 것이다. 따라서 구매가능성이 높은 핵심 바이어들의 명단을 작성하여 그들의 자사 부스 방문을 유도할 수 있는 사전 프로모션 전략을 치밀하게 준비할 필요가 있다.

가령, 기존고객들을 위해서 전시회 특별가격(exhibition special rate)과 같은 제품가격에 대한 인센티브를 제공하거나, 전시회 기간 중 어느 저녁시간에 초대된 사람들만이 올 수 있는 고객감사 파티를 개최해 보는 것도 좋은 방법이다. 이러한 만남을 통해서 주요 고객들이 서로를 만날 수 있는 기회도 되며, 자사제품의 구매자들끼리의 만남을 주선해주는 것은 물론이고, 그들 모두가 자사와의 성공적인 거래관계를 유지하고 있음을 확인시켜주는 자리가 되기도 할 것이다. 또한 이러한 특별 이벤트를 통해 자사의 CEO를 포함한 중역들이 기존고객은 물론 새로운 고객들과 만나는 기회가 되며, 그 결과 핵심 우량고객들과의 관계 마케팅을 강화할 수 있게 된다.

3. 신제품 소개 및 반응조사

전시회는 새로운 제품과 서비스를 선보이거나 시험해 볼 수 있는 매우 효율적인 무대이다. 기업들이 전시회에 참가하려는 목표 중에서 신제품 소개와 그에 따른 시장의 반응조사는 늘 상위순위에 있으며, 전시회 주최자들도 참가업체에게 호의적인 조건을 제시하면서 전시회에서의 신제품 발표를 적극 유도함으로써 전시회 자체의 상품성을 높이고자 노력을 한다. 참가업체뿐만이 아니라 전시회 주최자들도 이렇게 신제품 소개에 열을 올리는 이유는 상당수 바이어들이 어떠한 신제품이 출시되었고 기존 제품과는 어떻게 다른가에 대한 높은 관심을 갖고 있기 때문이며, 때로는 바이어들이 향후 구매계획을 입안하기 위해서 신제품을 관람할 목적으로 전시회를 방문하기 때문이다. 즉, 전시회 주최자나 참가업체 모두가 양질의 방문객을 확보하고, 개최 또는 참가성과를 제고할 수 있는 가장 강력한 소구력 중의 하나가 바로 경쟁력 있는 신제품의 소개인 것이다.

전시회 참가업체는 신제품을 전시회에서 소개함으로써 바이어들과 광범위한 또는 집중적인 접촉기회를 만들 수 있는 것이다. 전문 바이어는 구매 고려대상에 포함시킬 만한 상품의 품질을 현장에서 직접 비교·분석하면서 신제품에 관한 기술적 정보 혹은 거래적 정보를 요구한다. 따라서 제품의 주요 성능 또는 기능에 관한 정보를 포함해서 가격, 배달조건 등을 바이어들의 정보욕구에 맞게 다양하게 준비해 두어야 한다.

그러나 주의할 점은 전시회 스케줄에 맞추어 신제품 출시를 알려서는 안 된다. 아직 선적할 준비가 덜 된 신제품의 출시를 미리 발표하는 바람에 어려움을 겪는 경우도 있다. 또한 신제품 출시를 너무 일찍 발표하는 바람에 고객들이 신제품을 구매하기로 작정하여 기존제품의 매출이 급격히 떨어지는 경우도 있기 때문이다. 그러나 전시회 개막일에 맞추기 위해서 신제품 출시를 늦추어서는 안 된다. 제품의 종류에 따라 다소 다르겠지만, 일반적으로 신제품 출시의 극적 효과는 첫 몇 개월 동안에 극대화되기 때문이며, 타이밍을 너무 늦추다 보면 경쟁회사가 새로운 제품으로 시장을 선점해 버릴 수도 있기 때문이다.

신제품 소개에 따른 또 하나의 목적은 소개 자체보다는 반응을 알아보기 위한 것이다. 앞에서 언급한 바 있지만, 신제품 발표를 통해 방문이 유도된 바이어들과의 접촉, 그들의 신제품에 대한 다양한 반응확인 및 대화 등을 통해서 신제품의 보완에 필요한 점들을 포함하여, 제품믹스(product mix) 전반적 측면에 관련된 매우 귀중한 시장정보를 수집할 수 있다는 점을 다시 한번 주목할 필요가 있다.

4. 전시회 현장주문 또는 매출목표 설정방법

전시회 참가업체가 처음 참가하는 전시회에서부터 현장 주문을 확보하리라고 기대하는 것은 현실적이지 못할 것이다. 그러나 참가경험이 누적되기 시작하면 대부분의 중소기업들의 입장에서는 현장주문이나 매출에 대한 기대감을 갖게 될 것이다. 여기서는 현장주문 또는 매출목표와 관련하여 어떻게 참가목표를 설정할 것인지를 간략히 예를 들어 설명하고자 한다.

판매 또는 매출목표는 전시회 현장에서 판매된 총액에 의거해서, 고객 1인당 혹은 주문 1 건당 평균매출액, 기존고객과 신규고객별 판매비율, 제품당 판매액, 혹은 전시회 종료 후 일정시간이 경과할 때까지 발생된 매출액 등 다양하게 나누어 생각해 볼 수 있다.

그러나 판매목표 설정에 관련해서는 매우 현실적이어야 한다. 기존고객으로부터 주문을 받고 싶다면, 우선 전시회 현장에서 실제로 만날 수 있는 바이어의 명단을 작성한 후, 그 중에서 몇 퍼센트의 바이어가 구매주문을 할 것이라는 추정할 수 있어야 할 것이다. 동시에 매 주문당 매출액과 확보할 수 있을 것으로 설정한 목표 주문건수를 곱해서 최종적인 매출목표를 확정하게 된다.

앞 장에서 가상적으로 설계한 시나리오는, 전시회 기간 중 예상되는 방문객 총 10,000명 중 자사 제품군에 관심을 갖는 바이어는 약 20%에 해당하는 2,000명 정도가 될 것이며, 이들 중 약 21%에 해당하는 약 420명 정도의 바이어가 자사 부스를 방문할 것으로 추정했다. 자사 부스를 방문한 바이어들 중 약 3%가 현장에서 구매주문을 할 것으로 추정할 수 있다면, 420명 × 0.03 = 약 13건의 주문확보가 전시회 참가목표가 될 것이다. 만일, 매 주문당 평균 매출액 미화 10만 불 정도라면, 13건 × 10만 불 = 미화 130만 불, 즉 이번 전시회에서 총 130만 불이 자사의 현장 매출목표로 설정되는 것이다.

물론 이러한 현장 주문확보 또는 매출목표를 기준으로 기업이 실행한 전시회 참가 프로젝트의 성과분석을 다양하게 할 수 있는데, 특히 전시회 참가로 비롯된 매출은 전시회 참가에 따른 투자회수율(ROI) 또는 목표달성률(ROO)과 같은 전시회 참가에 대한 성과분석을 용이하게 해준다. 이와 같은 분석방법은 제16장 전시회 참가 성과측정에서 자세히 다루기로 한다.

5. 시장조사

전시회에서는 참가업체가 관람객들에게 자사 부스 방문의 필요성을 느끼게 할 수 있을만한 확실한 가치나 이유를 보여주지 못할 경우, 관람객들이 자사부스를 찾기보다는 다른 경쟁사 부스를 찾아 갈 확률이 매우 높을 정도로 경쟁이 치열한 시장이다. 따라서 참가업체 입장에서는 전시회 참가를 통해 신제품에 대한 시장 또는 고객의 반응을 확인하고자 하는 목적으로 참가한다면, 전시회라는 특수한 상황을 적절하게 활용할 수 있어야 한다. 참가업체가 자사 제품의 새로운 포지셔닝 컨셉(positioning concept)을 시험하고 싶다면, 관람객들이 자사 부스를 방문해 줄 가능성이 높지 않다고 판단될 경우에 제품의 독특함, 가격, 사후 서비스(A/S) 등 여러 가지 부가적 혜택을 다양하게 제시해 볼 필요도 있을 것이다. 몇 일간의 전시회 동안에 구매가능성이 있는 수백 또는 수천 명의 관람객들에게 새로운 제안을 하여 그들의 반응을 조사 · 분석해 봄으로써 제품의 구성방식, 디자인, 포장, 가격이나 심지어 유통체계를 조정 또는 조율할 수 있는 단서 포착이 가능할 수 있을 것이다

전시회는 <표 6-3>에서 설명하듯이 기업이 다양한 마케팅 정보(marketing intelligence)를 수집하기 위해 시장조사 활동을 펼칠 수 있는 최적의 장소이다. 여기서 시장조사란 고객, 경쟁사 및 시장 전반의 마케팅 환경에 대한 조사를 의미한다.

<표 6-3> 전시회가 시장조사를 위한 최적의 장소인 이유

첫째, 동종 산업 내부의 핵심적인 주체들이 모두 모인다.

둘째, 일반적으로 전시회 개최지로부터 멀리 떨어져 있는 지역에서 방문을 하는 관람객일수록 평상시 다른 경로를 통해서는 만나기 힘든 기업의 임원급 구매의사결정권자들인 경우가 많다.

셋째, 전시회는 공간적으로 한정된 곳에서 진행되는 행사이므로 다른 공간에 비해 시장조사 활동에 소요되는 시간절약이 가능하다.

넷째, 시장조사에 소요되는 비용을 절약시켜 준다. 참가업체나 관람객의 명단확보가 쉽고, 조사나 인터뷰에 참여할 대상자의 확보가 비교적 용이하며, 조사를 하기 위해 먼 거리를 여행하지 않아도 된다.

다섯째, 시장조사의 질을 높일 수 있기 때문이다. 특히 복잡하거나 어려운 질문에 대한 응답을 현장에서 검증할 수 있다.

그러나 전시회를 활용한 시장조사는 개막 전후에 전시회 현장에서만 실시하는 것이 아니고 현장에서 확보한 고객들에 대한 리드정보, 즉 부스 방문객 데이터 베이스를 근거로 전시회 폐막 후에도 여러 가지 내용의 마케팅 정보에 대한 조사를 후속적으로 펼칠 수 있다. 특히 직접 우편(DM)의 경우에는 수신자들 중에서 불과 13%만이 내용물을 읽어본다고 한다. 그에 따라 DM에 대한 응답율이 불과 2%만 되어도 상당한 성과로 인식한다. 반면에 전시회 부스 현장에서 접촉된 관람객에게 후속적으로 발송한 정보나 자료는 수신자의 약 45%가 내용물을 읽어 보며, 평균 20%의 응답률을 보이는 것으로 알려지고 있다.

이상과 같이 전시회라는 환경은 기업이 시장조사를 실시할 수 있는 이상적인 시·공간이기 때문에, 특히 중소기업들은 자사가 해결하고자 하는 판매 또는 마케팅 활동의 전반적인 문제점에 대한 해결책을 구하기 위해서 전시회를 적극적으로 활용할 필요가 있다. 즉, 앞 장에서 설명했듯이 참가업체는 전시회에서의 시장조사를 통해 마케팅 믹스 관점에서 다양한 해결책을 모색할 수 있을 뿐만이 아니라, 기존에 실행하고 있는 다른 마케팅 전략들을 조정하는데 필요한 정보를 얻을 수 있게 된다.

- **상품(Product)** : 상품개발을 위한 아이디어 획득, 제품의 비교우위 확인
- **가격(Price)** : 제품가격의 상대성 또는 적정성 확인
- **유통(Place)** : 유통과정의 대안 모색 또는 정비
- **촉진(Promotion)** : 프로모션의 효과 측정 또는 아이디어 획득

한편, 전시회에서는 상당수의 경쟁기업이 참가하는 경우 그들의 마케팅 활동에 대해서 전반적인 조사를 하는 것도 중요한 참가목표 중에 하나가 될 수 있다. 이러한 경쟁업체에 대한 현황조사는 시장경쟁에서 앞서가기 위해 필수적인 마케팅 정보이기 때문이다. 전시회 현장은 여러 경쟁업체들이 어떠한 마케팅 전략으로 국내외 시장에 접근하고 있는지에 대한 정보를 한 장소에서 한눈에

파악할 수 있는 효율적인 곳이다. 특히, 경쟁적 우위에 있다고 판단되는 경쟁업체의 전시회 마케팅 기법 자체에 대한 분석도 매우 가치가 있는 정보가 될 것이다.

손자병법은 적을 살피기 위해 사용한 시간이 헛된 경우는 드물다고 가르치고 있다. 오늘날 기업의 경쟁은 기업간이 아닌, 네트워크 상에서 이루어지기 때문에 그 양상도 점차 변모하고 있다. 그러나 경쟁업체뿐만 아니라, 경우에 따라서는 협력업체에도 경계태세를 유지해야 한다. 단기적 측면에서 가장 위험한 경쟁업체는 자사와 가장 유사한 구조와 특성을 갖고 있는 기업이다. 그러나 고객들이 자사와 경쟁업체 간의 차이점을 인식하기는 어렵다. 당연히 차별화만이 경쟁에서 살아남는 길이 된다. 따라서 기업은 늘 경계하고 있는 경쟁기업 못지않게, 새로운 기술과 디자인 개발에 성공한 신생 기업에 의해 중대한 위험에 놓이는 경우도 적지 않다. 어떠한 경쟁환경 속에서도 기업활동 중에서 가장 중요한 일은 고객과 밀착하는 일이다. 경쟁에서 승부를 가려주는 것은 경쟁업체가 아닌 바로 고객이기 때문이다.

따라서 전시회 현장에서 정보를 확보하기 위해서 가장 주력해야 할 대상은 바로 고객이며, 기업은 표적시장 내부의 잠재고객이 느끼는 다양한 필요와 욕구를 파악해야 한다. 욕구는 이미 표출된 것과 잠재된 것으로 나누어진다. 앞서가는 기업은 이미 표출되어 있는 욕구에만 관심을 갖는 것이 아니라 앞으로 드러날 욕구를 예상하면서 그에 대비하려는 준비를 해야 한다. 고객에 대한 이해하려는 노력에 있어서 기계적이거나 선입견적으로 바라볼 경우에는 고객의 마음 속에 잠재되어 있는 새로운 필요나 욕구를 간파하지 못할 수 있다. "바이어들은 처음부터 자신들이 원하는 것을 알고 있는 것이 아니라, 정보탐색과정에서 습득해가기 때문이다."[62] 따라서 고객의 드러난 욕구에 부응하는 노력도 중요하지만, 고객의 잠재적 욕구를 미리 간파하여 시장을 창출하려는 노력이 더 중요할 것이다.

62) Carpenter, G. & K. Nakamoto(1989). Consumer Preference Formation and Pioneering Advantage, Journal of Marketing Research, August: 285~298.

끝으로 참가업체의 성격이 제조업체가 아니고, '사람' 자체가 상품이거나 경쟁력의 핵심인 서비스업체의 경우에는 전시회 현장에서 새로운 인력을 충원하기 위한 장소로서 전시회를 활용하는 경우도 있다.

6. 새로운 판매망 또는 유통망 발굴 및 구축

수출 위주의 중소기업들에게 전시회가 제공해 줄 수 있는 가장 큰 혜택은 해외시장으로 진출하고자 할 때 중요한 진입로를 제공해 줄 수 있는 판매대행업체(agent)나 유통업체(distributor)를 발굴할 수 있는 기회를 제공해준다는 점일 것이다. 따라서 해외의 유망한 잠재시장 내에 별도 법인이나 지사를 갖추고 있지 못한 중소기업들이 전시회에 참가하여 해외시장에 새로운 판매 거점이나 유통망을 구축 또는 형성해 두고자 하는 것은 단기적인 주문확보에 비해 훨씬 중요한 전시회 참가목표가 될 수 있을 것이다. 왜냐하면, 해외지역의 판매대행업체나 유통업체들은 해당국가나 지역의 관습이나 법적 규제를 잘 이해하고 있으며, 경우에 따라서는 시장의 특성도 정확히 파악하고 있기 때문이다. 만일 이들의 도움이 없이 중소기업 혼자 힘으로 언어장벽을 넘어서는 것은 물론, 해외 각 시장의 문화, 소비자의 기호, 경제 및 정치적 안정성, 환율과 세제, 관세, 무역규제법령 등을 파악하는 일은 시간이나 비용 측면에서 대단히 소모적인 일이다. 따라서 전시회 참가를 계기로 해당 지역의 판매대행업체나 유통업체들과의 사업적 만남이 이루어져서 새로운 판매망이나 유통망을 확보한다는 것은 중소기업 규모의 참가업체가 해외 마케팅을 위한 교두보를 구축한다는 의미가 된다.

이렇게 전시회 개최지역에서 판매대행사나 유통업체를 발굴하려고 할 경우에는 자사 부스 앞에 그들을 모집한다는 내용의 공고문을 써 붙여 두는 것이 손쉬운 한 가지 커뮤니케이션 방법이 될 수 있다. 판매대행업체나 유통업체들은 자신들이 취급하고자 하는 제품의 품목을 추가하기 위해서 종종 전시회에서 소개되고 있는 새롭고 흥미로운 제품들을 면밀히 평가하곤한다. 따라서 이러한 유통업자나 중계업체의 눈에 띌 수 있는 독특한 표식을 준비할 필요가 있다. 경우에 따라서는 부스 운영담당자 중에 한 사람을 판매대행사나 유통업체 발굴담당자로 지명을 해 두고, 이에 관련된 모든 문의는 그 담당자가 관리하도록 하는 것이 효율적이다. 만일 참가업체가 제한된 수의 판매 또는 유통업체를 선발하려 한다면, 모든 후보업체들이 전시회 첫날에 나타나는 것이 아니기 때문에 최종계약을 하기 위해서는 전시회가 폐막될 때까지 기다렸다가 선별하는 것이 바람직하다.

7. 네트워킹 - 사업적 목적의 회의 또는 만남

대부분의 국내기업들은 전시회 부스 현장에서의 활동을 통해 주문확보 또는 리드발굴에 관심을 집중하는 경향을 보인다. 그러나 전시회에 참가한 기업들에게 사업적 기회 예를 들면, 새로운 고객과 접촉을 하고, 전략적 협력을 체결하거나, 파트너십을 구축하는 일 등이 부스 공간을 통해서만 일어나는 것은 아니다

경쟁이 치열해지고 경제의 불확실성이 높아지는 환경 속에서 다양한 기회를 포착하거나 활용할 수 있는 능력이 있는지 여부가 기업의 경쟁력에 영향을 주게 된다. 특히 대규모 국제적 전시회는 다양한 규모와 형태의 컨벤션, 컨퍼런스 또는 연례총회 등과 연계되어 개최되기도 하는데 이러한 행사들은 전시회에 참가하는 기업들에게 네트워킹을 확장할 수 있는 기회를 제공해 준다. 전시회 또는 컨벤션은 사람과 사람이 정보를 교환하고 사회적 유대감을 형성 및 발전시켜가기 위한 목적으로 모이는 행사이기 때문에 네트워킹을 강화하기 위한 최고의 무대가 되어준다. 전시회나 컨벤션은 특히 구체적으로 비슷한 특성을 갖고 있는 세분화된 참석자들을 한 자리에 불러 모아놓은 공간이기 때문에 제품의 공급자와 구매자 모두에게 가치가 있는 것이다.

그러나 전시회를 통한 네트워킹은 부스 현장에서 펼치는 업무수행과는 구별된다. 즉, 부스에서는 긴장감을 늦추지 않고 관람객과의 접촉과 상담에 집중을

해야 한다. 반면에 전시회와 동반되어 개최되는 회의나 기타 사교행사 등에서는 참가업체 관계자나 바이어들 모두가 정보의 과잉과 혼잡 그리고 시간적 압박을 상대적 덜 느끼게 된다. 부스에서는 관람객들에게 보다 직접적인 질문을 통해 정보를 얻어내야 하지만, 회의나 사교모임에서 다소 완만한 분위기 속에서 친밀감을 형성해 가면서 대화를 나누면서 상호교감을 하기에 적합하다. 따라서 네트워킹을 하는 방법도 이러한 물리적 상황의 차이를 이해하고 실행해야 한다.

어떤 참가업체들에게는 주요 고객과 사업적 회의나 네트워킹을 강화하는 것이 전시회에 참가하는 가장 주된 목표가 될 수도 있다. 만일 전시회에 참가하지 않고 다양한 고객들과의 접촉이나 상담을 하기 위해 그들을 개별적으로 방문하려면 상당한 비용과 시간이 소요될 것이기 때문이다. 바이어들의 입장에서도 전시회를 방문하는 기간 동안 전시회를 관람하는 목적 이외에 주요 공급업체를 포함한 다양한 계층의 관람객들과의 사업적 접촉이나 협상을 희망하게 된다. 물론 중소규모 참가업체가 부스에서의 세일즈 및 마케팅 활동을 무시하고 네트워킹에만 전념할 수는 없을 것이다. 또한 대규모 인원을 투입한 참가업체일지라도 부스 활동과 네트워킹 활동의 균형을 유지하는 것이 바람직할 것이다. 그러나 어느 참가업체에게나 전시회가 개최되는 기간에 네트워킹을 강화할 수 있는 기회는 매우 다양하게 주어진다.

우선 부스를 방문하는 관람객들 중에서도 직접적인 구매활동을 하기 보다는 자사와의 포괄적인 사업적 관계를 형성하고자 하는 경우가 있을 수 있다. 참가업체 입장에서는 부스내에서의 네트워킹 활동에 대한 참가목표를 설정했다면, 우선 부스 내부에 작은 회의공간을 준비해 둘 필요가 있다. 물론 기본부스 크기의 공간에서는 구현하기 어렵겠지만, 부스 공간내에 테이블과 몇 개의 의자를 준비하면 되는데, 이 공간은 부스 스텝들의 휴식공간이 아니라 주요 방문객들과의 대화 또는 상담전용 공간으로 사용해야 한다. 만일 좀 더 사적인 공간이 필요할 경우이거나, 다른 경쟁업체들이 지켜보고 있다면, 혹은 자사 부스의 공간적 여유가 충분치 못한 중소기업인 경우에는 전시회장 내부의 다른 공간이나

관람객 유치를 위해서 참가업체가 접대용으로 차린 음식

전시회장 외부의 호텔이나 레스토랑 등의 장소를 활용해야 할 것이다.

이러한 사업적 네트워킹을 위해 상담과 회의를 주관하는 담당직원은 전시 부스 운영에는 가급적 개입시키지 말고 사업적 접촉이나 협상에 전력을 투구할 수 있도록 해 주어야 한다. 이러한 사업적 접촉이나 협상은 대개 뚜렷한 주제와 초점이 있기 때문에 그리 오랜 시간이 소요되지는 않는다. 또한 바이어나 잠재 파트너들도 분위기가 딱딱하지 않은 제3의 공간에서 협상을 하게 되면 흔히 덜 까다롭게 행동하는 경향이 있다. 그러나 회의를 산만하게 만들 수 있는 공간은 되도록 피하고 사업적 상담에 직접적 도움이 되지 않는 자사 직원들은 가급적 개입되지 않도록 하는 것이 좋다.

그러나 네트워킹은 기본적으로 부스 공간이 아닌 다른 공간에서 이루어지는 경우가 훨씬 많다. 물론 참가업체의 개별적인 네트워킹 목표를 달성할 수 있는 곳을 미리 파악해 두지 않으면 네트워킹도 시간낭비와 기회상실의 결과를 낳게 된다. 다음은 참가업체의 부스가 아닌 전시회장 안팎의 공간들 중에서 네트워킹 목표를 이루기에 적합한 곳들이다.

1) 교육 프로그램

주최자 입장에서는 가급적 많은 관람객을 유치하기 위해서 전시회 프로그램에 산업 관련 주제에 대한 컨퍼런스, 세미나, 워크숍 등 교육 프로그램을 제공한다. 특히 각 산업별 리더 등의 주제 발표자들은 전시회에 많은 관람객들을 유인하는 영향력이 있다.

이러한 세션에 참석하는 것은 교육적 관점에서 뿐만이 아니라 세심한 관심을 둔다면 새로운 사업적 파트너를 다양하게 만날 수 있거나 그들을 자사 부스로 초대할 수 있는 기회를 갖게도 된다.

2) 참가업체 휴게 라운지

대부분 전시회에는 참가업체들이 전시장의 소음과 혼잡함을 피해서 쉴 수 있는 휴게 라운지를 마련해 둔다.

따라서 이곳에서는 편안하게 휴식을 취하는 분위기 속에서 다른 참가업체 담당자들과의 대화를 통해서 산업의 추세 또는 전시회의 변화 등 다양한 정보를 교환할 수 있다.

3) 미디어 룸

대부분의 대규모 전시회에는 미디어 관계자들의 취재편의를 제공하는데 이 공간에서는 다양한 매체의 관계자들을 만날 수 있는 기회가 있다. 사전에 준비가 된다면 취재진들에게 참가업체에 대한 좋은 이미지와 및 제품에 대한 정보를 전파할 수 있다.

이러한 장소 이외에도 전시회가 열리는 동안 참가업체 입장에서 다양한 관람객들과 네트워킹을 확장할 수 있는 기회가 주어지는 곳으로는 전시회 등록장소, 전시회 지정 호텔, 관람객 휴식 공간과 같이 다양한 공간이 있다.

8. 언론 및 방송을 활용한 홍보

신문·방송사들에게 각 산업을 대표하는 국내외 전시회는 보도가치의 측면에서 관심을 두지 않을 수 없는 취재대상이다. 전시회 주최자 입장에서도 전시회 자체를 홍보하는 효과를 고려하면서 미디어 관계자들에게 취재의 편의를 제공하는 한편, 전시회에 참가하고 있는 기업들이 미디어 매체들과 접촉을 할 수 있도록 프레스 룸(press room)이나 별도의 공간을 설치해 둔다. 또한 산업을 대표하는 각 업계 전문지들은 전시장에 자신들의 부스를 설치하여 기사의 취재나 자사의 홍보를 펼치며, 전시회 주최자나 참가업체들이 전시회 기간 동안 개최하는 미디어 컨퍼런스에 참석한다.

기업이 자사 제품의 광고를 위해서 신문지면이나 방송시간을 구매할 경우 상당한 비용이 소요된다. 그러나 치밀하게 기획과 준비만 할 수 있다면 전시회를 활용한 기업의 홍보전략은 막대한 광고비용을 절약시킬 수 있을 뿐만 아니라, 메시지의 전달효과도 크게 높일 수 있다. 따라서 중소기업일 경우라도 전시회 참가를 계기로 미디어를 활용한 자사 제품에 대한 홍보활동을 주요 참가목표로 설정할 수 있을 것이다.

무엇보다도 각 산업을 대표하는 몇 개의 업계 전문 신문 또는 잡지는 일반 잡지나 신문에 비해 그 독자층이 매우 동질적이고 세분화되어 있으며, 같은 산업분야에서 활동하는 많은 기업들이 망라되어 있다. 따라서 바이어들이 제품에 대한 정보수집이나 구매결정을 내리기 위해서 이러한 업계 전문잡지 및 신문에 게재된 기사나 광고 등을 중요한 정보원으로 적극 활용하고 있다. 이렇게 열독률이 높은 집단인 바이어들을 주요 독자층으로 갖고 있는 업계전문잡지 및 신문에 대해서 전시회에 참가하는 기업들은 각별한 관심과 주의를 기울여 볼 가치가 있다. 따라서 전시회에 참가하는 기업들은 전시회 참가 전에 홍보전략을 수립하여 언론 또는 방송기자들과 접촉할 기회를 갖도록 해야 한다. 특히 기사거리나 보도에 적합한 사진 등을 미리 준비하여 언론 및 방송

기자들이 자사 또는 자사 제품에 관한 보도기사 작성을 보다 쉽게 할 수 있도록 해야 한다.

이와 관련된 구체적인 방법론은 제9장 전시회 사전 프로모션에서 자세히 다루기로 한다.

제4절 전시회 참가목표 설정 시 유의할 사항

전시회 참가목표는 기업이 전시회 참가 프로젝트 수행을 통해 달성하고자 하는 것을 의미한다. 이 참가목표에는 반드시 기업의 전체적인 마케팅 목표가 반영되어 있어야 하며, 마케팅 메시지의 일관성을 유지하기 위해서 마케팅 담당자가 참가목표 설정과정에 참여하는 것이 바람직하다.

전시회 마케팅 계획수립에 있어서는 참가목표, 그리고 그 목표를 달성하기 위한 전략 및 전술 등이 가장 중요한 구성요소가 되는데, 여기서는 전시회에 참가하고자 하는 기업이 전시회 마케팅 실행계획을 수립하기 위해서 전시회 목표 설정과 관련된 전략 및 전술을 기술하는 방법에 대해서 가상적 실례를 들어보고, 이어서 참가목표 설정시 유의해야 할 점들을 설명하기로 하겠다.

전시회 참가목표 설정에는 대체로 <표 6-4>와 같이 계량화된 목표, 시한 및 조건 등이 포함되어야 한다. 이러한 기본 골격을 근간으로 해서 기업은 전시회를 통한 세일즈 및 마케팅 활동의 성과를 높일 수 있는 구체적 전략 및 전술 실행계획서를 작성해야 할 것이다.

일반적으로 기업의 규모에 따라 전시회에 참가하고자 하는 목표를 설정하는 방향이 다를 수 있다. 대기업의 경우에는 흔히 전시회 부스 공간을 대규모로 확보하고, 독특하고 화려한 부스를 제작하는 한편, 직원들도 대거 참여하면서 투자회수율(ROI)를 극대화하려고 한다. 대기업들이 전시회에 참가할 경우에는

<표 6-4> 전시회 마케팅 실행계획서 - 요약(예)

목표 :(전시회 참가시 달성하고자 하는 목표)
유럽지역 주요 바이어들에 대한 리드 300개 확보
(구체적 목표) A급 리드: 30개; B급 리드: 70개; C급 리드: 200개
(예산) 6,000만원
(시한) 2008년 3월 1 ~ 4일(4일간)

전략 :(참가목표를 달성할 수 있는 방법)
유럽지역 유망 전시회 선정·참가
유럽지역 IT 업계 전문지 광고 및 홍보

전술 :(전략을 실행하기 위한 구체적인 행동계획)
- 독일 Hannover CeBit 2008 참가
- 전시회 방문객 리스트 확보
- 영국, 독일, 프랑스 3개국 업계 전문지 광고 실시
- 동 업종 경쟁기업과 맞붙어 있는 부스 확보
- 전시 부스에 2가지 품목만 전시
- 광고 및 홍보 시안 준비
- 사전 프로모션과 연계된 답례품 제공
- 리드확보 실적 우수직원 인센티브 제공

흔히 신제품의 소개나 자사 또는 제품의 이미지 제고에 주력하는 경향이 있다. 반면에 중소기업들은 부스의 면적이 상대적으로 협소하고 전담직원의 규모도 작은 가운데 전시회 참가에 따른 투자비용의 조기회수를 염두에 두고 신규고객 확보나 현장주문 확보에 더 많은 비중을 두는 경향을 보인다.

그러나 기업의 규모가 작을수록 전시회에 참가하여 좋은 성과를 올리려면, 앞 절에서 설명한 참가목표 중에 가급적 한두 가지만 선택하는 것이 바람직할 것이다. 그리고 모든 시간과 노력은 그 목표달성을 위해 집중시켜야 한다. 일부 중소기업들은 부스 제작을 포함한 물리적 부스 환경 준비에만 비용과 시간을 집중시킨 나머지 전시회 참가 이전에 사전 프로모션과 같은 소프트웨어에 대한

준비나 실행을 소홀히 하는 경향이 있다. 아울러 투자비용을 극대화할 목적으로 전시회 현장에서 여러 가지 참가목표를 한꺼번에 추구하다가 전시회 마케팅 활동의 전체적 효율성을 떨어뜨리는 경우가 있다.

한편, 기업규모의 크기와 상관없이 전시회 마케팅을 위한 투자를 결정하고자 할 때는 신중해야 한다. 전시회를 활용하지 않고도 현재 사업이 잘 되어가고 있다거나, 혹은 제품에 대한 추가적 공급능력이 부족한 상황이라면 전시회에 참가할 필요가 없을 것이다. 또한 기업이 위기에 처해 있거나 도산을 걱정할 정도라면 아마 전시회 참가하는 일 이외에 무엇인가 다른 조치가 필요할 것이다. 결론적으로 기업의 전시회 참가목표 설정은 <표 6-5>에서 제시하는 요건들을 반드시 충족하도록 설계해야 한다. 즉, 그 참가목표는 구체적이고, 측정가능하며, 현실적이고, 달성이 가능하며, 마지막으로는 목표달성까지의 일정한 기한이 명시되어 있어야 한다.

<표 6-5> 전시회 참가목표 설정조건

Be SMART for Exhibit Goal-Setting

S = Specific (구체적인)

M = Measurable (측정가능한)

A = Attainable (달성가능한)

R = Realistic (현실적인)

T = Time-bound (시한이 정해진)

전시회 참가목표 설정과 관련해서 마지막으로 유의해야 할 것은 전시회를 포함한 모든 마케팅 도구는 기업이 지향했던 목표와 관련해서 반드시 그 실행성과를 증명해 낼 수 있어야 한다는 점이다. 앞에서 설명했듯이 기업이 전시회에 참가하여 실행성과를 제고하려면 전시회 마케팅을 위한 모든 실행전략과 전술이 반드시 설정된 목표에 부합하도록 설계하여야 할 것이다. 그러나 많은 중소기업들은 설사 참가목표를 설정해 두었다 하더라도 그것과는 상관없이 언제나 비슷한 전략과 전술을 갖고 모든 전시회 현장으로 뛰어들고 있다.[63] 그 결과, 전시회 참가목표를 실제적인 성과로 연결시키지 못하게 되고, 따라서 향후에도 전시회에 지속적으로 참가해야 하는지에 대해 스스로 회의를 갖게 되는 기업이 많다.

따라서 전시회 참가성과 측정결과의 실용적 사용가치를 염두에 두면서 전시회 참가목표를 설정하려는 시각을 유지하는 것이 중요할 것이다. 전시회 참가에 따른 성과측정에 대해서는 제4부 16장에서 구체적으로 다루기로 한다.

63) Tanner, J. & L. Chonko(1995). Trade Show Objectives, Management, and Staffing Practices, *Industrial Marketing Management* 24: 257~264.

제7장 전시회 선정

제1절 전시회 선정의 중요성

기업이 전시회를 이용한 세일즈 및 마케팅 활동을 하기로 결정하였다면, 우선 어떤 전시회들이 참가할 만한 가치가 있는지를 검토해 보고, 그 중에서 자사의 마케팅 목표달성에 가장 적합한 전시회를 선정해야 한다. 올바른 전시회를 선정하는 일은 기업이 전시회 마케팅 활동의 성과를 올리기 위해 첫 단추를 끼는 일에 비유되지만, 결코 간단한 작업이 아니다.

우선 현존하는 전시회의 수효는 헤아릴 수 없을 정도로 많다. 전시회를 소개하는 책자(directory)에는 각 국가별로 개최되는 대규모 전시회들 위주로 소개되고 있지만, 실제로는 연면적 200,000 m^2가 넘는 전시장에서 개최되는 대규모 국제전시회뿐만 아니라, 지방의 소규모 전시장 또는 호텔에 부속된 컨벤션홀 등에서 개최되는 중소규모의 전시회들까지 매우 다양하게 존재한다. 또한 인터넷 웹사이트(web-site)의 검색엔진에도 '전시회'라는 키워드를 입력하면 거의 무한대로 느껴질 정도로 많은 전시회가 소개되고 있다.

그런데 산업의 발전 또는 변화에 따라 전시회도 생명주기(life-cycle)가 있기 때문에 기존의 전시회가 분열 또는 소멸되거나 또는 새로이 개발되기도 한다. 따라서 개별기업이 이렇게 다종다양한 전시회들을 제대로 분석·평가하려면 많은 시간과 노력이 요구되고 있다. 이런 환경 속에서 자사의 목표추구에 딱 들어맞는 전시회를 찾아내는 작업은 아마도 천체에서 생물체가 존재하는 행성을 찾고자 하는 일만큼이나 어렵다고 비유할 수 있을 것이다.

그러나 전시회를 선정하는 일이 어렵다고 해서 올바른 선택을 위한 노력을 소홀히 하거나 포기할 수는 없을 것이다. 예를 들어, 단순히 전시회 개최장소를 고려해 본다거나, 자사가 활동하는 산업분야와 전시회 종류의 일치 여부만 판단해서 전시회를 선택한다거나, 혹은 경쟁업체가 특정 전시회에 참가하고 있다는 이유만으로 무작정 동반 참가를 결정할 수는 없을 것이다. 왜냐하면, 연간 수만 개 이상 개최되는 전시회들 중에서 어느 전시회를 선택해서 참가할 것인가를 결정하는 문제는 기업의 전시회 마케팅 활동의 성패를 가늠하는 핵심적인 이슈이기 때문이다.

그런데 최근까지도 국내외 문헌이나 자료를 통해서 전시회 선정에 관련된 기업의 의사결정에 도움이 될 만한 정보나 방법을 찾기는 쉽지 않다. 전시회 주최자들도 흔히 자기들이 주최하는 전시회가 다른 전시회와 비교해서 어떤 상대적 장점을 갖고 있는지, 혹은 전시회 참가예상 바이어들의 특성이 참가업체의 전시회 참가목적과 어떻게 부합되는지 등에 대해 조언을 해주는 경우는 많지 않다. 오히려 기업의 전시회 참가를 부추기기 위해서 종종 그 기업의 주요 경쟁업체들은 대부분 참가한다는 점을 강조하거나, 혹은 그 경쟁업체들이 바이어들을 미리 선점할 것이라고 변죽을 울릴지도 모른다.

그렇다면 기업은 무슨 기준과 어떤 절차를 밟아 전시회를 선정해야 하는가? 전시회에 관련된 몇 가지 선행연구에는, 전시회를 올바로 선정하기 위해 필요한 다양한 기준들이 <표 7-1>과 같이 열거되어 있다.[64]

64) V. Kijweski, E. Yoon and Young G.(1993). How Exhibitors Select Trade Shows, *Industrial Marketing Management*, 22: 287~298.

<표 7-1> 전시회 선정기준

- 가장 중요한 참가목표와의 적합성
- 전시회의 명성/평판
- 전시회 운영에 대한 평판
- 부스 임차비용과 운영비용
- 전시회 예상 방문객의 양적 규모와 질적 수준
- 예상되는 세일즈 리드의 양적 규모와 질적 수준
- 시장정보의 규모와 수준
- 전시회 주최자의 프로모션 방향과 예산규모
- 전시회 시기와 장소

위의 기준들과는 다소 차이가 있지만, 전시회 선정기준을 실증적으로 조사한 결과에 따르면, 영국 전시회 참가업체들은 전시회 선정기준의 중요도에 대해 <표 7-2>와 같이 인식하고 있는 것으로 나타났다.[65]

<표 7-2> 전시회 선정기준의 중요도에 대한 인식

기준	중요도
1. 방문객의 유형	6.05
2. 전시품목의 유형	6.05
3. 전시회 참가 비용	5.55
4. 전시회의 명성/평판	5.45
5. 방문객의 규모	5.30
6. 세일즈 리드 규모	5.22
⋮	
15. 전시회 개최 일시	2.72
16. 주최자의 평판	2.67

(1= 전혀 중요치 않음; 7=매우 중요함)

65) Shipley, D., Egan C. and K. Wong(1993) Dimensions of Trade Show Exhibiting Management, *Journal of Marketing Management,* 9: 55~63.

이 조사결과에 따르면 영국의 전시회 참가업체들은 방문객 및 전시품목의 유형 및 전시회 참가에 소요되는 비용 등을 가장 중요한 판단기준으로 인식하고 있다. 반면에 전시회의 개최 일시 및 주최자의 평판 등은 거의 중요하게 인식하지 않고 있다는 사실은 이채롭다. 물론 이 조사는 대상 업체가 영국의 엔지니어링관련 산업의 기업들이고, 조사대상의 규모도 124개 기업에 불과하기 때문에 그 결과를 일반화하기에는 무리가 있다는 사실을 염두에 두어야 한다.

그러나 위와 같이 기존 전시회 관련 문헌에는 전시회 선정기준에 대한 언급이 일부 있지만, 올바른 전시회 선정과정이나 절차가 어떻게 되어야 하는지에 대한 체계적인 설명은 매우 부족하다. 따라서 <표 7-3>에서 소개하는 과정을 기초로 다음 절에서는 기업이 참가할 만한 전시회를 올바르게 선정할 수 있는 절차와 방법에 대해 살펴보기로 하자.

<표 7-3> 올바른 전시회 선정과정

- 산업의 변화와 경기의 흐름을 이해하라.
- 자사의 마케팅 목표, 표적시장 및 참가목표를 이해하라.
- 고객의 전시회에 대한 인식을 조사하라.
- 온라인과 오프라인의 전시회 디렉토리를 살펴보라.
- 해당 전시회 주최자와 접촉을 해보라.
- 경쟁업체의 웹사이트를 방문해서 확인해 보라.
- 산업별 협회 또는 정부 유관조직에 문의를 하라.
- 해당산업을 소개하는 전문지를 살펴보라.
- 협력업체나 유통업체에게 질문을 해보라.
- 관심이 가는 전시회 목록을 만들어라.
- 전시회 참가 타당성을 분석해 보라.

제2절 올바른 전시회 선정을 위한 5단계 과정

기업이 전시회 참가결정을 내리고 나면, 자사의 주력 산업과 관련된 유망 전시회에 대해 다각적인 검토를 시작하게 된다. 우선은 자사의 참가목표를 기준으로 참가를 고려하고 있는 전시회의 가치를 객관적으로 판단해보기 위해서 전시회에 대해 다양한 정보를 수집해야 한다. 경우에 따라서는 이미 과거에 참가해서 경험을 해 본 전시회까지도 비판적 관점에서 재검토를 할 필요가 있다. 그 이유는 과거에 참가하여 성과를 올릴 수 있었던 전시회가 급속한 시장환경 변화 속에서 자사에게 똑 같은 이익을 다시 안겨줄 것이라고 맹신을 해서는 안되기 때문이다. 여기에서는 기업이 올바른 전시회 선정을 위해 거쳐야 하는 과정을 단계적으로 자세히 설명하고자 한다. 이러한 단계적 접근방법은 기업이 전시회를 평가 · 선정할 수 있는 분석적인 틀이 되어줄 것이다.

▣ 제1단계: 자사의 마케팅 전략과 참가목표에 대한 이해

올바른 전시회를 선정하기 위한 제1단계 과정은 이미 설정된 자사의 전시회 참가목표에 대한 이해는 물론이고, 산업의 동향과 추세, 자사의 제품 또는 서비스의 특성, 주요 표적시장 및 자사의 전체적인 마케팅 전략과 목표 등을 포함한 기본적 사항에 대한 정확한 이해에서 출발해야 한다. 이러한 배경적 정보에 대한 정확한 이해는 올바른 전시회를 선정할 수 있는 토대와 방향을 결정해 주기 때문이다. 그 중에서도 특히 자사의 전시회 참가목표에 대한 이해는 전시회 선정에 결정적인 영향을 주게 된다.[66] 이 단계에서 자사의 전시회 참가목표와 기타 기본적 정보를 잘못 이해하게 되면, 첫 단추를 잘못 채운 것과 같이 전시회 선정을 위한 나머지 전 과정이 왜곡될 수 있게 된다.

66) Shipley, D., Egan C. and K. Wong(1993). 전게논문.

1. 표적시장 고객을 이해하기 위한 정보수집

자사의 전시회 참가목표와 전시회의 성격이 잘 부합되는지 여부를 분석 및 평가하기 위해서는 우선 전시회의 잠재 방문객이 자사가 겨냥하고 있는 표적시장 고객의 특성과 부합하는지를 규명해야 한다. 이러한 평가작업을 뒷받침해 줄 수 있는 정보원은 해당업계의 소식을 다루는 업계 전문지, 민간 및 공공부문의 각종 기관이나 단체가 발표하는 시장동향 보고서, 협회의 각종 간행물, 인터넷(산업 또는 상품명 검색) 등을 꼽을 수 있다. 또한 기업내부에서도 산업의 추세분석이나 자사의 표적시장 또는 유망 잠재고객에 관한 정보를 구할 수 있을 것이다.

만일 기업의 내부조직이 세분화되어 있다면, 여러 사내부서들로부터 다각적인 협조를 구할 필요가 있다. 기업의 규모가 크면 클수록 실행이 어렵겠지만, 만일 전시회 마케팅 담당부서가 자사 CEO를 포함한 경영진과 의사소통을 할 기회가 있다면, 자사의 전체 마케팅 전략과 목표, 그리고 그 목표달성을 위해 경영진들이 전시회에 대해서 갖고 있는 기대와 관점 등을 정확히 점검할 수 있을 것이다. 제품개발 또는 생산관리부서와의 접촉을 통해서는 시장의 추세나 자사제품의 장단점과 응용사례 등을 이해할 수 있을 것이다.

그리고 무엇보다도 시장조사 혹은 영업/판매 담당부서 등을 통해서는 잠재고객과 관련된 다양한 정보를 입수해야 한다. 이 부서들은 국내외 시장환경의 변화에 가장 현실적인 감각을 갖고 있으며, 매일 현장에서 고객들과 접촉을 하고 있기 때문에 고객의 욕구를 가장 잘 이해하고 있기 때문이다. 경우에 따라서는 주요 고객이나 유망 잠재고객들이 어떤 전시회에 참가하는지에 대한 정보를 갖고 있기도 하다. 실제로 전시회 담당자들이 전시회 선정을 위한 조언을 구할 때, <표 7-4>에서와 같이 판매부서와 마케팅 부서의 조언을 가장 중시한다는 조사결과도 있다.[67]

67) 북미지역 47개 기업의 전시담당 매니저들을 대상으로 Exhibitor Magazine이 실시한 설문조사의 결과이다.

<표 7-4> 전시회 선정을 위해 활용하는 정보원(%) - 복수응답

정보원	%
판매부서의 조언	35
마케팅 부서의 조언	32
전시회 통계	24
임원진의 조언	20
경쟁업체가 참가하는 전시회	20
고객의 제언	18
기타	12
상품개발팀의 조언	8

이상과 같이 기업내부의 다양한 정보원을 통해서 자사가 겨냥하고 있는 표적시장에 속한 고객들에 대한 정확한 정보를 확보해야 한다. 결국, 제1단계 과정의 목표는 위에서 설명한 과정을 통해서 수집한 정보를 바탕으로 현재 또는 잠재고객에 관한 프로파일을 완성하는 것이다.

2. 고객 프로파일 작성

고객의 프로파일 작성을 위한 기업내부에서의 정보취합은 면접식 인터뷰나 설문지법을 이용할 수 있을 것이다. 설문지법을 이용할 경우에 기업내부의 지식과 정보를 공유하려는 문화수준에 따라 내부조직원들의 응답률이나 응답의 질적 내용의 수준이 차이가 날 수 있으며, 또한 추가적인 질문을 하기도 쉽지 않을 수 있다. 만일, 단순히 전시회에서 꼭 접촉해야 할 고객을 추천해 달라고 질문을 한다면, 응답자의 상당수는 구매의사 결정권자를 만나라고 할 것이다. 따라서 전시회 마케팅담당자 입장에서는 어떤 규모의 기업 및 어떤 직책을 갖고 있는 의사결정권자를 만나야 좋은지 혹은 그들 이외에 어떤 잠재고객을 접촉하는 것이 자사에 도움이 될는지 등을 추가적으로 질문을 하게 될는지 모른다. 면접식 인터뷰는 물론 전화를 이용한 조사나 또는 인터넷(인트라넷) 등을 이용한 조사를 실시할 경우에도 설문지 설계는 매우 중요하다. 특히 설문지 조사의 경우에 가장 중요한 점은 조사결과의 활용방향을 미리 염두에 두어야 한다는 것이다. 올바른 전시회를 선정하기 위해 필요한 정보를 수집하려는 목적으로 사내 설문조사를 실시할 경우, <표 7-5>의 내용이 설문지에 반영되도록 설계하는 것이 바람직하다.

<표 7-5> 전시회 선정을 위한 사내 설문조사에 포함되어야 할 내용

올바른 전시회 선정을 위한 사내 설문조사

부서: ______________ 직위/이름: __________________ 20 . .

1. **배경: 추세분석**
   1) 자사의 현재 주력 제품 및 서비스
   2) 자사의 마케팅 전략 및 목표
   3) 시장에 전달되어야 할 메시지

2. **표적시장 고객의 프로파일**
   1) 표적시장의 특성과 형태
   2) 표적시장의 규모
   3) 포함해야 할 지리적 시장
   4) 표적시장 고객의 구매관련 행동특성 및 구매과정

3. **주요 경쟁기업**
   1) 주요 경쟁사: 시장점유율, 인지도 등
   2) 경쟁기업 또는 경쟁제품의 강점 및 약점
   3) 기타 경쟁기업에 대한 정보
   4) 참가하고 있는 국내외 전시회 / 참가 규모 및 주요 특징

4. **전시회 관련 활동 및 기대감 등**
   1) 자사 마케팅 목표의 달성에 있어서 전시회의 가치와 역할
   2) 과거 전시회 참가 경험으로부터의 시사점
   3) 가장 유망한 전시회 명칭과 그 이유
   4) 자사의 전시회 참가에 대한 기대감이나 참가성과 예상

5. **기타 전시회 참가 담당부서가 반드시 알아야 할 정보가 있다면 적어주십시오.**

____

이렇게 수집된 정보를 바탕으로 하여 제1단계에서는 올바른 전시회 선정을 위해 정확한 분석과 판단을 내릴 수 있도록 기존 및 잠재고객에 대한 프로파일을 구체적으로 완성해야 한다.

▣ 제2단계: 전시회에 대한 고객의 인식 조사

제1단계 과정을 통해서 자사가 지향하는 표적시장 고객에 대한 프로파일이 완성되면, 제2단계에서는 이러한 고객 프로파일의 특성을 구체적으로 뒷받침할 수 있는 독립적인 데이터를 만들어야 한다. 표적시장 고객명단은 흔히 기업 내부의 데이터 베이스와 외부 데이터 베이스를 종합해서 만들게 된다. 물론 이 데이터 베이스에는 주요 기존고객과 잠재고객 모두가 포함되어야 한다. 제2단계에서는 이 명단에 올라있는 고객들을 대상으로 그들이 어떤 전시회를 방문했는지, 그 전시회에 대한 평가는 어떻게 하고 있는지, 그리고 자사 제품 또는 서비스에 대한 관심도는 얼마나 되는지를 알아내는데 주력해야 한다.

전시회에 대한 고객의 인식을 알아보기 위한 조사의 범위나 깊이는 각 기업의 인력 또는 예산의 규모에 따라 달라질 것이다. 그러나 기본적인 시장조사 기법만을 활용하여도 고객의 성향이나 관심 등을 조사할 수는 여지는 많다. 꼭 유의할 사항은 표본조사 대상이 자사가 지향하고자 하는 표적시장 고객의 특성을 대표할 수 있도록 선정되어야 한다는 점이다. 조사기법으로는 100명 내지는 200명 정도의 표본을 대상으로 우편, 전화, 팩스 또는 웹을 기반으로 설문지(survey questionnaire)를 활용하는 정량적 또는 계량적 조사방법과 10~20명 정도의 고객을 대상으로 심층면접(in-depth interview)을 하는 정성적인 조사방법이 있다.

물론 현실적으로는 대부분의 중소규모의 기업들은 사실 제1단계에서 제시한 방법을 따라 조직적으로 고객의 프로파일을 만들어내는 경우가 흔치 않다. 나아가 제1단계에서 완성된 고객 프로파일을 바탕으로 전시회에 대한 고객의 인식을 추가로 조사해 낼 수 있는 인력이나 예산상의 여유가 없는 경우가 많다.

그러나 다음과 같이 기존 또는 잠재고객의 자사 제품이나 서비스에 대한 관심 수준, 전시회를 활용하는 방법 및 전시회의 가치에 대한 인식 등을 파악할 수 있다면, 전시회 선정과정의 다음 단계에서 활용할 수 있는 매우 합리적인 근거가 될 것은 틀림없다.

1. 제품에 대한 관심도

고객의 인식조사를 할 경우, 자사 제품이나 서비스에 대해서 전시회를 방문하여 직접 관람 또는 체험하려는 잠재 방문객들의 관심도가 어느 정도인지를 파악하는 것이 가장 중요하다. 잠재고객이 자사 제품이나 서비스에 대해 갖고 있는 관심이 높으면 높을수록, 자사 부스를 방문할 가능성이 높아질 것이 분명하기 때문이다. 따라서 주요 고객의 자사 상품에 대한 관심도 수준은 전시회 현장에서 자사 부스를 실제로 방문할 고객의 규모를 추정할 수 있는 근거가 된다.

2. 방문하고 있는 전시회의 가치에 대한 인식

전시회 방문객인 바이어들의 입장에서 가장 가치가 있었던 전시회가 어떤 것인지를 질문해 보면, 바이어들이 가장 빈번하게 방문하는 전시회가 어느 지역의 어떤 전시회이며, 그러한 전시회들은 바이어들의 방문목적에 얼마나 유용했는지 등을 파악할 수 있게 된다. 경우에 따라서는 현재 자사가 인지하고 있지 못하고 있는 기존의 전시회를 포함하여 신규 전시회의 존재나 가치까지도 확인할 수도 있을 것이다.

3. 구매정보원으로서 전시회에 대한 의존도

고객, 즉 바이어 프로파일 명단에 속해 있는 사람들에게 그들이 구매결정을 내리기 위해 필요한 정보를 수집하는 경로와 그 의존도를 확인해야 한다. 전시회를 포함하여 인터넷, 직접우편(DM), 업계 전문잡지의 기사나 광고, 영업사원의 방문 등 다양한 정보원 중에서 바이어들이 가장 의존을 많이 하는 것이 무엇인지를 확인해보면 구매정보원으로서 전시회의 상대적 가치를 파악할 수 있을 것이다. 위에서 설명한 조사방법을 통해 자사 또는 자사 제품에 대한 고객의 인지도 및 관심도 수준을 측정해 보면, 자사 부스 방문이 예상되는 고객의 규모나 고객의 자사 부스 방문유도 가능성 등을 가늠할 수 있게 된다. 아울러 자사의 특정 제품에 대한 잠재고객의 관심도가 높다면, 부스 진열대의 디자인이나 조명 등 전시 부스의 물리적 환경을 잘 조성하여 해당 제품을 좀더 부각시킴으로써 관람객의 관심도를 더욱 고조시킬 수 있을 것이다.

그러나 자사 제품에 대한 고객들의 인지도가 경쟁기업에 비해 낮다고 해서 경쟁기업이 참가하는 전시회를 기피해야 한다는 의미는 아니다. 다만, 자사 부스를 방문해 줄 수 있는 고객의 규모를 예상할 수 있다면, 그에 따라 전시회 참가여부, 혹은 전시회 참가에 따른 비용투자 규모를 적정한 수준으로 결정할 수 있을 것이다. 만일 고객의 인식조사를 해 본 결과, 자사 제품에 대한 인지도가 너무 낮아 문제점으로 확인되거나, 또는 전시회 참가성과를 적정수준 이상으로 끌어올릴 필요가 있다고 판단되면, 전시회 참가 이전단계는 물론 전시회 현장에서도 자사 제품에 대한 인지도 제고나 부스 방문에 대한 관심을 증폭시킬 수 있도록 적극적인 프로모션 활동을 전개해야 한다.

그러나 전시회 잠재 방문객들의 자사 제품에 대한 관심도가 높지 않다거나, 자사 표적시장에 속해 있는 고객들이 구매결정에 필요한 정보를 입수함에 있어서 전시회를 활용하는 비율이 높지 않다면, 기업은 전시회 참가 이외의 다른 수단을 통한 마케팅 활동에 주력하는 것이 바람직할 것이다.

■ 제3단계: 참가를 고려하는 전시회 목록 작성

제1단계에서 여러 경로를 통해 정보를 취합하여 자사의 표적시장에 부합하는 고객의 프로파일을 완성했고, 제2단계에서는 고객들의 자사 제품에 대한 관심도와 전시회에 대해 갖고 있는 인식과 의존도 등을 파악했다면, 이제는 전시회 자체에 대한 정보를 수집하고 판단해야 할 단계이다.

전시회를 분석하고 판단하기 위해 필요한 자료는 기업 스스로가 직접 만들어내야 하는 1차 자료뿐만 아니라, 이미 공개적으로 발표 또는 간행된 2~3차 자료들도 상당하다. 이러한 자료와 정보를 바탕으로 제3단계에서는 자사의 참가목표 달성에 이바지할 수 있을 것으로 기대되는 다양한 전시회 모두를 망라해 보는 것이다. 물론 이렇게 해서 작성된 전시회 목록은 다음 단계의 추가적인 분석과 검토를 위한 기반이 된다. 이 단계에서는 일부 유망고객이 특정 전시회에 참가할 것으로 추정이 된다면, 어떤 전시회도 이 목록에서 아직 배제할 필요는 없을 것이다. 그러나 현실적으로 시간, 인력 및 예산의 부족 또는 방법론 부재 등의 이유로 상당수의 기업들은 전시회 선정작업을 제1 또는 2단계를 거치지 않고 곧바로 제3단계에서 시작하는 경우가 많다.

그런데 전시회에 관한 여러 가지 정보를 분석하고 이해하는 과정에서 유의해야 할 점들이 있다. 우선 전시회에 관련된 2~3차 자료나 정보원의 양적 또는 질적 편차가 상당히 크다는 것이다. 자사의 참가목표에 부합되는 전시회를 판단하거나 선정하기 위해서 기업이 외부로부터 확보하여 활용할 수 있는 가장 일반적인 정보원 중의 하나는 전시회를 소개하는 디렉토리(directory)일 것이다.

그러나 디렉토리는 산업의 종류, 전시회의 특성 또는 규모면에서도 다종 다양하기 때문에 한 권의 디렉토리 속에 각종 전시회에 대한 모든 정보가 실려 있는 경우는 매우 드물다. 전시회가 부실한 경우에는 해당 전시회의 개최날짜와 연락처 등 아주 기본적인 정보 이외에는 거의 소개되지 않는다. 북미지역의 경우에는 서로 다른 전시회 디렉토리를 비교하여 동시에 검색할 필요가 있다. 그 이유는 규모가 작은 지방전시회(local show)에 대한 정보는 전시회 디렉토리에 기재되어 있지 않는 경우도 많기 때문이다. 전시회를 소개하는 대부분의 전시회 디렉토리는 가나다, 알파벳, 혹은 개최시기 순으로 정리가 되어 있기 때문에 전시회를 찾아내기는 용이한 편이다. 대부분의 전시회 주최자들은 자기들이 개최하는 전시회를 산업별 분류에 따라 해당산업별 전시회 디렉토리에 올려놓고 있는데, 경우에 따라서는 상호참조의 목적으로 관련된 다른 산업의 디렉토리에도 교차하여 게재하기도 한다. 어쨌든 전시회 선정에 관여하고 있는 담당자는 전시회 디렉토리를 잘 살펴보면서 참가를 고려해 볼 만한 전시회를 지나쳐 버리지 않도록 유의해야 한다.

한편, 인쇄물로 만들어진 전시회 디렉토리 이외에 인터넷을 통해 전시회를 찾아볼 수 있는 웹사이트들이 있으며, 인터넷의 사용이 늘면서 인쇄된 디렉토리에 비해서 그 활용의 편리함 때문에 인터넷을 통한 전시회 검색이 더욱 빈번해지고 있다. 특히, 각국 정부는 전시회가 무역진흥을 위해 매우 유용한 수단임을 인식하고 있기 때문에 <표 7-6>에서와 같이 해당국가의 수출 또는 무역진흥 담당조직의 간행물과 웹사이트를 통해 자국에서 개최되는 전시회는 물론 전세계에서 개최되는 전시회에 대한 소개를 하고 있다. 그리고 대부분의 국가에는 산업별 협회조직이 결성되어 있으며, 이런 산업협회의 웹사이트를 통해서도 동 산업분야와 관련된 다양한 전시회들을 소개하는 정보를 입수할 수 있다.

<표 7-6> 전시회 검색이 가능한 주요국가의 웹사이트

	전시회 검색이 가능한 웹사이트
국제조직	UFI(Union of Fairs International)(www.ufi.com)
한국	KOTRA(www.kotra.or.kr), 한국전시산업진흥회(www.kei.or.kr)
일본	JETRA(www.jetra.or.jp)
중국	CCPIT(www.ccpit.or.cn)
홍콩	HKTDC(www.hktdc.or.hk)
싱가폴	SICEC(www.suntecsingapore.com)
독일	AUMA(www.auma.de)
미국	International Association of Exhibition Management(www.iaem.org) Trade Show Week(www.tradeshowweek.com) American Tradeshow Directory(www.tradeshowbiz.com) Trade Show News Network(www.tsnn.com) Exhibitor(www.exhibitoronline.com) Convention and Visitor Bureau web sites

또한, 각 산업별 뉴스를 다루는 국내외 업계 전문지들도 전시회 개최에 관련된 보도기사나 행사일정 등 전시회에 관한 정보를 온라인과 오프라인을 통해 제공하고 있기도 하다. 이러한 정보는 전시회 참가업체는 물론 바이어들에게도 전시회 방문결정을 내릴 때 유용하게 활용되고 있다.

그러나 무엇보다도 각국의 주요 전시회 주최자들은 자신들이 개최하는 전시회의 프로모션을 위해 직접 우편(DM)이나 이메일을 통해 기업들에게 전시회에 관한 다양한 정보를 제공해 주는데 이러한 소식이나 자료는 잘 분류해서 보관해 두는 것이 바람직하다. 왜냐하면, 객관성만 보장된다면, 전시회 주최자가 제공하는 전시회 정보나 자료집들은 통합적인 전시회 디렉토리에 비해 질적으로나 양적으로도 개별적인 전시회를 평가할 수 있는 보다 좋은 정보원이 되기 때문이다.

끝으로, 경쟁기업의 웹사이트를 정기적으로 방문할 필요가 있다. 경쟁사 웹사이트에는 경쟁사가 향후 참가 예정인 국내외 전시회 목록을 올려놓는 경우도 있기 때문에 특히 전시회 참가경험이 부족한 기업 입장에서는 참고할 만한 가치가 있을 수 있다.

지금까지 설명한 바와 같이, 기업은 자사 내부의 경영진 또는 각 부서를 통해 확보한 정보, 고객을 대상으로 한 설문 또는 면접조사 결과, 그리고 전시회에 관련된 내용과 소식을 제공해 주는 각종 정보원을 검색하고 분석하는 작업을 완료하고 나면, 자사가 참가를 고려해 볼 만한 전시회를 모두 망라한 전시회 목록을 작성할 수 있을 것이다. 특히 이 자료를 스프레드 시트로 작성해 두면 향후에 산업, 시장, 지역, 시기 또는 기타 특성에 따라 전시회를 언제나 분류(sorting)해 보거나 범주화(categorizing)할 수 있을 것이다.

전시회 목록을 작성하는 작업이 마쳐지면 다음 단계에서는 여러 가지 기준으로 분류 또는 범주화 해놓은 전시회 목록을 바탕으로 자사의 전시회 참가목적에 가장 부합할 것으로 판단되는 순서에 따라 현재 상태에서 우선순위를 표시한다. 그러나 이 우선순위는 절대적인 것이 아니고 후속적인 조사 및 분석을 통해 수시로 변화가 될 수 있다. 다만, 그 우선순위에 따라 다음 제4단계에서는 해당 전시회 주최자나 과거 참가경험이 있는 다른 기업들과 접촉을 하면서 그들을 통해 전시회를 분석할 수 있는 추가적인 자료를 요청하거나, 그들을 대상으로 심층조사 또는 인터뷰를 하게 된다.

한 가지 덧붙여 두자면, 국제적 명성이 있는 전시회에는 관련산업 및 시장의 동향과 추세가 그대로 반영되고 있지만, 기술적 혁신과 변화가 심한 첨단산업 분야의 기업이라면 참가를 고려하고 있는 특정 전시회가 산업의 최근 동향이나 추세를 잘 반영하고 있는지를 정확히 파악해야 한다.

▣ 제4단계: 전시회 주최자와 접촉

1. 주최자와의 접촉의 중요성과 유의할 점

기업이 전시회에 참가하여 성과를 올릴 수 있는 한 가지 분명한 선행조건은 해당 전시회의 주요 방문객의 특성이 자사 표적시장 고객의 특성과 일치하느냐 하는 문제라는 사실은 아무리 강조해도 지나침이 없을 것이다. 그런데 상당수 기업들이 전시회 참가 여부를 결정하기 전에 전시회 주최자를 대상으로 해당 전시회 방문객의 특성이나 규모, 기타 중요한 사항에 대해 질문하는 일을 소홀히 하는 경향이 있다. 특히, 전시회 방문객의 질적 수준과 양적 규모는 기업이 해당 전시회의 참가 여부를 결정하거나 참가 효용성 여부를 판단하는 가장 중요한 기준이 된다.[68] 그러나 이 단계에서 적지 않은 어려움을 겪을 수도 있다. 그 이유는 상당수 전시회 주최자들의 경우, 기업이 필요로 하는 구체적인 정보를 갖추고 있지 못하거나 혹은 정보가 있다 해도 참가하려는 기업과 적극적인 정보공유를 꺼리는 경우가 있기 때문이다. 나아가 기업의 입장에서는 참가를 고려하고 있는 전시회들을 직접적으로 비교해 볼 수 있는 표준화된 정보양식이 부재하기 때문이다.

더욱 문제가 되는 것은 제공되는 전시회 방문객에 대한 대부분의 정보들은

68) Williams, J., Gopalakrishna, S. & J. Cox(1993). Trade Show Guidelines for Smaller Firms, *Industrial Marketing Management.* 22: 265~275.

전시회 주최자 자신들이 작성해 놓은 것으로서 어떤 정보는 정확성이 없으며, 특히 방문객들에 대한 통계수치는 부풀려 있어서 신뢰하기 어려운 경우가 많다는 점이다. 특히, 유럽이나 북미의 일부 국제규모의 전시회를 제외한다면, 전시회에 관련된 정보를 공인해주는 객관적이고 독립적인 전시회 인증이 제대로 이루어지는 전시회가 많지 않다.

전시회 인증(audit)이란 "전시회 주최자와는 독립적인 공신력을 갖춘 제3자(unbiased third party)가 전시회 관람객에 관련된 통계수치를 검증하는 것"을 말하는데, 설문조사방식이 아닌 인구통계학적 조사방식을 통해서 검증을 하게 된다. 이렇게 인증된 전시회의 경우에는 아래와 같은 전시회 관람객의 인구통계학적 정보를 포함한 기본적인 자료의 확보가 가능하다.

① 검증된 유료 및 무료입장 관람객수
② 참가업체수
③ 전시회 면적
④ 산업분야별 통계분석
⑤ 관람객의 직업별 통계
⑥ 관람객의 지역별 분포도 등

우리나라에서도 산업자원부 산하 사단법인인 한국전시산업진흥회에 의해 이러한 전시회 인증제도가 도입되어 2003년부터 시행되고는 있지만, 국내 전시산업을 둘러싼 여건상 아직까지는 국제적 수준의 정밀한 실사가 이루어지고 있지는 못한 실정이다. 일부 전시회 주최자들은 국내의 전시회 또는 전시산업이 충분한 성숙기에 접어들지 못해 자체적인 전시회 인증제도의 본격적인 활용이 아직 시기상조라는 인식을 갖고 있다. 그러나 전시산업 선진국 독일의 경우에는 FKM이, 미국의 경우에는 ABC Expomark와 같은 전시회 인증기구나 조직이 전시회 관람객 통계에 관련한 인증작업을 주도하고 있다. 이 조직들은 자국내에서 개최되고 있는 전시회에 대한 정보의 객관적 공신력을 확보해 주고, 참가업체들에게 뿐만이 아니라 방문객들에게도 신뢰할 만한 정보를 제공해 줌으로서 전시회 선정과 방문에 관련된 의사결정에 도움을 주고 있다.

2. 주최자에게 요청해야 할 자료 및 정보

1) 전시회에 대한 일반적 자료

일부 지역에서 개최되는 전시회에 대한 정보가 미흡한 문제점이 있음에도 불구하고 전시회 주최자와의 접촉을 통해 전시회에 대한 정보를 가급적 많이 확보할 수 있다면, 전시회를 보다 잘 분석할 수 있는 토대가 되어 기업이 참가하고자 하는 전시회 선정에 도움이 될 것이다. 전시회에 대한 자료나 정보의 획득은 일반적으로 전시회 주최자 측과의 전화나 이메일 접촉을 통해서 시작되는데 <표 7-7>과 같은 내용을 중심으로 가급적 구체적인 내용을 요청하여 확보하는 것이 좋다.

<표 7-7> 전시회 주최자에게 요청해야 할 정보

- 전시회 전체 관람객수
- 순수 관람객의 규모(주최자, 참가업체, 보도진, 학생 등 제외)
- 참가업체 수(외국업체와 국내업체와의 비율)
- 참가업체가 사용하는 순수 전시면적
- 전시 부스 임차비용
- 전시회 및 세미나 등의 행사기간 및 시각 등을 포함한 일정

최근 많은 전시회 주최자들이 참가업체에게 전시회 방문객의 양적 규모뿐만이 아니라 질적 수준에 대한 정보를 동시에 제공하고 있다. 전시회를 찾아오는 바이어의 질적 수준은 그들의 구매권한 또는 영향력, 예정 구매시기나 예산의 규모 등을 통해 판단할 수 있다. 예를 들어, 바이어의 질적 수준에 대한 정보를 분석해 본 결과, 참가업체가 전시하고자 하는 제품이나 서비스에 대한 관심도

나 구매가능성이 높을 것으로 추정된다면, 이러한 정보는 전시회 참가 여부를 결정하는데 매우 긍정적인 영향을 주게 된다. 실제로 참가업체 입장에서는 바이어의 인구통계학적 자료보다는 바이어의 질적 수준에 관련된 이러한 자료가 참가 여부를 결정하는 데 보다 요긴하게 사용된다. 이렇게 참가업체가 파악해야 할 전시회 방문객에 대한 핵심적 정보를 정리해 보면 다음과 같다.

① 인구통계적 특성
② 지리적 분포
③ 자사 제품 또는 서비스에 대한 관심도
④ 구매결정 영향력
⑤ 구매예산 규모 및 구매시기 등

2) 전시회 디렉토리의 분석방법

그 이외에도 과거에 실행한 전시회 프로그램이나 해당 전시회를 소개한 디렉토리 등을 확보할 수 있다면 좋은 자료가 될 것이다. 그 이유는 과거나 현재의 전시회 디렉토리 분석을 통해서 예를 들면 다음과 같은 판단을 할 수 있기 때문이다.

첫째, 전시회 디렉토리를 분석해야 하는 가장 중요한 기준으로는 자사가 전시 또는 소개하고자 하는 제품 또는 서비스가 전시회의 주제(theme)나 중심적 초점(focus)에 따른 주력 전시품목과 어느 정도의 적합성(compatibility) 또는 관련성(relevance)이 있는가를 판단하는 것이다. 만일, 특정 산업분야에서 활동하는 바이어들이 주류를 이루는 수직적 전시회(vertical show)에 기업이 참가할 경우, 자사 제품이 전시회 주력 전시품목과 일치하지 않을 경우에 큰 낭패를 볼 수 있다.

아울러 디렉토리 분석을 통해서 가장 큰 규모로 참가할 주력 참가업체들(anchor exhibitors)에 대한 프로파일을 확인·분석해 보면, 해당 전시회의 주력 전시품목이 무엇인지를 가늠할 수 있고, 관람객 또는 바이어들에게 어떤 제품 또는 서비스가 가장 관심을 끌게 될 것인지를 추정할 수 있을 것이다. 만약, 해당 전시회에 참가예정인 이들 주력 참가업체가 전시하는 제품 또는 서비스가 자사와 같거나 비슷하다면, 아울러 비슷한 표적시장 고객층을 겨냥하고 있다면, 자사가 전시회에 참가했을 경우, 방문객들로부터 상당한 관심을 끌 수가 있음을 시사하는 것이다. 아울러 규모가 큰 참가업체일 경우에, 주력 참가업체들과의 경쟁에서 우위를 확보하거나 전시회 참가성과를 극대화하기 위해서는 어느 규모 정도의 부스 크기가 필요할지를 가늠해 볼 수도 있을 것이다.

둘째, 경쟁업체의 과거 전시회 참가여부와 그들의 주력 전시품목과 부스 규모 등을 파악할 수 있다. 만일 자사의 경쟁업체가 전시회에 참가했거나, 혹은 그들이 한 해에 여러 개 전시회에 참가했다면, 자사가 추적하고자 하는 잠재 유망고객이 그러한 전시회를 방문할 가능성이 높다는 것을 시사하는 것이다. 경쟁업체의 전시회 부스 크기를 점검해 보면 자사가 전시회에서 타사와 효과적인 경쟁을 하기 위해서 어느 정도의 부스 면적이 필요할지를 판단할 수 있을 것이다. 물론 경우에 따라서는 경쟁업체가 필요이상의 전시면적을 사용할 수도 있다. 따라서 자사가 목표로 하는 규모의 방문객들을 대상으로 효과적인 전시회 마케팅 활동을 전개하기 위해서는 어느 정도 넓이의 전시면적이 필요할지를 먼저 고려하는 것이 바람직하다. 또한 주요 경쟁사가 어떤 특정 전시회에 참가한다고 해서 그 전시회가 자사에게도 적합한 전시회가 되는 것은 아닐 것이다. 경쟁사들도 어쩌면 늘 참가했었으니까, 타성적으로 전시회에 참가하고 있는지 모른다.

셋째, 과거 전시회에 참가했던 다른 업체들과 접촉을 해서 전시회에 대한 그들의 경험을 통해 해당 전시회를 간접적으로 평가해 볼 수도 있을 것이다. 예를 들면, 다른 참가업체의 바이어에 대한 양적 및 질적 만족도, 전시회 참가성과, 전시회 주최자의 운영에 대한 만족도 등에 대해서 알아봄으로써 간접적으로 전시회에 대한 평가를 할 수 있기 때문이다. 이럴 경우, 구체적인 예산이나 방문객 명단을 요구하는 것이 아니기 때문에 예상보다는 어렵지 않게 자료를 구하거나 평가를 할 수 있을 것이다. 그러나 경쟁업체들의 경우에는 전시회에 관련된 정보공유를 꺼려하거나, 심지어는 특정 전시회가 유망함에도 불구하고 고의적으로 편향된 정보를 건네줄 수 있는 가능성도 고려해야 할 것이다.

따라서 다른 한편으로는 특정전시회에 최근 참가했던 기업, 특히 자사와 경쟁관계가 아닌 기업의 전시회 담당자를 접촉할 수 있다면 그들이 어떠한 경험을 했는지 알아보는 것도 매우 좋은 방법일 것이다. 그 전시회에 과거 참가했던 기업이 그들의 경험, 통찰력 또는 관람객에 관련된 인구통계학적 자료를 제공해 주는 경우도 있다. 개최주기가 정례적인 전시회라면 개최연도가 달랐던 해에 개최된 전시회의 디렉토리를 확보하여 한 번은 참가하였으나, 다음 해에는 참가하지 않은 업체들과 접촉을 하여 그들이 불참한 이유를 알아보는 것도 유용할 수 있을 것이다.

3) 전시회 프로모션 자료 분석

전시회 자체를 프로모션하기 위해서 전시회 주최자가 수행한 마케팅 활동에 대한 정보나 구체적인 자료도 수집할 필요가 있다. 이런 정보의 분석을 통해 전시회 주최자가 어떤 유형의 방문객을 어느 규모로 초청하려고 노력했는지 등을 가늠할 수도 있을 것이다. 특히, 참가를 고려하고 있는 행사가 처음 개최되는 신규 전시회일 경우에는 이러한 자료나 정보는 기업이 해당 전시회 참가여부를 결정하는데 사용할 수 있는 유일한 정보 또는 근거가 되기 때문이다.

또한 전시회 기간에 동반 개최된 콘퍼런스 혹은 세미나 등의 프로그램 주제와 방향을 점검해 보아야 한다. 이러한 행사의 개최 목적이나 방향이 자사가 추구하는 참가목적과 부합할 수 있는지 여부를 판단해 본다는 의미가 있기 때문이다. 어떤 기업들은 전시회에 참가할 때, 전시회와 동반되어 개최되는 콘퍼런스나 세미나 프로그램에 자사에 소속된 전문가를 연사명단에 포함시키거나, 혹은 자사가 전시회 스폰서 프로그램에 참여하는 것을 중요시하기도 한다. 이런 경우에는 전시회 주최측과의 사전 접촉을 통해서 전시회 부대행사에 참여할 기회가 가능한지 여부와 그에 따른 비용이 어느 정도 소요되며 자사의 예산범위 내에서 수용할 수 있는지를 미리 추정해 두어야 한다.

전시회 자체를 광고 또는 홍보한 자료나 정보의 분석을 해보면 주최자의 전시회 개최 방향을 이해할 수 있고 또한 전시회 주최자가 어떤 특성의 관람객이나 바이어를 유치하려고 하는지와 그 가능성 여부도 어느 정도 가늠할 수 있기 때문에 주최자를 통해서 다음과 같은 자료나 정보를 확보할 필요가 있다.

- 전시회 주최자가 유치하고자 하는 관람객에 대한 프로파일
  (소속기업, 사업형태, 규모, 소재지, 구매성향, 직위, 직책 등)
- 전시회 프로모션의 수단 또는 방법
  (웹사이트, 이메일, DM, 초청장, 매체광고·홍보, 포스터 등)
- 전시회 프로모션의 규모 및 시기
  (대략적인 프로모션 예산규모, 프로모션 실행시기 등)
- 전시회 부대행사
  (컨퍼런스 또는 세미나의 주제, 연사, 일정 등)

기타 참가업체가 희망하는 크기와 위치의 전시회 부스를 확보할 수 있는지에 대해서도 전시회 주최자와 사전 접촉을 통해서 확인해 보아야 하는 것은 당연하다. 물론 앞에서 한번 언급했듯이, 참가업체의 과거 전시회 참가경력, 희망하는 부스의 크기, 참가업체의 신용도 및 평판 등이 원하는 부스를 배정받을 수 있는 선행적인 조건이 된다. 그러나 부스 신청을 대기하고 있는 기업이 많다면, 일반적으로 그 전시회는 평판이 좋은 유망 전시회일 가능성이 많을 것으로 볼 수 있을 것이다.

▣ 제5단계: 전시회 참가 타당성 분석 - 참가여부 결정

이상의 네 단계 과정을 통해서 필요한 모든 자료나 정보수집이 완료된 이후, 전시회 선정을 위한 최종 제5단계는 확보된 정보를 분석하여 자사가 시간과 비용을 투자하여 해당 전시회에 참가할 만한 충분한 가치가 있는 것인지, 투자의 규모는 어느 수준에서 타당성이 있는지, 그리고 경쟁업체의 전시회 마케팅 활

동에 효과적으로 대처할 수 있는지 등을 다각적으로 검토하여 최종적으로 전시회 참가 여부를 결정하는 과정이다. 지금까지 진행된 전시회 선정을 위한 조사 과정을 다시 한번 정리해 보면 다음과 같다.

제1단계: 자사 표적시장 고객의 프로파일 작성
제2단계: 전시회에 대한 고객의 관심도 및 인식조사
제3단계: 참가를 고려할 만한 전시회 목록작성
제4단계: 전시회 주최자 접촉
제5단계: 전시회 참가 타당성 분석과 참가할 전시회 선정

가장 먼저, 자사가 전시회에 꼭 참가해야 하는 이유, 즉 자사의 전시회 참가 목표를 달성하고자 하는 측면에서 잠재 방문객의 규모나 질적 수준이 전시회 참가이유를 정당화시켜 줄 수 있는지 여부를 판단하는 것이 중요하다. 만일, 전시회 참가에 대한 타당성이 있다고 판단되었다면, 참가목표를 달성하기 위해서 어느 정도 규모의 투자가 적정하고 각 전시회에 따라 필요한 전략적 준비는 어떻게 해야 할는지를 차례로 판단해야 한다.

경우에 따라서는 전시회를 검색하고 평가하는 과정에서 특정 전시회가 유망하여 꼭 참가를 해야 할 필요성이 확인되었을 경우, 역으로 그 전시회의 특성에 맞추어 기업이 어떤 참가목표를 설정하여 참가하는 것이 바람직할 것인가를 생각할 수도 있다. 물론 일반적으로는 이미 앞에서 수차례 강조를 했듯이 사전에 설정된 참가목표에 맞추어 전시회를 선정하는 수순으로 가는 경우가 많다.

그런데 첫 번째 질문, 즉 특정 전시회 선정에 대한 의사결정은 자사가 표적시장 고객의 양적 규모와 질적 수준을 고려하여 판단하는 것이 중요함을 강조한 바 있다. 특히, 전시회를 통해서 자사가 접촉하고자 하는 표적시장 고객의 규모가 전시회 참가비용을 지출할 만한 타당성이 있는가를 검토해야 한다. 전시회를 방문할 것으로 예상되는 전체 관람객 규모가 아무리 크다 하더라도 자사가 겨냥하는 표적시장의 순수한 규모가 충분할 정도로 크지 않다면, 전시회 참가

를 위한 투자는 타당성이 없으며, 아마 다른 마케팅 수단을 활용하는 것이 더 효과적일 것으로 판단해야 할 것이다. 가령 전시회 자체가 그 성격상 일부 지역을 겨냥한 전시회라면, 이 전시회는 참가를 정당화시켜 줄 수 있을 정도의 규모나 지리적으로 다양한 잠재 고객을 유치하기는 힘들 것으로 판단해야 할 것이다.

바로 이러한 이유 때문에 전시회를 방문하는 전체 방문객 중에서 자사 표적시장의 특성과 일치하는 방문객의 규모를 추정해보는 것이 매우 중요하다. 그러면 우선 전시회에서 자사 부스 방문이 가능할 것으로 추정되는 방문객의 규모를 산출하는 방법에 대해서 살펴보자.

<표 7-8> 자사 부스 방문객 규모 추정방법

순수 방문객 규모 x 표적시장 고객 비율(%) = 자사 표적시장 전체의 규모
자사 표적시장의 규모 x 고객의 관심도(%) = 잠재적 부스 방문고객 규모

<표 7-8>을 살펴보면 자사 부스의 잠재적 방문객 규모를 계산하기 위해 필요한 자료나 정보를 수집하려면, 대부분 전시회 주최자 측에 의존해야만 한다는 것을 알 수 있다. 따라서 수집할 자료나 정보는 가급적 정확해야 하기 때문에 앞의 제4단계에서 설명했듯이 정보를 수집하는 절차를 정확히 이행하는 것도 중요하다.

이 계산방식의 첫 번째 수순은 전체 전시회 관람객들 중에서 참가업체, 보도진, 학생 등을 제외한 순수 관람객 규모를 추정하는 것이다. 이 수치는 차후 계산의 기초가 되기 때문에 순수 관람객 규모를 정확히 알아내는 것이 매우 중요하다.

두 번째로는, 전시회 주최측이 제공해 준 인구통계학적 수치에 근거해서 자사의 표적시장 고객 특성과 일치되는 전시회 관람객의 비율을 추정하는 것이다. 그런데 전시회 관람객의 유형, 직책, 역할 및 지리적 분포 등 참가업체가 중요하다고 판단하는 인구통계학적 수치의 혼합은 주최자가 수집한 바이어 등록 자료에 기초하여 그 비율을 추정하게 된다. 이러한 수치는 전시회 참가업체의 필요를 충족시켜 줄 만큼 구체적이지 못할 수 있기 때문에 참가업체 입장에서 근사치를 추정해야 할 경우도 있을 것이다.

여기에서는 <표 7-8>의 방식으로 자사 부스 방문고객의 잠재적 규모를 계산해 보기로 하자. 예로 들어, 순수 방문객(바이어)의 총 규모가 10,000명이고, 그 중에 약 20%의 관람객이 자사 표적시장의 고객특성에 부합된다고 가정할 수 있다면, 10,000명의 20%에 해당하는 약 2,000명의 바이어가 자사의 표적시장 고객특성에 부합되는 것으로 추정할 수 있을 것이다.

그러나 자사 표적시장 고객특성에 부합하는 2,000명의 전시회 관람객 모두를 자사 부스로 유치할 수 있을 것으로 기대하는 것은 비현실적이다. 왜냐하면 그들 모두가 자사의 제품이나 서비스를 직접 보려는 관심을 갖고 있지는 않을 것이기 때문이다. 자사 부스를 실제로 관람해 줄 수 있는 잠재고객의 규모를 추정하는 방법은 자사의 표적시장 고객특성에 부합하는 관람객의 수치에다가 실제로 자사 제품의 관람에 관심을 갖고 있는 방문객의 비율을 곱하면 될 것이다. 만일 이러한 관람객의 비율을 전시회 주최자의 등록시스템이나 통계수치를 통해 알아낼 수 없다면, 전시회 참가기업 스스로가 이 비율을 계산해 내야 한다.

일반적으로 참가업체의 전시품목이 특정 전시회의 주력 전시품목과 일치되는 전시회의 경우, 즉 참가업체가 수직적 유형을 이루는 전시회(vertical-exhibitor show)에서는 다양한 라인의 제품을 전시하는 참가업체 부스를 방문하는 관람객의 비율은 비교적 높을 것으로 추정할 수 있을 것이다. 그러나 전시회의 주력 전시품목 군에 속하지 않는 상품을 전시하거나, 혹은 한두 가지 제품만을 전시하는 참가업체의 경우에는 자사의 표적시장 고객특성과 부합하는 관람객들 중 일부만이 실제로 자사 부스를 방문할 것으로 추정하는 것이 현실적일 것이다.

예를 들어, 전시회 잠재 방문객의 자사제품에 대한 관심도 비율을 15% 정도라고 가정한다면, 실제적으로 자사 부스를 방문할 것으로 추정되는 고객의 잠재적 규모는 자사의 표적시장 고객규모(2,000)에다가 관심도(0.15)를 곱한, 약 300명 정도인 것으로 계산할 수 있을 것이다. 자사 부스를 실제 방문할 가능성이 있는 이러한 바이어의 규모가 바로 기업이 전시회 참가여부를 결정하는 주요 기준이 되는 것이다.

아울러 이 수치는 전시회 참가에 따른 자사의 투자수준을 결정할 수 있는 근거가 되기도 한다. 즉, 자사 부스에 방문이 예상되는 바이어의 규모는 그들과의 효과적인 상담에 필요한 부스 인력규모와 부스 공간면적의 크기를 결정할 수 있는 기준이 되기 때문이다.

참고로, 어느 기업이 전시회에 참가하면서 총 5,000만원의 예산을 투입했다고 가정해보자. 만일 잠재 방문객 둘 중 500명이 자사 부스를 방문하여 접촉이 이루어졌을 경우, 방문객 한 사람과의 접촉비용(cost per contact)은 10만원이 소요된 것으로 계산할 수 있을 것이다(5,000만원/500명). 물론 방문객 500명과 접촉하여 확보한 리드건수가 모두 판매로 직접 연결되는 것은 아닐 것이다. 그런데 기업이 전시회에 참가하여 고객 한 명과 접촉하는 데 소요되는 비용을 현장방문을 통한 직접 판매(field sales) 활동에서 소요되는 고객 당 접촉비용과 간접적으로 비교해 본다면, 판매 및 마케팅 수단으로서의 전시회와 직접 판매와의 상대적 효율성을 검토할 수 있는 근거로 활용될 수도 있을 것이다.

제3절 기타 전시회 선정시 고려해야 할 점들

기업이 올바른 전시회를 선정하기 위해 주의를 기울여야 할 것들은 지금까지 살펴본 자료나 기준들 이외에도 여러 가지가 있다. 예를 들어, 어떤 참가업체들은 전시회 주최자의 성격에 따라서 전시회 참가결정을 내리는 경우가 있다. 즉, 비교적 전시회에 참가해 본 경험이 많은 참가업체들은 규모가 작지만 독립적인 전시회 한 두 개 만을 전문적으로 개발하여 운영하는 전시회 주최자들을 선호한다. 그 이유는 이들의 전시회에 대한 지식의 깊이나 노하우, 열정 등이 연중 여러 개 전시회를 다발적으로 운영하는 주최자들보다 낫다고 생각하기 때문이다. 이 절에서는 지금까지 설명하지 못한 기준들을 중심으로 전시회를 선정할 때 고려해야 하는 점을 점검해 보고자 한다.

1. 전시회 통계수치의 추세변화

만일, 전시회에 관련하여 지난 몇 년 기간의 총 방문객 규모나 순수 전시면적 등 기초통계 자료를 확보할 수 있다면, 전시회의 일반적인 건강상태를 확인할 수 있을 것이며, 전시회가 지향하는 방향을 가늠할 수도 있을 것이다. 그러나 전시회 성장추세를 분석할 때에는 몇 가지 유의해야 할 사항이 있다. 일부 주최자들은 주기적으로 지역을 바꾸어 가면서 전시회를 개최하는데, 이렇게 되면 통계수치가 들쑥날쑥할 가능성이 있기 때문이다. 특히, 전시회 참가업체가 특정 지역의 시장진출을 겨냥하고 있다면, 전시회를 방문하는 주요 방문객의 지리적 분포는 전시회 참가 여부 결정에 있어서 매우 중요한 판단근거가 될 것이다. 따라서 해외 바이어와 국내 바이어의 구성비율과 해외 바이어 중에서도 각 지역별 방문객의 구성비율 등을 면밀히 검토해 보아야 할 것이다.

한편, 참가업체의 일반적 특성을 살펴보기 위해서 최근 몇 년간 세부 산업별로 얼마나 많은 기업들이 해당 전시회에 참가했는지를 알아보아야 한다. 또한 부스의 경쟁상태를 살펴볼 필요가 있는데, 전체 전시회 면적 중 대형 및 소형부스가 차지하는 비율이 각각 어느 정도 되는지도 확인할 필요가 있다. 북미지역에서 개최되는 전시회의 경우, 일반적으로 전국규모의 전시회(national show)라면 대형부스가 약 30%, 소형부스가 나머지 70%를 차지하게 되는 경우가 균형적인 구성비율이라고 본다.

2. 전시회의 생명주기

모든 산업 또는 시장과 마찬가지로 전시회에도 생명주기(life cycle)가 있다. 어떤 경우에는 전시회가 처음 개최된 후 1~2년 만에 막을 내리거나 다른 전시회로 흡수 또는 통합되는 경우도 있다. 일부 대형 국제전시회의 경우에는 주력 전시품목의 종류가 다양하게 확장되면서 문제가 발생할 수도 있다. 시장적 변화에 따라 새로운 수요가 창출되면 오래 전부터 체계가 잡혀 있던 전시회가 분파되면서 보다 세분화된 전문시장을 겨냥한 이른바 수직적 전시회가 탄생되기도 한다.[69] 사실 자유로운 시장경쟁체제에서는 구체적이고 새로운 세분시장의 욕구가 확인되고 이를 충족시켜야 하는 중요성이 이해되면서 전시회 발달과정상 수직적 세분화는 자연스러운 현상이라고 할 수도 있다. 가상공간기술(cyber-space technology) 또는 정보통신기술(information technology)의 발전을 통해 새로운 산업과 시장이 생성되면서 신규 전시회가 탄생되었듯이 각 산업의 기술적 혁신과 진보는 새로운 산업과 시장을 필요로 하게 된다.

이러한 전시회 생명주기의 역동적 변화는 기업의 입장에서는 선택해야 할 전시회의 종류가 더 늘어난다는 의미이며, 참가업체나 방문객이 좀더 구체적으로 세분화된다는 뜻이고, 전세계 시장을 상대해야 하는 기업들에게는 좀더 많은

69) Seringhaus, S and P. Rosson,(2001). Firm Experience and International Trade Fairs, *Journal of Marketing Management* 17: 877~901.

전시회에 참가해야만 자사가 겨냥하는 모든 표적시장에 접근할 수 있다는 의미가 될 수도 있다. 그러나 긍정적인 측면에서 보자면, 기업들이 특정 표적 세분시장을 겨냥하기가 좀더 쉬워질 수 있다는 점도 있다. 따라서 중소기업들의 경우에는 수직적 전시회의 증가와 더불어 세분화된 표적시장에 접근하기가 보다 용이해질 수도 있을 것이다.

이렇게 역동성이 높아지는 전시산업(the exhibition industry)의 특성을 감안할 때, 기업의 마케팅 책임자들은 참가를 고려해볼 만한 다양한 전시회를 놓고 선택의 고민에 빠지게 될 것이다. 이에 대한 답은 아무래도 각 기업이 전시회에 대한 구체적인 정보를 수집하고 분석을 어떻게 하느냐에 달려 있을 것이다.

3. 전시회의 종류 및 성격

기업이 어떤 전시회에 참가할 것인가를 선택할 때에 일반적으로는 개최지의 지리적 조건, 전시회의 종류, 목적, 성격 등을 고려하여 참가 여부를 결정한다. 최근 국제적 전시회의 개최추세는 수직적인 혹은 전문적인 성격의 전시회의 비중이 늘어나는 경향을 보이고 있다. 또한 전문바이어들도 세분화 혹은 전문화된 전시회를 더욱 선호하는 추세이다. 그러나 바이어들의 직위에 따라, 선호대상이 다른데 구매결정권이 있는 임원급 방문객들은 한 전시회 장소에서 다양한 분야의 제품을 한꺼번에 보는 것을 더 선호하는 경향이 있다는 점은 앞에서 설명한 바 있다. 예를 들면, 호텔관광관련 전시회일 경우에는, 호텔 총지배인은 넓은 범위의 다양한 호텔관련 제품이나 서비스가 전시되는 수평적 전시회(horizontal-exhibitor show) 참가를 선호할 것이고, 식음료 담당부장은 주로 음식과 케이터링에 관련된 수직적 전시회(vertical-exhibitor show)에, 세일즈 담당부장도 아마 호텔 객실판매를 보다 용이하게 할 수 있는 다양한 마케팅기법이나 판매전용 컴퓨터 소프트웨어만을 다루는 수직적 전시회(vertical exhibitor show)를 선호할 것이다.

참가업체 입장에서 보자면, 고도로 전문화된 전시회는 대규모 구매력이 있는 바이어를 겨냥하고자 할 때 상대적으로 유효하지만, 중소규모의 바이어 또는 구매업체를 대상으로 할 때는 다소 어려움이 있을 수 있다. 또한 수직적 전시회의 문제점은 참가업체와 방문객의 구성이나 특성이 매년 비슷할 수 있다는 점이다. 아울러 수직적 성격의 속규모 전시회는 수평적 성격의 대규모 전시회에 비해 경기가 침체될 경우 더 민감한 영향을 받을 수 있다.

4. 전시회 개최장소와 참가비용

전시회 개최지역이 너무 멀어 교통이 불편하거나, 혹은 지리적 관점에서 자사가 관심을 갖고 있는 지역내에서 개최되는지도 검토해야 할 것이다. 국내 전시회의 경우에는 국제전시회라는 명칭을 사용한다 하더라도 전시회 방문객 대부분이 국내 관람객들이거나, 해외 관람객들이 주변 몇 개 국가에서 방문한 소수의 바이어들인 경우가 있을 수 있다. 따라서 참가업체가 해외 바이어들과의 접촉을 우선적인 참가목표로 하는 경우에는 해외에서 방문하는 바이어의 양적 규모나 질적 수준을 정확히 확인하고 참가결정을 내려야 할 것이다. 미국의 경우에는 전시회가 북미지역을 순회하면서 개최되는 경우가 있는데, 이럴 경우 미국기업들은 지리적 조건과 투자비용을 감안해서 해당 전시회가 자사와 근접된 지역에서 개최될 경우에만 참가하는 경우도 있다. 종합하자면, 전시회 개최장소는 기업의 지리적 표적시장과 일치도 여부를 고려해야 할 것이다. 아울러 전시회가 지리적으로 먼 지역, 특히 해외에서 개최되는 일부 유명 전시회에 참가하기 위해서는 상당액의 부스 임차비용, 전시할 제품의 운반과 보관 등 물류비용, 그리고 현장에 파견할 인력의 출장비용 등 많은 투자가 뒤따르게 된다. 따라서 기업은 시간과 투자 등은 물론 기타 기회비용을 감안해서 선별적인 참가결정을 내려야 할 것이다.

5. 전시회 개최시기와 주기

전시회 개최시기는 참가업체의 입장에서뿐만 아니라, 방문객인 바이어들의 입장에서도 그 적절성 여부를 검토해야 한다. 전시회 개최시기가 자사의 제품 공급라인 뿐만 아니라 구매자의 욕구를 수용할 만큼의 시간적 여유가 있게 잡혀 있는지를 살펴보아야 한다. 다시 말해서, 전시회의 개최시기가 자사의 마케팅 타이밍과 적절하게 어울리는지, 또는 바이어의 구매 사이클 또는 패턴과 맞는지 등을 따져보아야 할 것이다. 예를 들어, 과거에는 학용품이나 완구산업의 경우에 신학기 또는 어린이날보다 3~6개월 전에 주문이 집중되었는데, 최근에는 리드타임이 앞당겨지면서 주문시점이 1년 정도 전에 시작되기도 한다. 즉, 제품과 서비스의 품목에 따라서 독특한 매출 성수기가 있을 수 있기 때문이다. 일반소비자들을 대상으로 하는 대중전시회(public show)의 경우에는 개최시기 즈음한 날씨도 고려해야 할 경우가 있는데, 특히 원거리 방문객의 경우 개최시기의 악천후는 관람여부 의사결정에 부정적 영향을 미칠 것이기 때문이다. 아울러 개최시기가 중요한 휴일이나 대규모 이벤트 등과 중복되는지 여부도 살펴야 한다.

전시회의 개최빈도는 산업 종류에 따라 다소 다르게 결정된다. 예를 들면, 첨단산업의 경우 기술혁신의 주기에 따라 1년에 몇 차례씩 열리기도 한다. 그러나 기계류 관련 전시회, 조선해양산업 관련 전시회 등과 같은 중장비를 다루는 산업분야는 격년제로 개최되는 경우도 있다. 심지어 광물산업 등과 같이 전시품목의 변화가 심하지 않은 산업의 경우에는 전시회 개최주기가 5년 또는 10년에 한 번씩 개최되기도 한다. 따라서 개최주기가 격년제 이상으로 길 경우에는 참가시기를 놓칠 경우, 차기 전시회 참가를 위해서는 상당히 오랫동안 기다려야 된다는 점을 고려해야 할 것이다.

6. 전시회 개최기간

전시회 개최기간이 얼마나 되는지를 알게 되면, 전시회 참가비용이 적정한지 여부를 판단하거나, 또는 부스에서 소요될 시간당 운영비용이 얼마나 될지 등을 사전에 판단할 수 있을 것이다. 예를 들어, 유명 국제회의와 동반되어 개최되는 전시회의 경우, 부스 공간 임차비용이 비싸지 않아보여도, 순수 전시장 운영시간이 하루 4시간씩 사흘간 총 12시간 동안만 주어진다면, 참가하는 기업입장에서는 시간, 노력 및 비용 등 투자대비 충분한 성과를 올릴 수 있는지 여부를 잘 판단해야 할 것이다.

7. 전시회의 통행밀도

전시회장에서의 '통행밀도'(traffic density)란 전시장에서의 방문객의 활동량을 계량화한 것을 의미하는데 전시회 관람객의 행동 또는 움직임에 관한 수치의 정확성을 가늠하는 데도 활용된다. 비현실적으로 높은 밀도는 관람객의 규모가 과장되었음을 의미하는 것이기 때문에 전시회를 평가할 때 유의해야 한다. 그러나 국내에서 개최되는 전시회에 대해서는 이러한 통계가 작성되고 있지 않고 있기 때문에 의미가 없을 것이다.

참고로, 미국의 자료에 따르면[70], 최근 북미지역에서 개최되는 전시회의 평균 통행밀도는 약 2.3인데, 이는 전시회 개최기간 동안 기본부스 공간면적, 100 f^2를 기준으로 볼 때 약 2.3명의 방문객이 머문다는 의미이다. 만일 전시회 통행밀도가 1.0 또는 1.5 정도라면 방문객의 부스 방문이 다소 저조하여 참가업체가 좋은 성과를 올리기는 다소 어려운 상황이라고 해석하면 된다. 1989년 이후 북미지역에서 개최되는 전체 전시회의 평균 통행밀도는 차츰 낮아지고

70) Exhibitor Survey 2004.

있는 것으로 나타나고 있다. 그 이유는 관람객 수의 증가에 비해서 기업의 부스 면적 확대속도가 앞섰기 때문이다. 참고로 미국의 산업별 전시회의 통행밀도는 의료관련 전시회는 2.1, 소매관련 전시회는 1.6, 그리고 하이테크 전시회는 2.8인 것으로 집계되었다.

통행밀도가 5.0 이상이 되는 경우는 매우 드물며, 만일 전시회 관련자료에 그렇게 표시되어 있다면, 앞에서 설명한 바와 같이 전시회 관람객의 규모가 부풀려져 있다는 것을 시사하는 것이다. 비록 전시회 선정에 있어서 '통행밀도'가 우선적인 판단기준이 되어서는 곤란하겠지만, 관련 정보가 확보될 경우, 참가업체가 고려해 볼 만한 가치는 있는 기준이다.

지금까지 살펴본 바와 같이 전시회 참가를 고려중인 기업은 다양한 경로를 통해 전시회에 대한 자료와 정보를 수집하여 분석하고, 그 결과를 근거로 여러 전시회에 대한 평가를 내린 후에 자사의 참가목표 달성에 가장 알맞은 전시회를 선정하여야 할 것이다.

올바른 전시회 선정을 위해서 마지막으로 고려해야 할 점이 있다면, 자사의 참가목표와 예상되는 성과를 대비시켜 보는 것이다. 그 결과가 긍정적이라면 그 전시회는 참가할 만한 가치가 있다는 뜻이 된다. 물론 이때에도 두 가지 가장 중요한 질문에 대한 답을 찾아내야 한다. 첫째, 전시회를 분석 및 평가한 결과, 자사가 해당 전시회에 참가하여 참가목표를 달성할 수 있겠는가? 만일 전시회 분석결과가 자사의 목표와 관련성이 없다면 어떻게 할 것인가? 사실 '그렇다' 혹은 '아니다' 식의 이분법적인 답을 도출할 수도 없다. 어느 정도 가능성이 있다고 판단이 되면, 정작 문제는 어느 정도의 예산을 투입할 것인가 하는 것을 결정하는 일이 중요하다. 아마도 기본부스 규모로만 전시회에 참가해도 좋을 수 있을 것이다. 혹은 심지어 부스 설치 없이 단지 참가만 해도 어느 정도 목표를 이룰 수 있을는지 모른다. 끝으로 부스를 설치하지 않고 전시회를 참가하는 방법에 대해서 알아보도록 하자.

제4절 우회적인 전시회 참가

일부 중소기업의 경우에는 예산이나 인력이 충분치 않아서 전시회에 어떻게 참가해야 할는지 엄두를 내지 못하는 경우도 적지 않다. 대부분의 기업들은 전시회 선정을 합리적으로 할 수 있는 기초적 정보가 부족하거나 전시회 선정을 위한 방법을 몰라서 의사결정에 어려움을 겪기도 한다. 전시회에 반드시 참가는 해야 하는데 어느 정도 수준의 비용을 투자해야 하는지에 대해서 확신을 못하고 있는 기업들도 있다. 심지어 명성과 평판이 좋은 국제적 전시회에는 참가 경쟁이 심한 나머지 부스 공간 확보가 어려워서 몇 년씩 기다려도 참가할 수 있는 기회를 갖지 못하는 경우도 있다. 또는 국제적 규모의 전시회에 참가해서 투자대비 성과를 올릴 수 있을 정도의 경험이 축적되어 있지 않거나, 전시회 마케팅 활동을 효과적으로 실행해 낼 수 있는 검증된 직원이 부족하여 전시회 참가를 주저하거나 포기하는 경우도 있다.

전시회에 참가해서 수행할 수 있는 마케팅 예산도 부족하지만, 전시회 참가 경험이 부족하여 전시회 마케팅의 성과를 확신하지 못하겠다고 우려하는 기업들이 있다. 그 외 어떤 이유로든 전시회에 자사 부스를 설치할 만한 재정적 여력이나 현장 운영에 대한 자신감이 없다고 해도 전시회가 제공하는 값진 기회를 활용할 수 있는 방법이 전혀 없는 것만은 아니다. 이번 절에서는 전시회 현장에 자사 부스를 직접 설치하지 않고 참가하는 방법, 이른바 대안적으로 전시회에 참가할 수 있는 방법을 알아보자.

1. 부스 공유

우선 많은 비용과 시간을 투자하여 전면적으로 전시회에 참가하기보다는 다른 기업과 제휴나 협력을 통한 전시회에 참가하는 것이 그 한 가지 대안적 방법이다. 미국 시카고에서 해마다 개최되는 전미 레스토랑협회(National Restaurant Association)가 주최하는 전시회의 경우, 일부 지명도가 있는 기업들조차도 동 전시회에 참가를 해서 충분한 규모의 선별된 리드를 확보하기 쉽지 않았던 과거의 경험 때문에 전시회 참가를 유보하고 있었다. 이렇게 전시회 참가에 따른 투자회수율에 대한 우려가 높은 가운데 뉴욕에 본사를 두고 있던 한 식음료 광고전문 대행사인 'Food Group'은 자사의 고객 기업들에게 공동관(pavilion) 운영을 후원하겠다는 제의를 했다. 그 결과 4개의 유수한 기업이 이러한 제안을 받아들여 전시회에 동참을 하게 되었다. 공동부스 전면에는 'Menu Solution'이라는 이름의 시연 부스(demonstration booth)를 설치한 후, 주방장들이 6개 협력업체로부터 제공받은 다양한 식자재를 사용하여 음식을 조리해서 관람객들에게 나누어주면서 관심을 유도하고, 공동관 부스 후면에서는 각 업체별로 전시물품을 진열해 놓고 바이어들과의 구매상담을 펼치도록 기획을 하여 운영을 했다. 그 결과 각 기업들은 자사가 단독으로 부스 공간을 임대하여 운영하는데 소요되는 비용을 현격히 줄이면서도(당초 개별 참가 시 예상경비의 1/4투자), 공동부스를 설치한 규모의 경제를 실현시켜 상당한 시너지효과와 반사이익을 얻을 수 있었다. 우선 각 업체가 독립적으로 참가할 때에 비해 4배 이상 큰 독립부스(island booth)를 만들어 내면서 전시장내 방문객의 통행량이 가장 많은 지역에 부스 위치를 확보할 수 있었고, 상호 보완적인 성격의 제품이 전시되어 방문객의 관심을 유도할 수 있는 시너지효과를 올릴 수 있었던 것이다. 이러한 전시회 부스의 공유전략은 비단 식음료산업 분야만이 아니고 다른 산업군에서도 점차 눈에 띄는 새로운 추세가 되어가고 있다. 참가업체간에 제휴와 협력을 바탕으로 공동 부스 형태로 전시회에 참가하면서 참가비용을 현격히 줄일 수 있는 한편, 전시회 관람객(바이어)들의 자사에 대한 관심과 이미지 제고 및 구매상담 측면에서도 양적 · 질적으로 긍정적 성과를 올리는 경우가 늘어나고 있다.

컴퓨터산업의 경우에는 중소기업들이 마이크로소프트(Microsoft)사 또는 IBM과 같은 대기업들과 부스를 공유하는 사례도 늘고 있다. 미국 텍사스주 달라스에 근거를 둔 한 중소기업(Bermac Co.)은 북미 여러 지역에서 개최되는 일련의 다양한 컴퓨터관련 전시회에 IBM's Lotus Development Co.가 후원하는 사업파트너 공동관(business-partner pavilion)에 참여한 사례가 있다. 이 중소기업의 경우에는 전시회 참가비용을 대폭 줄일 수 있었을 뿐만 아니라, 자사의 프로모션을 위해 Lotus 브랜드의 지명도를 활용할 수 있었는데, Lotus 제품의 출중한 지명도 덕택으로 전시회에 취재를 나온 언론 및 방송사들로부터 많은 주목을 받는 등 톡톡한 재미를 볼 수 있었다. 특히 중소기업인 'Bermac'은 상당한 수준의 구매결정권을 갖고 있는 중역급 관람객(바이어)들과 접촉할 수 있는 기회를 많이 잡았는데, 당시 시장진입을 위해 안간힘을 쓰고 있던 중소기업 'Bermac'은 자사의 단독적인 노력으로는 이러한 성과를 올리는 것이 거의 불가능했었다고 평가하였다.

그런데 이렇게 제휴 및 협력을 통한 공동 전시회 마케팅은 대기업이 중소기업에게 그냥 베푸는 자선사업이 아니다. 대기업들도 중소기업과의 이러한 공동부스 운영을 통해 이익을 얻는 것이 있다. 예를 들면, Lotus의 경우 자사의 그룹웨어 응용상품을 판매하기 위해서 고객들에게 자사의 'Notes'에 대한 인지도를 높여줄 수 있는 도매업체 및 컨설턴트들과 부스 공간을 공유하는 것이다. 왜냐하면 Lotus Notes는 강력한 엔진이긴 하지만, 컨텐츠 없이는 어떻게 자사 제품이 효과적으로 작동되는지를 고객들에게 시각적으로 보여주기 어렵기 때문이었다. Lotus입장에서는 제휴협력사인 중소기업들의 컨텐츠 제공과 응용상품 시연능력을 믿고 공동마케팅을 펼친 결과, Lotus의 매출제고 가능성을 기대 이상으로 높일 수 있었던 것이다. 따라서 중소기업의 입장에서는 이러한 대기업들의 공동부스 운영제안이 자사에게 어떤 실익을 가져다 줄 수 있는지를 잘 검토해 보아야 한다. 공동부스 운영은 반드시 상호 보완적인 성격의 상품을 갖고 있는 기업들 간에 시너지효과를 올릴 수 있으며, 나아가 참여업체들이 추구하는 표적시장의 고객특성이 일치하지 않는다면 공동부스 운영의 효과는 미미하기 때문이다. <표 7-9>에서는 공동부스 운영에 따라 시너지효과를 낼 수 있는 방안에 대해 정리해 놓았다.[71)]

<표 7-9> 공동부스 현장운영을 위한 제언

1. 전시회 개최전날 오후나 저녁에 협력기업 부스 운영 스텝들과 미팅을 갖고 서로를 소개하는 시간을 마련하라.
2. 가능하다면 공동부스를 운영하는 모든 스텝들의 소속이 다르다는 이질감을 줄이고 부스 방문객들에게 긍정적인 인상을 주기 위해서 복장을 통일하는 것이 바람직하다.
3. 세일즈 리드를 선별·확보하기 위해 통일된 시스템을 준비해야 한다. 명함이나 이름만 확보할 것이 아니라, 부스 방문객의 욕구, 직위, 구매계획, 예산, 후속조치 요구사항 등의 정보를 얻을 수 있도록 체계적인 시스템을 갖추어야 한다.
4. 가능한 서로 팀을 이루어 방문객과 상담을 하라. 두 명의 부스 스텝이 한 사람의 바이어와 상담활동을 벌이면 보다 능률적인 대화가 이루어지며, 리드를 선별하거나, 컨설팅을 해야 할 때, 혹은 판매주문을 받을 경우에도 효율성이 높아지기 때문이다.

2. 부스 설치 않고 전시회 참가하기

한편, 전시회 현장에 자사 부스를 설치하지 않고도 단순히 전시회 자체의 참관을 통해 차기 전시회 참가 타당성을 탐색해 보면서 여러 가지 시장정보를 획득할 수 있다. 이럴 경우, 자사의 차기 전시회 참가를 위해서 전시회 평가, 산업의 추세 및 시장환경 조사의 기회로 생각하거나 혹은 동종산업계 관계자들과의 새로운 네트워킹을 만들어 두는 기회로 여기면 된다. 실제로 일부 전략적 기업들은 정식으로 전시회 참가를 하기 전에 자사 담당직원을 미리 파견해서 전시회에 대한 평가작업을 수행토록 한 후, 차기 전시회 참가여부를 결정하고 있다.

그러나 자사 부스를 설치하지 않고 참가하게 되는 경우에도 우선 전시회 참관목표의 설정부터 명확히 해 두어야 한다. 전시회 자체만을 관찰할 것인가?

71) Sales & Marketing Management(2002). Tips for Booth Partnership, Sales & Marketing Management. 10: 106.

경쟁사들에 대한 탐구를 할 것인가? 아니면 바이어들과 접촉 또는 네트워킹 구축을 위해 노력을 기울일 것인가? 물론 경우에 따라서는 이러한 모든 목표들을 동시에 추구할 수도 있을 것이다.

부스를 임대하지 않고 참관만 할 경우에는, 우선 전시회 마케팅 업무를 담당하게 될 직원이 해당 전시회 관람객으로서 우선 조기등록을 해두는 것이 좋다. 사전등록이 되면 전시회 개막 전에 여러 다른 참가업체나 전시회 주최자로부터 다양한 제안이나 프로모션 자료들을 받아볼 수 있을 것이다. 또한 등록과정이나 전시회 운영의 흐름을 평가해 볼 수 있는 기회도 주어진다. 그러나 전시회 개막 전에 자사 표적시장의 특성에 부합하는 고객들과 공급·협력업체들도 해당 전시회에 참가하는지 여부를 조사해 둘 필요가 있다. 만일 그들이 참가한다면, 전시회장 내부가 아닌 장소에서 사업상의 목적을 위한 미팅 약속을 잡아보거나, 혹은 그들을 만나기 위해 점심 또는 저녁식사 자리를 별도로 마련해 보는 것도 좋은 비즈니스 기회가 될 것이다. 흔히 전시회가 개최되는 도시는 자사나 고객사(구매업체)의 홈 그라운드가 아닌 중립지역이기 때문에 비교적 우호적인 환경에서 사업적 접촉과 대화를 가질 수 있기 때문이다.

전시회 개최지에 도착하기 전에 전시회 디렉토리나 웹사이트를 잘 살펴보고 전시회 개최기간 동안 매일 일정별로 부스 방문계획을 작성해 두어야 한다. 전시회 기간을 전후해서 참가업체 혹은 바이어들을 위한 각종 세미나나 교육 세션이 개최되므로 어떤 프로그램이 자사의 전시회 마케팅 활동에 도움이 될 것인지를 판단해서 참석여부를 미리 결정해 두어야 한다.

전시회 개최지에 도착하면 가장 먼저 전시회가 개최되는 시설내부를 자세히 둘러보아야 한다. 전시장 전체를 적어도 두 번 이상은 꼼꼼히 살펴보아야 한다. 그래야만 전시회 전체에 대한 명확한 느낌을 가질 수 있을 것이다. 만일 주요 경쟁업체의 부스, 혹은 자사가 관심을 가져야 할 부스가 있을 경우에는 반드시 다시 방문해서 구체적인 정보를 수집해야 한다. 특히 경쟁사들이 현장 운영을 하고 어떤 방식으로 하고 있는지를 잘 살펴보아야 한다. 부스공간의 규모는 얼마나 되며, 부스 운영직원은 몇 명이고, 부스 디자인은 어떤 컨셉으로 설계되었는지, 부스 방문객들이 주로 어떤 사람들이고, 그들의 질적 수준이나 양적 규모가 얼마나 될지를 추정해 볼 필요도 있다. 참가업체들이 어떤 판촉물을 가져와서 어떻게 배포하고 있는지, 그들의 방문객(바이어) 상담방법과 리드기록은 어떻게 하는지도 반드시 살펴볼 가치가 있다.

가급적 디지털 카메라와(전자)수첩 등으로 촬영과 기록을 하면서 전시장을 둘러보고, 차기 전시회에 자사가 참가했을 때 활용하거나 시도해 볼 만한 아이디어들을 눈여겨 보아둔다. 만일 자사가 차기 전시회에 참가할 필요가 있다고 확신을 갖게 되면, 전시회 현장에서 내년도 전시회 참가신청을 미리 해 두는 것도 좋은 방법이다. 참고로 상당수 전시회에서는 공공연히 사진 또는 영상을 촬영하거나 부스 임대를 하지 않고 참가한 업체의 관계자가 전시회 관람객을 상대로 사업적 상담을 하는 행위가 공식적으로 금기시되고 있다. 이러한 규정을 위반하다 적발될 경우에는 촬영기기를 일시 압류당하거나, 전시회 현장 밖으로 쫓겨나게 되는 경우가 있음을 유의해 두어야 한다.

제8장 전시회 참가예산 수립

제1절 예산수립의 목적과 중요성

최근 전시회 마케팅의 가치에 대한 기업들의 인식이 새로워지면서 전시회 참가를 위한 예산의 규모도 점차 커지고 있다. 일부 통계에 따르면, 유럽소재 기업들은 그들의 마케팅 전체 비용 중 약 33%를 전시회에 참가하기 위해 배정하고 있으며, 북미소재 기업들은 평균 25%의 마케팅 비용을 전시회에 투자하고 있는 것으로 나타났다.[72] 한편, 전시회에 참가하고 있는 국내 중소기업들도 약 30%에 가까운 마케팅 예산을 전시회 참가비용에 할당하고 있는 것으로 조사되었다.[73]

그런데 예산을 수립한다는 것은 단순히 숫자를 나열하는 것이 아니다. 오늘날과 같은 경영환경 속에서 어떠한 프로젝트를 진행하든 기업의 모든 부서들에게 예산수립과 집행에 대한 설명력 확보는 가장 중요한 과제이다. 어떤 규모의 예산을 투입할 것인지에 대한 계획도 없이 프로젝트를 수행한다는 것은 있을

72) O'Hara, B., Palumbo, F. & P. Herbig(1993). Industrial Trade Shows Abroad, *Industrial Marketing Management* 22: 233~237.

73) Kim, Y.K.(2005). 전게논문.

수 없겠지만, 놀랍게도 많은 국내기업들이 국내외에서 개최되는 전시회에 참가하면서 현실성 있는 예산규모를 추정해 내지 못하는 경우가 많다. 효과적인 예산수립과 집행관리는 전시회 마케팅 프로젝트의 책임자들이 수행해야 하는 가장 중요한 업무일 것이다. 왜냐하면 예산이란 프로젝트를 수행하는데 있어서 재정적 로드 맵(road map) 역할을 하기 때문이다.

전시회 마케팅 프로젝트 책임자가 효과적인 예산수립 또는 집행관리를 할 수 있는 선행조건은 기업 전체 및 소속부서의 예산수립 방법과 관행을 철저히 이해하는 것이다. 또한 예산을 수립해 가는 과정에서 회계 또는 재정부서의 협력을 이끌어낼 수 있는지의 여부에 따라서 전시회 참가성과의 성패에 상당한 영향이 미칠 수 있다는 점을 잊지 말아야 한다. 따라서 가급적 회계 관련부서가 전시회 마케팅 담당부서와 같은 소속 팀인 것처럼 협조적인 환경을 만들어가는 일이 중요하다. 아울러 자사 회계연도의 주기를 파악해 두고, 전시회 마케팅을 위한 예산수립 또는 집행과는 어떤 관계를 갖고 있는지를 숙지해 둘 필요가 있을 것이다. 전시회 마케팅 활동을 위해 투입된 비용이 효율적인 결과를 낳을 수 있도록 예산관리에 노력을 기울이는 일은 전시회 마케팅 책임자가 전시회 부스 현장에서 고객과의 사업적 상담을 우호적으로 이끌어 나가는 일 못지않게 중요할 것이다. 따라서 전시회 마케팅 예산을 투자회수율 극대화 목표에 초점을 맞출 수 있도록 전략적으로 설계하는 것은 매우 중요하다. <표 8-1>은 전시회 참가결과를 추적할 수 있도록 작성된 스프레드 시트의 한 가지 예가 될 수 있을 것이다.

<표 8-1> 전시회 마케팅 투자회수율(예)

(단위: 만원, 개)

전시회명	부스 크기	예산 (목표)	예산 (결과)	리드수 (목표)	리드수 (결과)	비용/리드 (목표)	비용/리드 (결과)
국내전시회	3m × 6m	2,500	2,000	500	250	5	8
상해전시회	3m × 6m	3,000	2,500	500	300	6	8.3
뉴욕전시회	3m × 6m	3,000	2,500	300	100	10	25
런던전시회	3m × 6m	3,000	3,000	200	80	15	37.5
합계		11,500	10,000	1500	730	7.67	13.7

그리고 전시회 참가 프로젝트를 마무리하고 나면, <표 8-1>에서와 같이 예산집행 결과를 집계해 봄으로써 전시회 참가에 따른 투자회수율이 어떠한지를 용이하게 파악할 수 있도록 준비해야 한다. 예를 들면 여기에 예시한 것처럼 전시회에서 확보한 리드 1건당 소요된 비용이 참가했던 전시회에 따라 어느 정도인지를 분석할 수 있을 것이다. 마찬가지로 다른 참가목표, 즉 고객의 부스 방문건수, 고객과의 접촉 또는 상담건수, 미디어 노출횟수 등을 기준으로 예산투자에 대한 회수율을 다각적으로 추정할 수 있을 것이다.

이와 같은 분석을 통해서 기업은 자사가 연중 국내 또는 해외에서 참가한 전시회들 중에서 어느 전시회에서 상대적으로 더 높은 투자회수율을 올릴 수 있었는지를 파악한다. 이를 바탕으로 향후 어떤 전시회에 전략적으로 더 많은 예산을 투입하여 노력을 집중하는 것이 바람직할지 등을 판단할 수 있을 것이다. 나아가 다른 마케팅 수단들의 투자회수율과도 상대적 비교를 하여 전시회 참가 프로젝트의 상대적 가치를 입증하도록 해야 한다.

기업이 전시회 참가 프로젝트를 마치면 결과보고서를 작성하여 경영진을 포함하여 주요 관계자들에게 보고하게 된다. 이때 전시회 참가 결과보고서는 기업의 중요한 사내외 커뮤니케이션 수단이 되기 때문에 결과보고서 내용에 반드시 예산집행 내역을 포함시켜야 한다. 아울러 자사의 전체 세일즈 및 마케팅 목표달성에 전시회 참가 프로젝트가 실제적으로 어떻게 기여했는지에 대한 성과측정 결과를 포함시키도록 한다. 그 이유는 경영진을 포함한 이해 당사자들이 전시회 참가 프로젝트의 가치에 대해 새롭게 인식을 하여 향후에도 지속적인 예산지원과 협조를 해주도록 유도 또는 설득하기 위한 것이다.

제2절 전시회 참가에 따른 세부지출 항목

전시회 참가목표가 설정이 되고, 참가할 전시회가 선정되고 나면, 전시회에 참가하기 위한 예산을 수립하는 작업이 시작되어야 한다. 예산수립은 기업이 설정한 전시회 참가목표를 달성하기 위해서, 어느 정도의 예산이 소요되어야 하는가를 미리 추정하는 작업이다. 전시회에 참가해 본 경험이 있는 기업은 과거 참가했던 전시회에서 집행한 내역을 바탕으로 필요에 따라 항목별로 예산액을 증감시키면 된다. 만일 전시회에 처음 참가하는 기업이라면 아래에서 설명하는 세부항목에 따라 필요예산을 추정해 보면 될 것이다. 예산을 수립하는 과정에서 어느 항목의 지출비용을 줄이고, 어느 항목의 지출은 늘려야 하는지 결정함으로써 향후 계획된 전시회 참가에 있어서의 방향과 활동범위를 확정되게 된다. 전시회 마케팅 프로젝트를 실행하는데 소요되는 투자규모는 대체로 전시회 참가를 통해서 달성하고자 하는 목표의 수준과 직접적인 상관관계가 있는데, <표 8-2>에서와 같은 세부항목에 따라 결정된다.

<표 8-2> 전시회 참가에 소요되는 세부 지출항목

- 부스 공간 임대
- 부스 및 그래픽 제작, 운송, 보관, 설치 및 해체
- 카펫, 전기, 조명, 수도 및 부스 현장 인프라
- 전시회 부스 운영에 필요한 장비, 소모품과 인력 서비스
- 부스 현장 운영인력 교육훈련
- 부스 담당직원 교통 및 숙식
- 전시회 개막전 광고 및 홍보 등 사전 프로모션
- 전시회 현장 프로모션
- 전시회 폐막 후 후속적 관리

참고로, 미국 전시산업연구센터(Center for Exhibition Industry Research)가 발표한 자료에 따르면, 미국 기업들이 전시회에 참가하기 위해 해마다 약 205억 달러의 비용을 지출하고 있는 것으로 집계되고 있다. 이들이 전시회 마케팅 활동을 하면서 투자한 비용의 항목별 비율과 지출총액은 <표 8-3>에서와 같은 것으로 나타났다.[74)]

<표 8-3> 전시회 예산의 항목별 지출액과 비율

항목	비율(지출액)
부스 공간 임대	28.1 %(57.7억불)
부스 디자인	12.4 %(25.5억불)
전시회 서비스	18.9 %(38.8억불)
운송	9.2 %(18.9억불)
여행 및 숙식비	21.3 %(43.7억불)
프로모션	5.5 %(11.3억불)
기타	4.6 % (9.4억불)
합계	205.4억불

<표 8-4> 미국 전시회 참가업체 항목별 예산지출

항목	비율
부스 공간 임대	31.9%
전시회 서비스	17.5%
부스 디자인 및 제작	15.5%
전시물품 운송	14.0%
부스 인건비와 훈련	7.5%
전시회 참가 프로모션	9.0%
기타	4.6%

북미지역의 전시회참가업체협회(TSEA)의 발표에 따르면, 북미에서 개최된 전시회에 참가한 기업들이 집행한 평균 전시회 비용은 2003년, 약 55만 불에서 2004년에는 약 60만 불로 증가했다. 이들의 전시회 예산지출을 항목별로

74) CEIR(2001). How the Exhibit Dollar is Spent, CEIR SM 22.

살펴보면 <표 8-4>와 같다.[75] 그런데 부스 공간 임대로부터 전시물품 운송비용까지 상위 네 항목이 기업의 전시회 참가 프로젝트 예산의 80%를 차지하고 있음을 알 수 있다.

위의 조사에 따르면 2004년도 전시회 예산지출의 두드러진 변화는 전시회 프로모션 지출비용이 2003년의 평균 21,569 달러에서 2004년에는 53,600달러로 두 배 이상 증가했다는 점이다. 또한 부스 디자인과 제작에 지출한 비용도 69,619 달러에서 92,627 달러로 괄목할 만한 증가세를 보였다.

한편, 국내기업들의 전시회 참가에 따른 예산지출의 항목도 대부분이 부스공간 임차 및 부스의 디자인과 제작 등의 하드웨어적 준비에 편중되어 투입되는 경향을 보이고 있다. 그러나 북미지역 소재 기업들이 연평균 집행하는 전시회 비용의 절대액수가 국내기업의 전시회 예산에 비해서 크다는 점을 감안한다면, 국내 기업들이 전시회 참가 프로모션에 투입하는 예산이 너무 부족한 실정이다.

75) EXPO(2003). Exhibitor budgets on the rise, but so are costs, EXPO Nov/Dec: 12.

제3절 전시회 참가예산 세부항목 비용의 산출

1. 부스 공간 임대

전시회 참가에 소요되는 예산수립에 있어서 우선 가장 선결되어야 할 항목은 임대하고자 하는 부스 공간면적을 산출하는 것이다. 전시회에 처음 참가하는 기업이나 중소기업들은 대부분 기본 부스(3×3m 또는 10×10ft) 규모로 참가하는 경우가 많다. 그러나 전시회 참가에 따른 비용 산출은 크게 두 가지 핵심요인에 근거해서 이루어진다. 그 하나는 <표 8-5>에서와 같이 전시회 부스 운영인력의 규모와 다른 하나는 임대할 부스 공간의 크기이다.

<표 8-5> 전시회 참가비용 계산

부스 운영인력의 규모	+	임대할 부스 공간면적	=➔	전시회 참가비용
(간접비용)		(직접비용)		(총비용)

전시회에 관련된 직접비용은 대개 부스 공간의 규모와 상관관계가 높은데, 전시회 부스 운영인력의 규모에 따라서 임대할 부스 공간의 크기와 출장비용 등이 영향을 받을 것이다.

2. 부스 운영에 필요한 인력규모 산출방법

전시회 부스 운영에 필요한 인력규모의 산출은 자사 부스 방문에 관심이 있을 것으로 추정되는 잠재관람객 수를 전시회가 가동되는 전체 시간으로 나누면 된다. 만일 <표 8-6>과 같이 전시회의 예상 관람객의 총 규모가 약 2만 명이고, 그 중에서 자사 부스 방문에 관심이 있는 잠재 바이어 규모가 약 640명이며, 가동시간은 4일 동안 총 32시간이라고 가정한다면, 매 시간당 부스 현장에서 응대 또는 상담해야 할 바이어는 약 20명 정도로 계산된다.

<표 8-6> 전시 부스에 필요한 직원수 산출방법

부스 방문가능 고객/전시회 개장시간 = 시간당 응대할 방문객수 (640명/32시간 = 20명/시간)
시간당 응대할 방문객수/시간당 직원의 응대가능 방문객수 = 필요한 부스 직원수 (20명/ 5명 = 4명/시간)

매시간당 상담에 필요한 부스 운영 인력의 규모를 산출하는 방법은 매시간당 부스를 방문할 것으로 추정한 바이어의 수(20명)를 매시간당 직원 한 사람이 응대할 수 있는 바이어의 수(5명)로 나누어 계산을 하면 된다. 부스 담당자 한 사람이 매시간당 응대할 수 있는 평균 바이어의 수는 전시회에서 소개하려는 제품이나 서비스의 기술적 성격에 따라 기업간의 편차가 있게 된다. 산업간의 차이를 고려하지 않았을 경우, 일반적으로는 전시회에서 매시간당 부스 담당직원 한 사람이 응대할 수 있는 바이어의 수는 약 10명 정도가 된다. 아마도 첨단기술이 사용되었거나 복잡한 기술이 응용된 제품이나 각종 컴퓨터 소프트웨어 솔루션 등을 전시하는 기업들은 평균치보다는 상담시간이 많이 요구되기 때문에 매시간당 약 5~6명의 방문객을 응대할 수 있을 것이다. 물론 경우에 따라서는 부스 담당자 한 사람이 한 번에 한 명 이상의 방문객을 응대할 수도 있다.

만일, 부스 담당직원 한 사람이 매시간당 약 5명 정도의 바이어와 정상적인 상담을 벌일 수 있다면, 매 시간 평균 20명의 방문객이 찾아올 경우, 이들을 응대 또는 상담하기 위해 필요한 총 직원수는 4명으로 계산된다(20/5).

물론 이 수치는 평균값이기 때문에 바쁜 시간에는 4명 이상의 직원이 필요할 수 있으며, 한가한 시간에는 1~2명의 직원으로도 부스 방문객을 맞이할 수 있을 것이다.

3. 필요한 부스 면적 산출방법

각 참가업체에게 필요한 전시회 부스 면적을 산출하기 위해서는 우선 필요한 부스 담당 직원과 방문객들을 수용하는데 필요한 공간을 계산해야 한다. 직원 한 사람이 부스 근무 시 필요한 개방된 공간은 평균적으로 약 50 ft^2가 요구되는데, 부스 운영에 필요한 직원수가 네 명이라면, 이들에게 필요한 개방된 공간 면적은 50 ft^2 × 4 = 200 ft^2(10ft × 20ft), 혹은 18 m^2(3m × 6m)로 추정하여 <표 8-7>에서와 같이 계산한다.

<표 8-7> 필요한 전체 부스 면적 산출방법

- □ 개방된 공간의 필요면적: 부스 담당직원수(4) X 50ft^2 = 200ft^2 = 18m^2
- □ 필요한 기본 부스 면적: 개방된 공간(200)+비품 점유공간(100)=300ft^2= 27m^2
- □ 필요한 전체 부스 면적 = 필요한 부스 면적 + 기능적 공간(hospitality suite)

그 외에 자사의 전시회 부스에 기본적으로 필요한 면적을 계산하기 위해서는 부스 장식, 시연 테이블, 진열장, 의자 등과 같은 비품이 차지하는 공간을 계산한 뒤, 위에서 계산한 개방된 공간의 면적을 합산하면 된다. 만일 비품이 차지하는 공간이 약 100ft^2 (9m^2)가 필요할 경우, 자사에 필요한 전체 부스 면적은 300 ft^2(10ft × 30ft) 혹은 27m^2(3m × 9m)가 될 것이다. 물론 주요 고객들을 접대 또는 환대하기 위한 공간(hospitality suite)이 필요할 경우에는 임대를 해야 할 부스 면적이 더 늘어나게 된다.

그러나 이러한 부스 면적 계산법은 바람직한 상황을 고려해서 예시해 본 것에 불과하기 때문에 하나의 판단기준으로 참고하면 될 것이다. 우선 자사의 전시회 참가예산이 300 ft^2, 혹은 27m^2의 부스 면적을 임대할 만한 여유가 있는지를 검토해야 한다. 예산이 충분치 못하다면, 부스 임대면적을 줄여야 하며, 당연히 자사의 전시회 참가목표 달성 수준에 대한 기대감도 낮추어야 할 것이다. 그러나 위에서 산출한 부스 공간의 크기는 자사가 기대하던 잠재방문객 모두를 유치해서 응대하기 위해 필요하다고 판단한 것이다. 만일 부스 임대면적을 줄여야 한다면, 그와 비례해서 자사가 접촉하고자 기대하는 잠재방문객의 규모나 창출하려는 리드의 규모를 줄이는 것이 마땅하다.

예를 들어, 어느 전시회에 참가하여 고객과의 상담횟수를 앞에서 말한 300회가 아닌, 약 150회 정도로 낮추었다고 해도 실망할 필요가 없다. 만일 150 회의 상담결과를 선별해 본 결과, 실제 세일즈 리드가 될 만한 비율이 2/3 정도라고 한다면, 약 100개의 세일즈 리드를 확보하는 목표를 세우면 될 것이다. 현실적으로 볼 때, 전시회에서 창출된 리드가 실제 매출로 전환될 수 있는 비율이 얼마나 되겠는가? 100개의 선별된 리드를 후속적으로 제대로만 관리할 경우, 그 중 10~20% 만이라도 실제 매출로 전환시킬 수 있는 역량을 갖춘 기업이라면, 몇 차례의 전시회 참가를 통해 몇 년 후에는 상당한 매출신장이 가능할 수 있을 것이다.

자사에게 필요한 전시회 부스 공간의 적정한 면적을 결정하기 위해서 고려해야 할 다른 변수들로는 참가를 고려하고 있는 전시회의 10대 참가업체의 평균 부스면적의 크기나 자사와 경쟁관계에 있는 참가업체의 부스 면적 크기 등을 꼽을 수 있을 것이다. 만일 자사가 새로운 시장에 진입하거나, 신상품을 소개하려 하거나, 혹은 어떤 이유에서든 전시회 방문객에게 강력한 인상을 남기고 싶다면 보다 큰 부스 면적을 마련하고 싶을 것이다. 가장 규모가 큰 10대 참가업체가 임대하여 사용하는 평균 부스 면적은 자사가 방문객들에게 강력한 인상을 남기고 싶을 때 필요한 부스 면적의 규모를 가늠할 수 있는 참고가 될 수는 있을 것이다. 경쟁업체의 부스 공간 면적도 자사가 그들과 효과적인 경쟁을 하기 위해서 필요한 부스 면적임을 시사하는 것이다. 그러나 경쟁업체가 필요이상의 부스 면적을 사용하고 있을 경우도 있기 때문에 어떻게 대응할 것인지는 자사의 전략적인 숙제인 것이다. 그런데 참고로 미국의 Tradeshow Week(2002.9)가 조사한 바에 따르면, 전시회 참가업체의 평균투자비용 중 약 1/3 정도의 비용이 전시 부스 공간을 임대하는 데 쓰여지고 있는 것으로 나타났다.

4. 전시 비용

전시회 부스 디자인, 제작 및 장치에 관련해서 상당히 많은 비용항목이 고려될 수 있다. 우선 부스를 새로 제작할 것인가 또는 임대할 것인가? 과거에 사용하던 부스장치라면 얼마나 오래된 것인가? 새로 단장하려면 어느 정도의 추가비용이 소요될 것인가? 현재 사용하려는 부스의 디자인과 색상은 자사가 의도하는 통합적 기업이미지(CI)에 적합한 것인지? 나아가 이번 전시회 참가를 통해서 달성하려는 목표는 고려된 것인지 등 다양한 항목을 점검해야 한다.

1) 부스 디자인 및 제작

부스를 어떻게 디자인하고 제작할 것인지를 논의하기 전에 우선 부스가 필요한 이유와 부스 설치의 목적이 무엇인지를 좀더 명확히 인식할 필요가 있다. 부스 디자인에 대해서 많은 사람들의 의견이 있지만, 그 중에서도 부스 디자이너들에게 전시회에서의 부스가 갖는 의미를 질문하면, "부스는 곧 당신 회사의 연장"이라고 답을 할 것이다. 부스는 전시장 내에서는 동종산업 구성원 모두에게 자사가 어떤 기업인지를 상징적으로 보여주며, 자사를 대표하거나, 자사 제품 또는 서비스를 소개할 부스 담당자에게는 집과 같은 역할을 한다. 그러나 이러한 역할은 기업이 전시회에 참가하는 가장 중요한 목표 또는 목적에 이바지하는 것은 아닐 것이다. 전시회에서 부스를 설치하는 가장 중요한 이유는 무

제품시연을 위한 무대가 설치된 독립부스의 전경

엇인가? 그것은 바로 "자사의 표적시장 고객의 관심을 유발시켜 부스 방문을 유도하기 위함"이다.

만일 어떤 기업의 전시회 부스에 모든 사람이 방문을 하게 된다면, 수많은 일반 관람객 중에서 유망한 고객을 선별하는데 상당한 어려움을 겪게 될 것이다. 나아가 많은 비용을 들여 제작·설치한 자사 부스에 표적시장에 속한 고객들이 찾아와 주지 않는다면, 그 전시 부스는 무용지물에 다름없다고 해야 할 것이다. 따라서 부스는 고객의 관심을 유도할 수 있도록 마케팅 관점에서 디자인하고 제작할 필요가 있다. 물리적 형태의 부스의 설치는 다음과 같이 크게 세 가지 유형으로 분류된다.

(1) 맞춤형 부스(custom booth)

개별화된 맞춤형 부스(custom booth)가 필요하다면, 자사의 참가목표를 염두에 둔 별도의 디자인이 요구될 것이다. 맞춤형 부스를 제작하려면 비용이 상대적으로 많이 들어 부담이 되겠지만, 미리 제작되어 판매하는 부스에 비해서 관람객을 유인할 목적에는 더 효과가 있을 것이다. 그러나 부스를 한번 사용한 후, 폐기처분을 하지 않고 다른 전시회에서 또 다시 사용한다 하더라도, 최초 제작비용이 많이 든다는 부담이 있다. 아울러 이용빈도나 운반, 보관 등과 관련된 추가비용도 고려해야 한다.

대형버스와 함께 꾸며진 독립부스의 전경

(2) 기성 부스(system booth)

비용이 부담이 된다면 미리 제작·판매되는 기성 부스(system booth)를 구매 또는 임대할 수도 있을 것이다. 비용문제 이외에도 처음 전시회에 참가하는 기업의 경우에는 향후 전시회에 지속적인 참가를 하게 될 것인지에 대해서도 아직 결정을 내리지 못한 경우에 기성부스가 적당할 것이다.

기성부스를 임대하여 사용할 경우, 그 장점은 운송, 보관, 설치 및 해체 등의 번거로운 과정을 거치지 않아도 된다는 것이다. 그러나 임대 부스는 가격이 상대적으로 저렴한 반면에 디자인이 단조롭거나, 맞춤형 부스가 많은 전시회장에서는 상대적으로 독특함이 부족하여 방문객의 눈에 잘 띄지 않는 단점이 있다.

(3) 중고 부스(used booth)

전시회에 비교적 자주 참가하는 기업들은 새로운 부스를 제작할 경우 오래된 부스를 다른 부스와 서로 교환하거나 판매를 하기도 한다. 때로는 디자인이 잘 되어 있고, 기능적으로도 활용가치가 있는 부스를 적정한 가격으로 구하기도 한다. 그러나 이런 중고 부스는 특정 제품을 전시하기에 어울리며 충분히 견고한지를 살펴보아야 하며, 아울러 재활용할 수 있는 횟수가 얼마나 될지도 고려해야 할 것이다.

새로운 부스를 제작하든 혹은 중고 부스를 구입하든, 만일 1천만 원의 비용이 부스 구입에 소요되었다면, 향후 5번 정도 사용할 예정이라면, 예산편성표에는 부스 비용을 2백만원으로 계산하면 된다. 그러나 부스는 아무리 견고한 재료를 사용했어도, 여러 전시회에서 되풀이 사용할 때, 매번 설치 및 해체가 반복되면서 마모가 되거나 퇴색이 되어가게 마련이다.

만일 관람객이 참가업체 부스가 더럽거나, 모서리가 마모되어 있거나, 퇴색되어 있는 것을 보게 되면 그 이미지가 해당업체에 대한 첫 인상으로 남을 수가 있을 것이다. 따라서 해마다 부스를 새롭게 재생할 필요가 있다. 참고로, 북미지역 전시회에 참가한 기업들이 부스 디자인 및 제작에 투자한 항목별 액수와 비율은 <표 8-8>과 같이 조사되었다.[76)]

76) CEIR(2001), How the Exhibit Dollar is Spent, CEIR SM 22, 전게보고서.

<표 8-8> 부스 비용 항목별 비율과 액수

항목	비율	액수
신규 부스제작	32.6%	11.7억불
부스 재생	38.5%	13.8억불
부스 임대	3.0%	1.1억불
보관	2.8%	1.0억불
그래픽	4.8%	1.7억불
운송	5.6%	2.0억불
기타	2.7%	4.5억불
총계		35.8억불

이 표에 나타나 있듯이 북미소재 기업들 대부분은 부스를 신규로 제작하거나 또는 재생해서 사용하는 비율이 임대해서 사용하는 비율보다 월등히 높은 것으로 드러났다.

2) 그래픽, 운송 및 기타

새로운 부스를 제작하거나 구입한다면 그래픽도 미리 제작되어 따라 올 수 있을 것이다. 만일 그렇지 않다면 별도의 그래픽을 준비해야 하는데 가급적 최신의 경향을 따르도록 유의해야 한다. 비록 참가하는 전시회마다 그래픽을 새롭게 하려면 비용이 다소 들겠지만, 특히 기존고객과의 접촉을 강화하려는 경우에는 가급적 그래픽을 새롭게 제작하는 것이 바람직하다.

전시할 제품의 경우에 부스에 전시할 목적으로 상품이나 전 시제품을 제작하는 경우도 있기 때문에 이런 경우에는 전 시제품 제작비용을 예산항목에 포함시키는 것이 상례이다. 또한 전시회에서 사용할 대부분의 장비나 물건의 운송이나 보관에 따른 비용도 전시회 개최지역까지의 거리에 따라 비례하여 증감을 하게 되므로 해외 전시회에 참가할 경우에는 예산항목 중 차지하는 비중이 높아지게 된다는 점을 염두에 두어야 한다.

5. 부스 운영인력 – 선발 및 훈련비용

지금까지 언급한 예산항목은 주로 눈으로 확인되는 하드웨어에 소요되는 경비였다면, 지금부터는 이른바 소프트웨어적 경비에 대한 것이다. 우선 무엇보다도 전시회 마케팅을 실행할 경우 가장 중요한 요소인 부스 운영인력에 대한 선발과 훈련을 소홀히 하는 실수를 저지르면 안 된다.

전시회라는 독특한 시장환경에서 참가목표 달성을 위한 임무수행을 제대로 해 낼 수 있는 직원을 선발하였는가? 선발된 사람이 있다면, 전시회 현장에서의 판매와 방문판매 사이의 차이점을 잘 이해하고 있는가? 그들이 왜 전시회에 참가하고 있는지, 그리고 무엇을 성취해야 하는지 알고 있는가? 특히 해외 전시회의 경우, 필요한 언어구사에는 문제가 없으며, 낯선 시장환경에서 처음 보는 사람들과 접촉을 시도하는 방법을 잘 알고 있는가? 수많은 부스 방문객들 중에서 자사가 겨냥하는 표적시장에 속해 있는 고객을 선별할 수 있는가?

바이어들이 전시회를 다녀간 후, 특정 참가업체를 잘 기억하게 된다면, 그것은 전시된 제품이나 서비스, 또는 부스의 크기나 디자인의 독특함 등의 요소도 있겠지만, 무엇보다도 부스에서 접촉 또는 대화를 나눈 부스 담당자, 즉 '사람' 때문이라는 조사결과가 있다. 기업의 전시회 참가결과의 성공과 실패를 가늠하는 것은 전시된 제품이나 부스의 크기보다는 전시회라는 시장환경에 얼마나 잘 훈련되어 있는 우수한 인력을 보유하고 있느냐 하는 것이다. 따라서 다른 하드웨어적 요소에 대한 투자보다 '부스 인력'이라는 소프트웨어에 대한 투자에 소홀히 해서는 아니 될 것이다.

어쨌든 부스 운영인력으로 선발된 직원에게 지급되는 본봉, 수당, 상여금, 의료보험료 등 모든 지급액을 연간 평균 근로일수(약 250일)로 나누어 보면, 그 직원에게 기업이 투자하는 하루 평균비용이 계산될 수 있을 것이다. 예를 들어, 어느 부스 담당자의 연봉은 3천6백만원이며, 기타 상여금, 수당, 의료보험료 등을 모두 합해서 4천 5백만원이라고 가정하자. 이 금액을 평균 근로일수 250일로 나누면 하루에 약 18만원 정도가 될 것이다. 따라서 여행시간을 포함해서 6일간 전시회 마케팅을 위해 이 직원에게 투자된 비용은 모두 약 108만원(18만원×6일)이 되는 것으로 계산할 수 있을 것이다.

만일 비슷한 직급으로 모두 네 사람이 전시회 부스 운영에 참여하게 된다면, 총 인력에 소요된 경비는 432만원이 될 것이다. 물론 여기에서 전시회에 참가하기 전에 실시하는 직원의 전시회 마케팅에 관련된 훈련비용이 부가되어야 할 것이다. 이외에도 해외 전시회 부스 현장에서는 파트타이머로서 가이드, 통역, 도우미 등의 추가인력에 대한 비용을 포함시켜야 할 것이다.

6. 광고, 홍보, 스폰서 등 프로모션

사실 전시회가 개최되는 며칠 동안의 활동은 전체 전시회 마케팅 과정 중 단지 1/3 정도에 지나지 않는다. 나머지 2/3는 전시회 부스에 방문객을 유인 또는 초대하기 위한 작업을 펼치는 사전 프로모션과 전시회가 폐막된 이후 후속조치(follow-up)에 소요된다. 전시회 마케팅 프로젝트가 제대로 마무리 되자면, 전시회의 종류나 성격에 따라 다소 편차가 있긴 하지만, 적어도 수개월에서 1년 안팎의 경과시간이 필요하게 된다. 이미 제6장 전시회 참가목표설정에서 설명을 한 바 있지만, 독일전시협회의 자료에 따르면, 독일 전시회를 방문한 바이어들 중에서 특정한 참가업체 부스를 방문하게 되는 동기는 <표 8-9>와 같은 것으로 나타났다.

<표 8-9>에 나타난 (1)과(2)의 경우, 바이어 입장에서는 어떤 관행적인 이유나 의무감이 동기가 되어 특정 참가업체의 부스를 방문하는 것이다. 이 조사는 복수응답을 한 결과이긴 하지만, (3) 참가업체의 초청장 이하 나머지 모든 동기는 참가업체가 통제(control) 또는 영향(influence)을 미칠 수 있는 변수들이다. 이 조사 결과는 전시회에 참가하는 기업이 반드시 다양한 커뮤니케이션 수단을 사용하여 전시회 개막전에 광고 또는 홍보 등의 프로모션 활동을 해야 한다는 것을 시사해주고 있다.

<표 8-9> 독일 전시회 바이어들의 참가업체 부스 방문동기

항목	비율
(1) 기존 공급업체와의 접촉	42%
(2) 잠재적 비즈니스 관계	30%
(3) 참가업체의 초청장	24%
(4) 참가업체로부터의 우편 또는 상품정보	16%
(5) 참가업체의 전화연락	14%
(6) 인터넷상의 기업의 전시회 참가광고	12%
(7) 신문상의 전시업체 광고	11%
(8) 참가업체가 보내준 무료입장권	10%

그러나 국내기업들이 전시회 마케팅 예산지출 항목을 살펴보면, 사전 프로모션 활동에는 지나칠 정도로 인색한 것으로 나타나고 있다. 한 가지 주목할 사항은 대다수 한국 기업들은 해외전시회에 참가할 경우, 발송이 쉽고 비용이 거의 들지 않는다는 이유로 잠재고객들에게 자신들이 전시회에 참가한다는 사실에 대한 프로모션을 상당부분 이메일에 의존하고 있다. 그러나 위의 독일 전시회 및 북미지역 전시회 방문객들을 대상으로 한 조사결과를 살펴보면, 모두가 이러한 이메일 발송이 동기가 되어 특정 전시회 및 참가업체를 방문하는 방문객은 거의 없음을 유의해야 할 것이다.

미국 CES 전시회장 외곽통로에 설치된 스폰서 참가업체의 광고판

이러한 사전 프로모션 활동뿐만이 아니라, 스폰서 활동을 포함한 전시회 현장에서 펼치는 프로모션 활동, 이를테면, 관람객에게 배포할 회사나 상품에 대한 소개자료, 언론사에 배포할 보도자료집, 방문객에게 증정할 답례품 등에 소요될 경비도 이

항목에 포함시켜 두어야 한다. 물론 전시회 폐막 후, 사후조치와 관련한 프로모션 활동에 소요될 경비도 고려해야 할 것이다.

7. 교통, 숙식 및 엔터테인먼트

부스 운영 담당자들의 교통 및 숙식에 소요될 경비와 전시회 부스 현장에서 방문객들을 접대하기 위해 필요한 비용도 전시회 참가에 필요한 예산항목으로 반드시 포함시켜야 한다. 운송비용과 마찬가지로 해외 전시회에 참가하게 되는 경우에는 부스 담당자들의 여행과 숙식에 대한 경비는 전체 예산 중 상당한 비중을 차지하기 때문이다.

제9장 전시회 사전 프로모션

제1절 사전 프로모션의 중요성

전시회의 3대 핵심 구성요소인 전시회 주최자, 참가업체 및 관람객 모두가 각자의 입장에서 기대했던 목표를 달성했다면 전시회는 성공을 했다고 할 것이다. 전시회 주최자 입장에서는 많은 우량기업들이 전시회에 참가해 주고, 동시에 구매결정권이나 영향력을 갖고 있는 많은 관람객들이 전시회를 방문하여 구매자와 판매자 사이에 활발한 사업적 접촉이 이루어진다면 전시회는 성공한 것으로 평가할 것이다. 참가업체들은 평상시에는 접근이 어렵거나 불가능했던 우량고객들을 만나 자사의 신제품을 소개하면서, 양질의 리드를 확보하거나 구매계약을 성사시키는 등 자사의 참가목표를 달성시킬 수 있다면 전시회 참가가 성공적이었다고 할 것이다. 관람객들 입장에서는 우량 공급업체들을 만나 그들의 신제품을 관람하고 비교 · 분석하면서 구매정보를 수집하거나 최종 구매결정을 하는 등 자신들의 방문목적을 달성할 수 있었다면 또한 성공적인 전시회라고 평가를 내릴 것이다.

그러나 좀더 정확히 지적하자면, 전시회를 성공으로 이끌 수 있는 열쇠는 관람객이 아니라 전시회 주최자와 참가업체에게 주어져 있다고 할 것이다. 우선 전시회 주최자는 마케팅 활동을 통해 '우수한 참가업체(high-quality exhibitor)'와 '우수한 관람객(high-quality attendee) 확보'라는 이중목표를 추구해야 하는데, 이는 동시에 참가업체와 관람객에 대해서 전시회 주최자가 갖고 있어야 하는 의무이기도 하다. 한편, 양질의 관람객이 전시회에 가급적 많이 방문할 수 있도록 펼치는 전시회 주최자의 프로모션 노력이 개별 참가업체에게 도움이 되기는 하지만, 참가업체는 주최자의 프로모션에만 의존하고 있어서는 안 된다. 그 이유는 비록 많은 수의 관람객이 전시회를 방문한다고 해도 관람객을 자사 부스로 유인하려는 노력은 궁극적으로 참가업체의 몫이기 때문이다. 따라서 전시회 성공을 위한 절반의 책임은 참가업체에게 있다고 해도 무리는 아닐 것이다.

그런데 적지 않은 국내외 기업들이 전시회에 참가하기 전에 독자적이고 자발적인 사전 프로모션(pre-show promotion)을 체계적으로 실시하는 경우가 많지 않으며, 전시회 주최측이 실시하는 광고 또는 홍보활동에 상당부분을 의존하는 경우가 많다. 심지어 국내 전시회의 경우, 일부 참가업체들 중에는 전시회 주최자가 관람객들의 방문을 유도하기 위해 배포하는 무료입장권을 자사 고객들에게 발송하는 것으로서 사전 프로모션을 대신하는 경우도 있다. 정부예산의 지원을 받고 해외에서 개최되는 전시회에 국가관(national pavilion) 일원으로 참가하는 기업들의 경우에도, 한국관(Korea pavilion)을 조직한 기관이나 협회 등이 자사의 전시회 마케팅 활동에 도움이 될 만한 프로모션을 해줄 것이라는 지나친 기대감을 갖고 의지하기만 하는 경우도 많은 실정이다.

특히 국내 기업의 전시회 참가행태에 있어서 가장 두드러진 문제점은 그들이 전시회를 통해 어떠한 목표를 달성해야 하는지에 대한 확고한 인식이 결여되어 있다는 것이다. 또한 상당수 참가업체들은 자신들의 전시회 마케팅 활동이 어떤 표적시장을 겨냥해야 하는지에 대한 입장도 확실히 정리하지 못한 경우가 많다. 전시회 관람객들을 올바로 이해하려는 노력이 부족한 기업에게 '고객만족'이라는 마케팅 활동의 기본적 철학이 실현될 가능성은 매우 희박하다. 그런데 북미지역에서 전시회 방문등록을 한 기업의 임원급 관람객들을 대상으로 실시한 조사에 따르면, 참가업체들의 전시회 개막전 프로모션은 임원급 관람객들이 어느 부스를 방문할 것인지를 결정할 때 상당한 영향을 준다고 한다. 이 조사에 응답한 임원들의 76%는 참가업체가 제공해 준 정보나 초청에 의거해서 어느 부스를 방문할 것인지를 사전에 결정한다고 밝히고 있다.[77)]

그러나 놀랍게도 미국 Exhibit Surveys Inc.의 조사결과에는, <표 9-1>에 나타나 있듯이 전시회를 방문하는 구매영향력이 있는 관람객의 평균 88%가 전시회가 개막되기 이전 12개월 동안에 전시회 참가업체로부터 어떠한 접촉이나 연락을 받아보지 못한 것으로 나타났다.[78)]

<표 9-1> 산업별 전시회 관람객의 사전 프로모션 접촉비율

산업분야	사전 접촉이 없었던 비율
식음료	93%
컴퓨터	90%
하이테크	88%
제조	87%
커뮤니케이션	87%
의료 및 건강	85%
평균	88%

이 조사에 응답한 관람객을 산업별로 나누어 보면, 식·음료분야 전시회의 경우, 구매영향력을 행사할 수 있는 관람객의 거의 대다수(93%)가 전시회 참가업체로부터 전시회 개막전 12개월 동안 자사부스 방문을 안내하거나 유도하는 참가업체의 어떠한 프로모션도 경험한 적이 없는 것으로 드러났고, 이어서 컴퓨터, 하이테크, 통신, 의료 및 건강분야 전시회에서도 압도적 다수의 관람객들이 참가업체의 어떠한 사전 광고 또는 홍보활동을 본 적이 없이 전시회를 방

77) Konopacki, A.(1995). Pre-Show Promotion Tips That Increase Exhibiting Results, CEIR MC 33.

78) Exhibit Surveys Inc.(2000). ACRR 1120, CEIR , Oct.

문한 것으로 나타났다. 물론 전시회 관람객의 상당수가 해당 전시회를 최초로 방문하는 경우라면 이해할 수 있지만, 이렇게 사전 접촉이나 홍보활동을 하지 않고서 전시회를 방문한 관람객들이 자사 부스를 찾아와 줄 확률은 당연히 저조할 수밖에 없을 것이다.

물론 최근에 들어 일부 국내 기업들도 대기업을 중심으로 점차적으로 자사가 특정 전시회에 참가한다는 사실을 자사의 기존 또는 잠재 고객들에게 전시회가 개막되기 이전에 미리 알리는 기초적인 프로모션 활동에 관심을 보이고 있다. 전시회 개막전 프로모션은 사실 대기업보다는 중소기업에게 더욱 중요한 역할을 하게 된다. 그 이유는 대기업에 비해 중소기업은 기업의 지명도가 낮으며 동시에 예산의 한계 등의 이유로 다양한 마케팅 촉진수단을 활용하기 어렵기 때문이다. 따라서 인지도가 낮은 중소기업들에게는 전시회 잠재 관람객들이 자사 부스를 방문해 주도록 동기를 부여할 수 있는 사전 프로모션이 보다 절실히 요구된다. 그렇다면 전시회 사전 프로모션을 체계적으로 준비하기 위해서 참가업체는 어떤 배경적 지식을 갖고 있어야 하는지를 살펴보자.

제2절 사전 프로모션 전략수립의 전제조건

전시회에 참가하는 기업이 수행해야 하는 전시회 개막전 프로모션의 핵심은 자사 표적시장 고객의 특성에 부합하는 관람객들이 자사 부스 방문에 관심을 갖도록 하는 것이다. 사전 프로모션은 전시회 관람객들은 부스로 유인하여 전시회 참가목표를 달성하기 위해서 하는 것이지만, 그 중에서 어떤 목표에 더 중점을 둘 것인가에 따라 프로모션의 방향이나 방법도 달라지게 마련이다. 따라서 효과적인 사전 프로모션 전략을 수립하기 위해서는 우선 다음에서 설명하는 바와 같이 자사의 전시회 참가목표와 표적시장 고객의 특성 등에 대한 선행적 이해가 필요하다.

1. 전시회 참가목표에 대한 이해

기업의 전시회 프로모션 전략은 전시회 참가목표가 무엇인지에 따라 그 방향과 강도가 결정되게 된다. 일반적으로 기업들은 신상품 소개, 리드 확보, 현장 주문 확보, 이미지 또는 인지도 제고 등을 가장 우선적인 전시회 참가목표로 설정하고 있다. 기업의 전시회 참가목표를 미시적으로 분석하자면, 예를 들어 '신상품 소개'가 주요 참가목표라 하더라도, 신상품에 대한 혜택 또는 기능을 알리는데 중점을 둘 것인지, 신상품에 대한 인지도 제고에 초점을 맞출 것인지, 기존 상품에 대한 이미지를 개선하는 작업도 병행할 것인지, 또는 경쟁사의 제품이나 서비스와의 비교우위를 적극적으로 알릴 것인지 등 다양한 방향성을 띠게 될 수 있을 것이다. 그런데 대부분의 기업들은 적어도 두 가지 이상의 다중목표를 갖고 전시회에 참가하는 경향이 있는데 여러 가지 참가목표를 동시에 달성하려면 당연히 그러한 목표달성에 합당한 잠재고객이 자사 제품에 대한 관심을 갖고 부스를 방문해 주도록 프로모션 전략을 구체적으로 준비해서 실행에 옮겨야 한다.

2. 전시회 방문객에 대한 이해

전시회에 참가하는 기업은 사전 프로모션 수단과 방법을 선택하기 전에 자사 표적시장의 고객특성에 대해 정확히 이해를 하고 있어야 한다. 거듭 강조하거니와, 참가업체가 사전 마케팅을 하는 이유는 자사 표적시장 고객특성에 부합하는 전시회 방문객들이 자사 부스를 많이 찾아주도록 동기를 부여하려는 것이다. 따라서 전시회 참가업체 입장에서는 자사 부스 방문에 관심을 갖고 있는 고객, 즉 바이어들의 인식이나 태도 및 성향 등을 이해하는 것이 사전 프로모션을 하기 위한 첫 번째 과제인 것이다.

이미 제7장 전시회 선정에서 설명을 했지만, 기업의 표적시장 또는 유망고객에 관한 정보는 우선 내부의 경영진, 상품개발, 생산, 판매 또는 마케팅부서를 통해 구할 수 있을 것이다. 전시회 주최자를 통해 전시회 방문객 리스트나 프로파일에 대한 정보를 확보할 수도 있으며, 자사 표적시장과 일치되는 회원들로 구성되어 있는 협회를 통해서도 정보를 구할 수 있을 것이다. 경우에 따라서는 표적시장 고객특성이 반영된 포커스 그룹을 상대로 프로모션 전략에서 활용할 수 있는 단서를 찾아낼 수도 있을 것이다. 기업이 자사의 표적시장 고객특성에 부합하는 전시회 방문객에 대한 프로파일을 작성할 경우 다음과 같은 정보가 포함되도록 해야 한다.

① 소속기업의 규모와 방문객의 직위
② 자사 제품 또는 서비스에 대한 관심도
③ 구매결정에 대한 영향력
④ 구매의 규모, 시기, 의사결정과정

물론 그 이외에도 주요 방문객의 성별, 연령층, 결혼유무 등을 포함한 인구통계학적 자료나 취미를 포함한 행태 등에 관한 정보 등도 미리 확보하여 알 수 있다면, 그들의 심리적 또는 행태적 특성에 맞춘 보다 효과적인 전시회 사전 또는 현장 프로모션 활동을 펼칠 수 있을 것이다.

이러한 자료의 활용방법에 대해 좀더 부연설명을 하자면, 일반적으로 대기업에 소속된 부스 방문객과 중소기업에 소속된 방문객들이 전시회를 관람하는 주된 목적이나 동기가 다른 경우가 많기 때문에 그러한 차이를 반영한 프로모션이 요구되기 때문이다. 또한 만일 참가업체가 전시회를 통해 평소 접촉하기 어려웠던 주요 구매업체의 임원급 방문객을 가장 우선적인 방문객 집단으로 겨냥할 경우, 대부분 그들은 바쁜 일정을 소화하느라고 자사 부스를 방문한다 해도 오랜 시간을 지체하지 못한다. 그럴 경우에는 부스 현장이나 전시장 인근 주변에서라도 그들과 접촉할 수 있는 시간을 사전에 약속해 두어야 한다. 반면에 중간관리자급의 실무자들이 자사 부스 방문의 주류를 이룰 것이라고 예상된다면, 프로모션의 초점을 부스 현장에서 실무형 위주의 제품 시연에 맞추어야 할는지 모른다.

또한 인구통계학적 관점에서 방문객들에 대한 자료를 분석해 본 결과, 만일 자사 부스 방문에 관심을 갖고 있는 잠재고객들의 상당수가 어린 자녀를 두고 있음을 알았다고 가정하자. 이런 경우에는 어린 아이들이 좋아할 만한 물건들을 기념품이나 답례품으로 준비해서 자사 부스를 방문해 준 바이어들에게 배포해 준다면 그 효과가 좋을 것이다. 만일 자사 제품의 관람이나 서비스를 경험하기 위해서 부스를 찾아 온 방문객들이 대부분 취미로 골프를 즐기고 있다는 통계자료가 있다면, 당연히 골프를 소재로 한 답례품이나 이벤트를 준비해서 자사 부스를 방문해 주는 답례로 증정한다면 그들의 부스 방문 가능성을 높이거나 자사에 대한 호감을 남기는 것이 보다 쉬울 수 있기 때문이다. 따라서 전시회 사전 프로모션 전략 수립의 첫 번째 단계는 전시회 잠재 방문객에 대한 이해와 전시회 참가목표 달성을 위해 어떤 프로모션 수단과 내용이 가장 적합한지를 분석하고 선택하는 것이다.

참고로 북미지역에서 개최되는 전시회에 처음 방문을 한 관람객들이 전시회 방문결정을 내리기 위해서 활용하는 정보원의 중요도에 대해 어떠한 인식을 갖고 있는지를 실증적으로 조사한 결과를 참조해 보도록 하자.

<표 9-2> 전시회 방문결정시 활용하는 정보원에 대한 직급별 인식의 차이

정보원(information sources)	사장	부사장	부장	과장
친구 및 동료	**4.68**	**5.06**	**5.18**	**4.86**
참가업체의 세일즈 담당자	3.87	3.40	4.00	3.71
참가업체의 직접우편(DM)	3.72	3.42	3.54	3.72
참가업체의 전화	2.76	2.47	2.78	2.63
주최자의 직접우편(DM)	**4.69**	**4.32**	**4.44**	**4.45**
주최자의 광고	4.23	4.22	4.18	**4.24**
업계전문지의 전시회 기사	**4.56**	**4.69**	**4.80**	**4.76**
전시회 주최자의 전화	2.60	2.55	2.65	2.68
업계지의 행사일정(안내)표	**4.69**	**4.47**	**4.63**	3.75
웹사이트	2.76	3.43	3.23	3.75
이메일	2.29	2.82	2.76	3.00

* 각 직급별로 중요시하는 정보원 상위순위 4개를 굵은 글씨체로 표기.

* 출처: CEIR Report(2000) AC37.

<표 9-2>에 따르면, 전시회 방문객의 소속기업 내부의 직급에 따라 활용하는 정보원의 중요성에 대한 인식에 차이가 있음을 알 수 있다. 친구나 업계 동료들의 추천 등과 같은 구전(word-of-mouth)과 업계전문지의 전시회에 대한 기사 등은 응답자의 사내 직급차이와 상관없이 정보원으로서의 중요도 비중을 높게 보고 있는 것으로 조사되었다. 이어서 전시회 주최자가 보내준 직접 우편(DM), 업계관련 전문잡지 또는 신문에 게재된 행사안내 일정표 및 전시회 주최자의 광고 등도 방문의사 결정시에 참조를 많이 하는 중요한 정보출처가 되고 있다. 그러나 웹사이트나 이메일은 정보원으로서의 중요도에 대한 인식은 낮은 편이지만, 최고 경영진에 비해서 중간관리자들이 비교적 많이 활용하는 것으로 나타났다.

이러한 자료는 전시회 참가업체가 사전 프로모션 전략수립에 있어서 무엇을 어떻게 해야 하는지에 관련해서 많은 시사점을 제공해 준다. 우선 직급의 차이와 상관없이 가장 중요하게 인식하는 정보원에 대한 평균점수가 7.0 만점에서 겨우 5.0 안팎이라는 사실은 참가업체가 사전 프로모션의 효과를 높이려면 매우 다양한 수단의 사용을 고려해야 한다는 것을 의미하는 것이다.

그러나 이 중에서도 친구나 동료를 통한 구전정보가 가장 중요한 정보원인 것으로 조사되었는데, 그 이유는 방문객 입장에서 해석하자면 다음과 같이 추론할 수 있을 것이다. 전시회를 하나의 상품으로 보자면 일반 제품의 구매방식과는 달리 실제로 사용 또는 경험해 보기 전에 등록비 또는 입장료라는 명목 가격을 미리 지불하고 구매해야 하는 일종의 서비스 상품인 것이다. 또한 전시회라는 서비스 상품은 일반 유형적 제품을 구매할 때처럼 오감을 이용해서 품질을 판단해 볼 수 있는 유형적 단서가 많지 않다. 소비자 입장에서는 그만큼 구매에 따르는 위험부담이 많다는 의미이다. 즉, 전시회 방문객들은 아직 경험해 보지 않은 전시회의 가치를 평가하기 위해서 상업적 광고나 DM 또는 이메일 등보다는 친구나 동료의 평가와 추천에 보다 많이 의지하고 있는 것으로 해석할 수 있을 것이다.

제6장에서 전시회 참가목표를 설명하면서 이미 인용했지만, 독일 전시회를

방문한 바이어들 중에서 특정한 참가업체의 부스를 방문하게 되는 동기에 대한 통계결과를 참가업체의 사전 프로모션 활동과 연계시켜 다시 한 번 살펴보도록 하자.

<표 9-3> 독일 전시회 방문객의 특정 부스 방문동기

방문동기	비율
(1) 기존 공급업체와의 접촉	42%
(2) 잠재적 비즈니스 관계	30%
(3) 참가업체의 초청장	24%
(4) 참가업체의 직접우편 또는 상품정보	16%
(5) 참가업체의 전화연락	14%
(6) 인터넷상의 기업의 전시회 참가광고	12%
(7) 신문상의 전시업체 광고	11%
(8) 참가업체가 보내준 무료입장권	10%

출처 : AUMA Praxis, 2003.

<표 9-3>에 나타난 (1)과 (2)의 경우는 바이어 입장에서 기존 공급업체와의 사업적 관행이나 의무감이 동기가 되어 특정 참가업체의 부스를 방문하는 것으로 볼 수 있을 것이다. 이 비율은 복수응답을 한 결과이긴 하지만, (1)과 (2)를 제외해 둔다면 (3)의 참가업체가 보내준 초청장(24%)을 포함한 나머지 모든 방문동기는 참가업체가 통제 또는 영향을 미칠 수 있는 변수들이다. 이 조사결과가 시사하는 바는, 전시회에 참가하는 기업이 다양한 커뮤니케이션 수단을 사용하여 전시회 개막 전에 반드시 광고 또는 홍보 등의 프로모션 활동을 할 필요가 있다는 것이다.

그러나 국내에서 개최되는 전시회에 참가하는 기업들의 전시회 마케팅 예산 지출 항목을 살펴보면, 사전 프로모션 활동은 미약한 것으로 나타나고 있다. 한 가지 주목할 사항은 대다수 국내 중소기업들은 국내외 전시회에 참가할 경우, 발송이 쉽고 비용이 거의 들지 않는다는 이유로 잠재고객들에게 자신들이 전시회에 참가한다는 사실에 대한 프로모션의 상당부분을 이메일 발송에 의존하고

있다. 그런데 위에서 살펴보았듯이, 독일 및 북미지역 전시회 방문객들을 대상으로 한 실증적 연구결과를 살펴보면, 양 대륙 전시회 방문객들 대부분은 전시회 방문결정을 내리기 위해서 참가업체나 전시주최자가 보내 준 이메일을 활용하는 경우는 매우 드문 것으로 조사되었다. 그러나 이 문제는 웹사이트나 이메일을 통한 사전 프로모션 자체의 실효성이 없다고 단정할 수는 없을 것이다. 왜냐하면 참가업체들의 이메일 마케팅 실행방법이나 수준에 문제가 있기 때문에 바이어들이 정보원으로서 이메일 활용을 적게 하는 것으로 볼 수도 있기 때문이다.

한편, 북미지역에서 실시된 조사결과에 따르면, 북미지역 전시회 방문객들은 자신들의 전시회 부스 방문결정에 영향을 주는 요인에 대해서 다음과 같이 인식한 것으로 나타났다.

<표 9-4> 부스 방문에 영향을 주는 요인들

(1) 의무	25%
(2) 습관	23%
(3) 개별적 초청	15%
(4) 업계 전문지 홍보기사	12%
(5) 광고	9%
(6) 우편 초청	9%
(7) 권유	4%
(8) 무작위 방문	3%

<표 9-4>에 열거된 방문객들의 전시회 부스 방문결정에 영향을 준 여덟 가지 요인들 중에 의무와 습관이 약 48%에 이르고 있으며, 그 뒤를 이어 참가업체에 의한 개별적 초청도 중요한 역할을 하고 있는 것으로 나타났다. 비록 서로 다른 지역에서 조사되었고 응답항목도 다소 다르긴 하지만, 앞에서 살펴본 독일 전시회 방문객들의 방문동기와 북미지역 전시회 방문객들의 부스 방문에 영향을 주는 요인으로서 기존 공급업체와의 사업상 의무나 관행, 그리고 참가업

체의 개별적 초청이 가장 중요하다고 일치된 응답을 보여주고 있다는 사실에 주목할 필요가 있을 것이다.

물론 이 통계수치는 바이어들이 사업상의 의무나 관행적으로 전시회를 방문하는 비율이 많음을 보여 주고는 있지만, 그렇다고 해서 참가업체가 이들을 대상으로 사전 프로모션을 하지 않아도 된다는 의미는 결코 아니다. 오히려 사전 프로모션을 통해 기존 고객들에게도 사업상의 의무나 관행을 더욱 상기시켜 줌으로써 그들의 부스 방문 의지를 더욱 북돋아 줄 필요가 있는 것이다.

또한 바이어들의 부스 방문의사 결정에 특정 프로모션 수단이 압도적인 영향을 주는 것이 아니기 때문에 참가업체들은 다양한 커뮤니케이션 수단을 이용하여 적극적인 사전 프로모션 활동을 해야 함을 암시하고 있다. 국내 전시회의 경우 방문객들의 방문동기나 행동에 관한 연구나 객관적 통계가 부족하긴 하지만, 대체로 비슷한 동기부여를 받을 것으로 추정을 해도 무리가 없을 것이다. 따라서 국내 기업들도 전시회 잠재 방문객들에게 자사가 어느 전시회에 참가하며, 어떤 신상품을 출시할 예정이며, 방문을 하면 어떤 혜택이 있는지를 전시회 개막 전에 적극적으로 알리려는 노력을 할 필요가 있을 것이다.

그런데 참가업체가 효과적인 사전 프로모션 활동을 펼치기 위해서는 다양한 프로모션 수단과 방법을 알고 있어야 하며, 아울러 그러한 수단의 적정한 활용시기와 빈도까지도 고려할 수 있어야 한다.

제3절 사전 프로모션의 수단과 방법

참가목표 달성을 위해서는 전시회 참가목표의 수준이나 방향에 합당한 사전 계획이나 프로모션이 필수적이다. 전시회 개막전 프로모션은 전시회 마케팅 어느 과정보다도 훨씬 중요하다. 그 이유는 만일 주요 바이어들이 전시회를 방문하지 않는다거나 자사 부스를 찾아와 주지 않는다면, 참가업체는 전시회 현장에서 신상품을 소개하거나, 향후 판매 가능성을 높일 수 있는 어떠한 목적활동도 추구할 수 없을 것이기 때문이다.

전시회 개막전 프로모션의 기본적인 목적은 기존 또는 잠재 고객들에게 자사가 어떤 전시회에 참가하며, 부스의 위치가 어디인지 등을 알리고, 왜 자사 부스를 꼭 방문해야 하는지를 설득하는 것이다. 이때 새로운 제품이나 서비스의 특성을 간략히 소개하고, 부스를 방문해 주면 어떤 혜택을 받을 수 있는지 설명하여, 잠재 방문객들의 관심을 고조시켜서 부스 방문에 대한 기대감을 갖고 실제로 부스를 방문하도록 하는 것이 중요하다.

1. 방문객 특성에 따른 사전 프로모션의 차별화

대부분 기업이 겨냥하는 표적시장은 선정기준에 따라 다양하게 세분화되어 있다. 이들 세부 표적시장은 그 중요성의 비중이 다르며, 마케팅 메시지를 접수하는 경로나 받아들이는 방법이 서로 다를 수 있다. 따라서 세분화된 표적시장별로 프로모션을 하기 위한 메시지와 수단을 다르게 선택할 필요가 있다. 본 절에서는 전시회 방문객을 VIP고객, 기존고객 및 잠재고객 등으로 세분화하여 설명하기로 하겠다.

(1) VIP 고객

가장 우선해야 할 사전 프로모션은 자사가 가장 중요한 고객집단이라고 생각하는 VIP들을 대상으로 그들이 자사의 전시 부스를 반드시 방문하도록 초청(유인)하는 작업이다. 구매가능성이 매우 높은 신규 고객사 임원이든, 사업적 협력제휴를 위한 유통업체 사장이든 해당 전시회에서 자사 부스 방문이 가장 기대되는 핵심적인 고객명단을 작성해야 한다. 아울러 그들이 자사 부스를 꼭 방문할 수 있도록 유인할 수 있는 특별 프로그램을 마련해야 한다. VIP고객을 초대하는 것인 만큼 새로운 제품 혹은 서비스의 개선이라든지 전시회 기간 동안 적용되는 가격인하 등의 특별한 이유나 혜택을 마련하는 것도 중요할 것이다.

물론 때로는 VIP고객이 너무 바빠서 전시회 개막 전에 접촉 또는 접근하기가 매우 어려운 경우도 있기 때문에 그들의 비서나 부하직원을 통해서 VIP고객이 어떤 협회에 소속되어 있는지, 또는 어떤 전시회에 참가하는지 등을 미리 알아보는 것도 중요하다. 만일 VIP고객들이 주로 방문하는 전시회와 자사가 작성한 유망 전시회 목록이 일치되지 않는다면, 그 전시회 선정은 잘못된 것이라고 할 수도 있을 것이다.

(2) 기존고객

전시회 개막 전 프로모션의 또 하나의 축은 기존고객을 겨냥하는 것이다.

주요 기존고객을 정중히 초대하여 신제품을 관람토록 하고, 자사의 최고경영자나 다른 중요 임원을 만날 수 있도록 하여 우호적인 관계를 유지시키는 일도 중요하다. 이 방법은 비용이 그다지 많이 들지 않는다. 그러나 자사가 기존고객들에게 평소 거래관계에 대한 감사를 표시함은 물론 지금도 상당한 관심을 갖고 있으며, 자사 전시 부스에서 다시 한 번 만날 수 있기를 희망한다고 기억시켜 주어야 한다. 전시회를 방문하는 관람객들의 상당수가 구매나 부스 방문결정을 내릴 때 특정 공급업체와의 접촉 또는 거래경험이 있는 친구나 동료들의 구전정보에 의존하는 경향이 있다. 따라서 기존고객을 별도로 초대하여 관람시키면서 자사와의 우호적인 사업관계를 지속시키는 일은 중요한 의미가 있다. 전시회 기간 중에는 이들 기존고객을 대상으로 감사 이벤트나 파티 등을 준비해 두고, 그들에게 이에 관한 초대장을 전시회 개막 전에 미리 발송해 두어야 한다.

(3) 잠재고객

사전 프로모션의 세 번째 작업은 일반적인 잠재고객을 대상으로 하는 것이다. 이들은 과거에 자사나 자사 제품에 대해서 정보를 요청했거나 문의를 해 왔던 고객들이거나, 혹은 지난해 전시회 기간 중 자사 부스를 방문했던 고객일 수도 있다. 이들이 전시회의 자사 부스를 방문하지 않는다 해도 자사가 업계 주요 행사에서 활발하게 활동한다는 사실을 각인시켜 줌으로써 자사에 대한 긍정적인 이미지를 갖게 해 줄 것이다.

잠재고객을 유인하기 위한 프로모션의 초점은 자사가 정한 마케팅 메시지의 내용과 잘 어울릴 수 있도록 부스 환경을 연출해야 하는 것이다. 만일 해당 잠재고객의 전시회 방문이 여의치 않다면, 전시회 초대장을 활용할 수 있는 다른 사람에게 전달될 수 있도록 부탁을 해야 한다. 이 때 주의할 점은 VIP고객이나 기존고객의 이름이 잠재고객을 겨냥한 프로모션 명단에 포함되어 있지 않도록 주의해야 한다. 이렇게 해 둠으로써 우편발송 작업을 좀더 간편하고 명확하게 할 수 있으며, 무엇보다도 가장 유망한 VIP고객과 기존 고객들에게 엉뚱한 메일이 발송되는 일을 막을 수 있다.

2. 사전 프로모션의 수단

전시회에 참가하고 있는 국내 기업이 사전 프로모션 활동을 실제로 수행하는 비율이 그다지 높지 않다고 알려져 있다. 그나마 시행하고 있는 참가업체의 경우에도 다른 마케팅 매체에서 사용하고 있던 컨텐츠나 메시지 내용을 일부 수정하여 전시회에서 그대로 사용하는 경우가 많다. 그러나 마케팅 메시지 수용 경로나 목적이 다른 전시회 방문객들을 대상으로 차별성이 없는 이러한 일반적 내용의 메시지는 별다른 효과를 발휘하기 어려울 것이다. 따라서 가능하다면 다른 프로모션 도구에서 사용했던 내용을 그대로 사용하기보다는 전시회 관람객의 방문목적을 염두에 두고 별도의 마케팅 메시지를 제작하는 것이 바람직할 것이다.

이번 절에서는 기업이 사전 프로모션을 하기 위해 활용할 수 있는 다양한 수단과 방법을 소개하려고 하는데, 이러한 촉진활동은 자사가 활용하고 있는 다른 마케팅 프로모션 수단과 통합적 관점에서 수행되어야 하며, 전시 주최자의 프로모션 활동과도 전략적으로 상호 보완될 수 있도록 실행되어야 한다는 점을 우선 강조해 두고자 한다. 사전 프로모션 전략의 수립은 가장 먼저 주최자의 프로모션 활동을 검토하는 일에서 시작되어야 한다.

참가업체의 사전 프로모션을 위해서는 개별적 초청장, DM, 텔레마케팅, 업계 전문지 광고, 팩스, 웹사이트의 배너, 이메일, 특가쿠폰, 우편엽서, 지도/가이드, 프레스 릴리즈, 무료입장 교환권, 프로모션 스티커 등 매우 다양한 수단들이 활용될 수 있다. 이러한 수단들 중에서 여기서는 비교적 활용빈도나 중요성이 높은 것들을 중심으로 사용방법을 살펴보기로 하자.

1) 전시회 주최자를 이용한 프로모션

전시회 주최자가 집행하는 전체 예산의 상당부분은 전시회 참가업체 모집과 관람객을 유치하기 위한 마케팅 촉진활동에 쓰인다. 그 이유는 전시회를 성공적으로 만들기 위해서는 우수한 참가업체와 양질의 관람객을 모집하는 것이 주최자에게는 가장 중요하기 때문이다. 따라서 전시회에 참가하려는 기업의 입장에서는 우선 주최자가 관람객을 대상으로 어떤 프로모션을 계획 또는 실행하고 있는지를 알아보는 것이 중요하다. 예를 들어, 어떤 고객(바이어)층을 겨냥하고 있는지, 프로모션 예산이 얼마나 되는지, 지난해와 다른 프로모션 활동이 무엇인지, 혹은 관람객을 유치하기 위해서 어떤 특별한 이벤트를 준비하고 있는지 등을 문의해 둘 필요가 있다. 왜냐하면 '관람객 모집'이라는 측면에서 전시회 주최자는 참가업체와 공통적 목표를 갖고 있으므로, 참가업체는 주최자의 프로모션 활동과 보조를 맞추어 보완적 프로모션 활동을 함으로써 상당한 시너지효과를 기대할 수도 있기 때문이다. 전시회 주최자는 프로모션을 위해 <표 9-5>와 같이 다양한 수단들을 활용하고 있다.

국제적 성격의 전시회의 경우에는 전시회를 소개하는 웹 사이트 구축을 비롯하여 안내 팜플렛, 브로셔, 포스터, 무료입장권, VIP 패스 등과 같은 자료가 다양한 언어로 제작되어 여러 나라의 표적시장에 속한 바이어들에게 보내진다. 특히 참가업체 모집을 목적으로 전시회 행사의 개요, 과거 전시회의 성과 등에 관한 정보, 참가절차 및 규정, 각종 신청서 등을 포함한 브로셔 및 전시회를 홍보하기 위한 포스터 등도 제작·배포된다.

<표 9-5> 전시회 주최자가 활용하는 프로모션 수단

1. 전시회 안내 웹사이트, 팜플렛, 브로셔, 포스터, 무료 입장권, VIP Pass
2. 언론 및 방송 홍보용 프레스 키트
3. 참가업체와 관람객 대상의 초청장, 직접 우편, 전화, 팩스 및 이메일
4. 업계 전문잡지, 신문, TV 및 라디오 광고
5. 옥외광고

광고의 경우에는 잠재적 방문객들의 관심을 유도하기 위해서 프로모션을 단계별로 나누어서 실시한다. 전시회 개최에 관한 광고는 흔히 관련업계의 유력한 신문이나 전문지를 통해서 이루어지는데, 그 이유는 전시회를 방문하는 전문 관람객(바이어)들이 업계의 전문지를 가장 중요한 정보원로 활용하기 때문이다. 대중 전시회(public show)의 경우에는 보다 일반적이고 광범위한 흥미나 관심을 유발시키기 위해서 일간 신문과 잡지는 물론 경우에 따라서는 TV와 라디오를 통해서도 광고 프로모션을 실시한다. 전시회 주최자들은 또한 전시회를 성공시키기 위해 예산이 허락하는 한 모든 광고수단을 다 활용하게 된다.

다른 한편으로 전시회 주최자들은 전시회의 홍보효과를 높이고자 언론이나 방송으로부터 가능한 보다 많은 관심을 얻고자 노력한다. 전시회 개막전 단계에서는 전시회 주최자들은 언론 및 방송사에 해당 전시회를 통해 어떤 새로운 상품이 출시되었는지, 그리고 어떤 기술적 혁신이 있었는지는 물론, 전시회에 동반된 이벤트나 행사의 내용과 이러한 이벤트에는 어떤 VIP들이 초대되었는지 등의 뉴스가치가 있다고 판단되는 모든 정보를 제공한다. 전시회 개막이 임박해 오면 전시회 주최자는 TV, 라디오 및 일간신문의 지역소식란이나 경제 및 산업관련 섹션담당 기자들을 초대해서 전시회에 관련된 기자회견 또는 보도자료 등을 배포하고 설명하는 기회를 마련하기도 한다.

그러나 전시회 주최자들이 전시회를 광고 또는 홍보하는 경우에는 대체적으로 전시회 자체 혹은 전시회의 주요 특징 등을 소개하는데 주력한다. 그렇게 함으로써 보다 많은 잠재 관람객들이 전시회를 찾아오게 될 것이라고 확신하는 것이다. 따라서 관람객(바이어)이 자사 부스를 방문하느냐 하는 문제는 상당부분 개별 참가업체의 책임이 된다. 물론 참가업체들은 전시회 주최자가 참가업체에게 제공해 주는 <표 9-6>과 같은 광고 또는 홍보 서비스 전체를 유상 또는 무상으로 활용할 수 있다.

<표 9-6> 전시회 주최자에 의해 참가업체에게 제공되는 광고서비스

- 업계관련 전문잡지에 배포되는 프레스 릴리즈
- 관람객을 위한 전시회 안내 브로셔 및 포스터
- 전시회 웹사이트, 전시회 캘린더
- 프로모션에 사용할 수 있는 스티커
- 무료입장 교환권

전시회 참가업체는 사전에 충분한 시간을 두고 요청을 하면, 이러한 전시회 주최자들의 광고 및 홍보물 속에 자사에 관한 사항들, 예를 들면 기업명, 로고 및 주소 또는 자사 부스위치 등을 게재할 수도 있다. 따라서 참가업체는 주최자들이 시행하는 광고서비스를 전략적으로 활용하여 자사 부스로 바이어들을 유인할 수 있는 기회를 갖도록 노력해야 한다. 그러나 이 방법은 자사가 전시회에 참가한다는 사실을 잠재고객에게 단지 알리는 기회일 뿐 개별 참가업체가 전시회에서 무엇을 어떻게 할 것인지 등의 구체적 계획이나 내용 등에 관한 정보를 전할 수 없기 때문에 각 기업은 반드시 독자적인 프로모션 활동을 병행하여 시행해야만 한다.

2) 참가업체의 독자적 사전 프로모션

(1) 직접 우편(Direct Mail) - 개별 편지, 초대장, 엽서

사전 프로모션의 가장 일반적인 방법은 전시회 관람에 관심이 있는 잠재 고객들에게 전시회가 개막되기 전에 우편을 통해 전시회에 관한 내용이 담긴 인쇄물을 발송하여 그들로 하여금 자사 부스에 방문을 하도록 권유하는 것이다. 자사와 평소에 거래관계를 유지해 온 기존 고객들의 경우에는 전시회를 참관하게 될 경우, 지속적인 우호관계를 유지하기 위해서 자사 부스의 방문을 의무감으로 느끼는 경우가 많다. 그러나 기존고객의 자사 부스 방문동기를 더욱 강화시키고, 새로운 잠재고객에게도 자사 부스의 방문을 유도하기 위해서는 그들의 호기심을 부추길 수 있는 문구와 내용을 담은 인쇄물을 제작해서 우편으로 발송하게 된다.

그러나 사실 직접 우편(direct mail)이란 기업의 제품 또는 서비스 소개를 주목적으로 제작된 인쇄물을 우편으로 발송하는 프로모션을 의미한다. 그러나 본 장에서는 논의의 편의상 우편을 공통적으로 이용한다는 측면에서 개별 편지 또는 초청장(personal invitation letter)과 우편엽서(post card)를 이용하는 방식들 모두를 직접 우편(DM)과 더불어 설명하고자 한다.

DM, 개별 초청장, 또는 엽서 발송을 이용한 프로모션은 참가업체들이 가장 빈번하게 사용하는 수단으로서 그 효율성을 높이기 위해서는 전시회 개막전에 예상 방문객에 대한 정확한 리스트를 마련하는 것이 매우 중요하다. 우편 발송을 위한 리스트를 작성할 때는 가장 먼저 참가업체가 내부적으로 보유하고 있는 기존 또는 잠재고객 명단을 근간으로 시작하는 것이 바람직하다. 또한 전시회 주최자를 통해서 유상 또는 무상으로 확보할 수 있는 전년도 전시회 방문객 명단을 기초로 하거나, 혹은 특정 산업분야 바이어들이나 고객집단에 대한 정보나 우편 명단(mailing list)을 보유하거나 판매하는 DB회사를 활용할 수도 있을 것이다. DM 발송 리스트의 모든 정보들은 전시회 주최자나 협회 및 단체가 배타적으로 확보하여 소유하고 있을 수 있고, 1회만 사용하고 폐기하는 계약조건으로 잠재 고객의 주소록을 대여 또는 판매하는 DB회사도 있다. 이러한 발송리스트는 대개 기업의 형태, 규모, 대표자 또는 담당자 이름, 직위 또는 소재지역 등 여러 기준에 따라 분류되어 있다.

DM 발송 리스트를 임대한 뒤, 대량으로 DM을 발송하거나 혹은 자사의 영구적인 데이터 베이스로 보관하여 계속 활용하고자 한다면, 그런 이용행위가 합법적인지 혹은 법적 제한은 없는지 등을 사전에 확인해 두어야 한다. 어떤 명단을 활용하든 DM의 내용물에는 가급적 구체적이고 정확한 실명이나 직위를 기재하여 보내도록 해야 한다. 그렇지 않으면 수취인에 의해 스팸 메일로 간주되어 전혀 읽혀지지 않은 채 버려질 가능성이 높기 때문이다. 따라서 참가업체 입장에서는 일반용으로 만들어진 데이터 베이스를 자사 표적고객 선정기준에 맞추어 새로운 데이터 베이스로 가공하여 메일링 리스트의 완성도를 높인 후 사용하는 것이 바람직할 것이다.

간편하게 제작하여 대량으로 발송하는 DM과 개별 편지 형식의 초청장을 구별할 수 있는 가장 큰 차이는 일반적 DM은 제품이나 서비스를 구체적으로 소개하거나 설명을 할 뿐 고객화 또는 개별화되어 있지 않기 때문에 수취인들에 의해 구체적으로 읽혀지기보다는 그냥 지나쳐버리는 경우가 많다는 점이다. 반면에 초청장 또는 개별적 편지는 일반적 DM에 비해서는 개별화되어 수신자의 이름과 직책 등이 정확히 기재되어 보내지기 때문에 수신자가 내용을 읽어보는 비율이 상대적으로 높은 편이다.

한편, 전시회에 참가하는 국내기업들이 거의 사용하지 않고 있는 우편발송 프로모션 중에는 특수하게 제작된 엽서를 활용하여 사전 프로모션을 하는 방법도 있다. 우편엽서를 이용하는 방식은 봉투 속에 넣어서 보내는 초청장이나 일반 DM에 비해서 다음과 같은 상대적 장점이 있다.

□ 우편엽서를 이용한 프로모션의 장점

- 비용이 상대적으로 적게 든다.
- 봉투를 사용하지 않기 때문에 읽기가 편하다.
- 개봉하지 않고도 읽기가 편한 만큼 열독율이 높다.
- 일반 스팸 메일로 간주되지 않아서 폐기되는 비율이 낮다.

엽서는 봉투가 필요하지 않기 때문에 우선 제작비용이 적게 든다. 그러나 우편엽서를 이용하는 방법의 가장 두드러진 장점은, 특별히 봉투를 뜯어볼 필요가 없기 때문에 상당수의 수신자가 엽서의 앞면과 뒷면을 돌려가면서 적혀 있는 메시지의 대부분을 읽어 본다는 점이다. 또한 규격도 비교적 작기 때문에 읽고 난 후에 사무실 책상 주변 벽이나 게시판에 꽂아두고 참고하기에도 편리하다. 그러나 관제엽서를 이용하기보다는 참가업체의 특성을 살릴 수 있도록 색상, 디자인 및 크기 등을 조정하여 별도의 엽서를 제작하는 것이 보다 효과적일 것이다.

DM의 발송은 시간적 차이를 두고 세 차례에 걸쳐서 파도식으로 발송하는 것이 바람직하다. 그러나 어떤 형식의 우편물을 발송하든, 그 속에 담겨야 할 내용에는 참가업체의 기업 명칭과 부스 번호, 자사의 신제품 소개문구, 그리고 자사 부스를 꼭 방문해야만 하는 설득력 있는 이유 등의 정보가 가장 우선적으로 포함되어 있어야 한다. 최근 참가업체들이 활용하는 DM방법은 그 효율성을 높이기 위해서 여러 가지 창조적인 아이디어가 동원되고 있지만, DM을 이용한 사전 프로모션을 하면서 가장 많이 저지르는 실수를 몇 가지 살펴보면서 이를 중심으로 극복해야 할 점들이 무엇인가를 정리해 보자.

① 잠재 관람객에 초점을 맞추지 않는다.

자사의 신제품 또는 신기술 개발 자체에 심취되어 프로모션의 내용이 지나치게 제품중심적(product-focused)이거나 자기중심적(self-focused)인 경향을 띤다. 잠재 관람객들은 전시회 방문을 통해서 제품의 특성이나 기능보다도 제품을 구입하면 어떤 혜택을 볼 수 있는가 하는 기대감에 주목한다. 따라서 얼마나 좋은 기업인지 또는 제품인지를 설명하기보다는 제품을 구매하면 어떠한 혜택이 주어지는지에 대해 초점을 맞추어 강조함으로써 방문객의 기대감을 높여야 한다.

② 잠재 관람객의 관심을 무시한다.

잠재 관람객들의 관심이나 현안문제를 정확하게 파악하지 않고 프로모션을 한다. 아마도 관람객들은 시간이나 구매예산을 절약시키는데 관심이 있거나,

자신들이 겪고 있는 기술적 문제에 대한 걱정거리를 갖고 있을 것이다. 직접 묻거나 조사를 해보지도 않고, 바이어의 관심과 걱정거리를 알고 있는 것처럼 단정하지 말아야 한다.

③ 천편일률적인 전략과 전술을 구사한다.

프로모션의 내용과 형식이 해마다 거의 똑같다. 다른 참가업체의 이벤트와도 흡사하다. 수많은 업체가 서로 경쟁하고 있는 가운데 수많은 바이어들에게 눈에 띄려면 차별화가 생명이다. 새로운 색상, 다른 크기, 특별한 그래픽을 활용하고, 마케팅 프로모션 문구도 잠재 관람객의 관심을 자극할 만한 내용으로 설계하는 것이 바람직하다.

④ 자사 부스 방문의 혜택을 구체적으로 전달하지 못한다.

"최초의 신기술 적용, 최고의 디자인, 최고의 소재를 사용한 제품을 관람하실 수 있습니다" 이런 프로모션 문구는 전시회 초청장이나 제품 안내 팜플렛마다 넘쳐나서 진부하다. 프로모션 카피를 작성할 때, 화려하지만 다소 막연하고 일반적인 수사적 표현을 사용하기보다는 구매한 고객들에게 주어질 수 있는 구체적인 혜택을 열거해 줄 수 있어야 한다.

⑤ 잠재 관람객의 실제적인 부스 방문을 유도하지 못한다.

바이어들도 책임도 있고 해야 할 업무도 넘쳐나며, 다른 경쟁업체의 프로모션 정보에 쉽게 신경을 빼앗길 수도 있다. 바이어들이 다른 업체의 부스방문을 결정하기 전에 우선적으로 자사 부스를 방문해야 하는 이유나 명분을 부여해야 한다. 인센티브를 제공하는 것은 언제나 바이어들의 실제 부스방문 행동을 유도하는 강력한 동기가 될 수 있다. 단, 그들이 응할 수 있는 제한시간을 주고, 아울러 인센티브 이외에도 부스 방문의 혜택을 분명히 명시해야 한다.

특히 전시회에서 잠재 관람객들이 우려하는 것은 '기회를 놓치게 되는 것'이다. 자사 부스를 방문하지 않으면 좋은 기회를 놓치게 될 수 있음을 부각시키면서 관람객들의 방문동기를 자극하는 것도 한 가지 좋은 전술이다.

⑥ **핵심적인 정보제공에 실패한다.**

어떤 정보를 어느 수준까지 제공해야 하는가를 판단하기는 쉽지 않다. 전시회 방문객의 특성에 따라 필요로 하는 핵심적 정보만을 전달해야 한다. 지나치게 기술적 사항들을 설명하기보다는 혜택 위주의 간단명료한 설명을 하고, 좋은 장점이더라도 세 가지 이상을 나열하지 말아야 한다. 세 가지 이상이 되면 정보 전체의 의미가 희석되고 기억하기도 어려워진다. 또한 가급적 그림이나 그래픽을 사용해서 정보를 시각화하는 것이 바람직하다.

(2) 텔레마케팅(Telemarketing)

전시회 방문을 유도하기 위해 실시하는 프로모션의 하나로서 전화를 이용하는 방법을 텔레마케팅이라고 한다. 텔레마케팅에서 사용하는 스크립트(script)는 실행 전에 치밀하게 기획 및 준비를 해야 하는데, 우선 전화를 받는 잠재 관람객의 특성별로 초점이 맞추어져야 하기 때문에 스크립트의 종류를 다양하게 갖추어 두어야 한다. 예를 들어, 잠재 관람객을 일정한 기준에 따라 분류한 뒤, 텔레마케팅을 수행할 때 사용할 스크립트를 각 고객집단의 방문목적에 맞추어 하나의 스크립트는 생산업체, 또 다른 스크립트는 도매업체 또는 소매업체를 대상으로 제작할 수 있을 것이다. <표 9-7>은 전화를 이용한 텔레마케팅을 실시할 때 참고할 수 있는 스크립트의 예시이다.

텔레마케팅을 실행할 때에는 짧은 시간 동안에 방문동기를 유발시키기 위해서 스크립트의 설계도 중요하지만, 메시지를 전달하는 사람을 선발하고 훈련하는 일이 더욱 중요하다. 또한 텔레마케팅 담당자는 필요한 모든 정보를 전화통화를 하는 동안 즉석에서 제공할 수 있는 시스템을 갖추고 있어야 한다.

그리고 일부 바이어들의 경우에는 혼잡한 전시장에서 오래 기다리거나, 다른 관람객과의 중복 방문을 피하기 위해서 특정한 참가업체들과 부스에서 만나 상담할 수 있는 시간을 사전에 약속해 두려고 한다. 이러한 약속은 방금 위의 예시에서 설명했듯이 텔레마케터를 통해서 할 수 있으며, 만일 전화를 해서 바이어와 약속을 잡게 될 경우, 텔레마케터는 <표 9-8>과 같은 예를 참고해서 접근하면 될 것이다.

<표 9-7> 텔레마케팅을 위한 대화의 예시-I

텔레마케터 :	박부장님, 안녕하십니까? 저는 주식회사 00 의 OOO입니다. 제가 알기로는 박부장님께서 회사를 대표해서 이번 '한국전자전'을 방문하신다고 들었는데 맞습니까? …. 잘 되셨군요! 이번 전시회에 참석하실 때 부스 번호 1050으로 참가하는 저희 주식회사 00에 부장님을 모시고 싶습니다. 저희 회사 부스를 방문하시면 업계 최초로 신기술이 응용된 신제품 모델 XG를 보실 수 있으며, 틀림없이 관심을 갖게 되실 것입니다. 이 제품은 출시된 지 3개월 만에 전세계 시장에서 이미 50만 개 이상이 팔려나간 히트 상품입니다. 이번 전시회 기간에 저희 회사 부스를 방문해 주신 분들께는 푸짐한 기념품과 특별가격의 혜택을 드리게 됩니다. 혹시 어느 날짜에 전시회 방문을 하실 수 있는지 여쭈어봐도 되겠습니까?
박 부 장 :	개막 후 다음날 오전 11시에 방문을 할 예정입니다.
텔레마케터 :	네, 감사합니다. 혹시 다른 요청사항이나 질문이 있으신지요? 없으시다면 박 부장님께서 방문하실 그 시간에 저희 회사 제품개발 담당자가 대기하고 있다가 부스에서 인사를 드리도록 하겠습니다.

<표 9-8> 텔레마케팅을 위한 대화의 예시-II

아, 금요일 방문을 희망하십니까? 많을 분들이 방문하실 것으로 예상하는 특히 바쁜 요일이긴 하지만, 구체적으로 몇 시경에 방문을 하시겠습니까? 저희가 혼잡함을 피해서 고객님의 시간을 절약하실 수 있도록 본 제품설계담당 책임자가 박 부장님께 직접 시연할 수 있도록 조치해 놓겠습니다. 오전과 오후 중에 어느 쪽이 편하시겠습니까? ……

(3) 업계 전문지, 신문 또는 방송을 통한 홍보

언론이나 방송을 통한 기업의 홍보활동에도 어느 정도의 비용은 소요되지만 효율적으로 기획된 홍보활동은 신문지면이나 방송시간의 구매에 따르는 막대한 비용을 절약시킬 수 있을 뿐만 아니라, 메시지의 전달효과도 훨씬 뛰어난 경우가 많다. 또한 홍보를 통해 전시회에 참가하지 않는 잠재적인 고객들조차도 참가업체가 여전히 활발히 사업을 전개하고 있다는 것을 기억하게 된다.

그러나 무엇보다도 각 산업을 대표하는 몇 개의 업계전문 신문 또는 잡지는 일반 잡지나 신문에 비해 그 독자층이 매우 동질적이고 세분화되어 있으며, 같은 산업분야에서 사업관계를 맺고 있는 많은 기업들을 독자층으로 확보하고 있다. 전통적으로 바이어들이 구매결정을 내기기 위해서는 이러한 업계 전문지 및 신문에 게재된 기사와 광고 등을 중요한 정보원으로 상당히 의존해 왔다. 이렇게 동질적이며 열독률이 높은 집단인 바이어들이 주요 독자층을 구성하고 있는 업계전문 잡지 및 신문에 대해서 전시회에 참가하는 기업들은 각별한 관심과 주의를 기울여 볼 가치가 있다. 참고로, 어느 나라에서나 전시회 주최자가 관람객들이 관심을 갖고 있는 분야를 다루는 몇 개의 잡지와 특수 관심분야의 출판물을 소유하고 있는 경우도 있다. 물론 설명을 하기에 따라서는 특정산업을 커버하는 신문이나 잡지 등의 인쇄출판사업을 운영해 오던 기업이 동 산업에 대한 이해가 깊어지면서 나중에 그 산업구성원의 필요에 부응할 수 있는 전시회를 개발하게 되는 경우도 많다.

이렇게 특정산업을 대표하는 잡지와 신문들은 흔히 해당 산업과 연관된 전시회가 개최되면 개막 전에 그에 관련된 '특집판'(special pre-show edition)을 발행한다. 경우에 따라서는 참가업체의 명단과 전시될 제품과 서비스에 관한 구체적인 사항을 포함하여 해당 전시회에 관한 심층보도를 하게 된다. 이런 특집판은 흔히 전시회 직전에 배포되어, 관람객들이 방문하고 싶어하는 참가업체의 위치를 확인하고, 관람일정을 수립하는데 도움을 준다. 본 장 전반부에서 인용했던 <표 9-2>의 통계에서 살펴보았듯이 관람객들이 전시회 방문을 계획할 때 가장 중요하게 활용하는 정보원이 바로 이러한 "업계 전문잡지나 신문에 실린 전시회에 대한 기사"와 "전시회 행사일정표" 등이었음을 상기할 필요가 있다. 따라서 많은 참가업체들이 전시회를 특집으로 다루는 잡지 또는 신문에 특별광고를 게재하면서 자사 부스를 방문해 주도록 관람객들을 초청문구로 유인한다.

전시회를 참가하는 기업의 입장에서 만일 새로운 형식이나 최신 기술을 활용한 제품을 소개하거나, 아주 특별한 제품을 갖고 참가할 경우, 이러한 전문지의 편집부와 미리 접촉을 시도하여 전시회 특별판에 소개될 수 있도록 제품에 대한 정보를 제공하는 홍보전략을 생각할 필요가 있다. 업계전문 잡지 및 신문 편집부 입장에서도 특별판 내용의 질적 수준을 높이려 하기 때문에 전시회 참가업체가 제공하는 기사(article)의 내용이 보도가치가 있다고 판단되면, 사진과 더불어 구체적인 기사를 게재해 주게 된다. 물론 많은 업계 전문지들은 전시회가 개막되기 훨씬 전부터 참가업체에게 협조공문을 발송하여 특집호에 게재할 정보나 원고를 전문적으로 촬영된 사진과 함께 보내달라고 요청하는 것을 상례로 하고 있다. 따라서 참가업체는 반드시 이러한 업계전문잡지 및 신문에 기사나 광고를 게재하여 사전 프로모션 효과를 극대화할 수 있도록 체계적인 광고 및 홍보전략을 수립할 필요가 있다.

일부 업계전문지는 전시회기간에 하루 단위로 일간신문(show daily)을 발행하는데, 여기에는 전시회의 특별한 이벤트, 참가업체 및 상품에 대한 가장 최근의 새로운 뉴스, 눈에 띄는 참가업체에 관한 사진 등을 포함해서 전시회를 통한 홍보전략에 관심이 있는 참가업체가 활용할 수 있는 다양한 프로모션 기회가 있다. 따라서 주요 업계 전문잡지 및 신문 편집부를 사전에 접촉해서 전시회 기간에 어떤 발행계획을 갖고 있는지를 점검하는 것이 바람직하다. 물론 전시회를 위한 한정판 일간신문(show daily)에도 참가업체는 특별가격으로 광고를 게재하여 관람객의 부스 방문을 촉진시키거나 제품의 인지도를 제고시키도록 할 수도 있다.

자사에 대한 뉴스가 홍보기사로 채택될 수 있는 가능성을 높이려면 중요한 업계 전문잡지나 신문의 편집인들과 평소에 관계를 돈독히 해두는 것이 좋다. 그들과의 접촉을 통해서 어떤 종류의 기사를 선호하는지, 보도자료가 기사로 채택되기 위한 현재의 편집요건이 무엇인지, 마감시한은 언제이며, 어떤 크기와 형식의 사진을 선호하는지 등을 미리 파악해 두어야 한다.

특정 업계 전문지에 현재 자사가 광고를 게재하고 있다는 이유로 자사의 보도자료가 채택되거나 우대를 받을 것이라고 단정하지 말아야 한다. 사실 신문이나 잡지의 많은 편집인들은 이러한 부담감을 좋아하지 않는다. 기업이 전시회에 소개하려는 상품이 독자(소비자 또는 관람객)에게 흥미를 끌만한 가치가 있으면서, 보도자료가 사실에 근거해서 전문성 있게 작성되었다면, 그 기업이 해당 업계지의 광고주 여부와 상관없이 게재될 수 있을 것이다.

그리고 보도자료는 늘 특정한 편집인에게 발송되도록 해야 한다. 일부 업계 전문지는 편집인들의 수가 많기 때문에, 특히 전시회에 관련하여 책임을 맡고 있는 사람을 찾는 것이 중요하다. 담당 편집인이 아닌 사람에게 보내진 보도자료는 마감시한이 지날 때까지도 검토되지 못할 수 있기 때문이다.

아울러 가능하다면 표적시장별로 세분화된 미디어 리스트를 갖추고 있어야 하며, 주기적으로 내용이 정확한지를 확인하고 업데이트시켜 놓아야 한다. 특히 자사가 중요하게 간주하는 모든 미디어의 마감시한을 잘 기억해 두어야 한다. 내용적 측면에서는 보도자료가 자사 상품의 특성이나 장점 등을 지나치게 앞세우거나, 광고를 할 때 사용하는 상업적 구호나 슬로건은 사용하지 않도록 해야 한다. 보도자료는 가급적 사실위주로 작성하되 직설적 표현방식을 추구해야 한다.

대부분의 전시회는 전시회 참가업체가 미디어 콘퍼런스를 가질 수 있는 프레스 룸이나 공간을 설치해 둔다. 만일 참가업체가 발표하려는 중요한 뉴스가 있다면, 업계내 영향력있는 미디어 매체들과 약속을 미리 잡아야 한다. 미디어와 직접 연락을 취하고, 프레스 릴리즈를 보내거나, 홍보대행사와 더불어 홍보 작업을 진행할 수도 있을 것이다. 그런데 전시회장의 프레스 룸에 놓여 있는 대부분 미디어 키트에는 실제적인 뉴스거리는 없고, 일부는 제작비용도 많이 들었을 것으로 보이는 자료들을 폴더가 가득찰 정도로 어수선하게 자료를 늘어놓아서 기자들의 시선을 잡아두지 못하는 경우가 태반이다.

가장 바람직한 미디어 키트는 목차를 포함하여 해당 전시회에서 소개될 가장 최신 상품을 설명하는 보도자료가 제일 위에 놓여 있는 것이다. 이 보도자료집에는 신제품에 관한 흑백사진, 경우에 따라서는 컬러사진이 포함되어 있어야 한다. 그리고 기타 자사에 관한 모든 정보는 별도의 폴더에 넣어 두면 된다. 물론 전시장내에서 자사부스와 연락이 닿을 수 있는 정보라든가, 혹은 보다 즉각적이고 자세한 정보를 필요로 할 경우 접촉할 수 있는 자사 홍보담당자의 연락처나 호텔숙소 등은 포함되어 있어야 한다. 만일의 경우, 보도자료가 헝클어지더라도 식별할 수 있도록 회사명과 연락처는 각 자료마다 명기해 두어야 한다.

한편, 대부분의 보도자료에 자사 홍보는 거창하게 되어 있지만, 자사의 신제품이 소비자나 업계에 어떤 의미를 갖는지 등을 규명해 놓은 자료는 부족하다. 대부분의 기자들은 새로이 소개되는 제품이 시장과 소비자에게 실제적으로 어떤 혜택이나 효과를 가져다 주는지 실증적으로 알고 싶어한다. 결국 좋은 보도자료는 기자의 시선을 끌 수 있어야 하며, 마지막 내용까지 흥미를 지속시킬 수 있어야 하는 것이다.

일반적으로 영향력이 있는 업계신문이나 잡지 편집부에는 매주 수십 또는 수백 건의 보도자료나 프레스 릴리즈가 도착된다. 따라서 많은 기업의 보도자료는 기사화될 수 있는 기회를 얻기 위해 치열한 경쟁을 겪게 된다. 따라서 전시회 참가업체는 보도자료를 방송사나 언론사에 발송하기 전에 자사 제품이나 서비스의 개발에 참여하지 않은 사람들을 통해 자사 보도자료의 내용이 방송 또는 기사화될 만한 가치가 있는지를 검토받는 것이 바람직하다.

영어적 표현으로는 ‘KISS’(Keep it short, simple)라고 하는데, 보도자료의 내용은 가급적 ‘짧고 명쾌하게’ 만들어야 한다. 산문체 형식으로 길게 작성된 보도자료는 기사로 채택될 확률이 적어진다. 특히 보도자료의 제목이나 부제 등은 신문이나 잡지 편집부 담당자의 눈에 띌 만한 표현기법이 필요할 것이다. 참고로 모든 보도자료는 표지에 반드시 다음과 같은 내용이 포함되도록 제작해야 한다.

- 참가업체 이름, 주소, 접촉담당자, 전화 및 팩스번호, 웹사이트 주소 등 보도자료의 제목, 발행날짜, 내용을 발표한 참가업체 담당자의 이름과 연락처(이메일 주소 포함), 전시회의 이름과 개최일자, 장소 등
- 상품의 특성과 개요, 기존상품 또는 경쟁상품과의 비교분석표
- 표적시장, 상품구매시 혜택
- 상품구매가능 여부, 배송 및 가격
- 참가업체에 대한 간단한 개요
- 참가업체의 전시회 부스 위치 및 번호

(4) 온라인 홍보 및 광고

이메일을 이용한 사전 프로모션은 현재 그 실행에 따른 효용성 문제가 심각한 도전을 받고 있지만, 오늘날과 같은 인터넷 시대에 간과할 수 없는 프로모션 수단이며 실제로 많은 참가업체들의 이메일에 대한 프로모션 의존율은 지속적으로 증가하고 있다.

① 이메일 프로모션의 장점

이메일은 일반적으로 활용하는 직접 우편(DM)에 비해서 발송비용이 매우 저렴하며, 응답률이 상대적으로 높다. 미국의 통계에 의하면 DM의 비용이 건당 75센트에서 2 달러, 텔레마케팅은 1~3 달러가 소요되는데 비해서 이메일은 약 20센트만이 소요된다고 한다. 소요비용보다 더 중요한 것은 메시지 수신율이다. 물론 이메일의 클릭비율(CTR: Click-Through Rate)은 메시지의 내용, 표적시장, 발송리스트의 형식과 질, 그리고 프로모션을 수행하는 기술 등에 따라 달라진다. 그러나 수신율에 있어서 이메일은 다른 모든 수단을 앞지르고 있다는 주장이다. 미국의 Sales & Marketing 잡지에 따르면, DM의 수신율이 2%에도

미치지 못하는데 반해서 이메일은 보수적으로 추산을 하더라도 평균 3.2%에 이르며, 개인화된(personalized) 이메일은 수신율이 무려 8%에 달한다고 한다. 특히 위에서 설명했던 고객 우편명단(mailing list) 중에서 임대한 리스트(rented list)는 3.5%의 수신비율을 보인 반면, 사내에서 보유하고 있는 리스트(house list)의 수신비율은 10%에 이르고 있는 것으로 조사되었다.

또한 이메일은 DM에 비해서 응답시간이 매우 짧다는 장점이 있다. DM을 받고 응답하는데 소요되는 시간은 약 6~8주 걸리지만, 이메일은 메시지를 받은 사람의 약 80%가 2일, 즉 48시간 내에 응답하는 것으로 알려지고 있다. 응답시간이 짧기 때문에 사전 프로모션에서 이메일을 사용하게 된다면, 다양한 종류의 마케팅 메시지를 테스트할 수 있고, 여러 가지 조건을 조정하여 제시할 수 있으며, 이상적인 결과를 도출하기 위해서 세분화전략을 구사하기도 용이해진다.

② **이메일 프로모션의 효율성 제고방법**

그렇다면 이메일을 활용한 사전 프로모션의 효율성을 높이기 위해서는 어떻게 해야 하는가? 가장 우선해야 할 일은 메시지를 잠재 관람객에 맞추어 개인화하는 것과 관람객의 방문목표 및 다른 정보를 담고 있는 발송 리스트를 최신의 정보로 갱신(update)하는 것이다. 그 중에서도 기업이 사내에 자체적으로 보유하고 있는 발송 리스트를 정확하게 만들어가는 작업이 가장 중요하다. 따라서 참가업체는 평상시에도 기회가 닿을 때마다 고객들에게 이메일 주소를 묻고, 이메일을 통해 자사 소식을 발송해도 좋다는 허락을 얻어두어야 한다. 아울러 이메일 수신을 허락한 잠재 관람객들에게는 전시회 방문결정을 위해서 그들이 인터넷을 사용하는 행태에 대한 정보를 묻는 것도 잊지 말아야 한다. 예를 들어 언제 자사의 웹사이트를 방문하는지 또는 어떤 경쟁업체의 웹사이트를 접속해 보았는지 등에 대한 정보도 활용가치가 있기 때문이다. 물론 잠재 관람객들이 제공해 준 정보에 대한 프라이버시를 보장한다고 밝혀두는 것은 기본이다.

한편, 기업이 내부적으로 보유하고 있는 리스트를 확장해 나가는 방법으로는 현재의 이메일 수신자에게 전시회에 관심을 갖고 있는 주변의 친구나 동료들에게 자사의 이메일을 전달하고 메시지 내용을 전파해 주도록 부탁하는 것이다. 이러한 방법을 '바이러스 마케팅'(viral marketing)이라고 부르는데, 반드시 자사의 제품이나 서비스가 잠재고객들에게 가치를 보유하고 있어야 효력을 발휘하며, 그렇지 않을 경우, 오히려 역효과를 볼 수 있음을 주의해야 한다. 보통 이런 요청을 받은 이메일 수신자의 반 이상이 적어도 두 사람 이상에게 실제로 메시지를 전달하는 것으로 조사되었다. 물론 자사 이메일 프로모션에 적극적으로 피드백하면서 메시지를 주변에 전달해주는 고객들은 추천이나 전달에 따른 상당한 리스크를 안는 것이기 때문에 그들에게는 다양한 인센티브의 옵션을 제공하는 것도 소홀히 하지 말아야 할 것이다.[79)]

그리고 표적시장에 부합하는 잠재 방문객들을 대상으로 이메일 프로모션이 효율성을 발휘하는지 여부를 테스트해 보는 것도 좋은 방법이다. 어떤 형식의 텍스트를 선호하는지, 이메일 제목은 몇 글자로 어떤 형식이 어필하는지, 이메일을 수신하기에 가장 좋은 요일은 언제인지, 이메일은 몇 회 발송이 적당한지 등 참가업체 입장에서 필요에 따라 여러 가지 정보를 질문해 두어야 한다. 왜냐하면 이메일은 제목설정이 얼마나 호소력 있는지에 따라 수신율이 달라지며, DM을 발송할 때와 마찬가지로 이메일도 발송 타이밍이 매우 중요하기 때문인데, 주로 주중에 발송하거나 점심시간 직후 읽어볼 수 있도록 발송타이밍을 조절하여 수신율을 높이는 방안을 모색해야 한다.

이메일을 통한 사전 프로모션의 효율성 제고를 위한 또 다른 요건으로는 이메일 메시지가 정보를 수신한 잠재 고객으로 하여금 실제로 방문행동에 나서도록 동기부여를 할 수 있어야 하고, 개인적인 응답에 따라 프로모션 방법과 내용을 조정할 수 있는 보고 시스템(reporting system)을 갖추어야 한다. 특히 이메일을 통해 쌍방향 대화가 지속적으로 이루어질 수 있었다면 성공적인 프로모션이 되었다고 평가할 수 있을 것이다.

---

79) http://www.exhibitornet.com/exhibitormagazine/june2001/promotion.asp

물론 전시회에 참가하는 기업은 자사의 전시회 참가소식을 자사의 인터넷 홈페이지에 공고를 하는 것이 좋다. 그리고 고객과 미디어 관계자들에게 자사의 웹사이트 주소를 알려주고 프레스 릴리즈, 뉴스, 제품발표 및 기타 적절한 정보를 확인해 보거나 혹은 자료를 다운로드 받을 수 있도록 만들어야 한다. 만일 기사 가치가 충분하면서도 온라인을 통해서 손쉽게 접근 또는 활용할 수 있게 준비를 해 둔다면, 늘 기사 취재에 바쁘거나 어려움을 겪는 보도진들이 이러한 기업에 대한 기사를 써 줄 확률이 높아질 것이다.

마지막으로 다시 언급하고자 하는 것은 오늘날 마케팅 커뮤니케이션 이론과 실무의 통합적 마케팅 접근(integrated marketing approach)의 중요성이다. 통합적 프로모션 접근방식의 근간은 어떠한 프로모션의 수단을 사용하더라도 일관성있는 메시지와 이미지를 전달하는 것인데, 그 목표는 전시회를 위해 경쟁하는 수많은 참가업체들의 마케팅 메시지 속에서 자사가 설정한 이미지나 메시지의 컨셉이 방문객의 기억에 보다 확실히 남도록 하기 위한 것이다. 또한 기업이 전시회 참가목표를 달성하고자 펼치는 마케팅 프로모션 활동은 전시회 개막 전, 전시회 현장 및 전시회 폐막 후 등 시간적 경과에 따라 크게 세 단계로 나누어지며, 이 세 단계 프로모션 활동은 실질적인 성과를 올릴 수 있도록 통합적으로 기획 및 실행되어야 한다.

□ **고객을 부스로 확실하게 초대하는 방법**

전시회가 시작되기 전에 펼치는 참가업체의 사전 프로모션 내용이 호기심을 자극할 만큼 흥미로운 요소가 있다면, 전시회 방문을 예정하고 있는 바이어들은 당연히 자신들의 방문일정표(buyer's agenda)에 해당업체의 이름을 올려놓고 전시회 기간 동안 방문을 하게 된다. 전시회 관람객들의 부스 방문동기에 가장 많은 영향을 미치는 요인들 중에 하나는 아마 참가업체가 부스 방문객들에게 가치있는 무엇인가를 제공하겠다는 약속일 것이다. 가치가 있는 것(something valuaable)이란 흔히 답례품, 기념품 또는 판촉물이라고 흔히 불리며 그 가치 판단은 궁극적으로 참가업체가 아니라 방문객이 내리는 것이다.[80)]

전시회에 참가하려는 기업이 만일 어떤 특정 고객층과 전시회를 통해서 사업적으로 중요한 접촉이나 만남을 성사시켜야 할 경우라면, 당연히 전시회 개막 이전에 사전 프로모션을 치밀하게 준비하여 해당 고객을 부스로 유인해 낼 수 있어야 할 것이다. 더구나 전시회를 방문할 것으로 예상되는 고객들의 특성이 여러 집단으로 구분되어진다면 사전 프로모션도 세분화하여 진행해야 한다. 이런 맥락에서 보면, 고객들에게 제공하려는 답례품도 고객의 특성에 따라 세분화하여 준비하여 제시할 수 있어야 그 가치를 인정받을 수 있고 효과도 극대화될 것이다. 예를 들어, VIP급 고객인 경우에는 해당 고객의 주변 동료나 비서 등을 통해 그의 취향이나 좋아하는 여가활동 등이 무엇인지를 파악할 수 있다. 특히 VIP고객이 부스를 직접 방문해 주는 것이 중요한 이슈가 될 경우라면, 해당고객 개인에게 직접 인센티브나 보상이 될 수 있는 무엇인가를 별도로 준비해두는 것이 바람직하다. 어쨌든 좀더 신뢰성있는 자료나 정보를 근거로 해서 자사 부스를 방문해 줄 수 있는 잠재고객들이 물리치기 힘든 제안을 하는 것이 중요하다. 이런 사전 프로모션을 통해 부스 방문동기를 갖게 된 고객들은 흔히 참가업체가 제안한 어떤 가치를 받아들이기 위해서 무엇이라도 어떤 반대급부적인 행동을 하는 경향을 보이게 된다.

답례품의 종류에 있어서는 상상력의 크기에 따라 모든 것이 가능하다. 개봉을 앞둔 영화의 프로모션을 위해 대대적인 시사회를 하는 것처럼, 기업이 신제품을 발표하기 이전에 특정 고객들만을 선별적으로 초청해서 미리 소개해 주는 자리를 마련하거나, 혹은 고객이 당면해있는 문제들을 해결해 줄 수 있는 기회를 제공하는 것도 특별한 가치를 돋보이게 할 수 있는 방법이라 할 수 있다. 다른 사람들에 비해서 이런 자리나 기회에 한발 앞서 초대되어 새로운 정보나 지식을 알게 된 관람객들은 대체로 높은 만족감을 갖게 된다.

80) 흔히 판촉물이라고 하며, 영어표현으로는 'premium', 또는 'give out'이라고 부르는데, 이 용어에는 그냥 나누어주는 물건쯤으로 간주된다. 본서에서는 부스 방문에 대한 고마움을 표시한다는 의미에서 주로 '답례품'이라고 칭하기로 한다.

제10장 전시회 운영인력의 선발과 훈련

제1절 전시회 운영인력의 중요성과 교육훈련

1. 부스현장 담당인력의 역할과 중요성

기업이 전시회 공간에 부스를 설치한다는 것은 회사의 배타적인 공간영역 밖으로 자사의 대표부를 한시적으로 설립해 둔다는 의미이다. 이러한 기업의 사외 대표부, 즉 전시회 현장에 세워진 부스의 운영담당자가 수행하는 가장 중요한 역할은 자사의 제품이나 서비스에 관심을 갖고 부스를 방문하는 고객들을 영접하면서 거래를 목적으로 대화나 상담을 하는 것이다. 따라서 시장의 최일선 전방에 세워진 전시회 부스에서 고객과 접촉을 해야 하는 담당자는 기업을 대표하는 전권대사(representative ambassador)이며, 기업의 얼굴이나 다름없다. 결국 전시회라는 시장이 전개되는 과정에서 중심이 되는 것은 전시되는 '상품'이라기보다는 오히려 '사람'이다. 즉, 전시회란 관람객이 제품과 서비스를 관람하는 것만이 중요한 것이 아니고 사람과 사람이 만나서 사업적 대화를 나누는 시・공간이라는 사실을 간과해서는 안 될 것이다.

만일 특정 참가업체의 부스에 대한 관람객의 평가가 호의적이지 않았다면,

그것은 부스의 위치, 규모 및 디자인의 문제라고 하기보다는, 부스를 운영하는 담당자의 자질, 태도 또는 능력 때문일 가능성이 더 높을 것이다. 기업의 전시회 마케팅 수행과정에서 개막전 사전 프로모션의 노력과 전시회 현장에 설치된 부스의 위치와 크기 등은 기존 또는 잠재 고객들을 자사 부스로 유인하는데 매우 중요한 역할을 한다. 그러나 이러한 노력과 준비를 통해 많은 관람객들이 자사를 방문했다 하더라도 부스 현장 담당인력이 방문객들과 접촉을 하는 과정에서 양질의 세일즈 리드를 확보하거나 주문계약을 이끌어 낼 수 없다면 기업의 전시회 참가는 별 의미가 없는 것이다. 부스 디자인, 그래픽, 3차원 시연을 위한 장치, 브로셔 또는 답례품, 이 모든 것은 부스 현장 담당자의 성공적인 직무수행을 위한 단지 보조적 도구들인 것이다.

기업의 전시회 참가에 따른 성패는 '사람', 즉 부스 현장 담당인력의 경험과 훈련에 달려 있다. CEIR의 연구결과에 따르면, 부스 현장 담당자가 체계적으로 사전훈련을 받게 될 경우 부스 방문객과 접촉을 통해서 선별된 리드를 확보할 수 있는 비율이 68%나 증가된다고 보고하고 있다.[81] 전시회에서 기업은 부스를 통해서 대표되며, 부스 현장 운영자의 태도와 행동은 기업의 경쟁력에 대한 바이어들의 평가나 제품에 대한 이미지 형성에 직결되기 때문에 전시회에 참가하는 기업의 경쟁력은 결국 부스 현장 운영을 담당하는 '사람'이 그 핵심인 것이다.

2. 전시회 업무 전담부서와 교육훈련 여건

전시회 현장에서 기업의 핵심적 경쟁력은 자사 부스 담당인력의 전문성과 능력에 달려 있지만, 많은 국내외 기업들이 국제수준의 대규모 해외전시회까지 참가하면서 부스 디자인 및 제작과 같은 하드웨어적 부문에는 상당한 투자를 하지만, 핵심적 소프트웨어라고 할 수 있는 부스 현장 운영 인력의 선발, 교육

81) Tanner, J and S. Weilbaker(2000). Boothmanship II: Success in Exhibiting, CEIR EC2.

또는 훈련에 대한 관심이나 투자는 소홀히 하는 경향이 있다. 특히 국내적으로는 기업규모의 크기와 상관없이 전시회 마케팅의 역할과 중요성을 올바로 인식하고 있는 기업이 많지 않은 상황이다. 광고, 홍보, 인적 판매 등과 비교해 본다면, 전시회는 상대적으로 CEO를 포함하여 최고경영층에 의해 그 가치가 가장 이해되지 못하고 있는 마케팅 도구라고 할 수 있다. 그 결과, 기업내부에 전시회 마케팅 업무를 수행하는 전담부서가 설치되어 있는 경우가 드물며 전시업무 담당자(exhibit manager)라는 독자적 직함은 거의 전무한 실정이다. 실제로 기업 현장에서 전시회 마케팅 업무는 대부분 수출 또는 영업 관련부서에서 부수적으로 다루어지고 있다.[82] 따라서 수출 또는 영업 관련부서의 담당자들은 전시회 관련업무가 자신의 고유한 업무가 아니며, 회사로부터 충분한 관심과 체계적인 지원도 없이 상황에 따라 떠맡게 되는 부수적 업무라고 인식하는 경향이 적지 않다.

국내대학의 경영, 마케팅 또는 무역관련 학과에서도 기업의 전시회 마케팅에 관련된 연구나 강의가 거의 이루어지지 않고 있으며, 또한 기업 내부에서도 전시회 마케팅에 대한 제도적 교육이나 훈련이 매우 일천한 실정이다. 따라서 대부분의 기업에서 내부적으로 전시회 마케팅의 역할과 중요성이 깊이 인식되어 있지 못하거나 전시회 마케팅 업무에 정통한 전문인력도 매우 부족하여 교육과 훈련을 위한 시스템도 갖추어져 있지 못한 실정이다.

현재 우리나라 기업의 전시회 담당자들은 일반 관람객 입장에서 개별적으로 전시회를 참관해 보았거나, 우연한 기회에 자사의 전시회 참가에 따라 제한적인 관찰이나 경험을 해 봤을 것이다. 기업 내부적으로 전담부서가 없는 가운데 전시회 업무는 여러 부서에 분산되어 고유업무가 아닌 부수적 업무로 인식되고 있으며, 교육과 훈련시스템도 갖추어져 있지 않은 상황에서 전시회관련 업무수행능력의 전문화를 기대하기는 어려울 것이다. 또한 국내기업들, 특히 수출관련 중소기업들조차도 선진국 기업들에 비해 전시회 참가횟수가 많지 않고, 그

82) 김용관(2003). 산업자원부 무역전시기반조성사업: 전시업무 담당자 전문과정 교육수요 조사, 국제전시컨벤션연구원 내부자료.

나마 참가하는 전시회가 국내외적으로 분산되어 있어서 적은 규모의 인력이 임의적 또는 교대로 참가하고 있기 때문에 전시회 마케팅에 대한 체계적인 경험이나 노하우를 축적하기도 쉽지 않은 실정이다.

북미지역에서 행해진 한 연구조사에서도 응답자의 71%가 전시회업무는 고유업무라기보다는 자신들의 업무 중 일부라고 답하고 있다. 나아가 9%의 응답자들은 전시회 부스운영은 자신의 업무영역에 포함되어 있지 않음에도 불구하고 부스 현장에 배치되었다고 밝히고 있다. 아울러 전시회업무가 자신들이 수행하는 마케팅 활동 중 소속기업의 전폭적인 지원도 없이 부차적으로 수행하는 업무라고 여기고 있는 것으로 나타났다.[83)]

그러나 국내적 상황과는 달리 북미지역이나 독일 및 영국 등의 경우에는 전시회에 관련된 협회 등 조직과 일부 앞서가는 전시회 주최자들이 기업을 대상으로 전시회 마케팅 기법을 주제로 컨퍼런스, 워크숍 및 세미나를 개최하고 있다. 또한 일반기업들은 전시회 마케팅을 전문으로 하는 컨설팅회사 등을 통해서 전시회 성과제고에 초점을 맞춘 부스 담당인력의 교육훈련과 전시회 참가에 따른 전반적인 업무의 경영자문을 받을 수 있는 기회가 비교적 많다. 다행히 국내에서도 산업자원부와 정보통신부의 지원으로 2003년도에 최초로 국내 중소기업의 CEO 및 전시회 실무 담당자를 대상으로 한 전문교육이 실시되면서, 그 이후 부정기적이지만 최근에는 일부 산업협회, 중소기업지원센터 및 일부 전시회 주최자 등에 의해 전시회 마케팅 업무에 대한 전문적 교육과 훈련이 부분적으로 이루어지기 시작했다.

83) Tanner J. and L. Chonko,(1995). Trade Show Objectives, Management, and Staffing Practices, *Industrial Marketing Management* 24: 257~264.

제2절 부스현장 운영인력의 선발기준

국내적으로 전시회 부스 현장 운영인력을 양성할 수 있는 기업 안팎의 제도적 기반이 매우 취약하지만 기업들이 국내외 전시회 참가를 통해서 지금까지 축적해 온 경험을 바탕으로 이러한 인력의 선발 및 교육훈련에 대해 본격적인 관심을 기울일 필요가 있다. 이런 맥락에서 본 장에는 우선 전시회 부스현장 운영인력을 선발·훈련시키는 문제에 대해서 한 가지씩 체계적으로 그 방법을 논의해 보도록 한다.

1. 부스 현장인력 선발의 문제점

전시회 부스 현장 운영인력의 선발문제는 우선 누가 그들을 선발해야 하는가를 생각해 보아야 한다. 필요한 인력의 선발을 책임질 사람은 우선 세일즈 및 마케팅 도구로서 전시회의 역할과 중요성을 올바로 이해하고 있어야 하며, 전시회 부스 운영을 직접 경험해 본 사람이 바람직할 것이다. 그런데 상당수 국내 기업들이 부스 운영인력을 선발·배치할 때 반복적으로 답습하는 몇 가지 문제점이 있다.

첫째, 부스를 포함 전시회 마케팅의 전체적인 메커니즘을 정확히 이해하지 못하고 있기 때문에 일반업무와 달리 부스 현장 운영자가 차별적으로 갖추어야 하는 기본적 자질과 지식의 필요성 또는 인적 교육훈련에 대한 이해가 부족하며 또한 그 중요성을 간과하고 지나친다.

둘째, 전시회 참가목표가 뚜렷하게 명문화 또는 계량화되어 있지 않기 때문에 부스 현장에서 참가목표를 달성해낼 수 있는 자질, 지식 또는 경험의 유무 등에 대한 고려하여 인력을 선발하기보다는, 전시회가 개막될 무렵에 현재 맡고 있는 업무의 시급성이 덜한 직원들을 편의적으로 선발하여 배치하는 사례가 적지 않다.

셋째, 특정 전시회 참가를 처음부터 기획하고 준비해 온 담당자와 실제로 전시회 현장에 파견되어 부스 현장을 운영하는 담당자가 다른 경우도 문제이다. 그 결과, 전시회 현장에 갑자기 파견된 담당자들은 업무수행의 지속성을 유지시킬 수 없기 때문에 본사와의 체계적인 업무협조를 유도하기도 어렵고, 전시회 현장에서 발생할 수 있는 각종 실무적 현안에 대한 대처능력이 부족하여 필요 이상의 비용지출은 물론 참가성과가 부실해질 수밖에 없게 된다.

아울러 여러 사람을 무작위로 선발하여 전시회 부스 운영의 책임을 분산시켜 나누어 주는 경우도 있다. 이럴 경우, 프로모션 활동의 일관성이 없게 되고, 부스 업무의 책임소재가 불분명해지며 경험의 축적도 어렵게 된다. 특히, 부스 물품의 선적, 통관, 보관, 운반 및 설치 등의 업무는 여러 사람이 책임을 나누어 맡으면 효율성이 떨어지기 때문에 이러한 부스의 물리적 운영 측면에 대한 총괄적 책임은 한 사람이 떠맡는 것이 바람직하다.

2. 부스 운영인력 선발을 위한 일반적 기준

그렇다면 전시회 부스 현장 운영인력을 올바르게 선발하기 위해서는 어떠한 기준들이 적용되어야 하는가. 부스 현장 운영인력의 올바로 선발할 수 있는 기준에 대해서 Friedman은 <표 10-1>과 같이 PEOPLE이라는 기준을 제시하고 있다.[84)]

국내외를 막론하고 전시회는 평균적으로 3~5일의 한정된 시간 동안만 지속되지만, 수많은 참가업체 스텝들이 낯선 방문객들을 상대로 치열하게 세일즈 및 마케팅 경쟁을 펼쳐야 하는 매우 도전적인 공간이다. 따라서 부스 현장에 배치될 인력이 갖추어야 할 기본적인 자질로는 우선, 가급적 낯선 사람과의

84) Susan Friedman(1992). Exhibiting at Trade Shows — Tips and Techniques for Success, Crisp Publication.

<표 10-1> 부스 운영인력 선발기준

선발기준	능력 또는 자질
People - Oriented	다양한 사람들과 원만한 접촉을 할 수 있는 능력
Eager & Enthusiasm	목표달성에 대한 열정과 자신감
Observant	고객의 언행을 꿰뚫어 볼 수 있는 능력
Product Knowledge	제품이나 서비스에 대한 해박한 지식
Listener	고객의 필요나 욕구를 경청할 수 있는 능력
Empathetic	고객의 상황에 공감할 수 있는 자세 및 태도

접촉을 거북해 하지 않을 수 있는 활달하고 개방적인 태도, 긍정적인 사고 및 팀플레이를 잘할 수 있는 친근하고 사교적인 성격 등을 꼽을 수 있다. 아울러 상대방의 이야기를 경청할 줄 알고 이해력이 빠르며(good listener), 고객이 처해 있는 상황에 공감을 하면서 효과적으로 쌍방향 의사소통을 이끌어 갈 수 있는 사람이어야 한다. 해외 전시회의 경우에는 대표적인 국제 공용어인 영어의 구사능력은 당연할 것이고, 일반적으로 개최지역 주변에서 방문하는 고객의 비율이 당연히 높기 때문에 해당지역의 언어에도 능통하다면 매우 유리할 것이다. 그러나 언어의 문제는 단기적으로 해결되기 어렵기 때문에 전시회 기간 동안 해당언어를 통역해 줄 수 있는 계약직 통역사의 도움을 받아야 할 것이다.

그리고 사전 교육훈련을 통해서 전시회 부스 현장에서의 상담활동을 할 수 있는 능력이 향상될 수 있겠지만, 가능하다면 자사의 제품과 서비스는 물론 경쟁사의 상품에 대해서도 해박한 지식을 갖추고 있어야 한다. 그 이유는 대부분의 전시회 방문객들은 다양한 신제품과 서비스를 다차원적으로 비교하면서 관람을 하기 때문이다. 아울러, 과거 국내외 전시회에 참가하여 부스 현장 운영에 실제로 참여해 본 경험이 있는 직원을 우선적으로 선발하는 것이 바람직하다.

3. 부스 현장 운영인력 선발을 위한 부가적 기준

위에서 설명한 일반적인 선발기준 이외에 부스 현장 운영인력 선발과 관련해서 부가적으로 이해해야 할 점으로는 다음과 같은 것들이 있다. 참가업체가 임차한 부스 면적이 커지면 커질수록, 당연히 부스 현장 운영인력의 규모도 커지게 된다. 이 경우, 부스 현장 운영인력의 선발은 개별적 자질 뿐만이 아니라, 부스 운영의 효율적인 팀워크를 고려하여 선발체계를 세워야 한다. 대기업의 경우에는 일반적으로 중 · 대규모의 독립부스(island booth)를 운영할 경우, 그에 비례해서 방문객의 규모도 크고 그들의 방문동기나 욕구도 다양하게 나타나게 마련이다. 따라서 적어도 10명 이상, 심지어 초대형 부스에는 100명 이상의 부스 현장 운영인력이 필요해지는데, 이런 경우에는 우선 부스 운영을 총괄적으로 지휘할 수 있는 책임자를 임명해야 한다. 아울러 참가목표가 무엇인지에 따라서도 그 목표달성에 적합한 인력을 선발하는 것이 중요하며, 또한 방문객의 배경이나 특성이 다양하다면, 그에 대응할 수 있도록 다양한 배경을 갖고 있는 인력을 선발하여 팀을 구성해야 한다.

예를 들어, 새로운 첨단기술이 적용 · 개발된 신제품을 소개하려는 목표를 갖고 전시회에 참가한다면, 첨단기술에 관련된 기술적 문제를 설명할 수 있도록 제품 연구 및 개발팀의 사내 기술전문가와 신제품 홍보를 위한 방송언론 등 매체전문 담당자, 혹은 VIP방문객을 안내할 홍보 또는 마케팅 부서소속 전담직원 등을 포함하여 기능적으로 다양한 인력이 구성되도록 해야 한다. 전시회 참가경험이 부족한 기업의 경우에는 자사 직원만으로 인력을 구성하는 것이 아니고 외부에서 전시 전문가를 고용하여 부스 현장에 투입할 인력에 대한 훈련과 부스 현장운영 자체에 대한 컨설팅을 받을 수 있을 것이다.

국내 중소기업의 경우에 전시회 업무는 주로 수출 또는 영업 등 판매관련 부서에서 주로 담당하는 경우가 많은데, 전시회에서의 판매 또는 마케팅기법은 고객의 현장을 방문하는 인적 판매방식과는 많은 차이가 있다는 점을 이해하고 인력선발의 기준을 세워야 한다. 더구나 부스 현장 운영요원으로 선발된 직원들은 원래 소속부서의 성격에 따라 직무를 수행하는 방식에 있어서 차이를 보일 수 있다는 점에 유의할 필요가 있을 것이다. 예를 들면, 흔히 세일즈 부서 소속직원은 마케팅부서에 비해 평상시 판매기법 훈련과 세일즈 현장 실무경험의 영향 때문에 판매지향적이고, 과업중심적이며, 단기적 성과에 좀더 치중하는 경향을 보일 것이다. 특히 전시회 경험이 부족한 세일즈 부서 소속직원이 선발되면, 자사가 설정한 전시회 참가목표의 우선순위와 상관없이, 부스현장에서 판매(on-site sales)에 보다 치중할 가능성이 많을 것이다. 반면에 제품 연구개발부서의 기술전문가들이 부스에 배치되면, 판매나 마케팅 위주의 현장 활동보다는 제품개발에 관련된 자부심이 지나치거나 제품자체의 우수성을 설명하는 등 제품중심적 혹은 공급자 중심적 관점에서 방문객을 응대할 가능성이 높을 것이다.

참고로, 업무분담이 잘되어 있는 대기업의 판매나 영업담당부서 소속의 직원은 전시회 현장에서 매출을 성사시키는데 관심을 집중하지만, 마케팅 또는 홍보담당부서 직원은 현장 주문보다는 향후 매출로 연결될 수 있는 기회를 확보하거나 기타 전시회 참가 이전에 설정한 다양한 목표달성에 초점을 두고 활동하는 경향이 있다. 물론 소속부서가 서로 다른 직원들이 부스 현장운영에 동시에 투입되더라도 전시회에서는 그들 모두가 동일한 참가목표를 추구하는 하나의 팀으로 움직여야 한다. 따라서 부스 현장에서 요구되는 지식과 기술을 익히도록 하는 것 이외에 반드시 사전훈련을 통해 다수의 부스 인력이 팀워크를 구축할 수 있도록 준비시켜야 할 것이다.

따라서 다양한 소속부서의 직원들을 선발할 경우, 팀워크를 고려해야 하는 것은 물론 전시회 참가목적과 방문객의 특성을 감안하여 담당자들의 개별적 직능이 균형적 안배를 이룰 수 있도록 선발하는 것이 바람직하다.

제3절 부스현장 운영인력의 교육훈련

1. 교육훈련 실태와 수요

기업의 상황에 따라 전시회에 의존하는 비중이 낮거나 또는 연중 전시회 참가횟수가 기껏해야 몇 회에 지나지 않을 경우에 전시회 전담부서나 전담직원이 꼭 있어야 할 이유는 없다. 그러나 부스 현장을 운영해 본 경험이 없거나 훈련이 되어 있지 않은 초보자에게 전시회 부스 현장운영을 맡겨둘 수는 없을 것이다. 참가목표를 달성하기 위한 전략적 관점을 갖고 부스 운영인력을 선발・배치를 하지 않고 편의적 또는 임시변통 방식으로 훈련도 안된 인력을 선발하여 부스에 배치한다면, 전시회의 참가성과는 미흡해질 가능성이 높아질 것이며, 새로운 사업적 기회를 포착할 수 있는 가능성도 줄어들 것이다. 이러한 기업은 전시회 마케팅의 잠재적 가치를 스스로 하향 최소화하게 되는 악순환을 겪게 될 것이다.

그런데 앞 절에서 설명한 선발기준에 따라 부스 현장 담당인력을 결정했다 해도 기업이 참가할 전시회는 각기 다른 특성을 갖고 있으며, 그에 따라 자사의 참가목표도 조정될 경우가 있기 때문에, 새롭게 선발된 초급인력은 물론 전시회 운영경험이 있는 직원들도 참가예정인 전시회에 따라 적절한 내용의 사전훈련을 받도록 해야 할 것이다. 그러나 대부분의 국내기업들은 전시회 부스 운영인력을 위한 공식적인 교육훈련 체계를 갖추고 있는 경우는 많지 않고, 교육이나 훈련을 하는 경우에도 개별 전시회의 참가목표에 맞추어 실시하는 경우는 매우 드문 것으로 알려지고 있다. 또한 비공식 또는 비정형화된 훈련을 실시하는 경우에도 훈련내용은 일반적인 부스에서의 행동요령이나 에티켓을 교육시키는 수준이며, 자사의 전시회 참가목표나 잠재 방문객의 필요나 욕구를 만족시킬 수 있도록 맞춤형 훈련이 실시되는 경우는 흔치 않다. 북미지역에 소재된 중소기업들의 경우에도 부스 운영인력의 교육훈련은 대부분 사내에서 비정형화된 방식으로 이루어지며 훈련내용도 전시회 참가목표를 달성할 수 있는 구체적 전략과 전술준비와는 다소 거리가 있는 것으로 알려지고 있다.[85] 이 조사에 응답한 업체의 50%는 전시회 개막 전에 부스에 투입될 세일즈 담당직원들을 대상으로 부스 운영에 대한 정형화된 교육훈련 프로그램을 실행하고 있지 않은 것으로 나타났다.

국내 기업들의 경우에는 더욱 심각하여, 미국에서 개최된 전시회인 COMDEX 03, ISCE 04 및 CES 04에 참가했던 국내 중소기업의 경우, 56%가 부스 담당인력에 대한 체계적인 교육훈련을 실시하지 않았으며, 교육훈련을 실시했다고 응답한 업체들의 78%가 전시회 개최 3.3일 전에 약 2.5 시간 이내의 훈련을 실시했으며, 교육훈련 내용도 대부분 바이어에 대한 응대요령 정도만을 비체계적인 방법으로 알려주고 있는 것으로 조사되었다.[86]

이러한 통계결과가 시사하는 바는 대부분의 국내 중소기업들은 지금까지도 전시회 마케팅 기법에 대한 조직적인 학습이나 훈련도 없이 전시회에 참가하여 현장에서 다른 참가업체의 부스 운영방법을 어깨너머로 관찰하고 배워가면서 몇 년간의 시행착오를 거듭하고 있다는 점이다. 이 경우 문제가 될 수 있는 것은, 다른 기업의 부스 운영이나 방문객 상담방법을 벤치마킹한다고 하지만, 벤치마킹 대상이 되는 타 기업의 접근방법이 옳은 것인지에 대해 기업 스스로가 판단을 하기 어렵다는 것이다. 이렇게 전시회 현장에서 어깨너머로 배워보려고 노력을 하고는 있지만 실제로 많은 참가업체들의 부스 현장 담당자들은 체계적인 훈련을 충분히 받지 못한 결과, 전시회 방문객들이 갖고 있는 관심의 영역과 깊이를 정확히 파악하는 데 실패하는 경우가 많다.[87] 북미지역의 전시회에서 부스 책임자들을 대상으로 실시된 한 연구에 따르면, 체계적인 훈련을 받지 않은 부스 담당자들은 체계적 훈련을 받은 부스 담당자들에 비해 부스 방문객들

85) Tanner J. and L. Chonko,(1995). Trade Show Objectives, Management, and Staffing Practices, *Industrial Marketing Management* 24: 257~264.

86) Kim, Yong-Kwan(2005). 전게논문, pp.7~8.

87) Tanner, J.(1994). *Journal of Personal Selling and Sales Management.* 13: 15~24.

과의 접촉을 더 많이 꺼려하고, 방문객에 대한 기록유지도 더욱 부실하게 하며, 구매가능성이 있는 방문객에 대한 후속적 조치나 판매를 매듭짓는 비율도 떨어진다고 한다.[88]

한편, 부스 현장 운영인력 각자에게 어떤 역할에 높은 비중을 두고 임무를 부여할 것인가에 대한 결정은 기업의 전시회 참가목표의 우선순위에 대한 고려와 선발된 직원의 개인능력 및 경험수준에 따라 다르게 내려야 할 것이다. 부스 운영인력들에게 임무를 부여하고 나면, 그들이 각자의 역할을 제대로 수행하기 위해 수반되는 지식과 기술에 관해 교육 및 훈련을 시켜야 할 것이다. 그렇다면 부스 현장 운영인력에 대한 교육과 훈련은 구체적으로 어떤 내용을 다루어야 하는가?

국내 무역관련 중소기업의 전시업무 담당자들을 대상으로 한 교육수요 조사 결과에 따르면, 설문대상자의 89%가 기업의 전시회 참가업무수행을 위해 전문적 교육훈련이 필요 또는 매우 필요하다고 응답하고 있다. 아울러 동 조사의 응답자들은 <표 10-2>에서와 같이 부스현장에서 다음과 같은 업무의 수행이 가장 어렵게 느껴진다고 응답을 하였다.[89]

<표 10-2> 국내기업 전시회 업무담당자의 전시업무 난이도 인식 (복수응답)

48%	부스 현장에서의 판매상담
43%	전시회 참가 성과측정
32%	상담기록 유지
31%	바이어와의 의사소통
17%	현지문화에 대한 이해
12%	전시회 주최자와의 의사소통
6%	부스 및 장치 유지·관리

88) Tanner, J. & D. Weilbaker(2001). Boothmanship I: Sink or Swim? CEIR EC1.
89) 김용관(2003). 산업자원부 무역전시기반조성사업: 무역관련기업 전시업무 담당자 전문교육과정 결과보고서, 국제전시컨벤션연구원 내부자료.

한편, 전시회업무 수행능력 향상을 위해 이들 무역관련기업 전시업무 담당자들은 <표 10-3>과 같은 교육훈련의 내용을 선호한다고 응답을 하였다.

<표 10-3> 전시회 업무담당자의 전시관련 교육훈련 내용 선호도 (복수응답)

비율	내용
69%	전시 부스 설계/디자인
48%	전시회 참가준비 및 기획
46%	부스현장에서의 판매상담 기법
41%	전시회 사후관리
39%	전시회 사전 프로모션
30%	전시회 성과측정 및 보고
17%	기업과 전시회 마케팅
10%	정부의 전시회 참가 지원제도
7%	전시회 참가사례

이 조사결과를 살펴보면, 상당수 응답자들은 무엇보다 부스 설계/디자인을 포함하여 준비나 기획과정에 대한 교육 또는 훈련이 가장 필요로 하다고 응답을 한 것으로 나타났다. 이러한 응답결과는 아마도 전시 부스를 설계/ 디자인하는 업무가 전체 참가예산 대비 비중도 높으며, 시각적으로 가장 눈에 띄는 지출항목이기 때문에 소홀히 넘어가기 어려워하는 것으로 추정되며, 따라서 전문적 교육 또는 훈련의 필요성을 크게 느끼고 있는 것으로 해석된다. 그러나 부스 현장에서의 판매상담 기법, 사후관리, 사전 프로모션, 성과측정 등에 대한 교육훈련의 필요성 인식은 앞에 나타난 전시업무의 난이도에 대한 인식과 대체로 정(+)의 비례관계로 대응되고 있음을 보여주고 있다. 본서에서는 부스 제작 및 디자인과 같은 하드웨어적 측면에 대한 논의는 뒤로 미룬다. 그 대신에 전시회 현장에서 유지해야 할 정신적 자세 및 태도에 대한 설명, 그리고 국내기업의 전시업무 당당자들이 업무수행 과정에서 가장 어렵다고 인식하고 있는 판매상담 기법 및 상담기록방법 또는 바이어와의 의사소통과 같은 소프트웨어적 측면에 대한 훈련내용을 중심으로 논의하고자 한다.

2. 교육훈련의 내용

전시회 부스 현장 담당직원에게 부여된 가장 핵심적인 임무는 가급적 많은 방문객과의 접촉을 시도하고 의미있는 대화 및 상담을 통하여 양질의 세일즈 리드를 확보하고 궁극적으로는 자사의 매출증대에 기여해야 하는 것이다. 이러한 임무를 수행해내기 위해서는 부스현장 운영요원으로 선발된 직원들을 대상으로 전시회 부스 현장에서 요구되는 지식과 기술에 대한 전문적 교육훈련이 필요하다. 기업이 기대하는 전시회 참가목표를 달성할 수 있도록 부스현장 운영담당자들이 익혀야 할 교육훈련 내용을 열거하자면 <표 10-4>와 같다.

<표 10-4> 전시회 업무 담당자를 위한 교육훈련 내용

- 자사를 대표한다는 자부심과 긍지
- 전시회 참가에 대한 자사 경영진의 기대감
- 부스 운영 책임자 및 팀원의 구성
- 자사의 전시회 참가목표와 성과측정 방법
- 전시회의 특성과 방문객의 성격
- 자사부스 레이아웃, 설비 및 장치
- 자사의 전시품목 및 상대적 강·약점
- 사전 및 현장 프로모션 내용 - 핵심적 마케팅 메시지
- 부스현장에서의 단계적 의사소통 기술
- 방문객 선별방법 및 리드확보 방법
- 전시품목에 대한 설명 및 소개방법
- 후속조치(follow-up)의 절차
- 성공적인 전시회 업무수행에 대한 인센티브

물론 현실적으로 대부분의 기업들에게 자사의 전시회 부스 운영을 위해 배치할 직원들이 이러한 지식과 기술을 모두 갖출 수 있도록 교육훈련을 제공할 수 있는 여력이 많지 않을 것이다. 그러나 사내외 직무보수교육 계획 등에 입각하

여 충분한 시간적 여유를 갖고 적합한 교육훈련 기회를 제공한다면, 부스 운영에 배치될 직원들은 전시회 현장에 대한 적응력이 좋아지고, 자신감 및 동기가 부여되어 목표달성에 대한 집중력의 향상과 부스 현장 업무의 생산성이 높아질 수 있을 것이다. 전시회 업무담당자의 직무생산성을 향상시키기 위해 필요한 교육훈련의 내용을 살펴보기로 하자.

1) 정신적 자세 및 태도

전시회 부스 현장 운영인력의 교육훈련에 있어서 가장 먼저 다루어야 할 내용은 전시회에 임하는 정신적 자세에 대한 교육이다. 우선 부스 현장에 배치될 직원들에게 그들이 기업을 대표해서 전시회에 참가한다는 자부심을 갖도록 하는 것이 중요할 것이다. 아울러 그들에게 자사의 전체 마케팅 전략과 관련하여 전시회 참가는 어떤 의미를 갖고 있는지 또는 어떤 목표를 갖고 참가하는지를 이해시키는 것도 중요하다. 나아가 자사는 전시회 부스 현장에 배치되는 담당자들에게 무엇을 또는 어떤 역할을 기대하는지에 대해 명확한 인식을 심어줄 필요가 있을 것이다.

부스 현장 담당자들에게 전시회에 임해야 하는 정신적 자세 및 태도가 올바로 확립되었다면, 실전적으로 가장 우선 훈련되어야 할 부스 기술은 관람객들이 자사 부스에 호감을 갖고 접근하거나 접촉하고 싶도록 동기를 부여하거나 분위기를 연출할 수 있는 방법이 될 것이다. 어떤 세일즈 환경에서도 마찬가지이지만 고객들이 우호적으로 느낄 수 있도록 부스 현장의 분위기를 만들려면 부스 현장 담당자가 미소와 열정을 갖고 관람객을 맞이해야 한다. 그런데 미소와 열정은 전시회 참가목표를 달성할 수 있다는 담당자의 자신감과 해 내야 하겠다는 동기부여와 밀접한 관련이 있다.

우선 부스 현장 담당자가 자사의 전시회 참가목표를 달성할 수 있는 지식과 기술을 갖고 있지 못하거나 교육훈련을 받지 못했거나, 또는 부스 운영경험이 적을수록 자신감이나 해 보겠다는 자신감이나 동기를 갖기는 어렵다. 보통 3~7일 정도의 단기적 기간에 개최되는 전시회에서는 일반적으로 다른 세일즈 또는 마케팅 환경을 통해서는 접촉하기 어려운 또는 다른 수준의 고객들과 접촉해야 하기 때문에 별도의 접근방식을 훈련해 두어야 한다. 특히 혼잡한 전시회 부스현장에서 한시적인 시간의 압박감을 받으면서 수많은 관람객들 중에서 자사가 추구하는 표적시장의 특성에 속한 잠재고객을 선별하기 위해서는 고도의 집중력과 훈련이 필요하다. 따라서 이러한 전시회의 독특한 물리적 환경에 대비한 사전훈련이 부족하거나 혹은 전시회 부스 현장에서의 고객응대 경험이 충분치 않다면 전시회라는 낯선 공간에서의 임무수행은 담당자들에게 정신적으로나 육체적으로 상당한 어려움을 안겨줄 것이다. 더욱이 해외에서 개최되는 전시회를 참가할 경우에는 시차, 언어나 문화적 차이, 비즈니스 환경의 생소함 등 극복해야 할 일들이 일반적 영업을 위한 출장 때와는 여러 면에서 많은 차이가 나기 때문에 이를 극복할 수 있는 다각적인 사전 교육훈련이 요구된다.

2) 전시회 참가목표의 이해

부스현장 운영인력을 교육 또는 훈련시킬 때 반드시 고려해야 할 것은 자사의 전시회 참가목표와 해당 전시회 방문객의 특성에 대해 명확히 이해시켜야 한다는 점이다. 앞에서 언급했듯이 전시회 참가목표는 참가할 전시회의 선정에서부터 부스 디자인, 부스 담당자 선발 및 훈련, 부스에서의 상담전략 등은 물론, 전시회 폐막 이후까지 모든 활동의 방향성과 강도를 결정해 주는 나침반 역할을 한다.

우선 부스현장 운영자는 자사의 참가목표가 무엇인가에 따라 방문객과의 상담을 통해 리드확보에 주력하기도 하고, 관람객의 입장이 되어 전시회 전체 및 경쟁사의 활동을 관찰해야 하는 경우도 있고, 국내외 경쟁업체 및 시장 추세 등에 관한 정보를 수집할 수도 있으며, 다양한 협력업체 또는 공급업체와 네트워킹을 강화하고, 전시회와 동반 개최되는 세미나를 운영하거나 또는 참석하며, 자사 주요고객을 환대하기 위한 사교행사를 주최하는 등 다양한 역할을 수행할 경우도 있다. 참가목표에 따른 부스 운영방향을 좀더 단순화시켜 설명하자면, 전시회 참가목표가 판매중심적인지, 아니면 제품소개 및 홍보 등 마케팅 중심적인지 등에 따라 부스 인력에 대한 훈련내용이 달라져야 한다는 것이다. 물론 이러한 다중 역할을 한 사람이 모두 수행한다는 것은 불가능하다. 따라서 전시회 부스 현장에서 업무를 수행하는 팀의 목표와 개인의 역할을 명확히 구분하여 사전훈련을 실시해야 할 것이다.

전시회 참가목표는 구체적이고 지향점이 있어야 하며, 목표가 어렵기는 하더라도 성취 또는 달성이 가능해 보여야 한다. 만일 목표가 너무 높게 설정되어 있거나 달성하기 어려워 보이면, 부스 현장 담당자들이 쉽게 포기하거나, 아예 목표를 도외시하고 집중력 없이 활동을 할 가능성이 있다. 반대로 만일 목표가 너무 낮게 설정되어 있거나, 목표달성이 용이해 보이면, 부스 현장 담당자들이 최선을 다하지 않거나 신중하게 받아들이지 않는다. 추구하는 목표는 의미가 있으면서도 가급적 흥미롭게 설정하는 것이 좋다.

따라서 전시회 부스 현장의 운영담당자들에게 동기부여를 하기 위해서 전시회 참가목표를 이원적으로 설정하는 것도 한 가지 방법이 될 수 있을 것이다. 즉 실제로 달성해야 하는 목표(real objectives)와 실제 목표를 초과 달성할 수 있도록 동기부여를 하기 위해 초과목표(ideal objectives)를 별도로 설정해 두는 경우도 있을 수 있다.

그리고 부스 운영 담당자들이 추구하는 목표는 기업 전체의 마케팅 목표와 구체적으로 연계되어 있고, 목표달성 여부의 측정이 가능하도록 설계된다면, 그들의 동기부여에도 긍정적 역할을 할 수 있을 것이고, 전시회 투자회수율을 계산해 내기도 용이할 것이다.

그러나 대부분 중소규모의 기업인 참가업체들은 자사가 설정한 참가목표와 상관없이 거의 비슷한 방식으로 전시 부스를 운영하는 경우가 많다. 그 주된 이유는 물론 기업규모가 작아서 많은 인원을 부스에 배치할 수 없기 때문인데, 그 결과 전시회 참가목표를 달성할 수 있는 현장인력이 부족하여 직무수행 범위도 제약을 받게 되며, 방문객들의 다양한 욕구에 대해서도 비슷한 방식으로 대응할 수밖에 없게 된다. 또한 전시회란 매우 제한된 시간과 공간 속에서 수많은 방문객을 상대해야 하는 시장 환경이긴 하지만, 자사 고유의 전시회 참가목표와 상관없이 부스 현장에서의 의사소통 능력에만 치중하는 교육훈련을 해서도 안 될 것이다. 예를 들어, 만일 산업의 동향이나 경쟁업체에 대한 시장조사가 주된 참가목표라면 여기에 상응하는 조사기법에 대한 중점적인 교육이나 훈련이 이루어져야 함은 당연하다 하겠다.

3) 전시회의 독특성에 대한 이해

전시회 참가를 앞둔 담당자에게 기업을 대표하는 직원으로서의 갖추어야 할 정신적 자세 및 태도에 대해 교육을 시키고, 자사의 전시회 참가목표를 명확히 인식시켰더라도, 전시회라는 독특한 메커니즘 자체를 이해시키는 것도 빼놓을 수 없는 교육훈련의 내용이 되어야 한다. 왜냐하면 전시회는 다른 마케팅수단과는 뚜렷하게 구별되는 몇 가지 독특한 환경을 갖고 있기 때문이다. 우선 고객과 최일선 접점에서 만나 효과적인 대화 및 상담을 벌이기 위해서는 일반 점포에서 행하는 판매기법, 고객을 찾아가서 펼치는 판매상담기법, 마케팅 또는 홍보기법 및 환대(entertainment)기법에 이르기까지 다양한 측면의 기법과 역량의 조합을 필요로 한다. 그러나 미시적으로 살펴보면 <표 10-5>에서와 같이 전시회는 '시간'과 '장소'적 측면에서 볼 때, 일상적인 점포에서의 판매활동이나 고객이 있는 곳으로 직접 방문해야 하는 인적 판매와 차이가 나며, 전시회 현장에서 만나게 되는 '고객의 특성'도 다른 경로로 만날 수 있는 고객들과는 두드러진 차이가 있기 때문에 부스 현장 담당자들이 전시회에 잘 적응하려면 이렇게 독특한 환경적 차이를 이해하는 것이 중요하다.

<표 10-5> 전시회와 인적 판매의 비교: 고객접촉에 소요되는 시간 차이

전시회	평균 소요시간	인적 판매	평균 소요시간
고객과 최초 현장접촉	5~15초	우편/전화/메일로 사전연락	1일~3주
고객의 선별 및 욕구파악	30~120초	자사 및 자기 소개	3~5분
프리젠테이션	2~4분	고객의 욕구파악	30분
리드 기록과 약속	60~90초	판매 커뮤니케이션	10~15분
총 소요시간	평균 6~10분		최소 1일 이상

(1) 시간적 제약성

① 참가업체의 시간적 제약

<표 10-5>에서와 같이 일상적 점포나 인적 판매를 위해 고객과 접촉해야 하는 상황과 비교할 때, 전시회는 상대적으로 매우 제한된 시간 내에 고객과 접촉을 마쳐야 하는 공간이다. 만일, 나흘 동안의 전시회 행사에 20,000명의 관람객이 방문할 것으로 예상한다면, 하루 평균 약 5,000명이 입장할 것이고, 하루 전시장 개장시간이 8시간일 경우, 한 시간당 약 600여명의 방문객들이 전시회장 안으로 입장할 것이다. 이들 중 50%인 약 300명이 자사 부스 앞을 지나간다고 가정하면, 1분에 5명의 사람이 자사 부스를 지나갈 것으로 계산할 수 있다. 그런데 만일 4명의 부스 담당자가 각각 방문객 한 사람과의 상담에 30분씩 소비한다면, 한 시간 동안에 접촉할 수 있는 방문객은 고작 8명에 불과할 것이다. 그렇다면 나머지 292명과는 눈도 한 번 마주치지 못하게 될 것이다. 그런데 어쩌면 나머지 292명의 사람 중에 잠재적으로 유력한 고객이 될 수 있는 구매가능성을 더 많이 가진 방문객들이 있을지도 모른다.

흔히 약 3~4일간 개최되는 전문 전시회를 방문하는 고객 한 사람과 접촉에 소요되는 평균시간은 약 5~6분이며, 복잡한 첨단기술이 사용된 제품의 경우에는 대체로 고객과의 접촉에 소요되는 시간이 10분 안팎이다. 기업의 전시회 참가목표의 핵심은 유망고객을 발굴하여 그들에 대한 정보를 수집하거나 전시회 폐막 후 후속적인 접촉 또는 만남을 이끌어내는 것이기 때문에 특별한 경우가 아니고서는 부스 방문객과의 상담을 평균 5~10분 정도 이내에서 끝낼 수 있어야 한다. 특별히 중요한 고객인 경우에는 당일 전시회가 끝난 후에 별도로 만나거나, 전시회 폐막 후 다시 만날 약속을 이끌어 내면 된다.

참가업체가 시간적 제약을 느낀다는 사실을 소요비용 측면에서 다시 생각해 보자. 어느 기업이 특정 전시회를 참가하기 위해서 가령 총 2,100만원을 지출했고, 4일간의 전시회 기간 동안 약 300명의 방문객과 접촉 및 상담을 했다면, 그 기업은 전시회에서 방문객 한 사람과 접촉하기 위해서 평균적으로 약 7만원의 비용을 지출한 것임을 이해할 필요가 있다. 그러나 부스 현장 담당자가 방문객을 선별할 수 있는 기술에 대한 훈련을 받지 못했을 경우, 별 가치가 없는 방문객을 응대하다가 시간에 쫓긴 나머지 정작 중요한 바이어를 식별하지 못할 수 있을 것이다. 일반적으로 기업이 전시회에 참가하여 목표로 한 양질의 리드(qualified lead)를 확보하지 못했다는 것은 투자회수율 제고 측면에서 실패했다는 의미이다.

전시회 부스 현장 담당자는 불과 5~15초 사이에 부스 방문객과 인사를 주고 받으면서 관심을 확보해야 하고, 다음 30~120초 이내에는 방문객이 자사 표적시장 고객 프로파일의 특성에 부합하는 바이어인지를 판단해야 한다. 만일 구매가능성이 있는 바이어로 확인되면, 바이어로부터 구체적인 구매계획과 관련된 문제점, 필요성, 구매규모 및 시기 등의 정보를 알아낸다. 이어서 다음 2~4분 동안에는 자사 제품 또는 서비스의 구매에 대한 욕구를 느낄 수 있도록 설명과 시연을 펼쳐 보이고, 끝으로 마지막 1~2분 안팎 동안에는 자사의 핵심적 마케팅 메시지를 반복 전달하면서 전시회 폐막 이후 후속적 상담과 접촉을 이어갈 수 있도록 리드, 즉 방문객에 대한 프로파일 작성과 다시 접촉할 약속에 대한 허락을 이끌어 내야 한다. 부스 현장 운영인력을 훈련시킬 경우, 여기서 설명한 것과 같이 전시회에서는 시간적 제약이 뚜렷하기 때문에 정해진 짧은 시간, 약 6~10분 내에 부스 방문객을 선별하여 리드를 확보할 수 있는 능력을 배양시키는 데 중점을 두어야 할 것이다. 리드를 선별방법과 현장 상담기법은 다음 장에서 상세히 설명할 것이다.

② 방문객의 시간적 제약

전시회에서는 참가업체뿐만이 아니라 바이어의 입장에서도 한정된 시간에 대한 압박감을 갖게 된다. 게다가 유럽이나 북미지역 전시회장 주변의 호텔 객실요금이 매우 비싸기 때문에 방문객들이 전시회가 개최되는 도시에 오래 머물기에 부담스러워 할 수도 있다. 따라서 효율적인 시간관리를 위해 전문 바이어들은 전시회 방문계획, 즉 며칠간 머물면서 어느 업체의 부스를 언제 방문할지를 사전에 결정하여 현장에 도착한다. 사전계획을 세워두지 않는다면 수백 또는 수천 개 업체들의 현장 세일즈와 프로모션이 치열한 전시회장에서 바이어 자신들도 방문목적을 달성하기가 쉽지 않기 때문이다. 일반적으로 바이어들은 기존 거래관계를 유지하기 위해서 기존 공급업체의 부스를 의무적으로 방문하게 되는 경우가 많다. 물론 대안적 공급업체 확보를 목적으로 새로운 공급업체 부스를 찾아 나서는 노력을 기울이기도 한다.

실제로 북미지역 전시회 방문객들은 전시회 개최지역에서 평균 2, 3일을 체재하면서 전시회장 내에서는 약 9시간을 체류하고, 평균 26개의 부스를 방문하는데, 각 부스를 방문하면서 평균 약 13분 정도를 사용한 것으로 조사되었다.[90] 이러한 통계가 시사하는 바는 크게 두 가지가 있다. 첫 번째는 자사가 수백 개 이상의 참가업체 중에서 바이어들이 방문하는 평균 26개 업체 안에 자사 부스가 포함될 수 있느냐 하는 점이다. 둘째로는, 혹시 방문을 한다면 불과 몇 분 안에 자사 제품을 소개하고 바이어에 관한 모든 정보를 확보할 수 있겠는가 하는 점이다.

따라서 부스현장 담당인력의 교육훈련은 바이어가 짧은 시간 동안 부스에 머무는 동안 자사와 자사 제품에 대해 호감을 느끼거나 좋은 이미지를 갖도록 해야 함은 물론 바이어의 구매계획에 대한 정보수집을 마쳐야 한다. 아울러 가능하다면 바이어의 구매 추천 또는 결정에 긍정적 영향을 미칠 수 있거나, 실제로 구매주문을 유도할 수 있는 대면접촉 기술향상에 초점을 맞추어야 할 것이다.

(2) 장소적 특이성: 고객이 자발적으로 방문해 주는 공간

전시회란 참가업체가 초청비용을 직접 투입하지 않더라도, 바이어가 자기 비용을 들여서 자발적으로 방문하는 공간으로서, 참가업체가 상당부분 주도권을 갖고 세일즈 및 마케팅 활동을 펼칠 수 있는 매우 독특한 장점을 갖고 있는 공간이다. 흔히 구매기업의 사무실을 방문하여 세일즈 활동을 해야 하는 인적 판매방식에 비해서 자발적으로 부스를 방문한 구매고객과 상담을 할 수 있다는

90) Exhibit Surveys Inc.(2004). Expo, June.

것이 참가업체에게는 상담의 주도권 확보 측면에서 상당한 전략적 이점이 된다.[91] 그러나 전시회 부스 공간은 분명 고객이 소속한 회사의 공간도 아니지만, 동시에 자사의 배타적 영역도 아닌 이른바 중립적 공간이다.

또한, 일선 점포나 인적 판매상황과 비교할 때 전시회 부스에서 고객과의 상담을 효과적으로 수행하는데 있어서 가장 큰 걸림돌이 되는 것은 자발적 방문객들이 전시회 부스를 임의적으로 출입하기 때문에 부스 운영자는 매우 짧은 시간 동안에 부스 방문객을 선별하고 마케팅 메시지를 전달해야 하는 것이다. 아울러 바이어들이 자발적으로 방문해 주는 공간이기 때문에 그들의 인적 구성이나 특색도 다양하다. 따라서 다양한 방문객들과의 상담방식을 한 두 가지로 정형화하기 어려우며 이상적이고 명시적인 접근방식이 별도로 있는 것은 아니다. 따라서 전시회 방문객을 몇 가지 기준에 따라 정확히 선별할 수 있는 훈련이 각별히 요구된다.

(3) 고객의 특이성: 방문객의 구매결정권과 구매행동

전시회의 시간 및 공간적 독특함을 이해시키는 교육이 완료되고 나면, 기업이 전시회 마케팅 활동을 수행하는 과정에서 가장 중시해야 하는 전시회 방문객의 특성 또는 행동(attendee behavior)에 대한 교육훈련에 중점을 두어야 한다.

우선 전시회를 방문하는 고객의 특성이 일반 점포나 회사에 직접 방문하여 접촉하게 되는 고객과 다르다는 점을 여러 차례 강조했다. 전시회가 제공해 주는 가장 큰 매력 중에 하나는, 일반 영업팀이 평상시 고객의 현장을 찾아가서 세일즈 활동을 펼쳐야 하는 경우에 좀처럼 접촉하기 어려운 구매결정권자들을 만날 수 있는 기회가 많다는 것이다. 즉, 전시회는 구매결정에 직・간접적인 영향력을 행사하는 사람들이 자발적으로 찾아와 주는 공간이다.

이런 맥락에서 점포 현장이나 방문을 통한 직접판매 경험으로 축적된 고객 상담기술도 매우 중요하지만, 전시회 현장에서는 다른 접근방식이 필요하다.

91) 주도권을 확보 또는 유지해 나가는 대화방법은 '부스 현장에서의 바이어 상담요령'을 설명하면서 다루도록 한다.

고객을 직접 방문을 하는 인적 판매의 경우에는 상대방 고객에 대한 기초적인 정보를 갖고 접근하여 시간적 여유를 갖고 상담하게 되지만, 전시회 현장에서는 사전에 만남의 약속이 되어 있는 일부 고객 이외에 대부분 방문객에 대한 기초적인 정보가 상대적으로 매우 부족하며, 제한된 시간 내에 수많은 방문객 중에서 어떤 방문객이 자사의 전시회 참가목표를 달성하는데 적합한 유망고객인지를 판별해 내야 하는 어려움이 있다. 실제로 일반 점포나 현장방문 판매에 대한 훈련과 경험이 풍부한 세일즈 담당자들조차 매우 혼잡한 전시회 현장에서의 세일즈 환경에 적응이 어려워한다는 연구결과가 이러한 차이를 뒷받침해 주고 있다.[92)]

아울러 국제수준의 대규모 전시회에는 다양한 배경적 특성을 지닌 관람객들이 방문을 하기 때문에 부스 현장 담당자는 사전훈련을 통해 자신의 원래 소속 부서에 편향된 태도를 버리고 방문객의 필요와 욕구에 초점을 맞추어 대응할 수 있는 능력을 배양해야 한다.

그런데 북미지역에서 개최된 전시회 방문객들은 전시회 부스 현장 담당자들이 다음과 같은 측면의 능력이 부족하다고 응답한 것으로 조사되었다.[93)]

① 상품에 대한 관심과 기술적 지식
② 산업분야에서의 경험
③ 상품설명(presentation) 또는 시연(demonstration) 능력

부스 현장 담당자들이 제품에 대한 기술적 지식이나 시연 능력이 부족하다고 응답한 이 조사의 의미를 뒤집어 생각해 본다면, 참가업체 부스 담당자들이 제품 자체에 대한 기술적 이해가 부족하면서도, 주로 판매에 초점을 둔 설명에 치중했기 때문인 것으로 추정할 수 있다. 즉, 부스 현장 운영경험이 부족한 직원 또는 영업판매팀 소속 직원들이 부스 운영을 맡게 되면, 그들은 대체로 판매목적 지향의 현장운영을 하는 경향이 있다. 물론 이들이 판매라는 한 가지 목표에

92) Konopacki, A.(2000). The Extended Reach of the Exhibitor's Sales Message, CEIR. SM36.

93) Trade Show Bureau(1979). The Trade Show Audience, Research Study #3, Trade Show Bureau.

집중을 하는 것은 좋겠지만, 전시회 방문객들의 상당수는 현장구매를 목적으로 방문하는 것이 아니기 때문에 부스 담당자의 판매 지향적 태도는 방문객들의 부스 방문에 대한 만족감이 떨어질 가능성이 높다.

실증적 조사에서도 전시회 방문객들이 가장 불만으로 꼽는 것 중에 하나가 참가업체 담당자의 지나친 판매중심적인 태도라는 결과가 이를 뒷받침 한다.[94] 북미 6개 지역에서 개최된 부품소재 전시회의 참가업체 책임자들을 대상으로 실시한 설문조사에서도, 그들의 주된 전시회 참가목표가 신규고객 확보, 매출증진, 새로운 판로개척 등 판매 위주였고, 조사에 응답한 업체의 62%가 세일즈팀 소속 직원들을 전시회 현장 부스 담당자로 활용했다. 그러나 방문객의 다수는 전시회 부스에서 제품 기술 전문가(technical expert)와의 접촉이나 상담을 선호했던 것으로 알려지고 있다. 따라서 부스 현장에 배치될 담당자는 제품의 가격, 운송조건 등과 같은 거래적 정보는 물론, A/S 또는 제품의 응용 및 활용도 제품개발 또는 응용에 관련된 기술적 정보도 제공해 줄 수 있도록 훈련되어야 할 것이다.

그런데 전시회 방문객들의 행동을 이해해야 하는 가장 중요한 이유는 방문객들의 다양한 욕구 및 필요는 물론 어떤 과정을 거쳐 구매결정단계에 이르게 되는지를 올바로 이해하고 이에 대처할 수 있는 훈련을 받아야 하기 때문이다. 전시회를 찾는 바이어의 특성에 따라 구매의사 결정과정이 다소 차이가 나겠지만, 일반적으로 <표 10-6>에서와 같은 단계를 거치게 된다.[95]

<표 10-6> 전시회 바이어의 구매의사 결정과정

제1단계: 동 산업분야에서 자사의 존재여부를 모른다.
제2단계: 자사의 존재는 인식하고 있지만 거래경험이 전혀 없다.
제3단계: 자사의 제품이나 해결책을 알아보고자 하는 필요성을 느낀다.
제4단계: 여러 경쟁제품을 비교·평가해 본다.
제5단계: 최종 구매결정 단계에 진입한다.

94) Chonko, L., Tanner, J. and J. McKee,(1994) Matching Trade Show Staff to Prospects, *Marketing Management* 3: 40~43.

95) Hill, M.(1999). Trade Show Survival Guide, San Jose, CA: The Hill Group.

전시회 현장에서 고객과의 상담능력을 제고시키기 위한 현장 담당자에 대한 사전훈련 중에서 가장 우선되어야 하는 것은 몇 가지 질문을 통해 방문객이 위에서 말하는 5단계 과정 중 어느 단계에 속해 있는지를 파악할 수 있는 능력이나 기술이다.

아울러 전시회 부스 현장에서 담당자가 효과적으로 상담을 해서 방문객의 최종 구매결정과정을 한두 단계 앞으로 전진시켰다면 성공했다고 할 수 있을 것이다. 그 이유는 참가업체 입장에서는 바이어의 구매사이클을 단축시키기 위해서 전시회에 참가하는 것이기 때문이다.

참고로 산업구매자(industrial buyer)들은 일반적으로 <표 10-7>에서와 같은 구매결정과정을 통해 구매행동을 하게 된다.[96)]

<표 10-7> 산업구매자의 구매결정과정

1. 구매 필요성 인식(Need recognition)
2. 구매할 품목의 구체화(Developing product specifications)
3. 공급업체 탐색 및 선별(Search and qualification of suppliers)
4. 공급업체 평가(Supplier Evaluation)
5. 공급업체 선정(Supplier selection)
6. 구매실행 및 피드백(Purchase & Feedback)

구체적으로 상담내용이나 수준을 어떻게 결정한 것인가 하는 문제는 방문객의 소속기업 규모, 직위, 제품에 대한 관심도 및 전문성 등에 따라 차별적으로 접근해야 하기 때문에 개별 방문객의 이러한 특성을 파악할 수 있는 기술훈련이 뒷받침되어야 한다. 부스현장에서 방문객과의 상담방법에 대한 구체적인 방법론은 다음 장에서 구체적으로 논의한다.

96) Gopalakrishna, S.& Lilien, L.(1995). A three-stage model of industrial trade show performance, Marketing *Science*, 14(1).

3. 부스 담당자의 직무수행을 위한 동기부여

해외 전시회 현장부스 운영은 시차나 문화적 생소함을 극복해야 하는 것 이외에도 매일 전시회 개장과 폐막 스케줄에 맞추어 준비하고 정리하는 시간을 포함해서 하루에 약 10시간씩 적어도 3~7일 동안 많은 낯선 방문객들과 접촉하면서 참가목표를 달성해 내야 하는 어려운 과업이다. 따라서 기업은 부스 현장 운영담당자들에게 충분한 사전훈련을 통해 전시회에 대한 적응력을 높여 주어야 하고, 아울러 좋은 성과에 대한 보상과 인센티브를 미리 제시해 줌으로써 전시회 참가목표를 달성할 수 있도록 사전에 강한 동기부여를 할 필요가 있다.

흔히 사람들이 직무수행에 관련하여 동기를 부여받게 되는 경로는 내재적 동기(intrinsic motivation)와 외재적 동기(extrinsic motivation)로 나누어 볼 수 있다.97) 단순화해서 설명하자면, 내재적 동기란 어떤 일을 완수함으로써 느끼게 되는 자기발전 또는 완성과 같은 보람이나 성취감을 기대하면서 업무를 수행하는 것이다. 외재적 동기란 임무수행에 따라 물질적 보상 또는 인센티브를 받을 것이라는 기대감에 따라 동기가 부여되어 업무를 수행하는 경우를 의미한다. 전시회 부스 운영과 관련된 내재적 동기는 앞에서 설명했듯이 사전에 적절한 훈련을 통해 전시회 부스현장에 대한 적응력과 자신감을 갖게 된다면, 목표 달성을 통해 만족감이나 또는 조직의 발전에 기여할 수 있는 보람을 느끼게 되는 경우이다. 반면에 외재적 동기가 부여되는 흔한 경우는 아마도 승급, 승진 또는 물질적 보상 등을 꼽을 수 있을 것이다.

자사 CEO를 포함한 경영진의 전시회 참가에 대한 관심, 기대 및 지원 등도 내재적 조건으로서 직무수행을 위한 긍정적 동기가 부여될 수 있을 것이다. 그러나 자사 경영진이 전시회 참가에 대해 회의적이거나 냉소적인 태도를 부스

97) Gibson, J., J. Ivancevich & J. Donnelly(1990). Organizations: Behavior, Structure and Processes, BPI.

담당자들에게 보여준다면, 그러한 부정적인 분위기는 부스현장 담당자들을 통해서 방문객들에게 그대로 표출될 가능성이 높을 것이다. 또한 가장 성과를 많이 올린 개인 또는 팀원들에게 금전 등 물질적 포상을 해 준다고 할 경우, 이러한 외재적 조건에 따라 동기를 부여받는 경우가 있을 수 있다. 따라서 기업의 부스현장 책임자는 즐겁고 우호적인 분위기를 연출하는 한편, 상황에 따라 부스운영 담당자들에게 개별적 인정과 보상을 약속해 주면서 그들에게 강력한 동기를 부여해 줄 필요가 있다.

일부 참가업체는 자사 부스현장 직원들의 동기부여를 위해 컨테스트를 실시하는 경우가 있는데, 예를 들면, 전시회 참가목표 중에서도 주문 확보, 또는 양질의 리드 발굴 등을 중심으로 가장 많은 성과를 올린 담당자 개인이나 팀별로 포상하는 방식이 있다. 그러나 팀원들끼리 개별적 경쟁을 시키는 방식은 이길 수 있다고 확신하는 한두 명에게만 효과를 발휘할 뿐, 오히려 팀원들 사이에 상대적 박탈감만 느끼게 할 위험이 있다. 따라서 컨테스트를 실시할 경우에는 사람들끼리 경쟁을 시키지 말고 어떤 목표수준에 따라 경쟁을 하도록 하고, 보상등급도 다양화하는 것이 바람직할 것이다.

그러나 기존 연구에 따르면 사람들은 물질적 보상보다는 개인적 인정(recognition)을 해 줄 경우, 훨씬 강한 동기를 부여받는다고 한다. 전시회 기간 동안 매일 개막 전 그리고 폐막 후 15분 안팎 정례화된 회의시간에 일일 목표달성에 가장 기여한 직원을 거명해 준다거나, 심지어 당일 상담사례 중에서 가장 어렵거나 난처한 일을 겪은 직원에게 특별한 점심식사 자리를 제공해 주는 등 다양한 아이디어가 동원될 수 있을 것이다.

물론 전시회가 폐막된 후에, 본사에 돌아가서 참가목표 달성에 현저한 공헌을 한 직원들에게 가족이나 친구를 동반시켜 주는 포상여행을 제공할 수도 있을 것이며, CEO에게 치하를 받을 수 있는 자리를 제공해 주거나, 자사의 뉴스레터나 홈페이지에 그들의 활약상을 소개해 주는 방법 등 다양한 방법이 활용될 수 있을 것이다.

전시회 부스운영은 방문객의 참가목적에 대한 이해를 바탕으로 양측이 추구하는 목적들 사이에 갭(gap)이 발생하지 않도록 하면서 궁극적으로는 방문객의 만족감을 높여 줄 수 있는 방향이 설정되어야 한다. 이런 맥락에서 기업은 전시회 참가목표를 달성할 수 있도록 인력선발을 엄격히 하고 사전훈련을 철저히 시행해야 할 것이다. 단, 제품에 대한 지식과 관람객과의 효율적인 상담에 필요한 지식과 기술 등에 대한 교육 및 훈련은 그 효과와 기억력을 유지시키기 위해 전시회 개막 약 2주전 안팎에 실시하는 것이 바람직하다. 결론적으로 부스 현장운영 담당자를 올바로 선발하고 훈련시키는 일은 기업의 전시회 참가성패를 가늠하는 가장 중요한 전제조건을 아무리 강조해도 지나침이 없을 것이다.

제3부

전시회 현장 운영

(On-Site Show Management)

제11장 전시회 현장 프로모션

전시회에 참가하는 대부분의 기업은 참가목표의 종류에 따라 다소 차이가 있겠지만, 기본적으로 참가목표를 달성하기 위해서는 전시회를 방문한 관람객들과의 활발한 접촉 또는 상담을 필요로 한다. 그러나 전시회 현장은 수백 또는 수천 개의 참가업체들이 관람객들의 관심과 이목을 집중시켜서 그들이 자사 부스를 찾아오도록 만들기 위해서 치열한 경쟁을 벌이는 시장이다. 명성이 높은 국제규모의 전시회가 개최되는 경우에는 참가업체들이 관람객을 대상으로 벌이는 프로모션 경쟁은 전시회장의 내부 부스에만 국한되는 것이 아니라 전시회가 개최되는 도시 전체를 포함하여 전시장 주변 모두를 그들의 경연장으로 변모시켜 버린다. 따라서 본 장에서는 참가업체가 펼치는 전시회 현장 프로모션 활동을 전시장 외부와 전시장 내부의 환경으로 나누어 설명해 보고자 한다.

제1절 전시회 현장 주변에서의 프로모션

우선 전시장 현장, 즉 전시회가 개최되는 도시 및 전시장 외부 주변의 물리적 환경을 이용할 수 있는 프로모션으로는 다음과 같이 다양한 도구나 방법을 활용할 수 있다.

1. 쇼 가이드(Show Guide)

전시회 주최자는 전시회를 관람하기 위해서 등록한 모든 방문객들에게는 쇼 가이드를 배포한다. 쇼 가이드에는 전시회에 참가하는 모든 업체와 전시될 상품의 목록을 중심으로 기타 전시회 관람의 편의를 도모할 수 있는 다양한 정보가 담겨있어서 방문객들이 많이 활용한다. 그러므로 참가업체 입장에서는 쇼 가이드가 자사의 전시회 참가사실과 부스의 위치 및 전시품목 등을 광고하기에 매우 좋은 도구가 될 수 있다. 쇼 가이드에 광고를 게재하고자 한다면 쇼 가이드의 발행하는 전시회 주최자를 통해서 구입을 할 수 있는데, 때로는 주최자를 대신하여 쇼 가이드를 발행하기로 계약을 맺은 출판사와 접촉을 해야 한다.

2. 프레스 센터(Press Center)

대부분의 전시회는 참가업체가 언론 및 방송사와 인터뷰를 해야 할 경우에 활용할 수 있는 프레스 룸을 설치하여 운영한다. 물론 이곳에는 홍보에 관심이 있는 참가업체라면 자사에서 준비한 보도자료를 반드시 비치해 두어야 한다. 그러나 수많은 참가업체들이 자사의 홍보를 위해 여러 가지 자료를 비치해 두기 때문에 자사의 프레스 키트(press kit)는 언론 및 방송관계자들에게 매력적이고 눈에 띌 정도의 수준으로 준비 및 제작되어 있어야 그들에게 선택되어 기사화될 가능성이 높아질 것이다.

3. 세미나 및 컨퍼런스(Seminar & Conference)

산업의 종류에 따라 다소 차이가 나지만, 전시회와 동반된 프로그램으로서 참석자들의 지식 또는 정보욕구를 만족시킬 만한 높은 수준의 세미나 또는 콘퍼런스가 개최되면 전시회 방문객이 더 늘어나는 경향이 있다. 세미나에 연사로 참가하거나 스폰서를 하는 참가업체 입장에서는 비교적 구체적으로 자사 및 자사의 제품이나 서비스를 소개 또는 설명을 할 수 있는 기회가 주어지므로 많은 관람객들에게 자사 및 자사 상품에 대한 이미지나 인지도를 제고할 수 있다. 만일 세미나에 참여할 경우에는 주제에 대해서 해박한 지식과 경험을 바탕으로 다양한 청중의 질문에 대해서 설득력있게 대답할 수 있는 연사를 자사에서 내세울 수 있다면, 세미나와 컨퍼런스를 통해 자사의 존재감을 높일 수 있기 때문에 바이어들을 자사 부스로 보다 많이 유인할 수 있는 계기가 된다.

4. 전시회 스폰서 활동(Show Sponsorship)

기업이 전시회에 참가하여 추가적인 홍보효과를 올릴 수 있는 한 가지 방법은 전시회 개최기간 동안에 열리는 다양한 행사 등을 후원(sponsoring)하는 것이다. 일반적인 전시회 스폰서 항목으로는 전시회 개막전 리셉션, 커피 브레이크, 세미나, 환송 디너 등 다양한 것들이 있다. 전시회 개막 이전에 충분한 시간을 갖고 전시회 주최자에게 어떤 스폰서활동에 참여할 수 있는지를 문의해 두어야 한다.

5. 빌보드(Billboard)

전시장 건물 바깥쪽에 위치한 주차장이나 전시회 홀(hall)로 향하는 접근로 혹은 복도 등과 같이 많은 관람객들이 지나다니는 공간에 참가업체의 회사명, 로고, 부스 위치 등을 알릴 수 있는 기회가 많다. 물론 위치에 따라 공간을 사용하는데 따른 비용이 달라지긴 하지만, 기업의 인지도를 제고하거나 부스 방문을 유도할 수 있는 효과를 기대할 수 있을 것이다.

전시장 통로벽에 설치된 배너의 모습

6. 배너(Banner)

전시장 홀(exhibit hall)의 규모가 크면 클수록, 입구에 들어선 관람객들 입장에서는 현란하게 설치되어 있는 수많은 부스 때문에 시각적으로 상당한 혼란이나 피곤감을 느끼게 된다. 특히 대부분 칸막이에 의해서 부스 공간을 독립적으로 운영하도록 배치하고 있기 때문에 전시회 가이드에 부착된 안내도를 참고해도 관람객들은 자신들이 방문하고자 하는 부스를 발견하는데 어려움이 많게 된다. 이러한 상황에서 전시회 주최자가 규정해 놓은 부스의 칸막이 높이 위로 배너를 설치하게 되면, 전시장 입구나 다소 떨어진 곳에서도 관람객들이 배너의 식

부스 내부에서 프리젠테이션을 하는 모습

별을 통해 부스의 위치를 쉽게 파악할 수 있음은 당연하다.

그러나 해외에서 개최되는 전시회에 참가할 경우, 일부 국내 대기업들을 제외하고는 아직까지도 대부분 국내 기업들은 빌보드나 배너를 활용한 전시회 현장에서의 프로모션 기회를 생략하는 경향이 많다. 물론 각종 국내협회 및 단체가 주도하여 한국관(Korea pavilion)을 설치할 경우, 한국관을 알리는 공동배너가 활용되고는 있지만, 이 경우에 이웃한 타국의 국가관에서 설치한 배너에 가려서 시야확보가 불가능하거나, 식별이 어려운 경우도 있음을 유의해야 한다. 따라서 사전에 전시회 주최자에게 문의해서 시각적 중복이 되지 않도록 점검을 해 둘 필요가 있다.

전시장 천정 배너의 모습

7. 부스 환대공간 및 접견실(On-site Hospitality Suites)

전시회 현장에서 부스를 방문한 고객을 접대하는 일은 지극히 당연하고 적절하며, 특히 유럽이나 아시아태평양 지역에서 개최되는 전시회의 경우에는 방문객들이 접대를 받을 것으로 기대하기도 한다. 일반적으로 접대의 범위는 예산상 여유와 부스의 크기에 따라 차이가 날 수 있지만, 간단한 스넥 혹은 다과류

(refreshments)에서부터 와인과 안주에 이르기까지 다양하다. 그러나 전시회의 종류나 다른 참가업체의 관행에 따라 접대수준을 정하면 된다. 특히 처음 참가하는 전시회의 경우에는 사전에 어느 수준의 접대가 적절한지를 전시회 주최자 측에 문의해 보는 것이 바람직할 것이다.

어떤 기업들은 관람객들의 이목을 끌거나 특별한 환대를 하기 위해 특수 이벤트(special event) 혹은 별도의 접대 또는 환대공간(hospitality suite)을 설치하기도 한다. 대기업들의 경우에는 컨벤션센터나 호텔의 연회공간 등을 임대하여 파티를 개최하거나 혹은 규모가 제법 큰 이벤트를 마련하고 저명한 연사를 초청하여 관람객과 언론사 기자들에게 자사 및 자사의 신제품 출시에 따른 구체적인 소개나 설명을 하는 기회를 갖기도 한다.

물론 기업이 고객을 접견할 수 있는 별도의 공간을 크게 설치하거나 특별한 이벤트를 개최할 경우에도 반드시 명확히 설정한 목표에 근거해서 진행시켜야 한다. 이때에도 계량적으로 측정 가능한 목표를 설정해 둔다면 환대공간 담당자들이 특별 이벤트나 환대공간에서 어떠한 성과를 올려야 하는지에 대한 방향성을 뚜렷이 갖고 임무를 수행할 수 있을 것이다. 아울러 환대공간 운영의 성패는 대부분 담당인력의 능력과 수준에 따라 좌우된다. 특별 이벤트나 환대공간에서는 기존 및 잠재고객 또는 보도진들이 안락하고 친숙한 분위기 속에서 자사의 제품 또는 서비스에 대해서 대화를 나눌 수 있도록 세심한 배려를 해 두어야 한다. 물론 자사제품의 개발이나 디자인 과정 등에 대해 해박한 지식과 정보를 갖추고 있는 자사 전문인력(technical expert)을 배치시켜서 참석한 고객의 질문에 답을 해줄 수 있도록 대비해 두어야 한다. 국내외 일부 대기업의 경우나 또는 여러 공공조직이 해외에서 개최되는 전시회에 참가해서 독립적인 접견실을 설치해 놓는 경우가 있는데 정확한 목표설정이나 치밀한 시나리오가 없이 행사를 위한 행사를 치루지 않도록 유의할 필요가 있다.

물론 대부분의 중소기업체에게는 독립적인 환대공간을 설치하는 것이 비용면에서 부담이 될 수 있기 때문에, 환대공간 설치에 소요되는 비용을 오히려 전시회 마케팅 과정의 다른 부분에 투입하는 것이 더 효율적일 것이다. 만일 꼭 접대해야 할 특별한 고객이 있을 경우, 저녁시간에 별도로 약속을 하여 식사대접을 한다면 오히려 안정된 분위기와 개별적 만남의 기회를 통해서 사업적 관계가 더욱 돈독해질 수 있을 것이다.

8. 기타 방법

자사 부스에서 다소 떨어져 있는 전시회장 안팎의 현장에서 활용할 수 있는 기타 프로모션 방법들도 다양하다. 대형 전시회장 주변의 하늘에 애드벌룬을 띄어놓고 자사가 참가했다는 사실을 알리고자 하는 기업들은 늘 있어 왔다. 최근에는 첨단 전자기술의 발전 덕택으로 자사의 명칭, 자사 부스의 위치 및 전시된 제품 등을 소개하는 문구나 그래픽 내용을 담은 가볍고 얇은 벽걸이형 모니터를 사람이 어깨걸이로 몸 앞뒤에 걸치고 돌아다니는 광고방식이 등장하고 있다. 또한 전시회 주최자가 지정해 둔 주요 호텔 로비에서 기념품이나 유인물을 나눠주는 경우도 흔하게 목격된다.

그러나 아무리 창조적인 아이디어가 뒷받침된 프로모션 방법일지라도 반드시 사전에 전시회 주최측에 실행을 해도 문제가 없는지에 대한 문의를 해 두어야 한다. 일부 전시회 주최자 들은 보안 또는 안전 등의 이유로 규정 이외의 프로모션 활동을 엄격하게 규제하는 경우가 있기 때문이다.

원형 팜플렛 비치대

전시회장 바닥에 부착된 참가업체 부스 위치 안내표지

제2절 전시회 부스 현장에서의 프로모션

관람객들이 일단 전시회장 안으로 들어서게 되면 일반적으로 이들의 시선을 압도하게 되는 것은 전시장 입구 바로 앞에 자리를 잡고 화려한 부스 디자인으로 시선을 사로잡는 주력 참가업체(anchor exhibitor)들의 부스일 것이다. 실제로 전시회 현장에서 관람객들의 주목을 끌기 위해 필요한 가장 중요한 것 중의 하나는 바로 부스의 위치일 것이다. 그러나 대부분 부스의 위치는 주최자의 재량에 따라 큰 영향을 받으며, 참가업체의 해당 전시회 참가횟수, 부스의 크기 또는 스폰서 활동 등의 실적에 따라 부스 위치 선정에 대한 우선권이 주어지는 경우가 많기 때문에 처음 전시회에 참가하는 기업이거나 중소규모의 기업인 경우에는 다소 불리하게 된다.

그러나 단순히 부스의 위치가 입구나 통로 쪽에 위치해 있다고 해서 관람객들이 저절로 부스 안으로 들어서는 것은 아니다. 비록 수많은 참가업체들이 경쟁을 펼치는 산만한 전시회 현장에서 관람객들의 관심을 자사 부스로 유도하는 것은 쉽지 않은 일이지만 중소기업 규모의 참가업체들에게도 전시회 부스 현장에서 활용할 수 있는 다양한 프로모션 방법들이 있다. 물론 이러한 방법이나 수단들은 세심하게 조율되고 연출되어야 그 현장 프로모션 효과가 극대화될 수 있다.

1. 인쇄자료(literatures)

대부분의 기업은 상품이나 서비스를 소개하는 카탈로그나 브로셔를 제작하여 주요 고객들에게 우편으로 직접 발송하거나 전시회 부스 현장에서 관람객들에게 배포한다. 일부 기업은 전시회 개막 이전에 핵심 고객들에게 초청장을 포함한 각종 인쇄자료를 우편으로 발송해 주면서 그들의 관심과 방문을 유도한다. 그러나 최근 일부 참가업체는 부스 현장에서의 무분별하게 제품 소개 책자 또는 안내자료와 같은 인쇄물을 배포하는 행위가 오히려 관람객과의 의미있는 접촉을 저해하고 심지어 지나가던 관람객이 자사 부스 안으로 들어오려는 동기를 약화시켜 방문객들의 숫자가 줄어들게 만든다고 우려하기도 한다.

그렇다면 자사 또는 자사의 상품 및 서비스를 소개하기 위한 카탈로그나 브로셔는 어떤 중요성을 가질까? 전시회 참가준비를 하면서 많은 참가업체들이 갖고 있는 걱정거리들 중에 하나가 바로 자사가 제작한 인쇄자료의 활용에 관련된 것이다.

부스 운영 담당자가 인쇄자료를 관리하는 방법에 따라 그 자료들이 그냥 버려질 수도 있고, 반대로 전시회 참가결과의 생산성을 높일 수 있는 수단이 될 수도 있을 것이다. 인쇄자료를 활용하여 보다 좋은 성과를 높일 수 있는 비밀은 부스에서 인쇄자료를 배포하는 방법과 전시회 폐막 후 후속조치(follow-up)과정에서 고객과 커뮤니케이션하는 방법에 달려 있다.

미국 Incomm사의 조사에 따르면, 전시회에서 배포된 인쇄자료의 64%는 읽혀지지도 않은 채 버려지는 것으로 나타났다. 전시회 관람객들이 인쇄된 자료를 읽지 않고 버리는 이유로는 부스에서 자료를 별 설명도 없이 그냥 나누어 주더라도 받기를 거절하는 것은 예의에 어긋나는 것 같은 부담감을 느끼기 때문이라고 응답하고 있다. 반면에 부스운영 담당자들은 자사가 상당히 많은 브로셔를 제작해서 보내기 때문에 어떤 방식으로든 모두 배포해야 할 것 같은 압박감을 느끼거나 혹은 전시회 현장 마케팅의 한 과정이라고 인식하고 있다고 말하고 있다. 심지어 최소한 부스에서 열심히 일하고 있다는 모습이 증명되기 때문에 부스 앞을 지나가는 관람객들에게 브로셔를 열심히 나눠준다고 말하는 담당자도 있다. 따라서 많은 비용을 들여 제작한 브로셔와 같은 인쇄자료를 효과적으로 배포하여 전시회 부스 현장에서의 생산성을 높일 수 있는 <표 11-1>에서와 같은 방법을 유념해야 할 필요가 있다.

<표 11-1> 전시회 인쇄물 배포방법

(1) 인쇄된 자료를 부스 입구 테이블이나 진열장 등 위에 쌓아두지 마라.

브로셔를 부스의 통로쪽 입구에 쌓아두면 관람객들을 부스 쪽으로 유도는 할 수 있지만, 무작위로 브로셔를 가져가는 관람객들을 통제할 수는 없게 된다. 이런 경우 대부분의 관람객들은 부스 안으로 들어오거나 질문을 하지 않고, 그냥 브로셔만 집어 들고 지나가 버릴 확률이 높다. 따라서 관람객들에 대한 아무런 정보를 획득할 수 없는 치명적 한계에 노출된다. 이런 문제를 해결하기 위한 방법으로는 테이블 위에 브로셔 몇 부만 펼쳐놓고, “부스 전시용 브로셔” 혹은 “무료 브로셔는 문의바람”과 같은 안내 문구를 써놓는 것이다. 이런 경우 관람객들은 브로셔에 대해서 인지적 가치를 높이 보게 된다. 따라서 부로셔를 필요로 하는 관람객들은 자신의 명함을 건네주거나 혹은 말로 요청을 하게 된다. 이렇게 되면 결국 마케팅 혹은 세일즈를 할 수 있는 상호 접촉기회가 생기고, 나아가 관람객이 갖고 있는 관심사가 무엇인지를 알아볼 수 있는 기회가 생긴다.

(2) 반드시 배포를 하되 신중하게 하라.

어떤 관람객들은 브로셔를 얻을 수 없으면 불만을 토로하기도 한다. 특히 해외에서 방문한 관람객들은 그들의 의사결정과정에 참고하기 위해서 브로셔 확보에 비중을 높게 두고 부스를 방문한다. 그러나 이럴 경우에도 브로셔를 건네주는 적절한 시각을 판단해야 한다. 부스 담당자가 대화를 시작하는 초기에 브로셔를 배포하면 관람객이 브로셔를 읽느라고 오히려 상담과정을 산만하게 만들어 버릴 수 있을 것이다. 따라서 관람객과의 대화나 상담을 종료하는 시점에서 브로셔를 건네주는 것이 바람직하다. 혹은 관람객에게 어떤 정보가 필요한지 먼저 질문을 하고, 브로셔를 발송해 주겠다고 제안을 하면 대개는 관람객의 신상정보나 관심분야를 파악할 수 있는 기회를 갖게 된다.

(3) 대화를 종료하기 위한 수단으로 인쇄된 자료를 사용하라.

관람객이 일시에 많이 몰려 전시회 부스 현장이 혼잡할 때 이미 상담을 마친 관람객과 대화를 마무리하지 못하게 되면 새로운 잠재고객과 접촉 또는 상담할 수 있는 기회를 상실하게 될 수 있다. 이런 경우 자연스럽게 대화를 종료하기 위해서 인사말과 더불어 자사 제품을 소개하는 브로셔 등을 건네주면 된다.

(4) 전시회 폐막 후 후속조치의 한 가지 방법으로 인쇄된 자료를 신속히 발송하라.

전시회 현장에서 아무리 많은 리드를 확보하게 되더라도 전시회 폐막 후 신속한 접촉을 통해서 후속조치를 취하지 않는다면, 부스를 방문했던 고객들이 자사 제품에 대한 기억을 오래하지 못할 것이다. 특히 구매가능성이 높아 보일 것으로 판단되는 A급 리드 고객들에게는 부스 방문에 대한 감사의 뜻을 전하는 편지 등과 더불어 제품 안내자료 등을 발송하면서 고객에 대한 관심과 신속한 대응능력을 보여주는 것이 중요하다. 물론 이 경우에도 중요한 핵심고객들과 일반 잠재고객에게 발송하는 제품안내 등의 인쇄자료를 차별화하여 제공해야 할 필요가 있다.

2. 제품시연(product demonstration)

관람객들이 부스를 방문하는 주된 이유 중에 하나는 새로운 제품이나 서비스를 관람 또는 직접 체험해 보고자 하는 것이다. 이런 맥락에서 정적인 전시부스는 관람객들의 관심을 끌기 어렵기 때문에 가능하다면 동적인 분위기의 부스 환경으로 부스를 꾸며 보는 것이 좋다. 관람객들의 관심을 유발하기 위해서 다양한 전술을 준비하는데 바로 제품시연도 그러한 방법 중에 하나이다. 효과적인 제품시연방법을 개발하기 위해서 때로는 전시회를 둘러보면서 관람객이 어떤 형식의 제품시연 현장에 많이 몰리고 있는지를 관찰해 둘 필요가 있다.

관람객들을 대상으로 제품을 시연해 보이고자 할 때는 다음과 같이 유의해야 할 사항이 있다. 우선 전시회 부스현장은 많은 참가업체들의 프로모션 활동을 펼치고 있기 때문에 늘 산만하고 소란하다는 상황을 염두에 두어야 한다. 때문에 제품시연을 시작하는 첫 1~2분 동안을 어떻게 연출하여 관람객들의 시선을 유도하고 집중시킬 수 있는가 하는 점이 가장 중요하다. 무엇보다도 제품시연을 담당할 사람은 제품을 시연하는 방법에 대한 해박한 지식과 뛰어난 의사소통 능력을 갖추고 있어야 하며 관람객들에게 자사 및 자사 제품에 대한 긍정적 이미지를 전달할 수 있는 사람이어야 한다. 따라서 제품시연 적임자를 선별하는 것이 중요하며, 반드시 전시회 개막 전에 충분히 연습 또는 훈련이 되도록 대비해야 한다. 그리고 제품시연이 효과를 발휘하기 위해서 갖추어져야 할 핵심요건은 '재미', '창의성' 및 '간단명료함' 이라고 압축할 수 있을 것이다.

3. 답례품 및 판촉물(premiums or give-outs)

대부분의 전시회 참가업체들은 부스를 방문해 준 고객들에게 호의적이면서도 기억이 오래갈 수 있는 경험을 만들어 주려고 한다. 그러나 사람의 기억력은 그리 오래갈 수 없기 때문에 고객들에게 어떤 유형적 물건을 건네줌으로써 그 물건을 갖고 있는 동안에는 그것이 단서가 되어 특정 기업이나 특정 제품을 기억할 수 있도록 만들 수는 있을 것이다. 바로 이러한 이유 때문에 많은 참가업체들은 답례품이나 판촉물을 제작하여 부스를 방문한 고객들에게 배포하려는 것이다. 예산 측면에서 큰 한계만 없다면 상상할 수 있는 모든 물건과 서비스가 답례품 또는 판촉물로 활용될 수 있지만, 다음과 같은 점들을 유의해서 준비하고 배포하도록 해야 한다.

(1) 답례품이나 판촉물에는 반드시 참가업체의 이름, 웹 사이트를 포함한 연락 또는 접촉할 수 있는 주소 등을 명기해야 한다.

(2) 답례품이나 판촉물은 가급적 참가업체의 제품이나 서비스 등을 연상시킬 수 있는 물건이나 서비스를 선택한다. 만일 제품을 연상시킬 만한 물건이 없을 경우에는 답례품이나 판촉물에 자사의 마케팅 메시지를 새겨 넣도록 한다.

(3) 답례품이나 판촉물은 전시회 부스 현장의 진열대 등 위에 그냥 올려놓는 것은 바람직하지 않다. 그럴 경우 관람객들이 마음대로 가져갈 수 있다고 생각하면 그 가치를 중요하게 생각하지 않는 경향이 있다.

(4) 아울러 답례품이나 판촉물을 배포할 경우에도 고객 모두에게 무차별적으로 줄 것이 아니고 자사 제품에 관심을 보이는 관람객들에게 가급적간단한 질문을 해서 선별된 고객들에게 우선적으로 배포해야 한다.

기업의 로고, 답례용 종이가방 그리고 부스 스텝 복장의 통일된 CI 모습

답례품이나 판촉물을 선정 또는 제작할 때 가장 우선적으로 고려해야 할 점은 부스를 방문해 준 고객의 입장에서 판단하라는 것이다. 즉 고객의 입장에서 쓸모있게 느껴지면서 동시에 참가업체의 제품이나 서비스가 연상될 수 있는 물건을 선택해야 한다. 그러나 이러한 물건을 찾아내거나 개발하기는 쉽지 않다. 만일 그런 답례품을 찾아내어도 다른 경쟁업체들이 재빨리 모방을 할 수 있기 때문에 차기 전시회에서도 지속적으로 그 효과를 기대하기 어려울 수 있다.

따라서 참가업체 부스 담당자는 평상시에도 새롭고 흥미로운 판촉용 물건이 있는지 관심을 갖고 찾아보는 노력을 해야 하고, 경우에 따라서는 거꾸로 경쟁업체나 외국의 다른 기업들이 활용하는 판촉물을 눈여겨 봐 둘 필요가 있다. 단 해외 전시회에서 사용될 답례품이나 판촉물은 해당 지역이나 국가의 문화나 관습을 반드시 고려해서 준비해야 할 것이다.

〈사례-1〉 아이디어가 빛나는 판촉물

게임용 잡지를 발행하는 Ziff Davis Media Inc.는 2005년 미국에서 개최된 E3(Electronic Entertainment Expo) 전시회에서 판촉물로서 가방 꼬리표(luggage-tag)를 관람객 개인별로 제작하여 나누어 주는 아이디어로 현장 프로모션에서 큰 성과를 이루어내었다. 이 기발한 아이디어를 이용하여 그들은 2천명 이상의 관람객들을 자사 부스로 유인했으며 자신들의 1UP.com 네트워킹 및 웹사이트를 널리 전파시키는 쾌거를 올렸다. 사흘간의 전시회 기간에 이 회사는 자신들의 회사로고를 배경으로 부스 방문객들의 사진을 찍은 다음, 칼러 프린트로 사진을 인화하여 관람객의 게임스크린 고유이름과 더불어 가방 꼬리표에 사진을 붙여준 것이다. 물론 가방 인식표 뒷면에는 이 회사의 1UP.com 웹사이트 주소가 새겨져 있었다. 그 결과, 열정적인 1UP.com 게임 이용자들이 그 꼬리표/인식표를 자신들의 백팩이나 가방에 부착해 줌으로써 (주)Ziff Davis의 존재감을 전시회 현장에서 뿐만이 아니라 전시회가 끝난 후에도 광고해 주는 탁월한 홍보효과를 일구어낸 것이다. (출처: EXHIBITOR, 2005 December, IDEAS THAT WORK)

〈사례-2〉 반짝이는 현장 프로모션기법
-Preventative Promotion-

미국 일리노이주에 본사를 둔 (주)ResuMAYDAY는 이력서 작성 및 인터뷰 기술 서비스를 판매하는 업체인데 사장인 Lauran Miligan은 자신의 반복되는 감기증세가 전시회 일정과 겹치고 있음을 깨닫게 되었다. 그녀는 이러한 우연의 일치가 전시회 기간에 많은 사람들과 나눈 악수로 비롯되었다고 여겼으며 자신과 같은 입장으로 전시회에 참가한 다른 업체의 스텝들도 같은 상황에 노출되어 있다고 판단했다. 이점에 착안하여 그녀는 매우 재치있는 현장 프로모션 계획을 수립하게 되었다. 2005년 일리노이주 알링턴에서 개최된 Women's Expo에 참가한 그녀는 다른 참가업체 스텝들이 손의 세균을 씻어낼 수 있게 도와주면서 그들이 자사 부스에 방문을 하도록 유인할 수 있는 방안을 생각해냈다. Milligan은 전시회가 개막되기 전에 모든 참가업체의 부스에 다음과 같이 적힌 메모카드를 남겨 놓은 것이다. "여러분들이 감기에 걸려 집으로 복귀하시게 된다면, 여러분은 전시회에서 발굴한 리드에 대한 후속조치를 취할 수 없으실 것입니다. ResuMAYDAY 부스에 들리시면 손의 세균을 세척할 수 있는 답례품을 드리겠습니다." 그 결과, (주)ResuMAYDAY는 남겨놓은 리드카드 100%를 회수할 수 있었을 뿐만 아니라 잠재고객들과 자사의 서비스 상품을 효과적으로 노출시키는 성과를 올릴 수 있었다. (출처: EXHIBITOR, 2005 December, IDEAS THAT WORK)

그리고 자사 부스를 방문해준 고객들에게 답례용 선물 등을 줄 경우에는 해당 고객에게 교환권을 발송해 주고 자사 부스에서 선물을 교환해 가도록 하는 방법이 있다. 이렇게 하면 전시회 개막전 프로모션의 효과를 추적해서 측정할 수 있는 장점도 있다. 아주 효과적인 사전 프로모션 전술로는 해당 고객에게 두 부분으로 구성되어 있는 선물의 첫 부분만을 보내주는 것이다.

실제적인 예로, 미국 라스베이거스에서 해마다 개최되는 보석전시회(JFK)의 경우에 어느 참가업체는 구매력이 상당한 핵심 바이어 16명에게 초청장과 더불어 미리 열쇠를 동봉하여 보내준 후, 자사 부스에 방문할 때 그 열쇠를 갖고 와서 부스에 준비해 둔 보석상자를 열 수 있다면, 그 안에 들어있는 수백 달러 이상의 값이 나가는 보석을 가져갈 수 있도록 프로모션을 실시했다. 그 결과, 초청을 받은 이들 16명 중 14명이 실제로 부스를 방문하여 자사 제품을 상세히 소개할 수 있는 기회가 마련되었고, 나아가 상당한 액수의 구매계약까지 성사시킨 성공사례가 있다. 이렇듯 두 부분으로 진행되는 프로모션 방법은 약간 비싼 선물을 활용하는 것이 비교적 효과가 좋은데, 위의 JFK Show 경우와 같이 정말로 방문해 주기를 바라는 선택된 일부 핵심적 바이어들(targeted key buyers) 에게 보내게 될 경우, 특히 효과가 뛰어나다.

4. 스페셜 이벤트(special events)

일부 전시회에서는 특정한 시간을 잡아 특별한 이벤트를 실시한다. 섬유 또는 디자인산업에 관련된 전시회에서 미리 정해진 시간과 장소에서 눈에 띄는 패션 쇼(fashion show)를 한다거나 관광관련 전시회에서는 각 국가의 의상이나 풍속을 소개하는 합동 이벤트를 실시한다. 선물 또는 완구산업 전시회에서는 매직 쇼(magic show)나 서커스와 비슷한 볼거리가 풍성한 이벤트를 마련해서 많은 관람객들의 시선을 불러 모으는 경우 등이 그것이다. 일부 참가업체는 전략적으로 이러한 이벤트에 적극 참여하여 자사 및 자사 상품에 대한 관심을 집중시키기도 한다.

전시회 공동무대 위의 참가업체들이 이벤트를 펼치는 광경

5. 유명인사 초청(celebrities)

영화배우, 탤런트, 스포츠 스타, 재계 리더, 정치인 등을 섭외해서 부스로 초대할 경우, 비록 비용은 적지 않게 소요될 수 있지만 많은 관람객들을 불러 모을 수 있는 계기가 됨은 물론이다. 유명 인사들이 부스에 초대되어 나온다는 사실을 미디어 관계자들에게 사전에 연락하여 인터뷰 자리를 마련해 주거나, 그들로 하여금 연설을 할 수 있도록 준비하고, 경우에 따라서는 상품시연에 나서거나 또는 팬 사인회 등을 개최하기도 한다. 물론 이러한 경우에도 자사의 이름과 상품명 또는 주목할 만한 특징이 반드시 거론될 수 있도록 기획되어 있어야 한다.

6. 모델(model)

전시회와 어떤 연계성이 있을 경우—연계성이 없어도 상관없지만 — 매력적인 모델을 부스에서 활용하면 상당한 효과를 올릴 수도 있다. 예를 들어, 몸매가 매우 날씬한 남성 또는 여성모델이 식음료 관련 회사의 부스에서 식품과 관련된 시연을 해 보이는 경우, 다이어트에 민감한 소비자들에게 해당식품에 대한 긍정적인 인상을 남겨줄 수 있을 것이다. 국내외적으로 가장 자주 보게 되는 경우는 자동차와 관련된 전시회에서 매혹적인 여성 모델들이 새로 출시된 자동차 위에 올라가 엎드려 있거나, 모터 사이클(오토바이)을 타고 있는 모습을 연출하는 것이다. 물론 이때 명심해야 할 점은 유명 모델의 시연 때문에 관람객들의 초점이나 관심이 제품이나 서비스 자체에서 멀어지게 해서는 안 되며, 모델은 단지 제품 또는 서비스에 대한 인식을 제고시키는데 있어서 보조적인 역할을 할 수 있도록 기획해야 하는 것이다.

7. 경품 또는 컨테스트(contests)

컨테스트나 경품을 실시할 경우에는 사전에 반드시 전시회 참가목표를 다시 한 번 명확히 인식해 두어야 한다. 또한 국가나 지역에 따라서 컨테스트의 종류나 규모가 법적인 기준에 합당한지도 확인해 두어야 할 것이다. 만일 기업의 전시회 참가목표가 새로운 잠재고객을 발굴하는 것이고, 부스 방문이 예상되는 고객이 자사가 찾고 있는 기준과 부합될 것으로 판단된다면 가급적 많은 사람들로 하여금 경품박스에 명함을 넣도록 하여, 컨테스트나 경품에 참여시켜도 좋을 것이다. 따라서 컨테스트나 경품에 참여하는 관람객이 자사가 접근하고자 하는 표적시장 고객의 특성에 부합하는지를 선별하는 것이 가장 중요한 과제 중에 하나가 된다. 대부분의 경우에는 경품권에 관람객에 대한 기본적인 정보를 기입하게 함으로써 이러한 문제를 해결한다. 경품이나 추첨은 그 상품이 자사의 상품 또는 서비스와 적어도 개념적으로 연계되어 있을 때 효과를 볼 수 있다.

예를 들어, 몇 해 전 미국의 대학박람회에서 어느 대학이 대형 TV를 경품으로 내 놓고 관람객을 유인하는 프로모션을 실시했는데, 대부분의 경품 응모자들은 정작 그 대학에 입학 또는 편입하는데 관심이 있는 것이 아니고, 단지 대형 스크린 TV를 당첨받기 위한 관심이 고조되어 무려 4,000명 이상이 방문을 했지만 공연히 부스의 통행밀도를 높여 혼잡도만 가중시켰을 뿐, 나 수집된 응모권의 인적 사항을 점검해 본 결과, 기대하던 프로모션 목표달성에는 실패하고 비용만 낭비한 꼴이 되어 버린 사례가 있었다.

이러한 시행착오를 겪은 이 대학은 다음해 전시회에서는 TV대신에 '1,000달러 장학금'을 경품으로 내놓는 아이디어를 생각해 내었다. 그 결과 비록 경품의 응모자 수는 대폭 감소했지만, 내용적 측면에서는 대학입학이나 편입에 관심을 둔 관람객의 내방이 늘어났고, 전시회 폐막 이후 실제로 등록한 학생 수가 눈에 띄게 증가한 성과를 거두었다.

또한 레저스포츠 또는 관광분야의 전시회에서와 같이 축제적 분위기가 자연스럽게 형성되는 경우에도, 관람객들이 게임이나 컨테스트에 보다 적극적으로 참여하는 성향을 보이기 때문에 사전 또는 현장 프로모션의 초점도 그러한 분위기를 적극적으로 활용하기 위해서 경품이나 컨테스트를 실시하는 경우가 많다.

8. 교차 프로모션(cross-promotion)

전시회에 참가한 다른 기업과 제휴 또는 협력을 하여 참가업체 서로가 교차 프로모션을 해 주는 경우도 있다. 이러한 현장 프로모션 전술을 활용하려면 가장 먼저 자사의 제품 또는 서비스와 연계하여 사용할 수 있는 제품이나 서비스를 보유한 참가업체를 발굴해야 한다. 이때 상호간에 보완성 또는 연계성이 있는 제품이나 서비스를 보유한 두 개 이상의 참가업체들이 서로의 상품을 결합 또는 연결시켜 설명 또는 시연하여 소개할 수 있다면 상당한 시너지효과를 발휘할 수 있을 것이다. 따라서 참가업체간의 교차 프로모션은 큰 비용이 들지 않고도 나름대로 상호 좋은 효과를 거둘 수 있는 방법이 될 수 있다.

전시회 참가업체들 사이의 교차 프로모션은 국내외 전시회를 통해 그 사례를 많이 찾아 볼 수 있다. 예를 들면, 농수산물이나 식음료 제조업체가 포장재 생산업체와 상호 협력을 한다면 서로 보완적인 관계를 이루면서 제품의 가치를 돋보이게 함으로써 교차 프로모션의 효과를 거둘 수 있을 것이다. 또한 컴퓨터 관련 전시회에서 하드웨어 업체와 소프트웨어 업체 사이의 협력이나 하드웨어 생산업체가 사무용 가구 제조업체와 제휴를 한다면, 이들은 상대방 업체의 제품을 보완 또는 보조적으로 활용하면서 자사 제품의 실제적 활용가치를 보여주는 등 교차 프로모션을 해 주면서 보완적 이익을 얻을 수 있을 것이다.

물론 교차 프로모션을 실시할 경우에 유의해야 할 점은 교차 프로모션의 파트너가 될 참가업체의 제품이나 서비스의 품질, 기업의 평판 및 신뢰도 등을 사전에 확인해 두어야 한다는 것이다.

제12장 부스 현장 상담과 제품시연

제1절 부스 현장의 환경

1. 관람객의 인식 및 행동 5단계

판매자(seller)와 구매자(buyer) 사이의 거래는 제품의 판매로 일단락되지만, 그 시작과 끝은 기본적으로 사람과 사람과의 만남으로 이루어진다. 인터넷을 통한 화상회의나 첨단 통신방법이 아무리 발전하게 되더라도 사람들끼리의 직접적인 대면접촉의 필요성은 앞으로도 계속 존재할 것이다. 이런 맥락에서 "판매자와 구매자가 직접 대면하여 사업적인 의사소통을 할 수 있도록 만들어진 시 · 공간적 모임"인 전시회의 가치가 특별하다고 할 것이다. 기업의 입장에서 전시회 참가를 위해 시간과 비용을 투자해야 하는 가장 확실한 이유를 꼽자면, 우선 전시회를 찾아오는 관람객은 동질성이 매우 높게 세분화된 고객집단이며 동시에 잠재적 구매영향력이 크기 때문이다. 나아가 이러한 전시회 관람객들과의 사업적 의사소통, 즉 대면접촉을 통해 자사제품에 대한 관심 또는 인지도를 향상시킬 수 있으며 궁극적으로는 매출을 확대할 수 있는 기회를 포착할 수 있기 때문이다. 그런데 전시회 참가경험이 적은 기업들은 한두 차례의 전시회 참가를 통해 지나치게 많은 성과를 기대하는 경향이 있다. 심지어 매번 투자비용을 회수할 수 있는 정도의 구매계약을 성사시켜야 한다는 단기적 목표달성에 매달리는 경우도 있다. 그러나 전시회 관람객 모두가 최종적인 구매계약을 하기 위해 전시회를 방문하는 것은 아니며, 구매품목의 종류나 소속기업의 규모 등에 따라 전시회에서의 행동에 다소 차이가 나겠지만, 일반적으로 전시회를 방문하는 관람객들의 참가업체에 대한 인식 또는 행동은 <표 12-1>에 열거된 어느 한 단계에 위치해 있다고 보아야 할 것이다.[98)]

<표 12-1> 관람객의 참가업체에 대한 인식 및 행동 5 단계

제1단계: 동 산업분야에서 특정 참가업체의 존재여부를 모른다.
제2단계: 특정 참가업체의 존재는 인식하고 있지만 거래경험이 전혀 없다.
제3단계: 특정 참가업체의 제품이나 해결책을 알아보고자 하는 필요성을 느낀다.
제4단계: 여러 경쟁제품을 비교·평가해 본다.
제5단계: 최종 구매결정 단계에 진입한다.

전시회 관람객 또는 바이어들이 참가업체에 대해 이러한 단계적 인식이나 행동을 보인다는 맥락에서 참가업체가 전시회에 참가해서 성과를 거두었다면 어떤 의미일까? 그것은 부스 현장 담당자가 효과적인 상담을 통해 참가업체에 대한 관람객의 인식을 새롭게 하거나 최종 구매에 이르는 행동을 한두 단계 앞으로 이행시켰다는 것을 의미하는 것이다. 사실 국제규모의 전시회를 방문하는 바이어들은 전시회에 참가한 각 국가 중소기업의 존재 자체를 대부분 인식하지 못하고 있다고 보아야 할 것이다. 혹시 바이어들이 특정 기업을 개최연도나 개최장소가 다른 전시회에 몇 차례 참가했던 업체로 인식했다 하더라도 실제적인 사업적 접촉이나 거래를 해 본 경험이 대부분 없을 것이다. 따라서 기업들이 국내외 전시회에 참가할 경우, 우선 자사 부스를 방문한 잠재고객들을 대상으로

98) Hill, M.(1999). Trade Show Survival Guide, San Jose, CA: The Hill Group.

그들의 인식과 행동을 제1단계 또는 제2단계에서 다음 단계로 진전시키는 것이 현실적으로 중요한 목표가 될 것이다.

부스 담당자가 관람객과의 상담에 있어서 그 내용이나 수준을 어떻게 결정 및 유지해 나갈 것인가 하는 문제는 관람객이 소속된 기업의 규모, 관람객의 직책, 제품에 대한 관심도 또는 구매의 시급성 등 다양한 기준에 따라 차별적으로 접근해야 한다. 따라서 전시회에 참가하는 기업들은 혼잡한 전시회 현장에서 시간적 압박을 받으면서도 관람객의 다양성을 파악해 내고 그들 중 자사의 유망고객이 될 수 있는 관람객을 선별하여 상담해 나갈 수 있도록 부스 현장 담당자를 사전에 선발하고 반드시 체계적인 교육훈련을 실시해두어야 한다.

2. 부스 현장 구매상담 과정

기업이 전시회에 참가하여 관람객과의 첫 접촉에서부터 최종 판매에 이르기까지 전개하는 활동은 일반적으로 현장판매(field sales)과정과 크게 다를 바 없이 <표 12-2>에서와 같이 이루어진다.

<표 12-2> 전시회 구매상담 과정

1. 최초의 접촉과 인사
2. 고객의 자사제품에 대한 관심도 확인
3. 고객이 구매계획을 갖고 있는지 선별
4. 고객의 욕구, 문제점 또는 구매 필요성의 확인/이해
5. 고객의 욕구 및 현안에 대한 해결책 제시
6. 고객의 필요나 욕구에 초점을 맞춘 설명 및 시연
7. 고객에 대한 구체적 정보를 획득
8. 전시회 폐막 후 후속적인 접촉과 상담
9. 최종적인 공급업체로 선정
10. 최종 공급가격과 조건 등에 관한 조율 및 납품

전시회 참가업체나 관람객 양측 모두가 유망한 전시회에 참가하려고 하는 핵심적인 동기는 '고객과의 우호적인 관계를 형성 및 유지하려는 것'이라고 요약할 수 있을 것이다. 특히 참가업체 입장에서는 구매결정권이나 영향력이 있는 관람객과의 만남을 기대할 것이다. 따라서 참가업체는 부스를 방문한 고객이 최종 구매의사결정권자가 아니더라도 가급적 구매결정과정에 영향력을 행사할 수 있는 사람인지를 선별할 수 있어야 한다. 물론 부스 현장 담당자가 수많은 관람객 중 자사의 전시회 참가목표 달성에 적합한 잠재적 구매자 또는 사업상의 파트너를 선별하는 일은 결코 쉽지 않을 것이다. 그리고 선별된 잠재고객에 대한 정보, 즉 리드의 확보는 대부분의 기업이 가장 중요하게 생각하는 전시회 참가목표이다. 나아가 전시회 현장에서 선별된 관람객들과 우호적 관계를 형성하고 신뢰감을 주는 일도 소홀히 할 수 없는 활동이다. 왜냐하면 사람들은 자신들에게 우호적이고 믿을 수 있다고 판단되는 상대와 거래나 사업을 도모하려는 경향이 있기 때문이다.

전시회에 참가하는 기업의 부스 담당자가 전시회 현장에서 관람객과 상담하는 과정만을 간략히 시각화해 본다면 <그림 12-1> 과 같이 최초 접촉, 관람객 선별, 상품 소개 및 시연, 그리고 마무리로 이어지는 4~5단계로 구분할 수 있다.

첫 단계에서 부스 담당자가 관람객과 최초로 접촉을 하면서 사용하는 시간은 대략 30초 정도가 적당하다. 이때 관람객에게 자사에 대한 호의적인 첫 인상을 남기고 편안한 대화분위기를 연출해 줄 수 있는가 여부가 최대 관건이다.

두 번째 단계에서는 부스 스텝은 개방형 질문을 위주로 관람객과 나누는 대화의 주도권을 유지해 가는 한편, 약 2분 정도의 시간 안에 관람객이 자사의 표적시장 고객층의 특성에 부합하는지 또는 전시회 참가목표 달성에 적합한 잠재고객인지 여부를 확인하여, 세 번째 단계인 상품소개(presentation) 또는 시연(demonstration)을 계속할 것인지 여부를 판단해야 한다. 만일 부적합한 관람객으로 판단되면 악수를 청하거나 부스 방문에 감사한다는 인사와 함께 즉각적으로 접촉을 종료함으로써 다른 잠재고객과의 상담시간을 확보할 수 있어야 한다.

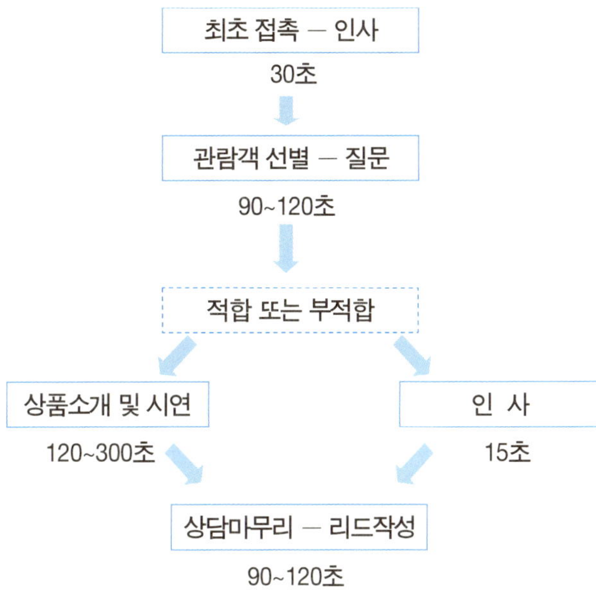

<그림 12-1> 부스 현장 상담진행도

유망고객으로 판단된 관람객을 대상으로 제품을 설명하거나 시연해 보일 경우에도 부스 현장에서는 제품의 특성에 따라 설명과 시연과정이 다소 길어질 수 있겠지만, 가급적 약 5분을 넘기지 않도록 시간관리에 유의해야 한다. 설명이나 시연을 마치고 나면, 마지막 단계로 약 2분 이내에 관람객에 대한 리드 확보나 다른 제품의 교차판매를 권해보고 곧 마무리 인사를 나누면 된다.

이렇게 전시회 부스 현장에서 관람객과 상담하는데 소요되는 시간은 전시회의 산업별 종류나 소개하는 제품의 특성에 따라 다소 편차가 있지만, 평균적으로 약 6~10분 정도로 계산할 수 있다. 물론 이러한 수치는 단순히 통계적 평균일 뿐이다. 따라서 관람객의 자격제한이 엄격하지 않은 대중전시회(public show)이거나, 설명이나 시연을 간단히 할 수 있는 제품이 전시될 경우, 특히 관람객의 규모가 커지면 커질수록 고객과의 접촉 또는 상담시간을 더 줄여 나가야 한다는 주장이 제기될 수 있다. 그러나 반대로 관람객이 자사 제품이나 서비스에 진지한 관심을 보이고, 구매할 시기도 임박해 있으며 구매영향력이 높아 보이는 바이어가 제품구매에 대한 자세한 정보와 혜택 등을 구체적으로 질문을 해온다고 가정을 해보자. 이 경우 어떤 부스 책임자가 구매가능성이 높은 양질의 바이어(quality buyers)와 상담하는 시간을 10분 이내로 줄이면서 나중에 자료를 보낸 준다고 하면서 그냥 돌려보내겠는가? 그러나 유망해 보이는 관람객과 상담을 할 경우에도 부스 현장에서는 가급적 시간을 너무 오래 끌지 말고 별도의 시간 및 공간을 확보하여 추가적인 상담이나 접촉을 추진하는 접근방식이 요구된다. 왜냐하면 한정된 기간 동안 개최되는 전시회 현장에서는 되도록 많은 잠재고객과 상담을 해야 하기 때문에 부스 현장 담당자가 가장 중요시해야 하는 것은 바로 시간관리(time management)이다.

다음 절에서는 전시회 부스에서 신규 고객과의 새로운 관계형성을 이루어가거나 기존 고객과의 지속적인 관계를 유지해 가면서 상담을 성공적으로 마무리해 가는데 필요한 각 단계별 과정과 방법을 살펴보자.

제2절 초기 접촉의 심리적 장벽과 극복방법

1. 초기 접촉의 심리상태와 부스의 환경조성

전시회 총 관람객 수가 아무리 많다 해도 그들 중 자사 제품에 관심이 있는 관람객들을 자사 부스로 유도해 내지 못한다면, 전시회 참가를 위한 기업의 모든 노력과 준비는 물거품이 되고 만다. 그런데 전시회 부스 현장에서 낯선 사람과 대면접촉을 해야 하는 일은 전시회 참가경험이 있는 담당자에게도 부담스러운 작업이다. 부스 현장 담당자가 낯선 관람객과 최초의 접촉을 부담스러워 하게 되는 이유는 다양하지만 상당부분 대화 제의가 거절되거나 또는 무시될지 모른다는 초조함 때문일 것이다. 더욱이 전시회가 개막되기 전에 관람객과의 현장상담에 대해서 사전교육이나 훈련을 받지 못한 담당자들은 관람객과 대화를 어떻게 시작하고 지속시켜 나가야 하는지에 대한 자신감이 부족할 수밖에 없을 것이다.

그러나 전시회 부스 현장을 찾아오는 관람객들도 낯선 부스 담당자들과의 접촉에 대해 심리적인 불편함을 느끼는 것은 마찬가지라는 사실을 기억할 필요가 있다. 예를 들면, 제품에 사용된 기술에 대한 이해수준의 측면에서 관람객들도 자신의 질문이 너무 초보적이거나 아마추어적인 것으로 비쳐질 것을 걱정하는 경우가 있을 수 있다. 혹은 부스 담당자들이 판매를 강요하지 않을까 하는 부담감 때문에 부스 담당자와 시선 맞추기를 불편해 하는 관람객들도 있다. 따라서 대부분의 관람객들은 심리적으로 편안함을 느낄 수 있는 부스 사이의 통로와 같은 중립지역을 따라 걸으면서 참가업체 부스 스텝들로부터 질문공세를 받지 않는 가운데 여러 부스를 둘러보려는 행동을 하게 된다. 이때에도 관람객들은 부스 스텝들과 눈을 맞추려고 하기 보다는 단지 전시된 상품들을 살펴보거나 부스 입구 전면 상단에 붙어있는 참가업체의 이름, 광고용 표지판, 혹은 부스 안쪽 뒷면 배경에 쓰여 있는 참가업체의 마케팅 캐치프레이즈에 눈길을 주게 된다. 이러한 관람객들의 행동방식이 시사하는 점은 부스 현장 담당자들이 관람객들에게 공격적인 태도를 취하기보다는 편안함을 느낄 수 있도록 분위기를 연출하는 것이 중요하다는 것이다. 더욱이 CEIR의 조사결과와 같이, 국제적 규모의 전시회 경우 관람객들은 평균 2.1일을 체류하면서 전시회 관람을 위해 약 9.2시간 정도를 전시회 현장에서 사용하고 있다는 사실과, 수백 개 이상의 참가업체들이 치열하게 경쟁하면서 쏟아내는 시청각적 정보의 홍수 속에서 바이어들은 혼잡과 피곤을 쉽게 느끼게 된다는 사실도 염두에 두어야 한다.[99)]

전시회 부스를 방문하는 고객들은 참가업체의 마케팅 메시지를 직접 전달받기 이전에 두 가지 비언어적인 수단을 통해 참가업체를 인식하게 된다. 첫째는 부스의 규모나 디자인과 같은 물리적 환경이고, 둘째는 부스 담당자의 자세나 태도가 그것이다. 특히, 부스현장 담당인력의 복장이나, 서 있는 자세, 시선 또는 손의 위치와 같은 몸 동작, 즉 제스처는 참가업체의 수준을 판단할 수 있는 단서로 작용하는 경우가 많다.

99) CEIR(2001). How Much Time Attendees Spend at Exhibitions, ACRR 1154.

그러므로 참가업체 입장에서는 우선 전시장내에서 관람객이 자사 부스 내부로의 접근을 주저하게 만들 수 있는 불편한 상황이나 구실을 만들어 내지 않도록 해야 한다. 즉, 이미 대부분 상식적으로 알려져 있듯이 부스 현장에서 스텝들이 먹고, 마시고, 껌 씹고, 담배피우고, 휴대폰 통화하고, 책이나 신문을 펼쳐놓고 읽고, 컴퓨터 화면만 들여다 보고 있거나, 또는 졸고 있으면 안 된다. 그러나 전시회 현장에서 부스 스텝 자신들에게는 잘 보이지 않지만 관람객들의 발걸음을 가로막게 되는 <표 12-3>에서 설명한 것과 같은 부스 스텝들의 무의식적인 행동에 대해서도 각별히 유의할 필요가 있다.100)

<표 12-3> 관람객의 발걸음을 막는 부스 스텝들의 무의식적 행동

1. **부스 스텝 두 명이 짝지어 서 있기**
   우선 방문객이 부스 안으로 들어서려다 담당자들이 두 명씩 짝지어 서 있는 것을 목격하면, 어떤 사적인 이야기를 주고 받고 있다고 생각하면서 끼어들면 결례가 될 것으로 인식하고 그냥 부스 앞을 지나가게 된다.
2. **여러 명이 운집해 서 있기**
   부스 안쪽에서 여러 명이 모여 서 있으면 스텝들이 선채로 회의를 하는 것 같은 느낌을 주게 되며, 만일 관람객이 부스 안으로 들어서면 여러 명이 떼로 몰려들지 모른다는 심리적으로 불편함을 안겨주게 된다.
3. **통로 쪽으로 등을 보이고 있기**
   부스 내에서 장비나 집기 등을 손 보거나 작업을 하는 경우에도 가급적 통로 쪽으로 등을 보이지 않도록 유의해야 한다. 무관심하다거나 냉대하는 듯한 인상을 주기 때문이다.
4. **어슬렁거리거나 또는 경비하듯 서 있기**
   혹시 자사 부스 통로 앞쪽으로 관람객이 붐비지 않는다 하더라도 마치 먹이를 찾으러 다니듯 어슬렁거리며 걸어 다니지 않도록 해야 한다. 또는 부스 내부의 진열장 앞 뒤를 경호 하듯이 서 있지 말도록 한다.
5. **자사 임직원 접대 하기**
   때로는 전시회 현장을 둘러 보고자 자사부스를 방문한 본사 임직원들을 맞이하느라고 관람객 응대가 뒷전이 되게 만들지 말아야 한다. 관람객들은 누가 누군지 구별할 수 없기 때문에 부스 담당자와 접촉이 불가능하다고 판단하여 지나쳐 버리게 된다.

100) Exhibitor, Case Study: Seven Sneaky Ways Exhibit Staff Sabotages Your Booth. 2005. 11.

그런데 앞에서 언급했듯이 상당수 전문 바이어들은 전시회를 관람할 때 어떤 참가업체의 부스를 방문할 것인지 사전에 정해 둔 방문일정표(buyer's agenda)에 따라 움직인다. 물론 시간적 여유가 생길 경우 그들도 기존 공급업체 이외에 새로운 공급업체를 발굴하기 위해 다양한 기업체의 부스를 임의로 방문하기도 한다. 사전에 정해진 부스 방문계획에 따라 전시회장을 둘러보고 있는 바이어에게 특정 부스 담당자가 돌발적으로 접근한다면 부담을 느낄 수 있겠지만, 오히려 상당수 바이어들은 부스 담당자가 자신들을 개별적으로 주목하지 않는 태도나 무관심한 분위기가 전시회 부스 방문경험 중 가장 큰 불만 중에 하나라고 토로하기도 한다.

2. 초기 접촉 – 관심유도 및 친밀감 구축

전시회 부스 현장에서 관람객의 관심을 끄는 가장 좋은 방법은 부스 전면의 중앙이 아닌 좌우측 측면에 편안한 자세로 서서 다가오는 관람객과 시선을 맞추고 미소지으면서 이야기를 시작해 보는 것이다. 관람객과 시선을 맞추기와 미소를 보내는 행동은 불과 몇 초 사이에 이루어지지만, 부스 담당자가 관람객의 관심을 끌기 위한 가장 중요하고도 절대적인 행동요령이다. 관람객의 입장에서도 부스 담당자가 시선을 맞추면서 친근한 미소를 띤 채 어떤 이야기를 건네 온다면 이를 외면하기는 매우 어려울 것이다. 실제로 전시회 현장에서 부스 담당자의 미소와 마주친 관람객의 대부분이 미소로 화답하는 모습을 경험적으로 쉽게 확인할 수 있다. 그러나 상당수 한국인들의 얼굴이나 몸의 표정이 외국인들에 비해 상대적으로 경직되어 있는 경우가 많아서 전시회가 개막되기 직전에 몇 분 동안이라도 부스 현장에서 자연스럽게 미소를 지어보는 훈련을 일부러 해 둘 필요가 있을 것이다.

부스 담당자와 관람객 사이에 대화를 통해 이루어지는 초기 접촉단계에서는 간단하고 예의바른 인사와 첫 대화를 건네면서 관심을 유도하는 것이 가장 중요하다. 이때 관람객과 초기 접촉을 할 때 겪을 수 있는 어색함 또는 어려움을 지우기 위해서는 몇 가지 접근법이나 적절한 표현법을 사용하는 것이 바람직하다. 따라서 마치 영화나 연극처럼 무슨 대화를 어떻게 전개해야 하는지에 관한 대본(script)이 사전에 준비되어 있어야 한다. 특히 전시회 부스현장 경험이 부족한 담당자는 반드시 이 대본을 미리 외우고 자연스럽게 행동과 대사를 연출할 수 있을 때까지 사전에 훈련과 연습을 해두어야 한다.

아울러 사전 약속이 없었지만 자사 부스 앞을 지나가게 되는 관람객들이 자사 제품에 관심을 갖고 둘러보도록 유도하기 위해서는 수많은 경쟁업체들과는 차별화된 접근방법을 사용해야 한다. 특히 중소기업은 대기업에 비해 부스의 위치, 크기 및 디자인이 앞서기 어렵기 때문에 관람객의 시선을 끌기가 상대적으로 쉽지 않다. 따라서 중소기업의 부스 담당자들에게는 보다 적극적이고 독창적인 방법으로 관람객과 접촉하려는 노력과 자세가 요구된다.

일부 관람객들은 전시회장 통로에 선채로 자사 부스를 바라다보는 경우도 있다. 이때 담당자는 자사 부스 입구에 선채로 간단한 질문을 던져서 고객을 선별할 수 있을 것이다. 대부분의 전시회 주최자들에 의해 금기시되는 행동이지만 간혹 어떤 부스 담당자들은 고객이 서있는 통로 가운데로 걸어 나가 고객 곁에 나란히 선채로 질문을 던져보는 방법을 사용하기 도 한다. 이때 관람객이 웃으면서 대화에 응해 오거나, 그냥 가버릴 수도 있지만, 어떤 경우이든 관람객과 첫 인사를 교환한 후, 부스 담당자는 관람객들에게 자사에 대한 우호적인 첫 인상을 남기면서 친밀감을 구축할 수 있는 매우 중요한 순간을 맞게 된다.

그런데 전시회 부스 현장에서 고객에게 건네는 대화의 첫 마디로 "제가 도와드릴까요?(May I help you?)" 또는 "무엇을 도와드릴까요?(What can I do for you?)"와 같이 진부하기 짝이 없는 표현을 사용하는 것은 곤란하다. 혼잡한 전시장에서 이미 수많은 참가업체의 시청각 정보의 홍수에 노출되어 있는 관람객에게 이런 상투적인 표현은 아무런 흥미나 관심을 이끌어낼 수 없기 때문이다. 또한 관람객이 '예' 또는 '아니오' 중의 하나로 대답하도록 유도되는 폐쇄형 질문이나 표현도 피하는 것이 좋다. 따라서 부스 현장 담당자는 대화를 시작할 때 관람객이 서술형으로 응답을 할 수 있도록 가급적 개방형 질문을 던지면서 탐색적인 접근을 시도해야 한다.

부스 담당자들이 낯선 관람객들과 대화를 시작할 때 시도해 볼 수 있는 표현이나 방법들은 다양하지만, 첫 대화에서부터 판매지향적 표현을 사용하는 것은 가급적 삼가해야 한다. 우선 관람객의 명찰(name badge)을 살펴보면서 어색한 첫 대화를 풀어갈 수 있는 단서를 찾아보는 것도 좋은 방법이다. 또한 상대방에 대한 간단한 칭찬이나 가벼운 안부형 질문을 던지면서 친근감을 확보하는 것도 무난할 것이다. 물론 자사 제품에 관련하여 간단한 표현을 건네 보는 것도 방법이다.

어떤 상황이든 초기접촉에서 부스 스텝이 가장 유의할 점은 편안하고 우호적인 분위기를 만들어 가면서 관람객이 자세제품에 관심을 갖게 하거나 계속적으로 대화에 응할 수 있도록 해야 한다는 점이다. 일반적으로 관람객은 부스 스텝의 말투나 행동이 자신과 너무 차이가 나면 심리적으로 불편함을 느끼게 되고 신뢰감을 갖지 않는다. 이러한 경우 편안한 분위기를 연출하기가 쉽지 않기 때문에 부스 담당자들은 관람객의 말투, 자세 또는 행동을 주의 깊게 관찰하면서 조화롭게 맞추어가려는 노력을 할 필요가 있다. 심지어 관람객이 말하는 속도, 억양, 사투리까지도 맞추어서 응대를 할 수 있다면, 처음 만난 관람객이더라도 상대방의 신뢰를 확보하기가 용이해질 수 있을 것이다. <표 12-4>에 소개한 표현은 전시회 현장에서 참가업체가 자사의 개별적 상황에 맞추어 줄을 그어놓은 빈 자리에 적합한 문구를 삽입하거나 응용하여 사용할 수 있을 것이다.

<표 12-4> 관람객과의 초기 대화에 적절한 표현법

- ___ 에서 오셨군요. 저도 그곳에서 가봤는데 ___ 이 아직도 있나요?
- ___ 에서 일하시는군요. 혹시 ____ 를 아십니까?
- (여성관람객에게) _____(의상, 액세서리)가 예쁘고 잘 어울리십니다.
- ___(고객 소속사)에서 오셨군요. 저희 회사 단지 내에도 __ 가 있습니다.
- Moving Walk가 있었으면 좋으시겠지요. 다리가 아프시지는 않습니까?
- 바깥 날씨가 만만치 않습니다, ____(상대방 이름 또는 직함)은 어떠신지요?
- 금년에 국제 디자인상을 수상한 제품입니다. 한번 시험해 보시겠습니까?
- 본 제품은 UN환경기구의 인증을 획득했습니다.
- 포장방법을 획기적으로 개선한 제품입니다.
- 저희의 신제품인 ___는 연비를 40%까지도 절감시켜 줍니다.
- 현재 사용하고 계신 제품이 ____ 기능을 갖추고 있습니까?
- 저희 신상품인 _____에 대해 오늘 세 차례 시연을 실시할 예정입니다.
- 본 제품은 현재 ___(제품을 사용중인 유명기업 이름)에 납품되고 있습니다.
- 저희 회사나 제품에 대해서 어떤 점을 알고 계십니까?
- _____ 문제 해결을 위해 현재 어떤 방법을 사용하고 계십니까?

제3절 상담을 지속시키는 방법

부스 현장 담당자가 초기 접촉에 성공하여 관람객이 제품에 관심을 갖게 되었을 경우에 본격적인 거래나 상담을 지속시키기 위해서 취해야 하는 행동은 다음과 같이 3단계로 단순화해서 설명할 수 있는데, 기본적으로 일반 소매점포(retail shop) 또는 현장판매(field sales)에서 진행하는 과정과 크게 다를 것이 없다.

- 고객선별 및 리드발굴: 고객선별, 구매 관련정보 파악
- 제품 설명 및 시연: 자사 제품 및 서비스에 대한 정보 제공과 구매설득
- 주문확보와 마무리: 주문확보 또는 후속적 접촉에 필요한 약속

세 가지 단계가 모두 중요하지만 현장판매에 비해 전시회에서는 시간적 제약이 많기 때문에 부스 담당자의 상담방식의 신속성과 정확성이 절실히 요구된다. 고객선별과 리드 발굴과정에서도 부스 담당자들이 가장 유의해야 할 것은 시간관리(time management)이다.

이미 앞에서 설명한 바와 같이 기업이 전시회에 참가하여 잠재고객에 대한 프로파일, 즉 리드 1개를 확보하기 위해 소요되는 비용이 평균적으로 수만원 내지 수십 만원 이상이 소요된다는 점을 감안한다면, 양질의 관람객을 식별하여 그들에 대한 정보를 신속하게 확보하는 일이 얼마나 중요한 것인지를 다시 한 번 상기할 필요가 있다. 따라서 혼잡한 전시회 상황 속에서도 짧은 시간 안에 부스담당자는 실질적인 구매영향력이나 구체적인 구매계획을 갖고 있는 관람객을 신속하게 식별하여 리드를 발굴해 낼 수 있어야 한다. 관람객과의 대화의 주도권을 확보했다 하더라도 고객을 선별하는 과정은 약 2분 안팎에 끝마쳐야 한다. 그 이유 중에 하나는 전시회 관람객들이 부스 스텝의 질문에 대해 적극적인 관심이나 반응을 보이는 시간이 그다지 길지 않기 때문이다. 또한 참가업체 입장에서도 전시회 현장에서는 현장판매와 달리 시간이 가장 중요한 자산이기 때문이다. 그 밖에도 전시회 부스 현장담당자들은 사전 교육과 훈련을 통해 다음과 같은 자세나 태도를 반드시 갖추도록 해야 한다.

1. 대화의 주도권 유지

전시회 현장에서는 시간적 제약 이외에도 여러 가지 요인이 관람객과의 양적 및 질적 접촉에 영향을 줄 수 있기 때문에 부스 담당자가 가장 유의해야 할 것 중에 하나는 가능한 관람객과의 접촉과 대화를 주도적으로 통제할 수 있어야 한다는 점이다. 부스 담당자가 대화의 주도권을 잡고 있어야만 시간을 낭비하지 않고 신속하게 고객을 선별하거나 상담을 마무리하기가 쉽고 리드확보도 용이해지기 때문이다. 가령, 부스 담당자가 관람객의 명찰을 잘 관찰해 봄으로써 고객선별이 보다 쉬워지고 곧 바로 어떤 부서에서 근무하는지, 어떤 책무를 갖고 부스를 방문했는지, 또는 자사의 제품이 관람객에게 어떤 도움이 될 수 있는지 등의 탐색적 질문의 단서를 찾아 대화의 주도권을 확보하거나 유지하기가 보다 수월할 것이다.

만일 관람객이 대화를 주도하는 상황이 된다면, 부스 담당자는 원치 않는 내용의 대화로 시간을 낭비하게 될 가능성이 높아진다. 따라서 관람객이 먼저 질문을 해 오면서 오히려 대화의 주도권을 가져갈 수 있는 상황이 발생하게 된다면, 부스 담당자는 가급적 간단히 응답을 한 후, 곧 바로 자신이 준비해 둔 질문을 역으로 제기하면서 관람객과의 대화를 능동적으로 이끌어갈 수 있는 순발력을 갖추어 두어야 한다.

또한, 관람객이 자사 제품을 눈으로 한번 둘러본 후, 별다른 질문도 없이 곧 바로 가격문의(price quotation)를 먼저 해 오는 경우도 있을 수 있다. 그러나 자사 부스를 방문한 관람객의 동기나 당면해 있는 문제 등과 같은 기초적인 정보도 파악이 안 되어 있을 경우, 부스 담당자가 제품의 가격을 알려주는 것은 적절치 않은 대응방법이다. 이러한 경우에 대처하는 방법으로는,"질문 잘 하셨습니다, 혹은 좋은 질문이십니다. 그런데 실례지만 제가 먼저 질문을 하나 드려도 되겠습니까?" 또는 "제가 답변을 드리기 전에 혹시 현재 어떤 제품을 사용하고 계시는지요?"와 같이 부스 담당자가 자신의 질문을 통해 상황을 반전 또는 역전시키면서 대화를 주도해 나가는 것이 바람직한 상담 요령이다.

부스 담당자가 대화를 먼저 시작하거나 주도해야 할 또다른 필요는 관람객이 자발적으로 부스를 찾아와서 자사 제품이나 서비스를 혼자서 둘러보고 있을 때이다. 이때 부스 담당자는 일반 매장 직원처럼 즉각적으로 관람객 바로 옆에서 어슬렁거리거나, 혹은 가까이 다가가서 '무엇을 도와드릴까요?'라고 끼어들면 안 된다. 관람객 스스로가 행동을 취할 수 있을 정도의 시간적 여유를 주고, 잠시 후 다가가 대화를 시작하는 것이 바람직하다. 혹은 "저는 이쪽에 서 있겠습니다. 혹시 궁금하신 것이 있으시면 불러주십시오."라고 말을 해 두는 것도 관람객이 대화에 나설 수 있도록 해주는 좋은 실마리가 될 것이다. <표 12-5>은 이러한 상황에서 지속적으로 대화를 전개할 때 참고할 만한 표현방법이다.

<표 12-5> 관람객과의 대화를 지속적으로 이끌어 갈 수 있는 표현(예)

1. 손님께서 저희 제품 ____을 눈여겨보시더군요!
2. 재질이나 원격조정 기능까지도 참신하지 않습니까?
3. 이번 전시회에서 최초로 소개되는 제품입니다.
4. 아마 이런 디자인을 채용한 제품은 처음 보실 것입니다.
5. 주문을 하시면 저희는 7일 내에 배달이 가능합니다.
6. 저희 제품의 현장 시연이나 제품소개 동영상을 꼭 한번 보십시오!

2. 질문할 수 있는 능력과 경청하는 태도

일반적으로 세일즈맨의 궁극적 목표는 고객이 최종적인 구매결정을 내리도록 설득하는 것이다. 고객을 설득하여 구매결정을 내리도록 하기 위해 절대적으로 선행해야 하는 것이 있다면 바로 고객이 필요로 하는 것과 원하는 것이 무엇인지를 올바로 파악하는 것이다. 고객의 욕구나 현안이 무엇인지를 파악해야 그에 대한 해결책 제시가 가능하기 때문이다. 바로 이런 맥락에서 현대적 세일즈 활동은 고객을 설득하는 능력에 앞서 고객의 필요나 욕구에 대한 이야기를 제대로 알아들을 수 있는 능력을 더욱 중시하고 있다. 그런데 고객의 필요나 욕구를 이해하기 위해서 또다시 선행되어야 할 것이 있다면 그것은 바로 적절한 질문할 수 있는 능력이다. <그림 12-2>는 이러한 과정을 시각적으로 설명한 것이다.

요컨대 전시회 현장에서 부스 담당자가 주도권을 갖고 관람객과 효과적인 상담이나 세일즈를 하기 위해서는 효율적으로 질문을 할 수 있는 능력을 반드시 갖추어야 한다. 심지어 관람객이 자신의 필요나 욕구를 정확히 설명해 내지 못할 경우에도 부스현장 담당자는 적절한 질문을 통해 관람객이 원하는 것을 구체화시켜 줄 수도 있어야 한다. 부스 담당자가 관람객을 상대로 효율적인 질문

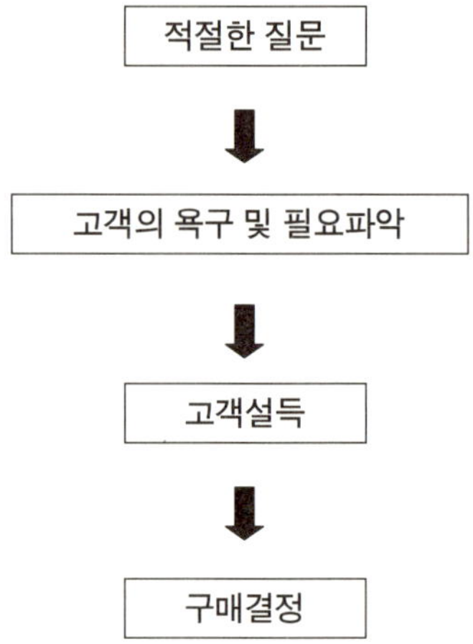

<그림 12-2> 고객의 구매결정을 설득하기 위한 선행조건

을 할 수 있으려면 반드시 사전에 철저한 준비를 통해 질문의 논리적 완성도를 높이고 실전적으로 교육훈련을 해야 한다.

그러나 적지 않은 전시회 부스 담당자들은 적절한 질문도 없이 자신이 말을 잘해 바이어를 설득시켜야 한다는 생각이 앞선 나머지 관람객의 이야기를 소홀히 듣는 경우가 많다. 심지어 때로는 관람객의 이야기를 선택적으로 듣기 때문에 듣기와 말하기 사이에 간극이 발생하는 경우가 적지 않다. 해외에서 개최되는 전시회에 참가하게 될 경우, 물론 부스 스텝들의 현지 외국어 구사능력에 대한 자신감 결여나 능력부족도 문제가 되겠지만, 고객의 욕구나 필요성을 파악할 수 있는 질문은 생략한 체, 바이어가 자신의 문제점을 이야기하는 동안에도 경청하기보다는 마음속으로 자기가 할 말만 준비하고 있는 부스 스텝들도 적지 않다. 부스 담당자가 고객의 이야기를 경청하지 않게 되면 자사 또는 제품중심적 대화를 하게 되거나 심지어 엉뚱한 대답을 하는 결과를 낳게 된다. 특히 외국인 바이어를 상대할 때 정성스럽게 경청하는 태도는 상담의 성공을 좌우하게 될 매우 중요한 기술이다.

적극적으로 경청하려는 자세란 바이어의 관심과 욕구파악에 초점을 맞추어

듣는 태도로서 상담이 성공적으로 전개될 수 있는 토대가 된다. 따라서 부스 담당자는 자사 제품의 특성이나 우수성만을 강조하면서 관람객을 일방적으로 설득하려고만 하기보다는 사전에 적절히 설계된 질문을 던지고 난 후 적극적으로 경청하는 태도를 유지해야 한다. 이렇게 고객지향적인 자세를 유지하면서 상담이나 대화를 자사 제품 또는 서비스가 아니라, 관람객의 관심과 현안에 초점을 맞추어 나가야 한다. 이때 고객지향적인 대화법이란 질문을 하는 경우에도 고객의 입장에서 하라는 것이다. 예를 들면, 내용은 같더라도 "제가 이 제품을 보여 드리겠습니다"보다는 "손님께서 보실 제품은…" 또는 "저희가 보내드린 샘플…"보다는 "손님께서 받아보신 샘플은…" 와 같은 식으로 고객중심적인 표현방법을 사용하는 것이 보다 바람직할 것이다.

결론적으로 관람객과의 상담을 효과적으로 지속시키기 위해서는 부스 담당자가 자신이 하고 싶은 말을 먼저 하려고 하기보다는 적절한 질문을 던진 뒤, 관람객의 대답을 경청하는 고객지향적인 태도나 자세가 훨씬 중요함은 아무리 강조해도 지나침이 없다. 전시회가 참가업체에게 제공해 주는 가장 좋은 기회란 부스 담당자들이 자사 또는 자사제품에 대한 정보를 관람객에게 많이 이야기할 수 있는 기회를 잡는다는 뜻이 아니고, 관람객이 갖고 있는 욕구, 필요 또는 문제점 등과 같은 중요한 정보를 듣고 배울 수 있는 기회를 포착해야 하는 것임을 잊지 말아야 한다.

3. 고객선별

1) 고객선별의 중요성 및 선별방법

일단 관람객과의 초기 접촉과정에서 느낄 수 있는 어색함을 지우면서 어느 정도의 친밀감을 구축하여 관람객을 자사 부스로 유도했다면, 다음 단계에서는 가장 먼저 해당 관람객의 자사 제품에 대한 관심도 혹은 구매가능성 등을 탐색해 보아야 한다. 왜냐하면 부스를 방문하는 관람객 모두가 제품구매에 관심과 결정권을 갖고 있는 것은 아니기 때문이다. 또한 기업의 전시회 참가비용을 감안해 볼 때, 부스 담당자가 관람객과 상담을 하는 시간 자체에 상당한 비용이 소요되는 것이기 때문에 제한된 시간을 선별된 고객과의 접촉에 집중할 필요가 있기도 하다.

그러나 고객지향적인 자세가 부족하거나 고객의 이야기를 경청하도록 훈련이 되어 있지 못한 부스 담당자는 전시회 현장에서 관람객이 자사 제품에 약간의 관심만 보여도 해당 고객에 대한 선별과정은 생략한 채 곧 바로 자사 제품의 특성이나 우수성 등을 알리는 일에만 매달리게 된다. 그러나 관람객이 자사의 표적시장에 부합하지 않거나 혹은 전시회 참가목표 달성에 적합하지 않은 고객으로 판명될 경우, 자사 제품을 소개하는데 사용한 시간과 노력은 헛수고가 되며, 나아가 다른 유망고객을 접촉할 수 있는 기회를 상실하는 결과가 될 뿐이다. 이렇게 참가업체 또는 판매자 중심적인 접근방식은 그 효율성이나 성과가 떨어지는데, 그 이유는 대부분의 전시회 관람객들이 제품을 구매하려는 이유나 상황이 서로 달라 개별적이거나 고객화된 관계를 원하기 때문이다. 그러므로 부스 담당자는 우선 신속하게 고객을 선별한 후, 구매결정권이나 영향력이 있는 고객들에게 시간과 노력을 집중하여 우선적으로 그들과의 사업관계를 장기적으로 형성 또는 지속시켜 나가도록 해야 한다.

결국, 부스현장 담당자의 고객선별 능력은 관람객과의 상담이나 대화를 효과적으로 지속시켜 갈 수 있는 가장 중요한 토대가 된다. 심지어 관람객이 자신의 필요나 욕구를 정확히 설명해 내지 못하면, 부스 현장 담당자는 적절한 질문을 통해 관람객이 원하는 것을 구체화 시켜줄 수도 있어야 한다는 점도 이미 앞에서 강조했다. 관람객 선별을 위해 적절한 질문을 설계하려면 무엇보다도 참가업체가 전시회 참가목표를 갖고 있어야 한다. 참가목표가 정확히 설정되어 있어야 그 목표를 달성할 수 있는 전략과 전술 수립의 방향성이 갖추어지기 때문이다.

가령, 독일 프랑크푸르트에서 개최되는 전시회에 참가하는 업체가 '유럽 지역의 새로운 잠재고객 발굴' 이라는 포괄적 참가목표를 설정해 두고 있다고 가정하자. 물론 이러한 목표는 제2부 제2장에서 소개했듯이 'SMART' 와 같은 목표설정 기준에 따라 반드시 구체적이고, 계량 가능하며, 달성 가능하고, 목표달성을 위한 시간의 틀을 갖추면서, 현실성 있는 참가목표로 재설정되어야 한다. 예를 들면, '향후 1년 이내에 자사제품을 10만불 이상 구매할 가능성이 있는 상위 100대 유럽 기업의 구매담당 부장급 이상의 임원급 관람객에 대한 리드 확보'와 같이 설정하면 될 것이다.

전시회 참가목표가 이렇게 구체적으로 설정 되었다면 고객 선별을 위한 질문의 방향은 이미 결정된 것이나 다름없다. 단, 부스 담당자가 관람객과의 접촉을 시작할 때는 사전에 설계된 적절한 질문을 하되, 관람객이 '예' 또는 '아니오'의 단답형으로 대답하게 되는 폐쇄형 질문보다는, 서술형으로 대답 또는 설명할 수 있도록 유도하는 개방형 질문을 던지는 것이 바람직하다. 아울러 개방형 질문에는 가급적 언제, 어디서, 무엇을, 어떻게, 왜, 그리고 얼마나 등이 포함되도록 설계해야 한다.

체계적으로 준비한 개방형 질문에 대한 관람객의 답변을 듣게 되면 구매에 관련하여 관람객이 처해 있는 다양한 상황이나 문제점을 좀더 명료하게 이해할 수 있으며, 또한 자사 제품이나 서비스가 어떤 경쟁환경에 놓여 있는지를 파악할 수도 있게 된다. 예를 들어, "언제쯤 이러한 제품을 필요로 하십니까?" 혹은 "금년 언제쯤 이런 제품을 구매하실 예정입니까?"와 같이 '언제'라는 단어가 포함된 개방형 질문은 관람객이 실질적 구매계획이 잡혀 있는 고객인지, 아니면 단순히 제품의 정보수집이나 관람에만 관심을 두고 있는 고객인지를 선별하기에 매우 좋은 방법이다.

만일 초기 상담과정에서 관람객이 구매결정권이나 영향력을 갖지 못한 것으로 파악되었을 경우에도, "혹시 사내에 저희 제품의 구매에 관심을 갖고 있는 분이나 구매관련 책임자가 누구인지 알고 계십니까?"라는 폐쇄형 질문을 한다면, "모른다"라는 단답형 응답을 듣게 될 가능성이 높다. 따라서 "주변의 어떤 분들이 저희 제품에 관심을 갖고 있을지 또는 저희 제품이 어떤 분들에게 도움이 될 수 있는지 말씀해 주실 수 있습니까?"와 같이 개방형 질문을 한다면 서술형 응답을 듣게 될 가능성이 높다는 뜻이다.

물론 관람객을 선별하기 위해서 개방형 질문을 하는 것이 바람직하지만, 폐쇄형 질문이라고 해서 모두 나쁜 것은 아니다. 예를 들어, '현재 귀사에서 이런 신소재나 기술이 적용된 제품을 찾고 계십니까? 또는 '귀사에는 금년 중 이러한 제품에 대한 구매계획이 잡혀 있습니까?'와 같은 질문들에 대한 관람객의 응답이 '예'일 경우, 곧 바로 자사 제품에 대한 설명이나 구체적인 상담을 지속할 수 있다. 즉, 체계적으로 준비해서 잘 표현된 폐쇄형 질문은 부스를 방문하는 많은 관람객들 중에서 유망한 고객을 빠르게 선별할 수 있도록 해준다. 고객선별을 하기 위한 효율적인 질문의 설계는 양질의 선별된 리드를 확보하기 위해서도 매우 중요한 과제인데, 리드 발굴을 위한 구체적인 질문의 기준과 방법에 대해서는 다음 장에서 보다 구체적으로 다루기로 하자.

2) 부적절한 관람객에 대한 대응방법

한편, 부스 담당자는 자사의 전시회 참가목표 달성에 적합하지 않다고 판단된 관람객과의 대화는 가급적 서둘러 마무리하면서 불필요한 시간낭비를 줄여야 하는데, 부적합한 관람객과의 대화시간은 최대 2분을 넘기지 않도록 시간관리를 하는 것이 바람직하다. 일반적으로 볼 때 부적절한 관람객의 대표적 유형으로는 구매계획이나 영향력이 전혀 없는 일반인이나 학생, 다른 참가업체 관계자, 또는 판매업자(vendor) 등을 꼽을 수 있다. 이러한 부적절한 관람객들을 응대할 경우에도 가급적 예의바른 태도가 요구된다. 왜냐하면 전시회 부스 주변에서는 자사 부스 스텝이 어떻게 고객을 응대하는지 다른 관람객들이 늘 보고 있기 십상이며, 부스 스텝의 무례한 태도는 다른 관람객들에게 부정적인 인상을 주어 자사 부스의 방문이나 접근을 망설이게 만드는 영향을 주기 때문이다.

부적절한 관람객과의 상담을 마무리하는 방법은 간단명료해야 한다. 우선 눈을 마주치고, 악수를 청한 후, <표 12-6>의 예시와 같이 자사부스 방문에 감사함을 표시하면서 인사말을 건네면 된다.

<표 12-6> 부적절한 관람객과의 상담을 마무리 방법

저희 회사 부스를 방문해 주셔서 감사합니다. 말씀을 듣고 보니 현 시점에서는 저희가 손님께 도움이 되질 않는 것 같습니다. 다른 부스에서 손님께서 찾고 계신 제품을 발견하실 수 있기를 바라겠습니다. 나중에 만일 저희 회사 제품과 관련하여 필요한 사항이 있게 되면 언제든 연락을 주십시오. 여기 제 명함(또는 팜플렛)이 있습니다. 안녕히 가십시오.

부적절한 고객인지 여부에 대해서 확신이 서지 않을 경우, 부스 담당자는 자신의 명함을 건네주고 관람객의 명함을 요청하면서 고객의 진위를 파악해 보는 것도 한 가지 방법이다. 간혹 관람객들이 자신을 구체적으로 밝히지 않으려는 경우도 있는데, 그 이유는 대개 나중에 귀찮아질 수 있다는 생각 때문이다. 만일 관람객이 명함을 건네지 않으려 한다면, 바이어가 아닌 경쟁업체 직원일 가능성도 있을 것이다. 이때는 부스 방문 목적을 재차 확인하거나 구체적인 상담이나 추후 자료발송 등의 조치를 위해 이름, 소속 및 직책 등에 관한 정보의 요구가 정당함을 인지시킨다. 그리고 전시회가 폐막된 이후에 별도의 접촉 등을 제의하고 가급적 빨리 대화를 마치는 것이 바람직하다.

간혹, 부적합한 관람객이 자사 부스에서 쉽사리 떠나려 하지 않을 경우에는 상담해야 할 다른 관람객이 있음을 상기시키거나, 부스를 둘러보라고 권하거나, 아니면 부스의 다른 스텝에게 신호를 보내 도움을 청한다. 경우에 따라서 관람객이 찾고 있는 제품이 자사 제품과 아무런 관련이 없다면, 다른 참가업체를 권유해서 고객을 보내는 경우도 있을 수 있다.

물론 직접적으로 관람객이 떠나주기를 바란다고 양해를 구할 수도 있다. 즉, “저희가 오늘 매우 바쁠 것 같습니다. 오늘 오전 중에만 해도 약 500명 이상의 관람객들이 저희 부스를 방문하실 것으로 예상되고 있어서, 고객께서 혹시 오후에 시간이 되신다면 다시 한 번 방문해 주시겠습니까?”, 혹은 “저희는 참가업체 분들이 아니라 바이어 분들과 우선적으로 상담해야 합니다. 혹시 질문이 있으시면 오늘 전시회가 끝나고 난 후 자리를 같이 하시지요" 등과 같은 직접적인 표현이 필요할 수도 있다.

지금까지의 설명을 다시 요약하자면, 부스 현장 담당자는 우선 아주 짧은 시간 내에 부스 앞을 지나가는 관람객의 관심을 유도하여 부스 안으로 들어와 관람이나 상담에 응하도록 할 수 있는 능력을 갖추어야 한다. 이어서 부스 안에 들어선 관람객의 자사 제품에 대한 관심도를 파악하고 자사의 전시회 참가목표 달성에 적합한 고객으로 판단이 되었다면, 부스 담당자는 곧 바로 자사의 제품이나 서비스에 대한 소개 또는 시연을 통해 관람객의 구매욕구를 불러일으킬 수 있어야 할 것이다.

제4절 제품 설명 및 시연

1. 제품 설명 및 시연의 목적

제품 소개(product presentation) 또는 제품 시연(product demonstration)의 주된 목적은 기업의 전시회 참가목표 달성에 기여할 수 있을 것으로 선별한 관람객을 대상으로 제품을 소개하거나 제품이 구매자에게 제공해 줄 수 있는 가치나 혜택을 설명하여 구매욕구를 자극한 후, 보다 구체적인 상담과정으로 고객을 이끌어 가기 위한 것이다. 그런데 제품 소개 및 시연을 수행함에 있어서 가장 큰 걸림돌은 얼마나 많은 관람객들을 불러모을 수 있는가 하는 문제와 관람객이 많이 모여든다 해도 부스를 동시다발적 또는 임의적으로 드나드는 관람객들을 통제하기가 어렵다는 점이다.

관람객들이 많이 모여 있는 전시회 부스에 가보면 으레 눈길을 끄는 움직임이 있기 마련이다. 예를 들면, 어떤 참가업체는 관람객들로 하여금 제품을 시험 또는 체험해 보도록 특별한 자리를 마련해 둔다. 다른 부스에서는 전시된 제품과는 직접 관련은 없지만 부스에서 다트게임, 골프 퍼팅, 또는 장난감 모형 원격조정, 풍선 만들기, 사진 찍기 등과 같은 다양한 볼거리 또는 즐길 거리를 제공한다. 또한 비디오 시연이 주류를 이루던 부스에서 이젠 멀티미디어 기술의 발전에 힘입어 디지털 방식의 게임이나 실험을 통해 관람객들의 관심과 흥미를 증폭시키고 있다. 물론 대기업인 참가업체는 마술사를 초청하여 오락적 재미를 제공하거나, 스포츠 스타, 개그맨, 가수, 영화배우 등과 같은 유명 인사를 동원하여 많은 관람객을 불러모으는 경우도 빈번하다.

이렇게 일반 관람객의 관심을 부스로 유인하기 위해서 전문적 엔터테이너를 고용할 경우 흥미를 고조시키기에는 별문제가 없겠지만, 관람객들의 구체적인 질문에 대해서 즉각적인 답변을 하기는 어렵다는 제약이 뒤따른다. 또한 많은 관람객들을 불러모을 수 있겠지만 중소 참가업체들에게는 비용도 만만치 않을 뿐만 아니라, 관람객들이 관람동기 측면에서 동질적이지 못하다는 한계가 있기 마련이다.

부스내에서 무료 사진촬영을 해주는 이벤트

따라서 모든 참가업체가 제품 소개 및 시연에 앞서 해결해야 할 선행적 과제는 바로 수많은 관람객 중에서 자사 제품에 실제로 관심을 보이는 관람객을 선별하는 것임을 재차 강조해 둔다. 그러나 전시회 특설 공간이든 부스 앞 통로에서든 여러 명의 관람객들을 불러모아놓고 제품에 대한 시연을 마치고 나면 제품에 관심이 아주 높은 사람들만 남을 뿐 대부분 즉시 자리를 떠버리는 경우가 많다. 따라서 스텝 한 사람이 시연을 펼치고 있는 동안 다른 스텝들은 반드시 시연을 관람하는 사람들 사이로 다니면서 신속하게 고객 선별 작업을 수행해야 한다. 물론 이때 다양한 질문을 준비해서 관람객 모두에게 똑 같은 질문을 반복하지 않도록 해야 한다. 그 중에서도 질문이나 코멘트를 하는 관람객이나 고개를 끄떡이며 옆에 서 있는 동료나 사람에게 시연되는 제품에 대해 언급하는 사람들은 제품에 대해 긍정적인 관심을 갖고 있는 경우가 많기 때문에 특별히 주목해서 접근할 필요가 있다.

그러나 전시회 현장에서 담당자들이 제품 소개 및 시연의 성과를 높이기 어려운 이유는 그 밖에도 몇 가지로 설명할 수 있을 것이다. 우선 무엇보다도 국제적 규모의 전시회에는 내방하는 관람객의 양적 규모와 질적 다양함 때문에 적정한(optimal) 접근방법을 설계하거나 구사하기가 어렵다. 따라서 제품 또는 서비스에 대한 소개 또는 시연을 반드시 공식화 또는 정형화하여 진행시킬 필요는 없다. 왜냐하면 관람객의 인적 구성이나 특성이 다양하기 때문에 설명 및 시연방식을 정형화하기 어려우며 이상적이고 명시적인 접근방식이 별도로 있는 것도 아니다. 즉, 관람객의 구성분포가 매우 다양할 경우에 한두 가지 정형화된 방식의 설명이나 시연으로는 여러 가지 상황에 대처하기가 어렵다. 더구나 대부분의 전시회에서 관람객들은 예측이나 통제하기 어렵게 부스를 출입하기 때문에 부스 담당자는 신속한 대응전략 또는 전술에 대한 훈련이 되어 있어야 하고, 전달하고자 하는 자사의 마케팅 메시지도 사전에 체계적으로 설계해 두어야 한다.

물론 혼잡한 전시회 현장에서 짧은 시간 동안에 부스를 방문하는 수많은 관람객들 중 자사 제품에 관심을 갖고 있으며 또한 자사의 전시회 참가목표를 달성하기에 적합한 고객을 선별하는 일은 어렵겠지만, 기업은 선별된 고객을 대상으로 자사 제품을 소개 또는 시연하면서 효과적으로 자사의 마케팅 메시지를 전달하고 구매동기를 자극할 수 있는 절호의 기회를 맞게 되는 것이다.

2. 제품 설명 및 시연 방법

전시회 현장에서의 제품을 설명 또는 시연하는 방법은 일반적인 세일즈를 위한 경우와 크게 다를 바가 없다. 효과적인 제품 설명과 시연을 위해서는 우선 기업의 전시회 참가목표에 근거하여 그 방향을 설정하고 어떤 성과를 기대해야 하는지 명확히 해 두어야 한다. 예를 들면, 관람객을 대상으로 자사 제품 및 서비스에 대해 보다 구체적으로 관심을 갖도록 할 것인지, 혹은 보다 정확히 기억 또는 인식시키도록 하는데 주안점을 둘 것인지(enter-taining), 아니면 자사 제품이나 서비스에 관심을 갖고 있는 관람객들을 교육시키는데(edu-taining) 초점을 맞출 것인지를 미리 결정해야 한다.

또한 제품에 대한 설명 및 시연 방법을 정형화하기는 어렵다 하더라도, 그 과정은 논리적으로 되어야 하고, 내용면에서는 관람객의 관심사항에 초점을 맞추어야 함은 두말할 나위조차 없다. 실제로 부스 현장에서 제품시연을 시작할 경우에는 관람객들에게 우선 시연하려는 내용을 먼저 요약하여 설명한 후 사전계획에 따라 시연을 해야 한다. 그리고 시연을 마치고 나면 시연한 내용을 간략히 다시 요약해서 설명하는 방식을 따르는 것이 바람직하다. 제품시연의 내용적 측면에서는 시연 담당자가 다음과 같은 점을 염두에 두고 진행할 필요가 있다.

첫째, 제품시연 현장을 흥겹고 신나는 분위기로 연출한다.
둘째, 자사 제품에 대해 들어 보았거나 알고 있는지 질문을 해 본다.
셋째, 표적 관람객의 필요나 욕구에 부합하는 제품과 서비스를 소개한다.
넷째, 제품의 성능보다는 제품이 가져다 줄 혜택을 중심으로 설명한다.

부스 현장에서 유명 캐릭터를 활용하여 제품시연 및 프리젠테이션을 하는 광경

우선 제품 시연 담당자가 제품에 대해 자부심을 느끼고 있음이 드러나도록 하되, 제품을 시연하는 과정이 흥겹고 열정적인 무대와 같이 연출되도록 기획해야 한다. 한편, 일부 기업들은 자사 제품이 무형적 서비스 상품이기 때문에 부스 현장에서의 시연이나 설명이 거의 불가

능하다고 주장하는 경우가 있지만, 브레인 스토밍 등 여러 수단을 동원해서 그 방법을 찾아내야 한다. 오히려 유형적 제품에 비해서 무형적 서비스 상품이기 때문에 유형적 단서를 포착해 내는 것이 필요하며 잠재 고객들에게 자사 서비스의 특성과 혜택을 구체적으로 인식시키는 일이 더욱 중요하다.

그러나 유형적 제품의 경우에도 제품이 갖고 있는 특성이나 장점보다도 제품의 구매와 더불어 구매자들이 얻게 될 부가적 가치를 중심으로 혜택을 부각시킬 수 있어야 한다. 가령, 자사 제품은 환경친화적으로 제작되었으며, 선택된 고객들만 사용할 수 있기 때문에 고객의 개성이나 라이프 스타일을 부각시킬 수 있다든지, 시간 및 비용절약은 물론 가격 지불방식의 다양성과 더불어 에프터 서비스 시스템이 잘 갖추어져 있어서 고장이나 수리에 대한 조치가 신속하다는 점 등을 강조하는 방식이다. 구체적인 예로, 자동차를 살 때도 출퇴근을 위한 기본적인 교통수단으로서의 기능만을 염두에 둔다면 고객은 아마도 신뢰성과 안전성만을 생각하면서 가격이 가장 저렴한 차량을 구매할 것이다. 그러나 자동차를 구매하면서 고객들은 여러 가지 부가적 혜택, 이를테면 자존심, 성취감, 라이프 스타일, 사회적 지위 등의 가치를 고려하기 때문에 이러한 가치에

제품이름 - preflight-에 착안하여 비행기 조종실 분위기로 제작한 부스 모형
(출처: EXHIBITOR, 2006. October, Ideas That Works)

소구(appeal)하도록 제품의 소개 및 시연의 방향을 설정해야 한다. 따라서 어떤 제품이든 시연을 할 때에는 제품의 기술적 특성이나 우수성에만 집착하지 말고, 제품구매를 통해 고객이 얻을 수 있는 가치나 혜택에 초점을 맞추어야 한다. 소비자는 결국 제품의 기능을 구매하기보다는 자신에게 주어지는 혜택을 구매하는 것에 관심을 두기 때문이다.

물론 제품을 소개 또는 시연하는 과정에서는 창의적인 아이디어를 활용하여 통합적이며 일관성 있는 마케팅 메시지를 전달함으로써 관람객들이 자사 제품에 대한 핵심적 가치를 새롭게 인식하게 하거나, 기억력(memorability)을 높여주는 일은 매우 중요하다. 예를 들어, 미국 기업 (주) Markzware Software는 2005년 시카고에서 개최된 PRINT 05 전시회에서 자사의 소프트웨어의 이름(preflight)에 착안하여 비행기를 주제로 전시회 부스를 제작함으로써 프린터 제품을 구경하러 방문한 관람객들의 호기심을 한껏 부추겨 놓았다. 이 회사는 디지털화된 자료가 프린터에 도착하기 전에 프린트의 색상, 폰트 및 이미지를 정교하게 만들 수 있는 FlightCheck라는 이름의 소프트웨어를 공급하는 업체이다. 20 × 20 ft 규모의 부스를 비행기 조종실의 형태로 제작하는 한편, 부스 담당자들은 기장의 복장을 착용한 것이다. 관람객들은 조종실 분위기로 제작된 부스안 극장안에 앉아서 이 회사 소프트웨어 제품에 대한 시연을 감상하도록 만들어 놓음으로써 관람객 유인과 메시지 수신 효과를 극대화할 수 있었다.

그러나 전시회에 방문하는 바이어들은 여러 부스에서 듣고 보게 된 언어적 정보와 상품소개와 관련된 각종 자료 등 정보과잉(information overload)에 시달리게 된다는 사실을 반드시 기억하고 있어야 한다. 그들은 전시회장이나 전시회 개최도시를 떠나기 전에 부스에서 귀로 들었던 정보는 대부분 잊고 떠나기 쉬우며, 받아 놓은 제품 소개 자료들도 대부분 전시회가 개최된 지역 내에서 폐기처분해 버리고 만다. 따라서 참가업체는 자신들이 전달하려는 마케팅 메시지 자체가 차별적 경쟁력을 갖추어야 한다. 각종 마케팅 메시지가 경쟁적으로 범람하는 전시회 현장에서 바이어들에게 기업 또는 제품에 대한 기억력을 높이려면 <표 12-7>에서 제시한 것과 같이 특정한 주제나 압축적인 문구를 사용할 필요가 있다. 눈을 사로잡을 만한 간결한 주제나 압축적인 메시지를 일관성 있게 활용하게 되면, 관람객들이 기업명 또는 상품의 이름을 연상하여 쉽게 기억할 가능성이 높기 때문이다.

<표 12-7> 제품 설명 및 마케팅 메시지 개발방법

1. 피라미드 형식으로 메시지를 작성하되, 2~3개 이내의 문구로 압축한다.
2. 각 메시지를 뒷받침할 수 있는 데이터를 갖추어 신뢰감을 구축한다.
3. 긍정적인 어구를 사용하면서, 논리적 순서에 따라 적절한 정보를 담는다.
4. 제품의 특성보다는 핵심적 가치를 중심으로 구매 '혜택'을 강조한다.
5. '최초의', '새로운' 또는 '다른'과 같이 눈에 띄는 표현을 사용한다.
6. 사례를 들어 설명하되, 기술적 용어(technical language)의 사용은 자제한다.
7. 관람객들의 기억력 제고를 위해 메시지를 재차 요약하여 전달한다.

참고로 <표 12-7>와 관련하여 몇 가지 추가적인 사항을 강조하자면, 우선, '최초의', '새로운', '신선한' 등과 같은 말을 사용하되, 진부하지 않게 표현하도록 유의해야 한다. 특히, 관람객의 제품에 대한 지식 수준이 파악되지 않은 경우에 가급적 전문용어를 사용하지 말아야 한다. 상당수의 관람객들이 제품에 관련된 기술적 문제를 다 이해하지는 못하지만, 제품의 구매결정에 많은 영향을 줄 수 있기 때문이다. 제품에 대한 설명 또는 시연이 끝난 후, 구체적인 상담으로 이어질 경우, 부스 담당자는 구매결정을 종용하려고 하기 보다는 관람객이 직면해 있는 문제점이나 어려움에 대해서 컨설팅을 해 주려는 태도를 갖추어야 한다. 이때에도 관람객과 부스 담당자가 나누는 대화의 비율은 방문객이 75%, 부스 담당자는 25% 정도가 되도록 부스 담당자는 가급적 청취에 주력해야 한다. 또한 자사 제품을 경쟁사 제품과 비교해서 설명이나 시연을 해야 할 경우에, 경쟁사가 현재 같은 전시회에 참가했는지 여부에 관계없이 경쟁사를 비난하는 표현은 사용하지 말아야 한다.

전시회 부스 현장에서 관람객에게 전달하고자 하는 마케팅 메시지는 가급적 자사의 전체적인 마케팅 메시지의 내용과 일관성이 있어야 하지만, 다른 마케팅 커뮤니케이션 매체(신문, 잡지, 방송, DM, e-mail 등)에서 사용하는 메시지를 똑같이 사용하는 것은 바람직하지 못하다. 왜냐하면 각 커뮤니케이션 경로에 따라 메시지 수신자의 특성이 다르기 때문이다. 물론 전시회에서 사용할 마케팅 메시지 개발은 반드시 전시회가 개막되기 전에 준비가 되어 있어야 한다.

그리고 제품 설명 및 시연을 효율적으로 마무리하는 방법도 반드시 익혀 두어야 한다. 시연을 지켜본 관람객이 해당 제품을 구매하여 여러 가지 혜택에 대한 기대감을 갖는다 해도 각 관람객들이 처해 있는 구매상황이 서로 다를 것임을 고려하여 시연을 끝마치면서 제품 설명과 시연을 담당한 사람은 관람객들을 부스로 초대 또는 유도하여 그들의 개별적 상황에 대해서 자사와 사업적 상담을 이어갈 수 있도록 마무리해야 하기 때문이다.

결론적으로 부스 현장에서 제품 시연과 상담업무를 담당할 스텝들은 철저한 사전 훈련을 통해 고객이 제품이나 서비스를 사용할 경우 얻을 수 있는 핵심적인 혜택과 더불어 자사의 전시회 마케팅 메시지 내용을 완전히 숙지해야만, 혼잡한 전시회 부스에서 보다 여유를 갖고 고객에 응대할 수 있으며 효과적으로 제품을 소개하거나 상담을 해낼 수 있을 것이다.

3. 제품시연 소요시간과 담당자 선발훈련

관람객을 상대로 제품을 설명 및 시연하는데 걸리는 시간은 통상적으로 5분 정도가 적당하며 첨단기술 등이 응용되어 설명하는데 다소 긴 시간이 필요한 제품의 경우라고 할지라도 대체로 10분 이상을 넘기지 않고 마무리하는 것이 바람직하다. 특히, 전문 바이어들이 전시장에 머무는 평균시간을 감안해 본다면, 설명이나 시연시간이 20분 이상 계속될 경우, 제품에 대한 설명을 매우 구체적으로 할 수는 있겠지만, 그 때문에 오히려 바이어들이 지루해 하거나 혹은 필요한 정보를 모두 얻었다고 생각한 나머지 그냥 다른 부스로 이동하게 되면서 부스를 재차 방문할 가능성은 희박해질 수 있다. 물론 제품 시연을 얼마나 오래 할 것인지 여부는 누구를 대상으로 무엇을 어떻게 시연할 것인가에 따라 결정하면 된다.

부스 앞에 설치된 제품시연 시간을 알리는 표지판

아울러 누가 제품의 설명과 시연을 담당할 것인지도 사전에 고려해 두어야 한다. 그런데 일반적으로 기업의 세일즈 부서에 소속된 스텝들이 전시회 부스 현장에 배치되면 이들은 평상시에 고객을 직접 방문하여 판매하는 방식에 적합한 훈련과 경험을 쌓아왔기 때문에 고객이 자발적으로 자사 부스로 몰려오는 혼잡한 전시회 환경에의 적응을 매우 어렵게 느끼는 경우도 있다. 반면에 제품 개발 또는 생산부서 스텝들은 제품의 기술적 우수성이나 기능적 특성을 설명하고 시연하는데 치중하는 경향을 보이기 쉽다.

인력이 부족한 중소기업의 부스의 경우에는 전시회 참가목표를 보다 구체화하고 동시에 자사 부스 방문에 관심을 보일 수 있는 전시회 관람객들의 특성을 사전에 파악하는 작업이 더욱 중요하다. 앞에서 설명했듯이, 예를 들면, 자사 부스를 방문할 전시회 관람객들이 주로 무엇에 보다 많은 관심을 보이며 또한 어떠한 정보에 대한 수집욕구가 높은지 등을 기준으로 그들의 이질성을 파악할 수 있다면, 이러한 분석을 근거로 예상 방문객들의 욕구에 효과적으로 대처할 수 있는 담당자를 선발하여 부스 현장에 배치해야 한다.

물론 부스의 규모가 큰 대기업의 경우에도 자사 부스에 여러 명의 현장 스텝이 필요하겠지만, 가장 먼저 고려해야 할 것은 자사의 전시회 참가목표이다. 상대적으로 인력의 여유가 있는 참가업체들은 세일즈 및 마케팅부서 직원들과 제품 개발 및 생산관련 부서직원들을 골고루 선발하여 배치하여 다양한 참가목표를 추구할 수도 있을 것이다. 그러나 이런 경우에도 가급적 전시회의 독특한 메커니즘에 대한 이해와 대응방법에 관해서 체계적 교육훈련을 받았거나 또는 전시회 현장에서의 경험이 비교적 풍부한 스텝들을 우선적으로 선발하여 임무를 부여하는 것이 일차적으로 중요하다. 따라서 자사 제품 및 주요 경쟁사 제품들의 장단점에 대한 이해력은 물론 자사의 전시회 마케팅 메시지 전달능력이 뛰어난 직원을 선발하여 훈련을 시킨 후, 부스 현장에서 제품 시연 및 상담을 담당하도록 해야 한다. 물론 때로는 외부 전문가를 고용해서 소개 및 시연만을 전담시키는 경우도 있을 수 있다.

누가 제품에 대한 설명이나 시연을 담당하든 전시회 개막전에 충분한 연습을 통해 그 대본 및 과정에 익숙해지도록 준비해야 한다. 제품 시연을 효과적으로 하려면 임무를 부여받은 담당자는 사전에 치밀하게 대본(script)을 작성하고 전시회 개막 전에 사내 피드백을 받아가면서 예행연습(rehearsals)을 해 두어야 한다. 물론 제품에 대한 지식, 이해력 및 메시지 전달능력도 갖추고 있어야 하기 때문에 가급적 회사 내부의 직원이 제품의 설명과 시연을 담당하는 것이 좋다. 그러나 해외 전시회에 참가할 경우에는 효과적인 제품 설명 및 시연을 하기 위해서는 현지에서 통용되는 언어를 능숙하게 구사할 수 있는 능력이 무엇보다 필요하기 때문에 현지의 전문인력의 도움을 받는 것이 바람직하다.

한편, 전시회 부스에서는 제품 설명이나 시연을 하는 동안에 다음과 같이 예상치 못한 몇 가지 상황을 만날 수 있다. 무엇보다도 제품 설명이나 시연을 하고 있는 도중에 일부 관람객이 부적절한 질문을 제기하면서 흐름을 끊거나 시간을 낭비하게 만드는 경우를 들 수 있다. 또는 반대로 제품 설명 및 시연을 담당한 직원이 고객 선별과정에서 파악된 고객의 핵심적 관심사항이나 시연의 주제를 벗어나서 이야기를 하게 되는 경우도 있다. 게다가 장비가 제대로 작동되지 않아서 당황하여 효과적인 시연에 실패할 수도 있을 것이다. 따라서 제품의 설명이나 시연임무가 부여된 담당자는 사전에 충분한 훈련을 통해 이렇게 돌발적인 경우가 발생하더라고 당황하지 않고 침착하게 대처할 수 있는 능력을 배양하는 것이 중요하다.

전시장 내부로 연결된 복도 천장을 활용한 배너광고

제13장 리드의 발굴과 기록

제1절 리드의 개념과 중요성

전시회에 참가하는 궁극적인 목표가 무엇인지를 참가업체 관계자들에게 질문을 해 보면, 대개는 주문확보, 매출확대, 혹은 판로개척이라는 답을 주로 듣게 된다. 그러나 현실적으로 전시회 현장에서 처음 접촉한 바이어에게 주문을 받아 매출을 성사시키게 되는 경우는 매우 드물다. 그 대신 전시회에서는 구매 가능성이 높은 고객과 대면접촉이 가능하며, 추후에 그들과 후속적 접촉을 통해 주문계약을 성사시킬 수 있도록 고객들의 구매계획에 대한 정보를 입수할 수 있다. 잠재고객의 구매계획에 관한 구체적 정보를 '리드'(lead)라고 부르는데 좀더 쉽게 표현하자면 '구매가능 고객에 대한 프로파일'이라고 할 수 있다. 미국 전시산업협회(IAEM)는 선별된 리드(qualified lead)란 '전시회 폐막 후 24개월 이내에 중요한 구매를 발생시킬 수 있는 고객과 접촉한 정보'라고 정의하고 있다.[101)]

이러한 정의에 대한 동의 여부와 상관없이 전시회에 참가하는 대부분의 기업

101) IAEM(1998). The New Exhibitor's Handbook, IAEM. p.22.

은 잠재고객에 대한 프로파일 확보를 가장 중요한 참가목표로 꼽는다. 물론 부스를 방문한 모든 관람객에 대한 일반적 정보가 아니라, 향후 자사 상품의 구매 가능성이 높은 고객과 그 고객이 소속되어 있는 기업의 구매계획과 관련된 다양한 정보가 중요한 것이다. 따라서 리드 카드 또는 유망한 잠재고객에 대한 프로파일에는 전시회가 폐막된 후, 효과적으로 후속조치를 취할 수 있는 유용한 정보가 담겨 있어야 한다. 그 이유는 마치 400m 계주시합을 할 때와 같이, 부스 담당자는 부스 현장에서 수집한 리드 카드, 즉 바톤을 결승점(매출)으로 달려갈 사람(세일즈 담당자)에게 잘 넘겨주어야 하기 때문이다.

전시회에 참가한 기업들이 매출확대를 위해 펼치는 활동은 실제적으로는 전시회가 폐막된 이후에 후속적 조치를 통해 본격화된다. 물론 전시회 현장에서 구매를 하는 관람객이 전혀 없는 것은 아니다. CEIR의 조사결과에 따르면, 전시회 관람객의 83%가 전시된 제품과 관련하여 구매영향력(buying influence)이 있는 것으로 나타났다.[102] 만일 고객을 선별하는 과정에서 관람객이 구매결정권자이거나 잠재적 구매자로 추정이 된다면, “혹시 고객께서는 전시장에서 오늘 구매결정을 내리시려고 하십니까, 혹은 오늘은 정보를 알아보시고 나중에 구매결정을 하실 예정이십니까?”와 같이 직접적인 질문을 던져보아야 한다. 이에 대해 관람객이 “오늘 전시회에서 구매결정을 내릴 예정이다.”라고 대답한다면, 부스 담당자는 가능한 모든 자원을 동원해서 관람객을 설득하고 계약을 성사시키는데 집중해야 하는 것은 당연하다.

그러나 제품의 구매주기(buying cycle)가 비교적 길거나, 고가의 중장비 및 첨단제품 등을 취급하는 전시회의 경우, 현장에서 즉시 구매주문을 하는 관람객은 거의 없다고 보아야 한다. 이러한 이유 때문에 기업이 전시회에 참가하는 가장 주된 이유 중에 하나가 바로 전시회를 방문하는 잠재고객을 대상으로 제품의 구매동기를 가속화 또는 구매주기를 단축시키도록 하기 위해 고객과 대면접촉을 하면서 그들에 대한 프로파일, 즉 리드를 확보하려는 것이다.

102) CEIR(2000). Exhibitions Attract Untapped Market of Visitors with Buying Authority, ACRR 1130.

양질의 리드를 확보하기 위해 관람객에게 던질 수 있는 질문은 참가하는 전시회의 특성이나 개별기업의 참가목표에 따라 결정하게 된다. 예를 들어, 수평적 대중전시회(horizontal public show)에 참가한 경우라면, 관람객의 구매가능성을 확인할 수 있는 질문이 우선시되어야 할 것이다. 혹은 전시된 상품의 생명주기(product life-cycle)가 짧을 경우에는 관람객의 구매에 따른 시급성이 어떻게 되는지를 우선적으로 질문해야 할 것이다. 한편, 기업이 전시회를 참가한 주된 목표가 신상품을 테스트하는 것이라면 관람객들에 대한 기본적인 인구통계학적 정보를 알고 있는 한, 추가적인 정보 즉 리드 수집이 크게 중요하지 않을 수도 있을 것이다. 물론 전시회 폐막 이후 매출을 발생시키기 위해 즉각적으로 후속적 조치를 취할 계획이 없을 경우에도 리드 확보가 필요하지 않을 수도 있다.

그러나 궁극적으로 전시회에 참가하는 모든 기업들에게 '매출확대'는 가장 중요한 목표일 수밖에 없다. 따라서 전시회 참가업체가 가장 중요시하는 현장활동은 전시회 폐막 이후 실제적인 매출 발생을 목표로 관람객과의 후속적인 접촉이 가능하도록 연결고리의 역할을 해 주는 리드를 확보하는 것이다. 특히 전시회를 통해 확보되는 리드는 신문, 잡지, TV, 라디오 등 4대 매체를 이용한 광고나 홍보나 직접우편(DM), 텔레마케팅, 이메일 등을 포함하여 여러 가지 마케팅 커뮤니케이션 수단들을 통해서 확보할 수 있는 리드에 비해서 보다 우수한 것으로 알려져 있다. 그 이유는 전시회란 많은 마케팅 매체 중에서도 관람객들이 자발적으로 찾아가는 유일한 매체이며, 따라서 구매와 관련된 정보의 수집이나 평가를 하기 위해 관람객들이 능동적인 행동을 하기 때문이다. 또한 참가업체 입장에서는 전시회에 참가하면 상대적으로 동질성이 높은 수많은 잠재고객들과 전시회 현장에서 직접 대면하면서 오감을 활용한 3 차원적 상품 소개가 가능하며, 리드의 완성도를 높이기 위해 추가적인 질문을 할 수도 있기 때문이다. 그 이외에도 전시회에서 발굴된 리드는 다음과 같은 측면에서 다른 마케팅 수단을 통해서 발굴된 리드에 비해서 우수하다.

첫째, 전시회 리드는 다른 마케팅경로를 통해 확보된 리드에 비해 매출로 연계될 확률이 상대적으로 높은 양질의 정보이다.

둘째, 전시회 리드는 바이어의 구매주기를 단축시킬 수 있기 때문에 최종 구매에 이르는 소요시간이 더 짧은 만큼 판매를 마무리하기까지 수반되는 바이어와의 접촉횟수도 상대적으로 적다.

셋째, 전시회 리드로 비롯된 매출은 투자회수율(ROI) 또는 목표달성률(ROO)과 같이 마케팅 활동에 대한 성과분석이 상대적으로 용이하다.

제2절 리드의 발굴방법 - 리드발굴을 위한 질문

앞 절에서 설명했듯이 전시회에서 확보된 리드는 다른 경로를 통해 확보된 리드에 비해서 상대적으로 우수하기 때문에 전시회 현장에서 양질의 리드를 얼마만큼 확보할 수 있는가에 따라 기업의 전시회 참가 성패를 가늠할 수 있게 된다. 그러나 시간적 제약이 있는 전시회 현장에서 부스 담당자가 효과적으로 고객을 선별하고 양질의 리드를 확보하기 위해서는 관람객의 구매계획에 관련하여 정곡을 찔러 질문할 수 있는 능력을 갖추어야 한다. 이러한 핵심적 질문을 통해 확보된 '양질의 리드(quality lead)'는 참가업체의 데이터 베이스로 즉각 전환되어 해당 고객과 후속적인 접촉을 시도하고자 할 때 활용될 수 있도록 정확성과 신뢰성을 갖추어야 한다. 즉, 자사 부스를 방문한 잠재 고객의 이름, 소속, 직위, 연락처 등에 관한 기본적인 정보 이외에 자사 제품 또는 서비스에 대한 관심도, 현재 사용하고 있는 제품에 관련된 만족도 또는 문제점 등은 물론 향후 고객과의 추가적인 접촉을 하면서 구매결정을 가속화시킬 수 있는 다양한 단서나 정보들이 포함되어 있어야 한다. 관람객 선별을 용이하게 해 주고, 또한 양질의 리드를 확보하기 위해서는 <표 13-1>과 같은 기준에 따라 질문을 하는 것이 바람직하다.[103]

103) Siskind Barry(2005). Powerful Exhibit Marketing, John Wiley & Sons Canada, Ltd.

<표 13-1> 고객선별 기준 - 양질의 리드 확보를 위한 질문의 핵심내용

Authority	권한	구매의사 결정권한, 구매의사 결정과정
Capability	능력	구매예산, 구매량
Time Frame	시기	구매의 시급성, 구매예정시기
Identity	신원	이름, 직책, 직위 등
Obstacles	장애요인	구매관련 문제파악
Needs	필요성	제품에 대한 용도 또는 필요성

부스 담당자가 관람객을 신속하고 정확히 선별하고 상담의 효율성을 높이기 위해서는 위에서 소개한 'ACTION'이라는 기준을 중심으로 질문을 하는 것이 바람직하다. 질문의 순서는 그다지 중요하지 않으며 전시회의 종류나 상황에 따라서는 질문방식을 조정할 필요도 있을 것이다. 다만, 영어적 표현의 대문자 ACTION과 같은 틀이 있다면 관람객과 대화를 하는 도중에 핵심적인 질문을 기억하기가 쉽고, 대화의 초점을 유지해 갈 수 있다는 장점이 있다. 그러나 부스 담당자는 고객선별과 리드 확보가 거의 다 되었다고 생각될 무렵, 관람객에 대해 추가적으로 더 알아 두어야 할 사항이 있는지 여부를 반드시 질문할 필요가 있다. 그렇게 함으로써 혹시 빠뜨렸을지 모를 고객에 대한 정보를 점검 또는 보완하여 리드 내용의 완성도를 높이는 것도 중요하다.

1. 구매결정 권한

관람객이 구매결정권을 갖고 있는가 혹은 구매결정에 어떤 영향력을 행사 하는가? 제품에 대한 설명과 시연의 올바른 방향을 결정하기 위해서는 부스를 방문한 관람객이 어떤 수준의 구매결정권을 갖고 있는지를 이해해야 한다. 가령, 최종적 의사결정권자이라면, 부스 상담은 최종적 구매결정을 설득하는 방향에 초점을 두어야 할 것이다. 그러나 최종적인 구매결정권을 갖고 있는 관람객에게만 초점을 맞추어 상담하는 실수를 범하지는 말아야 한다. 비록 구매에 대해 직접적 결정권을 갖고 있지는 않지만, 구매과정에서 나름대로의 영향력을 행사할 수 있는 부스 관람객도 많기 때문이다. 따라서 구매결정에 영향력을 행사할 수 있는 관람객에게는 자사의 마케팅 메시지가 구매결정 책임자에게 전달될 수 있도록 상담방향을 잡아야 할 것이다.

아울러 전시회 폐막 후 후속조치를 취하는 과정에서 중요한 단서가 되기 때문에 구매결정이 이루어지는 과정이나 구조를 파악하는 것도 매우 중요하다. 다음과 같은 질문을 통해 구매결정권을 기준으로 한 관람객 선별 또는 리드확보가 보다 효과적으로 이루어 질 수 있을 것이다.

① 제품 구매와 관련하여 사내에서 어떤 역할을 하십니까?
② 신제품 구매에 따른 의사결정은 어느 분이 하십니까?
③ 구매결정을 어떻게 하십니까?
④ 이 제품을 누가 가장 많이 사용하시게 될 것 같습니까?

단, 관람객이 갖고 있는 구매결정권의 수준과는 상관없이 가급적 잠재고객들에게는 친절하게 질문하고 응대해야 한다.

2. 구매예산 또는 능력

관람객이 소속된 기업은 현안 해결이나 제품 구매를 위한 예산을 얼마나 책정하고 있는가? 예산이 확보되어 있지 않은 경우라면 일반적으로 조만간 현안 해결을 위한 행동이나 구매결정이 이루어지기는 어렵다고 판단할 수 있을 것이다. 다음과 같은 질문이 관람객의 구매능력이나 예산을 파악하고자 하는 가장 대표적인 표현이 될 것이다.

① 제품 구매를 하기 위해 확정되어 있는 예산이 있습니까?
② 어느 정도 규모의 구매를 계획하고 계십니까?

3. 구매시기

언제까지 문제를 해결 또는 제품을 구매해야 하는가? 관람객이 현안 해결을 위해 얼마나 오랫동안 어떤 노력을 기울여 왔는지 혹은 어떤 선행적 요인이 구매결정 시기에 영향을 주고 있는지 등을 파악해야 한다. 제품구매에 대한 시급성이 없는 바이어와는 오랜 시간과 노력을 들여 상담을 하더라도 매출로 연결시키기는 어려울 것이다. 전시회 부스 현장에서도 제품 사용 또는 구매시기가 확정되어 있지 않고 막연한 관심만을 갖고 있는 고객보다는 자사의 제품 판매주기(sales cycle) 내에 구매가능성을 보이는 관람객에게 보다 관심을 두어야 할 것이다. 또한 전시회가 폐막된 이후에도 영업이나 판매부서 담당자들은 리드 카드에 적혀 있는 바이어들의 구매결정 시급성 및 중요성 정도를 참고하여 사후 조치를 하고 실제적인 접촉이나 추가적 방문의 우선순위를 결정하게 된다. 따라서 구매시기를 확인하기 위한 질문은 매우 중요하다.

① 제품에 대한 구매가 언제쯤부터 시작되겠습니까?
② 다음 번 시작되는 구매회계 기준일이 언제입니까?
③ 구매 상담을 구체화하기 위한 약속을 잡으려면 언제쯤 연락을 드릴까요?

4. 관람객의 신원

부스를 방문한 바이어가 어느 지역, 어느 기업에서 온 누구인지를 확인해야 한다. 특히 관람객의 이름, 직책, 직위, 소속된 기업의 규모 또는 소재지 등에 따라 전시회 현장에서의 구하고자 하는 정보의 종류나 행동이 다르기 때문에 이를 파악할 수 있어야 어느 담당자가 더 적합한지 또는 바이어와의 상담 방향은 어떻게 해야 할지 등을 결정할 수 있다.

5. 구매 장애요인

부스 현장 담당자가 난감해 하는 경우가 생기는 것 중에 하나는 관람객과 상당한 시간을 들여 대화를 하고 난 후에야 판매를 현실화하는데 따르는 결정적인 장애요인이 있음을 깨닫는 것이다. 따라서 관람객이 소속된 조직 안팎의 구매결정과 관련된 상황적 기류를 탐지하는 것은 중요하다. 가령, 다른 공급업체와의 기존 계약조건 때문에 즉각적인 구매선 변경이 불가능할 수도 있을 것이다. 관람객이 소속된 조직 내부의 다른 사람이 경쟁사의 제품 또는 서비스를 강력히 추천하고 있다거나, 혹은 특정 내부자가 자사 제품이나 서비스의 구매를 원치 않을 수도 있다. 따라서 구매결정에 따른 상황적 이유가 무엇인가를 알아내는 것은 중요하며, 만일 이러한 장애요인을 파악해 내지 못하고 제품 설명이나 시연을 한다면 시간과 비용만 낭비하는 꼴이 되고 말 것이다.

6. 필요 또는 욕구

여기에서는 설명의 편의상 관람객의 필요나 욕구에 대한 질문을 가장 나중에 다루고 있지만, 사실은 관람객과의 대화 초기과정에서 고객이 어떤 필요나 욕구를 갖고 있는가를 무엇보다 앞서서 파악해야 한다. 고객을 선별하는 과정에서 가장 기본적이며 중요한 점은 관람객이 어떠한 용도로 자사 제품의 구매에 관심을 두고 있는지를 파악하는 것이다. 나아가 여러 가지 필요나 욕구 중에서도 관람객이 가장 우선시하는 것이 무엇인가를 알아야 한다. 왜냐하면 만일 관람객이 어떤 문제에 대한 해결책(solution) 확보를 시급히 필요로 하고 있음을 간파했다면, 부스 담당자는 반드시 그러한 해결책 제시에 초점을 맞추어 상담을 해야 하기 때문이다.

관람객의 구매결정을 가속화시키기 위해서는 고객선별 과정에서 얻어진 리드를 염두에 두고 상담과 설득을 주도해 나아가는 것이 바람직하다. 그러나 관람객을 상대로 제품판매에 초점을 맞추어 설명하거나 구매결정을 유도하려고 하기보다는 그들이 안고 있고 문제점을 귀담아 듣고 그에 대해 자문을 해주거나 해결책을 찾아주려는 태도나 접근방식을 취하게 되면, 서로 이익(win win)이 될 수 있는 호의적인 관계구축이나 전략적 제휴를 이끌어 낼 수 있는 기회가 생길 수 있다. 자문방식의 부스 운영이란 상담을 할 때 관람객 자신이 의제를 결정하도록 이끌어가는 것이며, 일방적인 독백이 아니라 쌍방향적인 대화를 해 나가는 것이다. 만일 부스 담당자가 체계적인 질문을 통해 관람객이 처해 있는 어려운 상황이나 문제점 또는 구매계획을 정확히 파악하고, 그에 대해 어떤 구체적인 대응책을 제공할 수 있다면, 해당 잠재 고객을 자사의 새로운 유망고객으로 만들 수 있는 확률이 높아질 것이다. 물론 관람객은 제품 구매결정을 포함하여 자사의 현안에 관한 다양한 대안적 해결책을 모색할 것이기 때문에 부스 담당자는 여러 가지로 비교·분석된 신뢰할 수 있는 정보나 지식을 고객에게 제공해 주면서 자사의 해결책이 가장 우수함을 입증할 수 있어야 한다.

제3절 리드 기록방법과 리드 카드의 양식

1. 리드 기록방법

전시회에서 리드 카드를 작성하는 일은 전시회 현장활동을 실제적인 판매와 연결시키는 가교를 놓는 것이기 때문에 전시회 현장에서 발굴된 리드를 기록해 두는 것은 기업의 전시회 참가 성패를 가늠하는 가장 중요한 업무 중의 하나이다. 그렇다면 전시회장에서 획득한 리드는 언제 그리고 어떻게 기록하고 보관할 것인가?

전시회 부스 현장에서는 관람객들이 예고 없이 밀려들어 올 수 있기 때문에 부스 담당자가 상담을 하면서 동시에 기록하지 않은 채 자신의 기억력에만 의지하게 되면 리드 기록의 정확도가 떨어질 가능성이 높아진다. 관람객이 제공하는 정보는 가급적 그 자리에서 기록을 하는 것이 바람직하지만, 질문을 던지고 난 후, 펜을 들고 기록할 준비를 하되 재촉하지는 말아야 한다. 부스 담당자가 관람객이 말하는 내용을 들어가면서 동시에 기록하는 모습은 고객의 이야기에 집중하고 있음을 보여주는 진지한 태도이며 기록의 정확성도 높일 수 있다. 물론 경우에 따라서는 대화 도중에 기록을 해도 개의치 않는지 여부를 관람객에게 미리 물어보는 것이 좋다. 부스를 방문하는 관람객이 많아 시간적 압박이 심할 경우, 핵심단어(key words) 중심으로 상담내용을 실시간에 간략히 기록해 둔다면, 나중에 시간적 여유가 생겼을 때, 그 핵심단어를 근거로 고객과의 상담내용을 연상하거나 기억하는데 유용할 것이다.

그런데 최근까지도 전시회 경험이 비교적 많지 않은 기업, 특히 개발도상국가 소재 중소기업 부스에서는 아직도 어항같이 생긴 통에 단순히 명함을 수집하거나, 명함의 뒷면, 방명록, 공책 등으로 리드를 확보하고 있는 모습이 자주 목격된다. 이럴 경우 리드 양식이 정형화되어 있지 않고, 부스 스텝들간의 기록방법도 일관성이 없어서 리드의 내용이 부실해지거나 정확성이 떨어지게 된다. 더구나 어떤 명함은 앞뒷면 모두 인쇄가 되어 있고, 글씨를 써 넣을 여백이 부족하거나, 혹은 글씨를 써 넣을 수 없는 재질로 만들어진 것도 있다. 심지어 고객의 명함 위에다 기록을 하는 행동이 문화적으로 예의에 어긋나는 경우도 있다. 또한 참가업체들이 자주 사용하는 방명록이나 노트에는 관람객의 이름과 소속 그리고 연락처와 같은 기본적 정보만을 기재할 뿐, 정작 관람객과 나눈 중요한 상담내용은 비체계적으로 기록하고 있는 경우도 많다. 기록이 부실해지면 전시회에 참가해서 어렵게 성사시킨 잠재고객과의 현장 접촉은 후속적인 성과로 연결되기 어렵기 때문에 결과적으로는 사교적 만남으로 끝나버리고 말 것이다.

그런데 최근 국내외적으로 지금까지 설명한 수동식 리드 기록방법의 단점이나 불편함을 극복하면서 혼잡하고 시간적 제약이 많은 전시회 현장에서 리드 기록을 손쉽게 지원해 주는 바코드 판독기 및 스캐너를 포함한 여러 가지 전자식 리드 기록 시스템(electronic lead-taking system)이 빠르게 개발 및 보급되고 있다. 물론 전자적으로 리드를 회수하는 도구도 체계적으로 설계되어 있지 못한 경우에는 명함이나 방명록을 이용하는 것과 크게 다르지 않을 수 있다. 그러나 이미 여러 해 전부터 각 국가의 전시회 주최자들은 리드 회수 시스템(lead-retrieval system)을 준비하여 전시회 전체의 컴퓨터 등록 시스템에 연동시킴으로써 개별 참가업체 담당자들이 기록하는 정보가 자동적으로 중앙 전산 시스템의 데이터 베이스에 저장되어 거의 실시간으로 참가업체들이 정보에 접근이 가능하도록 만들어 놓고 있다.

부스 출입구에 설치된 막대기둥 모양의 카드리더기/리드회수기

참고로 최근 미국 라스베이거스 컨벤션센터(LVCC)에서 개최된 International CES(Consumer Electronic Show)에서 사용된 전자식 리드 기록기에 설계되어 있는 리드의 양식과 그 내용을 살펴보기로 하자.

<표 13-2> 전자식 리드 기록기의 양식(예)

2006 International CES

Las Vegas, NV January 6~9, 2006

01/08/2006 14:30:53
RSR#097572
ID # 218193
BLAZE WORTH
ASSOCIATE
BANYAN TREE
329 TOWN CENTER DR.
SANTA MONICA CA 93455

PHONE : 805 739-5454
FAX : 805 739-5455
EMAIL : banyantree@msn.com

— PLAN TO REPRESENT —

Home Security
Buy Influence: Final Decision Maker
Gross Sales: Under $ 10 Million
Employee: 100~300
Stores:

PURCHASING INFLUENCE
___ Final Say
_√_ Recommend
___ Specify

FOLLOW UP ACTION
_√_ Schedule Meeting
___ Phone Call
___ Send Literature
___ Demonstration

NOTES(Comments):

* 위 리드 양식에 따라 기록된 내용은 가상적으로 입력한 것임.

물론 모든 리드 기록기가 똑같은 방식으로 개발되어 있는 것은 아니지만, <표 13-2>에 나타난 기록은 관람객이 지니고 있는 인식표 또는 명찰을 리드 판독기에 통과시키면 적혀 있는 정보가 자동적으로 종이로 출력되어 나타나게 되어 있다. 이 전자식 리드 기록기에는 명함에 적혀 있는 관람객의 이름, 직책, 주소, 연락처 이외에 관람을 하고자 하는 제품, 구매권한, 소속기업의 총매출액, 종업원 수 등에 대한 정보와 선택지로 설계된 구매영향력과 필요한 후속조치 방법 등을 파악할 수 있게 되어 있다. 그러나 이 전자식 리드 기록기에 입력된 정보만으로는 개별 참가업체가 필요로 하는 모든 정보욕구를 모두 충족시킬 수는 없을 것이다.

최근 유럽이나 북미지역에서 개최되는 일부 전시회에서는 첨단정보통신 기술에 힘입어 참가업체의 개별적인 정보수집에 대한 욕구를 반영시킬 수 있는 다양한 옵션이 제공되거나, 이동통신기기 또는 기타 멀티미디어와 연계되거나 통합된 뛰어난 성능을 갖춘 전자식 리드 기록기들이 등장하고 있다. 따라서 참가업체가 전자식 리드 기록기를 임대하여 활용하기 위해서는 참가하는 전시회에 따라 자신들이 필요로 하는 사양이 포함되어 있는지를 다음과 같은 질문을 기준으로 사전에 점검해 둘 필요가 있다.

◦ 리드 기록기가 어떤 정보를 제공하는가?
◦ 어떠한 양식으로 리드가 작성되는가?
◦ 언제 정보를 받아볼 수 있는가?
◦ 리드 기록기는 사용하기가 편리한가?
◦ 비용은 얼마나 되는가?

그러나 전시회 개최지역이나 종류에 따라 이러한 전자식 리드 기록기의 활용이 가능한지 여부를 사전에 확인해 두어야 한다. 설령 전자식 리더 기록기가 있다 해도 그 기능이 부실할 경우에는 리드 기록을 능률적으로 해 낼 수 있는 다른 대안을 반드시 준비해야 할 것이다. 심지어 전자식 리드 기록기를 활용하는 장점이 분명히 있지만 전적으로 의존해서는 안 된다. 그 대표적인 대안이 바로 리드 카드(lead cards)를 활용하는 것인데, 이 리드 카드는 단독적으로 활용하던지 혹은 전자식 리드 기록기의 한계를 보완해 보려는 목적으로 동시에 사용하는 방법이 있을 것이다.

2. 리드 카드 양식의 제작

리드 카드란 전시회 폐막 이후, 잠재고객과 후속적 접촉을 할 목적으로 고객에 대한 정보를 기록할 양식(form)을 의미한다. 정형화된 리드 양식이 없다면 부스 담당자들이 혼잡한 전시회 현장에서 양질의 리드정보를 확보할 수 있는 질문의 핵심을 모두 기억하기란 쉽지 않다. 또한 일부 관람객들은 명함이 없거나 명함이 부족한 상황에 처할 수도 있기 때문에 리드 양식이 준비되어 있다면 고객에 대한 보다 정확한 정보를 신속히 확보할 수 있다는 이점이 있다.

기업에 따라 내부적으로는 전시회 부스 현장운영을 담당하는 부서와 세일즈 활동을 전담하는 판매부 또는 영업부 부서가 서로 분업화되어 있을 수 있다. 어떤 영업 또는 판매부서 담당자들은 전시회에서 작성된 리드 정보가 종종 명함에 적혀있는 정보와 별로 다르지 않아 실제적인 매출로 전환시킬 수 있는 단서가 부족하거나, 심지어 글씨를 정확히 알아볼 수 없는 경우도 있어서 영업에 별로 도움이 되지 않는다고 주장하기도 한다. 전시회에서 수집된 리드의 정보가 부실할 경우에는 다른 마케팅 커뮤니케이션 수단을 통해서 얻어진 리드에 비해 오히려 더 해로운 결과를 낳는다. 왜냐하면 판매부서 담당자가 후속조치를 하는 과정에서 잠재고객으로 하여금 똑같은 내용의 정보를 반복적으로 대답하도록 만들게 되어 자사의 마케팅 운영능력뿐만이 아니라 회사 전체에 대한 신뢰감을 의심받을 수도 있기 때문이다.

그렇다면 리드 카드 양식은 어떻게 설계하는 것이 바람직한 것인가? 앞에서도 언급했듯이 명함 또는 방명록은 원시적 형태의 리드 카드라고도 할 수 있는데, 각 참가업체가 개별적으로 필요로 하는 정보의 형태에 따라 제작하는 방식이 있을 것이다. 리드 카드를 설계하기 위한 가장 기본적인 출발점은 전시회 참가목표를 달성하기 위해서 필요한 정보가 무엇인지를 정확히 염두에 두고 제작을 하는 것이다. 아울러 기록의 신속성, 편리성 및 정확성 등을 높이기 위해서 다음과 같은 기준을 참고로 제작하면 될 것이다.

1) 규격과 재질

혼잡한 부스 환경에서 주문양식 등 다른 것과 혼돈이 되지 않을 만한 크기로 제작하되, 상황에 따라서는 재킷 혹은 바지 주머니에 넣어도 될 수 있는 정도의 크기(10 × 15㎝)로 사용하기가 간편하게 만든다. 리드 카드의 종이 강도는 받침용 패드 주머니에 리드 카드를 넣고 빼도 구겨지지 않을 정도가 되어야 한다.

2) 기능성

복사지를 붙여서 두 겹으로 제작된 리드 카드를 작성한 후, 한 장은 담당자가 보관하고 다른 한 장은 즉각적인 후속조치를 취할 수 있도록 세일즈 담당자에게 전달해 주어야 한다. 또한 리드의 내용을 기록할 때 받침으로 사용할 수 있도록 패드도 동시에 제작하는 것이 좋다.

3) 정확성

반드시 전시회 참가목표를 기준으로 어떠한 정보를 확보해야 하는지를 명확히 하여 꼭 필요한 정보만을 기록할 수 있도록 제작해야 한다. 카드 리더기는 너무 기본적 정보만을 담고 있을 경우가 있기 때문에 리드 카드를 통해 보완되도록 준비한다. 기본적으로 인구통계적 자료 이외에 관람객의 구매관심도, 구매영향력, 구매시기 및 예산, 현재 처해 있는 상황 등을 포함하여 실제 후속조치를 포함하여 세일즈를 담당하는 부서가 어떠한 정보를 필요로 하는지 미리 검토해야 한다. 또한 전시회 폐막된 이후 후속조치를 취할 경우 어떤 추가적 정보가 세일즈 담당자에게 도움이 될 수 있는지를 미리 확인해서 카드 설계에 반영해야 한다. 특히 세일즈 부서가 중요시하는 자료의 우선순위에 입각해서 리드양식을 제작하는 것이 바람직하다.

그러나 필요한 정보의 양과 깊이는 판매하는 제품이나 서비스의 종류에 따라 차이가 난다. 예를 들어, 제품이나 서비스의 고객화 정도가 높을수록 보다 개별적이고 고객화된 정보가 필요할 것이다. 그리고 구매가능성이 높아 보이는 관람객과의 추가적인 접촉을 가능하게 하려면 정보를 정확하게 기록할 수 있도록 리드 카드를 제작해야 한다.

4) 편리성

몇 가지 문항은 예상되는 응답을 범주화하여 알맞은 항목에 체크만 할 수 있게 폐쇄형으로 제작하여 관람객과 대화를 하는 도중에도 내용을 신속하게 입력할 수 있도록 제작한다. 기타 리드 카드에는 여백을 남겨둠으로써 상담내용을 종합적으로 기록할 수 있도록 하되, 중요한 핵심어(key words)를 미리 제시해 놓음으로써 부스 담당자가 상담했던 내용을 쉽게 기억 또는 연상하여 기록할 수 있도록 제작한다. 물론 이러한 핵심 단어들은 잠재고객의 구매과정을 가속화시키는데 필요한 정보들과 적절한 조화가 되어야 한다. 또한 고객이 구매결정을 내릴 수 있도록 후속적인 설득에 유용한 결정적인 단서 또는 리드 정보는 부스 현장에서 상담을 담당했던 사람이 가장 생생하게 기억할 수 있을 것이다. 이런 맥락에서 고객의 개별적 상황에 대응해서 효과적인 전략을 수립하기에 가장 적합한 사람 중의 하나는 바로 부스 현장 담당자이기 때문에 리드 카드에는 그들의 의견(comments)을 써 넣을 수 있도록 하는 것이 중요하다.

5) 책임성

마지막으로는 리드양식에다가 누가 상담내용을 작성했는지를 알아 볼 수 있도록 작성자의 이름과 서명을 남기도록 하는 '리드 실명제' 방식을 채용하는 한편, 기록담당자 스스로가 각 리드의 수준을 평가하여 몇 단계 등급으로 나눌 수 있도록 제작한다. 예를 들면, 부스 담당자는 관람객과의 상담을 마무리 한 후, 다음과 같은 네 가지 등급을 기준으로 기록된 리드의 내용을 평가하여 기록한다.

A = 구매가 유력해 보이는 신규고객,
B = 재구매가 유력해 보이는 기존고객,
C = 잠재적 고객 또는 구매결정 영향력자,
D = 기타 미디어 관계자, 일반인 또는 학생 등

물론 위의 A등급과 B등급을 같은 하나의 등급으로 묶어도 될 것이다. 이렇게 리드의 수준은 여러 등급으로 구별할 수는 있지만 참가업체의 개별적인 전시회 참가목표에 따라 등급을 수정 또는 조정하면 된다. 물론 전시회가 폐막된 이후 시간적으로 가장 우선해서 후속조치를 취해야 할 대상은 A 및 B 등급이다. 그러나 C급의 잠재적 바이어나 구매결정에 영향력을 줄 수 있는 관람객에게는 그들의 조직 안팎으로 자사제품의 구매와 관련해서 접촉할 만한 사람을 추천받을 수 있도록 질문을 하는 것도 매우 가치 있을 것이다.

한편, 리드 카드를 작성한 담당자의 이름을 적어두는 '리드 실명제'는 다음과 같은 장점이 있다. 첫째, 작성된 리드 카드의 내용분석을 통해 전시회 기간 동안에 리드 발굴에 임무를 부여받았던 부스 담당자의 양적 또는 질적 생산성을 평가를 할 수 있는 근거가 된다. 둘째로는 리드가 전시회 폐막 후 후속조치를 통해 매출로 연결될 경우, 그 성과를 추적하여 우수한 리드를 발굴한 담당자에게 보상 또는 인센티브를 부여하는 기준으로도 활용할 수 있다. 셋째로는 리드 카드를 인계 받아 후속조치(follow-up)에 나서는 세일즈 담당자가 카드에 쓰인 글씨를 못 알아보게 되거나 혹은 기록된 내용을 이해하지 못할 경우, 리드 카드를 기록한 사람과 접촉하여 내용을 재확인을 할 수도 있다.

<표 13-3>은 위에서 설명한 방식에 맞추어 샘플용으로 설계한 리드 카드의 한 가지 양식이다. 물론 카드 문항을 개방형으로 할 것인지 또는 폐쇄형으

로 제작할 것인지 여부는 참가업체의 목표나 필요에 따라 질문항목별로 조정하면 된다.

<표 13-3> 리드 카드 - 양식 견본

명칭: ABC 2008
시기: 2008. 1. 5 ~ 8
장소: Frankfurt, Germany

1. 관람객 정보(명함으로 대체 가능)
   이름:________ 직위:__________
   회사:________________________
   주소:________________________
   전화:________ 팩스:__________
   e-mail:______________________
2. 관심분야:
   ☐ 제품AA ☐ 제품BB ☐ 기타:______
3. 활용분야:______________________
4. 현재공급자:____________________
5. 관람객 역할:
   ☐ 구매결정권자 ☐ 추천 ☐ 영향력 ☐ 행사자
   ☐ 정보전달자 ☐ 구매에이전트
6. 구매시기:
   ☐ 30일내 ☐ 1~3개월 ☐ 4~6개월
   ☐ 7~12개월 ☐ 1년 후
7. 후속조치:
   ☐ 전화 ☐ 샘플보내기 ☐ 카탈로그 보내기
   ☐ 이메일 ☐ 가격표 ☐ 데모 스케줄 잡기
8. 기타 상담 내용이나 소견:
   (keywords: 구매수량, 방문동기, 장애요인 등)
   ____
   ____
   ____
   ____
   ____

☐ 리드 등급 A B C D F

• 기록일:______ • 기록자:________ • 연락처:________

아울러 <표 13-4>는 카드 기록 담당자가 리드 카드의 하단 여백이나 뒷면에 상담했던 구체적 내용을 기록한 가상적인 내용이다.

<표 13-4> 리드 카드 - 상담기록의 예

• 비고: P기업 소속인 DP는 전시회 마지막 날 자사 부스를 방문함. DP는 전년도 전시회의 세미나에 참가해서 제품AA를 알게 되었다고 함. 현재 경쟁사인 H사의 제품S의 메모를 가지고 있고 구매대상으로 적절하다고 판단하고 있음. 그러나 자사 제품 AA에 대해서는 품질은 좋으나 H사의 SS에 비해 15%이상 비싼 가격에 우려를 표시. 또한, DP는 유럽지역에 본사 제품AA의 사용업체가 있는지 문의하였으나 오늘은 관련 리스트가 없어서 정보를 제공 못함. 또한 자사의 생산능력에 대해서도 질문을 함.

DP는 현 공급업체인 H사의 정례적 방문이 뜸하여 H사 부스를 방문했는데, H사 담당자가 제품SS의 구매만 강요하고, 제품시연 과정에서는 몇 차례 오류가 발생했다고 함. P사는 8월 중순까지는 구매결정을 내린다고 함. DP는 P사의 구매담당자 Ms. BC가 H사 직원과 친밀한 관계를 유지하고 있으나, 본사가 할인가격을 제시할 수 있다면, H사와 관계가 약화될 것으로 말함.

P기업과 새로운 거래를 맺기 위해서는 제품AA를 10%정도 할인가격에 제공해 준다면, 현재 H사 제품과 비슷한 가격경쟁이 가능하다고 생각함. DP는 제품AA의 품질과 생산능력에 만족감을 보였고 본사의 보증 및 무과실 손해배상제도에 대해서도 매우 관심을 보였음.

리드 작성자: 영업부 과장 ○○○

한편, 이렇게 제작한 리드 카드를 사용하여 상담내용을 기록할 때에는 관람객의 이름, 소속 또는 직책 등을 일일이 기록하기보다는 시간도 절약하고 잘못 기록하는 실수를 피하기 위해서도 관람객이 남긴 명함(business card)이나 전자식 리드 기록기의 출력물(print-out)을 별도로 보관하기보다는 스테플러(stapler) 등을 사용해서 리드 카드에 부착해 두는 것이 바람직하다. 물론 이렇게 유망고객에 대한 양질의 리드 또는 프로파일을 작성하기 위해서는 상당한 노력, 시간 및 경험이 요구된다. 따라서 리드 양식을 아무리 잘 제작했다고 해도 부스 현장에서 실제적으로 관람객과 상담활동을 펼치게 될 담당자들을 대상으로 반드시 시뮬레이션 등과 같은 사전 훈련을 통해 리드 카드를 사용해 보도록 하면서 상담내용을 효율적으로 기록할 수 있는 기술을 배양시켜야 한다.

현장 판매 경험이 풍부한 직원에게도 혼잡하고 시간적 제약이 많은 전시회 환경 속에서 신속하고 정확하게 고객을 선별하고 양질의 리드를 확보하는 일은 쉽지 않은 과제이다. 다행히 최근 국내외 각 기업에서는 자사 부스 현장요원으로 선발·배정된 직원을 대상으로 시연, 고객상담 및 리드 확보방법에 관한 교육과 훈련을 갈수록 중시하는 경향을 보이고 있다.

제14장 부스 현장 상담 마무리

제1절 전시회 부스 현장에서 유의할 기타 사항

1. 전시회 개막 전 점검회의(Pre-show Briefing)

기업이 국내외 전시회에 참가하기 위해 지출하는 비용이 점차적으로 늘어나는 추세이다. 그런데 전시회 마케팅은 사전 프로모션 활동과 사후 후속조치를 제외한다면 전시회 현장에서는 통상적으로 3~5일간 정도의 단기간에 이루어지는 활동이다. 기업이 전시회에 참가하지 않고 다른 세일즈 및 마케팅 활동을 할 수 있는 기회비용까지 감안한다면 전시회에 참가하기 위해서 투입하는 비용은 결코 작다고만 할 수는 없다. 단기간에 수행되는 마케팅 활동이라는 측면에서 기업은 무엇보다 전시회에 참가하면서 지출하는 총 비용에 대한 투자회수율(ROI)에 관심을 갖게 된다. 기업이 전시회에 참가해서 투자회수율, 즉 성과를 높이기 위해서 취해야 할 가장 중요한 활동은 무엇인가. 바로 부스 현장에서 바이어를 대상으로 제품에 대한 설명, 시연 또는 상담업무를 담당할 직원을 올바로 선발하고 그들을 대상으로 사전에 체계적인 교육훈련을 실시하는 것이다.

그러나 실증적 연구에서 드러나고 있듯이 상당수 기업들이 여러 가지 이유로 전시회 참가 전에 체계적인 사전교육 또는 훈련을 실시하지 않고 있다. 만일 전시회 개막 전에 충분한 시간적 여유를 두고 부스 스텝에 대한 사전교육을 못 시키거나 또는 훈련이 부족할 경우 어떻게 할 것인가? 그 대안적 해결책은 바로 전시회 개막 직전일지라도 사전 점검회의(pre-show briefing)를 갖는 것이다. 그런데 전시회가 개막되기 직전 점검회의에 대한 필요성을 크게 느끼지 못하는 기업이 있다면 그 이유는 무엇일까?

<표 14-1> 사전 점검회의를 하지 않는 참가업체의 이유

• 우리 회사는 그 동안 전 세계에서 개최되는 여러 전시회에 참가한 경험이 많기 때문에 전시회 개막 전 특별히 점검회의를 할 필요가 없다. 전시회 마케팅을 전담하는 직원도 없을 뿐더러 담당자가 늦게 정해지거나, 전시회 개막 직전에 도착하기 때문에 체계적인 사전 점검회의를 갖기 어렵다. • 전시회에서 신제품에 대한 시장의 반응을 알아보려는 것이기 때문에, 그냥 전시회 현장에서 내방하는 바이어들을 만나 상담을 벌이면 된다.

<표 14-1>의 내용은 전시회 개막전 점검회의를 왜 하지 않는가 하는 질문에 대해 부스 현장에서 가장 자주 듣게 되는 대답들이다. 아마도 이렇게 사전 점검회의조차 하지 않기 때문에 대부분의 참가업체가 전시회에 참가하여 성과를 올리지 못하는 것이다. 그러나 처음 참가하는 전시회이거나 전시회 전담요원으로 선발된 부스 담당자들이 부스 현장에서 상담을 해 본 경험이 부족한 경우, 이들에게 전시회 개막 직전 점검회의는 필수적이다. 왜냐하면 경험이 풍부한 직원들에게는 당연하다고 여겨질 수 있는 사항들이 경험이 없거나 부족한 담당자들에게는 효과적으로 대응하기 어렵거나 버겁게 느껴질 수 있기 때문이다.

그렇다면 전시회 개막 직전 점검회의에서는 어떤 사항들을 살펴보아야 하는지에 대해서 그 내용을 간략히 설명하자면 다음과 같다.

1) 전시회에 대한 개요

부스 현장인력으로 선발·배치된 직원들로 하여금 전시회의 주요 특성(주최자, 규모, 관람객의 양적 및 질적 특성), 부스의 위치, 규모 및 배치도(layout), 그리고 기타 주목해야 할 전시회 부대행사 등을 이해하도록 해야 한다.

2) 계량화된 전시회 참가목표

전시회 참가경험이 부족할수록 참가업체들은 계량화된 참가목표 자체를 갖고 있지 못한 경우가 많다. 만일 계량화된 참가목표가 있다면 부스 담당자들에게 다시 한번 구체적으로 설명해 주고, 각자가 성취해야 할 전체 목표와 일일 목표로 나누어 자신의 역할과 개인 목표를 정확히 인식하도록 한다.

3) 부스 물품 및 비품

부스의 특성, 샘플 및 비품 보관장소, 비상시 접촉해야 할 연락처, 제품 전시방법, 시연방법, 리드 카드 작성법, 전자식 리드 수집기 작동법, 답례품 및 팜플렛 배포방법 등을 숙지시켜야 한다.

4) 부스 현장 담당자 소개

중대규모 부스의 경우에 현장 담당자가 여러 명으로 구성되어 배치된다면 각자의 소속부서, 전문분야 또는 강점이 무엇인지 등을 서로 소개함으로써 핵심고객(VIP visitors)이 방문할 경우 또는 관람객이 특별한 문제에 대해 질문을 할 경우에 누구에게 상담이나 자문을 구하는 것이 가장 좋을지를 미리 파악할 수 있도록 한다. 해외 전시회에 참가할 경우, 부스 현장에서 통역을 도와줄 사람이나, 현지에서 채용한 도우미들도 미리 소집하여 서로 소개한다. 아울러 모든 부스 스텝들은 자신들이 언제 근무하고 언제 휴식을 취해야 하는지에 대한 일정을 점검하도록 한다.

5) 예상되는 잠재방문객의 특성

만일 전시회가 개막되기 전에 전시회 주요 방문객들의 특성이나 방문이유 등을 파악할 수 있다면 개막 직전 점검회의를 통해 주요 방문객들에 대한 전술적 대응방식을 검토하거나 숙지시켜야 한다. 그 중에서 핵심고객들과 부스에서 만나기로 약속된 일정과 담당자를 점검해 두거나, 프레스 관계자들의 방문과 같이 특별히 응대해야 할 관람객에 대해서 대응방법을 환기시킨다.

2. 당일 부스 업무 점검회의(Daily Debriefing)

전시회 개최 이전에 부스 스텝의 업무에 대한 체계적인 훈련이 실시되었거나, 개막 직전 점검회의를 했다 하더라도, 전시회가 개최되는 동안에는 매일마다 당일 전시회 일정이 종료되면 부스 현장 스텝들은 간략한 현장보고회의를 통해서 다음과 같은 사항을 점검하거나 평가할 필요가 있다. 부스 현장에서의 생산성 제고를 위해서는 다음날 부스 현장에서 조정 또는 개선이 필요한 것들에 대해서 의견을 나누는 시간을 갖는 것이 바람직하기 때문이다.

1) 당일 부스 업무 수행에 따른 노고를 치하
2) 당일의 참가목표 달성도: 예, 확보한 리드 등에 대한 성과 평가
3) 당일 자사 부스를 방문한 주요 관람객의 규모와 특성
4) 시간경과에 따른 부스 방문객의 질적 및 양적 변화
5) 부스 상담의 성공 및 실패사례 및 개선이 필요한 부스 현장업무
6) 다음날 수행해야 할 부스 현장 업무 점검
7) 기타

3. 현장 근무 스케줄

이상적으로 말한다면, 전시회 부스 현장근무는 하루 4시간 이상을 초과하지 않도록 하는 것이 바람직하지만, 상당수의 중소기업 참가업체들 경우에 인적 여력이 부족해서 1~2명의 직원만을 전시회 부스 현장에 배치할 수밖에 없는 경우가 많다. 기본부스 규모로 참가하는 상당수 중소기업의 경우에 한두 사람으로 3~5일간 부스 현장을 운영하면서 일정한 성과를 올려야 하는 상황은 스텝들에게 적잖은 부담이 되게 마련이다. 이런 상황에서는 전시회 개최지역에서 임시직 도우미를 채용하여 과중한 근무시간의 부담을 다소 낮추는 방법 이외에는 특별한 해결책이 없다.

해외 전시회에 참가하는 경우에는 특히 시차 때문에 체력적으로도 부스 현장 근무가 매우 힘들기 때문에 가급적 한번에 3~4시간 이상 근무하지 않고 교대 근무가 가능하도록 스케줄을 조정하여 바이어와의 상담과 대화에 집중력을 유지할 수 있도록 해야 한다. 만일, 중대규모의 부스에 최소 4 명 이상의 직원이 투입될 수 있다면, 2명을 1개조로 팀을 이루어 교대근무를 하도록 한다. 팀 조직은 전시회 부스 상담경험이 풍부하거나 훈련을 잘 받은 직원이 포함된 A조(Gold Team)와 상대적으로 경험이 적은 B조(Silver Team)로 나누어 운영을 하되, 관람객이 붐비거나 상대적으로 더 중요하다고 판단되는 시간에는 A조가 투입되도록 한다. 교대근무를 할 경우에는 <표 14-2>와 같이 양 팀이 약 10여 분 정도 중복되어 같이 근무하면서 앞 시간까지 부스에서 진행된 상황을 서로 인계 및 인수함으로써 부스 상담업무 등 현장운영의 연속성을 유지할 수 있도록 한다.[104)]

104) Miller, S.(2000). How to get the most out of trade show, NTC Business Books.에서 참조 수정.

<표 14-2> 부스 교대근무 시간표(예)

근무시간	근무조
9:30 am~12:00 pm	A조: Gold Team
11:45 am~14:00 pm	B조: Silver Team
13:45 am~16:00 pm	A조: Gold Team
15:45 am~18:30 pm	B조: Silver Team

물론 인력이 부족하여 2~3명 내외로 운영하는 상당수 중소기업들의 경우에는 여기서 예시한 근무시간표를 기본적 틀로 한 명씩이라도 번갈아 휴식을 취하는 융통성을 발휘해야 할 것이다. 그러나 오히려 독립부스의 형태로 부스 스텝을 많이 배치할 수 있는 대기업의 경우에는 오히려 부스 현장 총 책임자가 스텝 전체의 근무시간표를 포함하여 현장인력을 효율적으로 운용할 수 있도록 별도의 계획을 수립해야 한다. 예를 들어, 10명 이상의 현장 근무자들이 2~3개의 서로 다른 부서에서 파견된 경우라면, 이들 각 담당자들은 자기 소속부서의 관심사나 특정한 관람객들에게만 관심을 기울일 뿐, 다른 부서가 추구하는 관심사에 대해서는 소홀히 처리할 가능성도 있을 것이다. 이런 상황이 발생하지 않도록 하려면 부스 책임자는 현장 스텝 전체를 소속부서가 서로 다른 2인을 1개조로 구성하여 팀제 형식으로 인력을 운영하는 한편, 매일 정확히 할당된 목표를 달성하도록 유도하며, 교대근무에 따른 업무의 인수인계에도 착오가 발생하지 않도록 근무일지 기록을 유지하는 것도 중요하다.

4. 부스 현장에서의 다양한 상황 대처방법

전시회가 진행되는 동안에 부스 현장 담당자는 여러 가지 상황에 직면하게 된다. 특히 돌발적인 상황이 발생하거나 바이어들이 난처한 질문을 할 경우, 경험이나 훈련이 부족한 스텝들이 쉽게 당황하게 된다. 그러나 위기를 기회로 활용하라는 말처럼 어렵거나 난처한 상황에 봉착했을 때에도 부스 담당자는 이러한 상황을 통해 고객이나 시장에 대한 중요한 정보를 얻을 수 있도록 노력해야 한다. 왜냐하면 자사 제품 또는 서비스에 대해 보다 다양한 활용 또는 적용 가능한 사례를 찾아낼 수도 있기 때문이다. 동시에 바이어들로부터 난처한 질문을 받았을 경우에도 부스 현장 담당자가 대화의 주도권을 유지할 수 있도록 사전 훈련을 해 두어야 한다. 동시에 관람객들이 왜 그런 질문을 하는지에 대한 이유를 파악할 수 있어야 할 것이다. 여기에서는 우선 전시회 기간 중 관람객들의 통행량과 특성에 따라 어떻게 대처하는 것이 바람직할지에 대해서 살펴보자.

1) 관람객이 너무 많은 경우

전시회 부스에서는 종종 여러 관람객을 동시에 응대해야 하는 경우가 발생되기 때문에 부스 담당자는 이런 상황을 어떻게 대처해야 하는지를 알고 있어야 한다. 관람객이 많을 경우 가장 어려운 일은 신속하고 정확한 리드 정보를 수집하는 것과 대화를 효율적으로 마치는 것인데, 기본적으로는 처음 접촉이 시작된 순서대로 관람객과의 응대를 마무리하면서 시간관리에 특별히 유의해야 한다. 부스에서 여러 관람객을 상대로 제품시연을 하고 있는 동안 계속해서 새로운 관람객이 흥미를 보이면서 관람하려는 모습을 보일 경우에는 제품 설명을 하는 도중에라도 새로운 관람객에게 시선을 보내면서 관심을 표명함으로써 다른 부스로 떠나가 버리지 않도록 유의해야 한다. 만일 관람객이 앉아서 시연을 관람할 수 있는 좌석이 마련되어 있는 경우라면, 시연 담당자는 내방하는 관람객에게 손으로 빈자리를 안내해 주면서 합석하도록 유도하면 된다.

2) 관람객이 너무 적은 경우

반면에 전시회에 입장객이 많지 않은 시간에는 부스 담당자들이 교대로 휴식을 취하는 것이 좋다. 부스 담당자 모두가 아무 것도 하지 않고 무료하게 서 있도록 하지 말고, 잠시 앉아서 휴식을 취하게 하거나, 전시장 밖으로 나가서 새로운 공기를 마시면서 가볍게 산책을 하거나, 혹은 스낵 타임을 갖도록 해주면

될 것이다. 그러나 전시회 관람객의 입장에서는 다소 느긋하게 여러 부스를 방문하면서 보다 많은 관람과 자세한 상담을 할 수 있는 기회가 된다. 따라서 부스에 남아 있는 담당자는 여전히 자사 부스 앞을 지나가는 관람객 모두에게 주의를 기울일 필요가 있을 것이다.

3) 관람객이 자사 표적시장 특성에 일치하지 않는 경우

전시회에는 반드시 구매계획과 예산을 확정해 놓고 방문하는 바이어들만 방문하는 것은 아니다. 아래와 같이 각기 다른 목적과 동기를 갖고 있는 다양한 관람객들이 전시회를 찾아온다. 만일 부스를 방문한 관람객이 참가업체가 겨냥한 표적시장의 고객층과 일치하지 않는 것으로 판단된다면 어떻게 이들을 어떻게 대응할 것인가?

(1) 학생

학생은 미래의 고객이므로 소중하게 대해야 한다. 그러나 전시회에서는 유망한 잠재 바이어와 접촉하고자 하는 자리이기 때문에 상대적 중요성이 떨어지는 학생과의 상담시간은 최대한 짧게 마무리해야 한다. 예를 들어, 시간을 효율적으로 관리하기 위해서 학생들에게는 자신들에 관한 정보를 작성하여 남기게 한 뒤, 제품 안내에 관한 인쇄물이나 자사의 웹사이트를 제공하는 방식으로 정중하게 응대하는 것이 바람직 하지만, 가급적 신속하게 상담을 마무리해야 한다. 학생들에 대한 정보는 나중에 자사의 인사담당자나 홍보 담당자에서 넘겨주도록 한다.

(2) 언론방송사

홍보문제에 대해서 교육이나 훈련이 되어 있지 않은 부스 담당자가 언론 또는 방송관계자를 응대하는 것은 매우 위험하다. 전시회 프레스센터에 자사에 관련된 체계적인 자료들이 비치되어 있다 하더라도, 부스에서도 기자들에게 직접 배포할 수 있는 보도관련 자료를 준비해 두는 것이 좋다. 언론과 방송은 일반적으로 참가업체들의 노력에 우호적이지만, 그래도 특별히 신경을 써야 한다. 특히 중소기업의 참가업체들인 경우에 전시회에서 언론 및 방송을 통해 자사 제품을 홍보할 수 있는 기회를 잡는다는 것은 어쩌면 전시회 참가에 따른 비용을 상쇄시켜 줄 수 있을 정도로 가치가 있는 것이기 때문에 반드시 사전에 이에 대한 준비를 해두는 것이 매우 바람직하다.

(3) 경쟁기업

전시회는 경쟁기업의 제품이나 서비스에 대한 정보를 얻을 수 있는 절호의 기회이다. 전시회가 제공하는 이런 기회는 동시에 대부분의 참가업체들이 경쟁기업으로부터 방문을 받는다는 의미이기도 하다. 따라서 본격적인 상담에 들어가기 전에 몇 가지 탐색적 질문을 통해서 부스 방문객이 경쟁업체 관계자가 아닌지 여부를 알아내는 것도 중요하다. 만일 부스 방문객이 경쟁업체 직원인 것으로 확인되면 전시회가 폐막된 이후에 만나자는 제의를 한 뒤 돌려보내거나, 다른 관람객이 부스에 들어서면 양해를 구하고 대화를 마무리하면 된다.

(4) 판매업자

일부 업체의 부스 관계자는 자사 제품의 현장판매 기회를 찾고자 전시회장내의 다른 참가업체 부스를 방문하기도 한다. 이럴 경우, 부스 담당자는 해당업체의 소개자료나 판촉물을 건네 받고 가능한 빨리 그들과의 접촉을 마무리해야 한다. 참가업체에게 전시회는 자사 제품을 소개하거나, 주문확보 즉 판매를 위해 참가하는 공간이지 구매를 목적으로 참가한 곳이 아니기 때문이다.

(5) 자사 직원들

전시회 기간 동안에 한정된 시간을 가장 무심히 허비하게 되는 경우는 바로 자사 소속의 다른 부서 직원들이 방문할 때이다. 특히, 자사 임원이 현장 부스를 방문하는 경우에는 그 임원을 접대하느라고 부스 현장 담당자가 바이어와의 접촉을 소홀히 하는 경우도 적지 않다. 부스 담당자가 자사 임원이나 타 부서

직원들과 부스 안에서 대화를 하고 있을 경우, 대부분의 방문객들은 부스 담당자가 고객과 상담하느라고 바쁜 것으로 판단하고 그냥 지나쳐서 다른 부스로 이동하게 된다. 따라서 경험이 있는 대기업들은 자사의 일반 직원들이 특별한 목적이 없다면 자사 부스의 방문을 금지시키는 경우가 많다.

(6) 불만을 가진 고객

제품이나 서비스에 불만을 가진 고객의 입장에서는 해당 기업에게 가장 큰 손해를 입히거나, 자신의 불만을 토로할 수 있는 장소로 전시회보다 좋은 곳은 없다. 이러한 상황에 직면하였을 때 부스 담당자는 우선 그 불평고객을 되도록 자사 부스에서 멀리 떨어진 곳으로 유도하여 차나 커피를 대접하면서 불만을 갖게 한 점에 대해서 우선 사과를 하고, 구체적으로 어떤 내용의 불만인지를 경청하는 것이 바람직하다. 아울러 현장에서 불만사항에 대해 즉각적인 조치를 취해 주거나, 기타 간단한 호의를 베푸는 것이 좋다.

부스 담당자는 고객의 불만사항을 자신의 재량으로 해결할 수 없을 때는, 그런 사실을 고객에게 인지시키고 불만족한 고객의 이름, 연락처 및 불평사항을 받아두고 신속히 처리해 줄 것을 약속해 준다. 물론 해당 사안을 자사 내부의 불평고객 처리부서에 통보해 두어야 한다. 마케팅 관점에서 불만을 가진 고객을 적시에 잘 응대할 수 있다면 오히려 불만고객을 자사에 대한 충성도(loyalty)가 가장 높은 고객으로 바꾸어 놓을 수 있는 기회가 되기도 한다. 특히 관람객들의 자사 제품이나 서비스에 대한 불평이나 불만을 처리하는 과정에서 자사의 경쟁력을 제고할 수 있는 중요한 단서를 발견할 수 있음에 유의하는 한편, 신속하고 친절하게 불평고객을 관리하여 언제나 뛰어난 해결책을 제시할 수 있는 기업으로서의 이미지를 확보할 수 있는 기회로 활용할 수 있어야 한다.

(7) 구매영향력이 없어 보이는 사람

어느 기업의 한 부스 책임자가 업계 신문과의 인터뷰에서 “나는 구매력 없는 사람들에게 친절하기 위해 여기에 온 것이 아니고, 자사 제품의 매출을 증대시켜야 하는 목표를 갖고 있다."라고 언급한 적이 있는데, 물론 이 말의 내용상으로는 잘못된 것이 없다. 그러나 관람객들에게 예의바르게 행동하는 데는 별도의 비용이 필요하지 않지만, 무례하게 응대한 행동의 결과에는 상당한 비용이 소요될 경우가 있다. 우선 구매력이 없는 사람이지만 구매결정에 어떠한 영향을 미칠 수 있는지 판단하기가 어렵기 때문이다. 구매 영향력이 커 보이지 않는다고 해서 관람객을 무조건 홀대한다는 것은 미래의 잠재 고객을 놓치는 행위일 수 있다. 수습사원도 시간이 지나면 조만간 구매담당 책임자가 될 것이기 때문이다. 그러나 전시회라는 공간은 시간적 제약이 매우 많은 곳이기 때문에 기본적으로 전시회 기간 동안에는 향후 매출을 늘일 수 있는 기회나 새로운 사업의 원천을 찾아 보는 업무에 집중하는 것이 가장 이상적이다. 학생, 경쟁업체, 판매업체, 언론방송사, 또는 자사 임직원들을 일일이 응대하면서 많은 시간을 소모하기보다는 잠재적 유망고객과 상담시간을 늘리는 것이 보다 생산적임은 두말할 필요조차 없을 것이다.

결론적으로 전시회 부스 현장에서 부닥칠 수 있는 다양한 상황에 효율적으로 대처할 수 있는 부스 담당자의 능력은 오로지 철저한 준비와 훈련을 통해서만 배양될 수 있다. 다음은 이러한 상황에 대한 가장 기본적인 사전 대처방법이라고 할 수 있다.

첫째, 전시회 부스에서 발생할 수 있는 난처한 상황이나 질문을 미리 예상해서 정리해두어야 한다.

둘째, 어려운 질문에 대해 적절한 답을 준비하고 답변해 보는 훈련을 반드시 사전에 해두어야 한다.

셋째, 자주 묻는 질문(FAQ: Frequently Asked Questions)에 대한 목록을 정리해 두는 것도 좋은 방법이다.

5. 전시회 복장과 명찰

전시회 주최자가 복장규정(dress code)에 대해서 명시적으로 밝힌 경우에는 당연히 그 기준을 준수하는 것이 바람직하다. 또한 전통적 산업분야의 전시회 현장에서 정장 위주로 사업적 상담이 이루어지고 있다면 그러한 비즈니스 에티켓을 따라갈 필요가 있을 것이다. 전시회 개최지역의 문화적 관행에 따라 특정 스타일의 복장을 금기시한다면 그에 따르는 것이 바람직할 것이다. 그러나 대체적으로 최근 각국 전시회 현장의 분위기는 정장을 착용하기 보다는 자사 CI 또는 로고 등 각 참가업체들이 표방하는 기업 이미지를 표출할 수 있도록 부스의 색상과의 조화를 강조하면서 그에 어울리는 개성적이며 다른 업체와는 차별화된 복장을 연출하여 착용하는 사례가 늘어나고 있는 추세이다. 특히 전시회에서 소개되는 상품이 여행, 호텔, 음식, 영화, 게임기기, 선물용품, 운동 및 레저용품 등과 같이 소비재인 경우이거나, 관람객들 중에 여성이나 젊은 사람들이 많을 경우에는 부스 스텝들이 단정하면서도 편안한 캐주얼 풍의 복장을 착용하여 분위기를 부드럽게 연출하거나 관람객과의 친밀감을 높이는 데 주력을 한다.

명찰(name badge)은 줄에 매달아 목에 걸어서 사용하는 경우가 많지만, 가슴 왼쪽에 명찰을 부착하고 상담에 임하는 부스 담당자들도 많다. 그러나 대부분의 사람들이 악수를 교환할 때는 오른손을 쓰기 때문에 명찰을 가급적 오른쪽 가슴 위에 붙여두는 것이 보다 효과적이다. 왜냐하면 사람들이 악수를 하게 될 경우, 오른쪽 어깨를 앞으로 내밀게 되는데 부스를 방문한 관람객 입장에서는 부스 담당자의 오른편 가슴 위쪽에 명찰이 부착되어 있으면 시각적으로 가까이서 부스 담당자의 이름, 직책 또는 담당업무 등을 보다 쉽게 식별할 수 있기 때문이다.

제2절 부스 상담의 마무리

지금까지 부스 현장 담당자는 내방하는 관람객들과 처음 접촉을 시도하여 우호적인 분위기를 구축한 후, 그들 중 자사의 전시회 참가목표 달성에 부합하는 잠재고객을 선별하였다. 그리고 선별된 관람객들을 대상으로 자사 제품에 대한 설명 또는 시연을 마치고, 계속된 상담활동을 통해 리드 확보와 전시회 폐막 후, 추가적인 접촉에 대한 약속을 받아내었다. 이 단계까지 도달 또는 진행되었다면 부스 담당자의 전시회 현장상담은 완료된 것인가? 아직 한 단계 과정이 더 남아 있다.

부스 현장에서의 고객상담의 마지막 단계는 새로운 관람객을 맞이하기 위해서 지금까지 상담을 벌인 관람객과의 대화를 효과적으로 마무리하는 과정이다. 여러 차례 강조하지만, 전시회 현장에서 부스 담당자가 갖추고 있어야 할 가장 중요한 자질은 바로 시간을 관리하는 능력이다. 물론 부스에 내방객이 많지 않은 경우에는 관람객과 추가적인 시간을 보내는 것은 큰 문제가 없다. 그러나 전시회 부스에 많은 관람객들이 몰려드는 시간에 이미 상담을 마친 기존 관람객과의 대화를 신속하게 마무리 짓지 못하게 되면 새로운 유망고객과 접촉할 수 있는 기회를 놓치는 결과를 낳게 된다.

관람객과의 대화를 마무리하는 것은 무례한 것이 아니며, 오히려 대화를 올바르게 마무리할 수 있을 때, 관람객은 참가업체에 대해 보다 긍정적인 인상을 갖게 된다. 전시회 부스 현장에서 부스 담당자와 방문객 사이의 대화 또는 상담은 보통 다음의 다섯 가지 중 하나가 이루어짐으로써 종료된다.

1) 고객선별 단계에서 관람객이 부적합한 고객으로 판단되었을 경우
2) 부스 현장에서 주문을 받은 경우
3) 전시회 폐막 후 추가적인 접촉에 대한 약속을 정한 경우
4) 추후 접촉을 위한 연락에 대한 동의를 받은 경우
5) 요청한 자료나 추가적 정보를 보내주기로 약속을 했을 경우

상담을 완료한 관람객과의 접촉을 마무리하는 일은 사실 간단하다. 그냥 현장 상담을 이제 끝마쳐야 한다는 뜻이 전달될 수 있도록 적절한 행동이나 표현을 하는 것이다. 예를 들어, 관람객과 시선을 맞추고 악수를 청하면서 "저희 부스를 방문해 주셔서 감사합니다. 그리고 저희 회사 제품에 관심을 보여 주셔서 감사합니다. 요청하신 자료는 곧 보내드리겠습니다. 남은 전시회 기간 동안에도 즐겁고 유익한 관람이 되시길 바라겠습니다. 안녕히 가십시오."라고 하면 된다.

그러나 관람객들 중 일부는 상담이 완료되었음에도 불구하고 계속 질문을 하면서 부스에 머물려는 경우도 있을 수 있다. 부스에서 쉽사리 떠나려 하지 않는 관람객을 응대하는 방법으로는 상담해야 할 다른 관람객이 있음을 직설적으로 상기시키거나, 자사 부스의 다른 제품을 둘러보라고 권할 수도 있을 것이다. 언어적 표현 이외에도 관람객에게 자사 제품을 소개하는 인쇄물이나 책자 등을 건네 주거나, 혹은 답례품(gift)을 증정하는 방법도 있다. "저희 부스를 방문해 주신 귀한 손님들께 증정하기 위해 답례품을 하나 준비했습니다. 여기에 저희 회사의 웹사이트 주소가 적혀 있습니다. 접속을 해 보시면 필요한 정보를 많이 구하실 수 있을 것입니다. 안녕히 가십시오. 감사합니다."

그럼에도 불구하고 자리를 뜨지 않는 관람객이 있을 경우에는 혹은 좀더 직설적인 표현을 하는 것이 좋다. 예를 들면, "저희가 손님의 시간을 너무 많이 쓴 것 같습니다. 남은 시간에 다른 부스를 둘러보시기에 시간이 부족하실까 우려됩니다." 심지어는 관람객이 떠나주기를 촉구하는 표현도 사용할 수 있다. "오늘은 오후 5시에 전시회가 마무리됩니다. 혹시 잠시 가셨다가 저희가 끝마치는 시간에 다시 오셔서 커피라도 한 잔 하시면서 이야기를 더 나누셨으면 합니다." 물론 더 난처한 경우에는 부스의 다른 스텝에게 사전에 약속된 신호를 보내 도움을 청해야 할 것이다.

어떤 상황이든 관람객과 대화나 상담을 마무리할 수 있는 기술도 저절로 얻어지는 것은 아니며 오직 사전훈련을 통해서만이 실제 상황을 효율적으로 대처할 수 있는 순발력을 유지할 수 있을 것이다.

제4부

전시회 사후관리

(Post-Show Management)

Exhibition Marketing

제15장 전시회 폐막 후 후속조치(Post-show Follow-up)

제1절 후속조치의 중요성

마침내 전시회는 막을 내렸다. 전시회에 참가했던 각 기업들이 개막 전부터 나름대로 입안한 계획에 따라 실시한 사전 마케팅 프로모션과 현장 프로모션 활동이 주효하여 많은 바이어들이 자사 부스를 방문해 주었고, 부스 현장에서 기대 이상으로 많은 양질의 리드를 확보하였다고 가정하자. 그러나 아직 전시회 마케팅 프로젝트의 모든 과정이 종료가 된 것은 아니다. 이미 언급했듯이 전시회 개막 전에 펼친 사전 마케팅 활동이 1단계였다면, 전시회 현장에서 전개한 마케팅 활동은 그 2단계이고, 이제 전시회가 폐막된 지금은 제3단계 마케팅 활동으로서 후속조치를 취함으로써 기업은 전시회 마케팅 프로젝트를 거의 마무리하게 되는 것이다.

그런데 전시회 부스를 방문했던 바이어들이 며칠간의 전시회 참관을 위한 출장을 마치고 대부분 소속 기업으로 복귀하게 되듯이, 전시회가 폐막되면 참가한 기업의 부스 현장 담당자들은 전시회 현장에서 철수하여 자사로 복귀하게 된다. 기업 규모의 크기와 상관없이 전시회 마케팅을 전담하는 부서가 거의 없는 대부분 국내기업의 전시회 부스 현장 담당자들은 원래 소속되었던 국내영업팀, 해외영업팀, 수출팀, 마케팅팀 혹은 홍보팀 등 여러 부서로 복귀하게 된다. 따라서 회사 복귀 후에는 전시회 업무보다는 자신이 담당했던 고유 업무와 관련하여 미뤄졌던 일들을 처리하기 위해서 매우 분주하게 움직여야 하는 상황에 직면하게 된다. 전시회 부스 현장 담당자들이 전시회에서 회사로 복귀한 이후의 상황을 잠시 그려보자.

전시회가 폐막된 직후 얼마 동안은 부스 현장 담당자들이 관람객을 상대로 수집한 리드의 내용을 비교적 선명하게 기억할 수 있으며, 부스를 방문한 바이어들의 기억 속에도 특정 기업 또는 그 기업의 제품과 서비스에 대한 기억이 비교적 뚜렷하게 남아있게 된다. 전시회 참가를 통해서 적지 않은 성과를 올리고 돌아온 이들이지만, 부스 담당자나 바이어들 모두에게 정작 이들을 기다리는 것은 최소 1주일 안팎 이상 전시회에 참가하느라고 손을 보지 못해 산더미같이 쌓여 있는 자신에게 주어진 업무일 것이다. 예를 들면, 책상에는 신상품을 소개하기 위해 제작한 인쇄물 내용의 검토를 요구하는 서류를 비롯하여 결재해야 할 서류가 널려 있을 것이다. 거래처로부터 새로운 제품의 샘플을 요청하는 팩스와 우편물들도 여러 건이 도착해 있고, 중요한 고객에게서 걸려왔던 전화 메모에 응답해 주어야 하는 것들도 상당하며, 컴퓨터에는 답장을 기다리는 고객의 이메일도 상당수 쌓여 있을 것이다. 게다가 금주와 다음 주에 계속해서 참석해야 할 사내외의 회의도 여러 건 잡혀있을 수 있다. 심지어 1주일 후에는 이틀간의 지방출장 일정도 피할 수 없는 상황이다.

전시회 부스 현장업무 담당자가 회사로 복귀한 이후에 이러한 일상적 회사관련 업무의 흐름을 쫓다가 보면, 1~2주일은 순식간에 지나간다. 더구나 해외 전시회에 다녀온 경우라면, 시차에 다시 적응도 안 된 상태이지만 급히 해결을 해야 할 개인적인 문제도 있을 수 있고, 우선 무엇보다도 어떤 형식이나 경로를 통해 상부 경영진에게 전시회 참가에 따른 결과를 당장 보고해야 할 상황일 수도 있다.

이미 여러 차례 언급을 하였지만, 기업이 전시회에 참가하려는 목적 중 가장 빈도수가 높은 것은 바로 양질의 리드를 창출 또는 확보하는 것이다. 그러나 전시회 참가를 통해 양질의 리드를 아무리 많이 확보했다 하더라도, 만일 전시회가 폐막된 이후 마케팅 활동(post-show marketing activities), 즉 효과적인 후속조치(follow-up)를 통해 자사 부스를 방문해 준 고객들과의 관계를 지속 또는 발전시키지 못한다면 그 리드는 아무런 가치가 없을 것이다. 전시회에서 참가업체의 특정 제품에 대해 구체적인 관심을 나타낸 관람객 중의 상당수는 가까운 미래에 그 제품을 구매할 가능성이 상대적으로 높다. 전시회 관람객들은 최종적인 구매 의사 결정을 위해 제품을 비교 또는 확인하거나, 혹은 자사가 직면해 있는 문제점들에 대한 해결책을 구하고자 하는 구체적인 목적을 갖고 자발적으로 전시회를 방문하기 때문이다.

아울러 관람객들의 상당수는 구매의사 결정권자이거나 또는 영향력을 행사하는 사람들이다. 따라서 다른 마케팅 프로모션 수단을 통해 접촉할 수 있는 잠재고객들에 비해 제품에 대한 관심도와 구매가능성이 상대적으로 높은 전시회 부스 관람객들이 전시회 현장에서 요청한 문의사항에 대해서 신속하게 대응하지 하지 않는 참가업체는 전시회 참가에 따른 모든 노력과 비용에 대한 성과 또는 효용성을 스스로 포기하는 것이며, 부적절하게 응답한다면 참가업체 스스로가 전문성이 부족함을 드러내는 것이다. 즉, 전시회에 참가한 기업이 전시회 폐막 후, 후속조치를 제때에 취하지 못하거나 미흡하게 진행시킨다면 전시회 마케팅 프로젝트는 별다른 성과를 올리지 못하게 될 수도 있다.

따라서 전시회에 참가한 기업들에게는 관람객들이 부스 현장에서 문의한 사항을 적절한 방식으로 가급적 신속하게 대응하는 것이 무엇보다도 중요하다. 특히 구매 결정시기가 임박한 주요 고객으로 판단된 경우, 자사 제품에 대한 고려가 배제된 채 고객사의 구매의사 결정이 전적으로 경쟁업체들의 영향력 아래에서 이루어지지 않도록 전시회 폐막 이후 신속한 대응이 필요하다. 그 이유는 다른 마케팅 매체에 비해서 전시회에서 발굴된 리드는 상대적 가치도 높지만 동시에 경쟁업체의 적극적 공세에 취약하게 노출되어 있기 때문이다.

제2절 리드의 점검 및 세분화

전시회가 폐막된 이후, 후속조치를 취하기 위해서 참가업체가 가장 먼저 해야 할 일은 전시회 부스 현장에서 확보한 리드를 재점검하고 세분화하는 것이다. 부스 현장에서 수집한 정보는 크게 나누어 보면, 부스를 단순 방문 또는 접촉하면서 관람객들이 남긴 명함 정도 수준의 정보와 구매 가능성이 높아 보이는 관람객으로부터 수집한 리드 정보가 있다. 전시회 현장에서 참가업체가 확보할 수 있는 상당수의 리드는 일반적으로 자사의 표적시장이나 전시회 참가목표에 정확히 일치되는 고객의 정보라기보다는 자사 부스를 단순히 방문하여 부스 담당자와 간단한 접촉이 있었던 잠재고객들에 대한 정보가 대부분일 경우가 많다.

리드의 질적 수준에 대한 평가에 대해 이미 설명했듯이 부스 현장에서 상담 및 기록을 했던 담당자가 관람객의 제품에 대한 구매 관심도 또는 시급성에 따라 1차적으로 리드의 수준을 분류하는 것이 바람직하다. 물론 관람객이 갖고 있는 제품구매에 대한 시급성이나 관심도에 따른 리드의 분류방법 이외에도 참가업체들은 다음과 같은 기준에 따라 부스현장에서의 접촉이나 리드를 재분류 또는 세분화 할 수 있을 것이다.

1. 리드 재분류 기준

1) 리드의 수준

(1) **리드의 수준:** 전시회 개최 이전에 설정한 기준에 따라 몇 단계의 등급으로 리드를 분류한다. 예를 들면, 구매 가능성이나 시급성 등의 수준에 따라 리드를 분류하는데, 자사 세일즈 담당자가 조속히 방문해 주기를 요청

또는 동의한 경우이거나, 혹은 최종 구매 결정시기가 임박한 경우는 A급으로, 구매 결정과정 초기단계로서 대안모색이나 문제해결책 등을 구하는 경우는 B급, 그리고 구매결정권은 없지만 구매영향력을 행사할 수 있는 경우는 C급 등으로 분류하여, 그 수준에 따라 후속조치의 시기, 내용 및 방법 등을 차별화해야 한다.

(2) **선호하는 후속조치 방법**: 만일 부스를 방문했던 관람객이 특정한 후속조치 방법이나 경로를 선호한다고 밝혔을 경우에는 그러한 요구에 따라 리드를 분류하여 후속조치를 취하도록 한다.

(3) **지역 또는 유통채널**: 전시회에 참가한 기업이 시장과 고객을 지역 혹은 유통채널에 따라서 나누어 관리하고 있는 경우라면, 1차적으로는 이러한 지역 또는 유통채널을 기준으로 리드를 분류하도록 한다.

(4) **제품의 종류와 관심도**: 만일 참가업체가 전시회를 통해서 여러 가지 계열의 제품을 출시했다면, 기본적으로는 제품의 종류별로 나타난 관람객의 관심도에 따라 리드를 분류하면 된다.

물론 위에서 설명한 리드 분류기준을 다단계적으로 활용할 수도 있다. 예를 들면, 1차적으로 제품의 종류 또는 지역에 따라 리드를 분류한 후, 이어서 리드의 수준 또는 선호하는 후속조치 방법에 따라 2차적으로 재분류하는 것과 같은 다단계 분류방식을 활용하여 세분화한다면 리드 성격의 동질성 제고는 물론 후속조치의 효율성을 더욱 높일 수 있을 것이며, 나아가 분류된 리드에 따라 후속조치의 성과에 대한 평가도 정확해질 것이다.

2. 리드의 확인 수단

리드의 진위나 수준을 점검하고 세분화하기 위해 사용하는 가장 대중적인 수단으로는 전화가 이용되어 왔다. 그러나 최근에는 이메일을 이용하여 리드 확인 작업을 하는 경우가 더 일반화되는 추세이고 정보통신기술의 혁신이 이루어지면서 신속성, 정확성, 편리성 및 경제성 등의 측면에서 인터넷을 보다 체계적으로 활용하는 것이 바람직하다. 특히, 자사의 리드관리 시스템이 웹을 포함한 멀티미디어를 기반으로 운영될 경우, 부스 현장에서 접촉된 고객에 대한 정보나 리드가 전자적으로 기록될 수 있을 뿐만 아니라, 이메일이나 핸드폰을 통해 부스를 방문해 준 고객들에게 감사의 뜻을 전하는 첫 번째 메시지가 자동적으로 신속하게 전송될 수 있다. 물론 이때 관람객이 요청했던 구매 관련 정보를 동시에 보낼 수 있으며, 제품에 대한 상세한 정보가 담긴 파일을 첨부해 주거나, 관련된 웹사이트에 링크(link)할 수 있도록 유도할 수도 있다.

온라인을 통해 리드를 점검해 보는 방법이 갖는 또 다른 장점의 하나는 신뢰성이다. 잠재고객이 온라인상에서 일정한 양식에 직접 정보를 입력해 준 리드는 전화통화를 통해 점검하여 보완한 리드에 비해 신뢰도를 높이 평가할 수 있을 것이다. 또 다른 장점으로는 선별된 리드를 세일즈 담당자에게 다양한 포맷으로 바꾸어 손쉽게 전달해 줄 수 있으며, 리드 데이터 관리도 효과적으로 할 수 있다. 물론 전화번호나 이메일 주소가 확보되지 못한 경우에는 직접우편이나 팩스를 이용하기도 한다.

제3절 후속 조치의 차별화와 효율성 제고

전시회 폐막 이후 참가업체가 취해야 하는 사후관리는 부스 현장에서 관람객에게 약속했던 바를 이행하는 것에서 시작하게 된다. 관람객의 요청사항에 대한 후속적 조치의 실질적인 시작은 위에서 분류한 리드의 종류나 수준에 따라 우선 부스 방문객이 현장에서 요청했던 참가업체의 세일즈 담당자를 보내거나, 추가 자료 혹은 정보 등을 제공하는 것이다. 대개는 우편을 통해 인쇄자료를 발송해 주거나, 이메일 또는 웹사이트를 통해 필요한 자료를 파일로 보내주거나 다운로드 받을 수 있도록 조치하게 된다. 그러나 후속조치의 효율성을 높이기 위해서는 세분화된 리드의 성격에 따라 그 내용이나 방법을 다음과 같이 차별화하는 것이 바람직하다.

우선, 후속조치의 내용이나 정보의 전달방식을 바로 위에서 세분화한 리드의 수준이나 종류에 따라 차별화한다. 리드에 포함된 모든 잠재고객에게 똑 같은 수준의 내용과 전달방법을 사용하기보다는, 특별히 자사의 세일즈 담당자와 추가적 접촉을 시급히 요청한 A급 리드에 해당하는 고객에게는 신속한 상담을 위해 즉각적으로 방문을 하거나 특급 속달우편 형식으로 요구한 자료를 발송해 주도록 한다.

후속조치를 최대한 신속히 할 수 있다는 측면에서 가능하다면 인터넷을 이용하는 것이 바람직하다. 웹을 기반으로 한 자료 전송 방법은 신속성뿐만이 아니라, 고객의 개별적인 욕구를 반영하여 맞춤형 정보의 제공이 가능하며, 또한 자료를 지속적으로 새롭게 할 수 있는 편리성이 있다. 물론 정보를 발송하는 비용이 상대적으로 저렴하다는 것도 장점이다.

그러나 가급적 잠재고객을 개별화(personalized)해야 한다. 왜냐하면 대부분 후속적 접촉이나 자료를 수신하게 되는 잠재고객들은 이미 전시회 부스에서 직접 대면을 했기 때문에 비즈니스 편지를 보낼 경우에도 반드시 그들의 개별적인 이름 또는 직책 등을 정확히 명기하도록 한다. 물론 전시회 현장에서 나누었던 대화의 내용을 상기시켜 주거나, 혹은 잠재고객이 표출했던 구체적인 요구사항 등을 언급하기도 한다. 아울러 편지의 말미에는 해당 고객과의 접촉이나 상담을 맡았던 부스 담당직원의 이름이나, 또는 잠재고객의 소재 지역을 관할하는 세일즈 담당자의 이름과 서명을 남긴다.

그러나 발송한 자료나 편지를 일반적인 직접우편(DM)이나 인터넷의 스팸메일과 혼동하지 않도록 주의해야 한다. 예를 들면, 편지의 경우에는 편지의 겉봉에, 그리고 이메일의 경우에는 제목란에 "고객께서 000 전시회에서 요청하신 자료입니다"와 같이 표기를 해주는 것도 한 가지 방법이 될 수 있다.

후속조치의 궁극적 목적은 고객과의 관계를 보다 우호적으로 발전시키고 궁극적으로는 고객과의 구매계약을 성사시키고자 하는 것이다. 따라서 후속조치는 잠재고객의 구매 시급성이나 관심도에 맞추어 실행해야 한다. 특히 바이어가 현재 처해 있는 구매결정 단계에서 필요로 하는 적절한 정보나 자료를 제공하는 것이 중요하다. 예를 들어 구매를 할 수 있는 구체적 방법이나 장소를 알려준다. 왜냐하면 A급 리드에 해당하는 고객 중에는 이미 구매할 준비가 되어 있을 수도 있기 때문이다. 본사 및 지사별 세일즈 담당자, 지역별 담당 딜러에 대한 명단, 혹은 잠재고객이 구매행동을 즉각적으로 취할 수 있는 정보도 반드시 동봉하도록 한다.

편지나 이메일을 이용하여 후속적으로 접촉할 경우에는 해당 잠재고객이 다음에 취해야 할 행동을 유도 또는 촉구한다. 여전히 후속조치의 목적은 바이어로 하여금 구매결정 과정에서 한 단계 앞으로 더 이행하도록 만드는 것이다. 따라서 후속적 접촉을 하면서 바이어에게 자사의 웹사이트 방문을 요청하던지 혹은 추가적인 대면접촉을 위해 전화를 해 달라는 부탁을 함으로써 바이어가 다음 단계의 구매행동을 하도록 유도해야 한다.

제4절 리드 배양 및 관리

가령 전시회 부스에서 접촉 또는 상담했던 관람객과 전시회 폐막 이후 다시 후속적인 접촉을 해 보았을 때, 해당 고객이 소속한 기업이 아직 최종적으로 구매할 단계에 접어들지 않았음이 확인되었거나, 혹은 경우에 따라 전시회 부스를 방문했던 잠재고객이 참가업체 또는 참가업체의 제품이나 서비스를 정확히 이해하지 못하고 있음이 확인되었다고 가정해 보자. 이러한 경우에는, 해당 고객이 참가업체의 제품 또는 서비스를 정확히 이해할 수 있도록, 또는 해당 고객의 소속사가 본격적인 구매결정 단계에 접어들 때까지 전시회 부스 현장에서 최초로 구축한 우호적인 상호관계가 지속될 수 있도록 해당 리드를 꾸준하게 점검(checking) 및 관리(nurturing)해 나아갈 필요가 있을 것이다. 이러한 과정을 전시회가 폐막된 이후 전개하게 되는 이른바 전시회 사후 마케팅(Post-Show Marketing) 활동이라고 부르는데, 고객이 최종구매 단계에 이를 수 있도록 리드를 개발(lead development) 또는 배양(lead incubation)하기 위한 이러한 후속조치는 전시회 참가 프로젝트의 성과를 상당한 수준으로 제고시킬 수 있는 매우 중요한 사후 마케팅 활동에 해당된다.

<표15-1>에서와 같은 가상적인 시나리오를 바탕으로 전시회 폐막 후에 펼쳐야 하는 리드 관리의 중요성을 살펴보자. 만일 부스 현장에서 관람객들과 접촉 또는 상담했던 빈도가 모두 100회이고, 그 중에서 실제로 구매할 가능성이 높아 보이는 잠재고객에 대한 정보, 즉 A급 리드의 수가 고작 2개인 것으로 추정해 두자. 그러나 실제로 3~5일의 개최기간 동안에 수 만 명 이상의 관람객이 내방하는 전시회라면 적어도 수백 번 이상의 접촉이나 상담이 이루어지게 될 것이다. 그리고 어쨌든 나머지 98개의 리드는 아직 최종적으로 구매가능성을 내포하고 있는지 여부를 아직 정확히 검증 또는 확인하지 못한 것이다.

<표 15-1> 리드에 대한 후속조치의 결과

전시회 현장(At Show)		양질의 리드수
관람객과 접촉한 빈도	100	
양질로 선별된 리드수	2	2
정확히 선별되지 않은 리드수	98	
전시회 폐막 후(Post-show)		
리드 풀	98	
폐막 후 재접촉이 성사된 수	56	
추가접촉을 통해 확인된 양질의 리드수	6	6
관리가 필요한 리드수	92	
관리를 통해 확보된 양질의 리드수	4	4

그러나 전시회가 폐막된 이후 다양한 경로를 통해 리드를 점검 또는 확인하는 등의 적극적인 후속조치를 취한 결과, 실제로 정확히 선별되지 않은 리드(n=98)를 바탕으로 부스를 방문했던 관람객과 재접촉이 성사된 경우가 56회(약 57% = 56/98)라고 가정해 보자. 여기서 재접촉에 실패한 나머지 42개(98-56=42)는 리드 기록이 불량해서 접촉이 불가능하거나, 혹은 소재는 확인되었지만 직접 의사소통을 하지 못한 경우라고 가정해 두자. 재접촉이 성사된 56건 중에서 실제로 조만간 구매결정을 마무리할 가능성이 높아 보이는, 즉 양질의 리드가 6개인 것으로 판단되었다면, 이 수치는 현장에서 확보한 양질의 리드수 2개에 비해서 3배나 많은 것으로 전시회 폐막 이후 참가업체들이 취해야 하는 후속조치의 중요성을 암시하는 것이다.

재접촉이 성사된 56개의 리드 중에서 A급 리드로 분류된 6개를 제외한 나머지 50개 리드는 향후에도 지속적으로 관리 또는 배양해야 할 잠재고객이 된다. 물론 현장에서 수집한 100개의 리드 중에서 양질로 선별된 2개와 후속적인 접촉을 통해 추가적으로 확인된 A급 리드 6개 등 현재까지 밝혀진 모두 8개 양질의 리드(qualified leads)를 제외한 92개 모두는 참가업체 입장에서는 상당한 노력과 비용을 들여 수집한 정보이기 때문에 나름대로 중장기적인 관리나 배양이 필요한 리드라고 볼 수도 있다. 만일 이렇게 지속적으로 리드를 관리하고 배양하여 최종적으로 구매와 관련된 양질의 리드가 4건이 되었다고 가정해 보자.

비록 가상적 상황이긴 하지만, 전시회 폐막 이후에 신속하고도 체계적인 후속조치를 통해서 전시회 현장에서 확인된 A급 리드의 규모에 비해 3배나 많은 리드가 확보될 수 있었다. 아울러 전시회 폐막 후 일정기간 동안 지속적인 리드 관리 또는 배양을 통해서 확보된 4건의 A급 리드까지 합친다면, A급 리드는 모두 10건으로 전시회 부스 현장에서 최초로 발굴한 리드 2건에 비해서 괄목할 만한 생산성 향상을 이룰 수 있음을 보여주는 예라고 하겠다.

리드 관리 또는 배양의 목적은 잠재고객과의 사업적 커뮤니케이션을 지속적으로 유지해 나가면서 기업이나 제품의 인지도와 신뢰감을 제고하여 그 고객이 최종 구매결정을 할 때까지 우호적 관계를 유지하는 것이다. 이러한 사업적 커뮤니케이션은 가능한 모든 커뮤니케이션 매체를 활용하여 다양하게 시도할 수 있는데 중요한 것은 적절한 시기에 반복적으로 이루어져야 한다는 점이다. 그러나 이러한 관리 과정을 효과적으로 이끌어가기 위해서는 전시회가 개막되기 이전부터 표준화된 리드 발굴 시스템을 고안해 두어야 할 것이며, 실제적으로는 전시회 참가경험의 축적을 통해서 계속적으로 수정 또는 개선해 나가야 한다.

제5절 리드 관리에서 유의할 점

부스 현장에서 양질의 리드를 발굴하는 방법에 대해서 제3부에서는 이미 언급을 한 바 있지만, 부스 현장의 가변적 환경 때문에 수집된 모든 리드가 완벽할 수는 없다. 예를 들면, 부스 담당자들이 던지는 선별성 질문에 대해서 모든 부스 관람객들이 대답하기 위해 준비를 하고 있는 것은 아니다. 대화 또는 상담을 하던 도중에 갑자기 부스를 떠나버리는 관람객들도 있을 수 있고, 또는 관람객이 일시에 몰려들어서 상담을 정상적으로 마칠 수 없기도 할 것이다. 따라서 정보의 내용상으로 불확실하거나 불충분한 리드는 전시회가 폐막된 이후의 후속적 접촉을 통해서 확인, 보충 또는 관리를 해야 하는데 그 과정은 다음과 같은 점을 유의하여 진행한다.

1. 신속성

전시회 마케팅 활동에 있어서 후속조치는 반드시 전시회 폐막 이후에 시작해야 하는 것은 아니다. 전시회에 참가한 기업들 사이의 치열한 경쟁은 이미 전시회 개막 전부터 이루어지는데 후속조치도 예외가 아닌 차별화 경쟁이 전개되고 있다. 예를 들면, 정보통신기술의 발전에 따라 무선 랜 서비스와 휴대 인터넷이 보급되면서 언제 그리고 어디서나 네트워크 접속이 가능한 유비쿼터스 환경이 조성되고 있다. 따라서 전시회가 폐막될 때까지 기다리지 않고, 전시회 첫날부터 자사 부스를 방문해 준 관람객에게 몇 시간 지나지 않아 리드의 수준에 따라 감사의 뜻과 기본적인 정보를 전달하는 순발력이 발휘되고 있다.

후속조치의 일환으로서 리드 정보를 점검하거나 또는 관람객이 요청한 자료나 정보의 발송을 하려는 목적의 추가접촉도 신속하게 이루어질수록 효율적이다. 전시회 폐막 후 사후접촉이 신속하게 이루어질수록 우선 해당 리드의 고객이 자사 또는 자사 제품을 기억하거나, 추가적인 질문이나 요청에도 긍정적으로 호응해 줄 가능성이 많다. 만일, 사후접촉이 이루어지는 시점까지도 잠재고객이 당면해 있던 문제를 아직 해결하지 못하고 있는 경우라면 참가업체는 더욱 좋은 기회를 맞을 수 있을 것이다.

후속조치는 전시회 폐막 후 가급적 1주일 이내에 이루어져야 한다. 완성된 제품이나 부품, 소재 또는 원료 등에 대한 최종적인 구매결정 시점이 임박해 있거나, 기술적으로 어떤 해결책을 시급히 찾고자 하는 구매기업 또는 바이어들에게 전시회가 폐막된 이후 1주일의 시간은 매우 길게 느껴질 수 있기 때문이다. 흔히 전시회를 방문하고 돌아간 바이어들은 그들이 보고, 듣고, 새로이 알게 된 지식이나 경험에 대해서 고무되어 있을 수 있거나, 전시회 방문결과 보고서를 작성하게 된다. 이들이 전시회 방문을 계기로 갖게 된 특정 제품이나 서비스에 대한 관심도나 기억력이 아직 높은 수준을 유지하고 있을 때에 자신들이 방문했던 참가업체로부터 후속적인 연락이 오거나 자료 또는 정보가 신속히 제공된다면 해당 참가업체에 대한 호감을 갖게 될 확률은 매우 높아질 것이다. 더욱이 새로운 거래의 상당수가 이러한 전시회 부스 방문객에 대한 리드를 통해서 창출되기 때문이다. 전문가들의 의견에 따라 다소 차이는 나지만, 전시회 폐막 후 5일/10일/20일/40일을 주기로 후속적 접촉을 지속해 나가는 방법도 있다.[105)]

그러나 CEIR의 조사결과에 따르면 놀랍게도 전시회에서 발굴된 리드의 약 80%는 폐막 후 후속조치가 전혀 이루어지지 않고 그냥 방치 또는 폐기된다고 한다. 또한 43%에 이르는 바이어들은 다른 공급업체와 이미 구매 계약 결정을 내리고 난 후에야 참가업체로부터 후속적인 자료나 정보를 받으며, 약 18% 바이어들은 전시회 폐막 후 접촉했던 참가업체로부터 어떤 자료나 정보도 받아보지 못했다고 한다. 참가업체들이 전시회에 참가하기 위해 투입하는 비용을 감안한다면 후속적 조치가 이렇게 미흡하다는 사실은 매우 놀라울 따름이다.

105) Miller, S. (2000). How to Get the Most out of Trade Shows, Lincolnwood: NTC Business Books.

2. 지속성

리드를 점검 또는 확인하기 위해서 부스를 방문했던 고객에게 전화를 시도하는 경우에 실제로 통화에 성공할 가능성이 갈수록 낮아지고 있다. 그러나 부스 방문객과 후속적인 연락이나 접촉을 못하게 된다면, 해당 리드는 쓸모없는 것이 되고 말 것이다. 따라서 접촉을 위해 지속적인 노력이 요구된다. 물론 접촉에 성공하기 위해 몇 번까지 전화를 할 것인지는 사전에 기준을 정해 두어야 하는데, 예를 들어 약 5번의 전화와 3번의 이메일을 발송했음에도 불구하고 회신이 없다면, 해당 리드는 폐기하는 것이 바람직할 것이다.

3. 전담인력

전시회 부스 현장에서 확보한 리드의 양이 많거나, 후속조치가 시급한 경우에는 리드를 점검, 확인 및 마무리하는 작업을 참가업체 자체인력뿐만이 아니라, 외부의 파트 타이머를 고용하여 전담시킬 수도 있다. 혹은 사내업무의 분업화 수준이 높은 기업일수록 전시회 현장 부스에 투입되어 상담을 하면서 리드를 확보한 팀과 이러한 리드를 활용해서 후속조치를 취하면서 세일즈를 성사시켜야 하는 팀이 분리되어 있는 경우가 있다. 만일 리드의 확보와 리드의 관리 업무가 이원화되어 있어서 관련 부서간 유기적인 협조가 이루어지지 않는다면 전시회 참가성과는 저조해질 수밖에 없을 것이다.

주로 전화나 이메일 등의 수단을 활용하여 리드를 확인하거나 후속적 조치를 취해야 하는 작업을 자신의 고유 업무도 아닌 사내의 다른 직원에게 별도의 훈련이나 인센티브도 없이 부가적인 업무로 맡길 경우, 효율성이 높아지기를 기대하기는 어려울 것이다. 따라서 리드 확인을 누가 전담을 하든 담당자들에게 어떤 기준에 따라 리드를 재확인하고 후속조치를 취해야 하는지 정확하게 교육 또는 훈련시켜야 한다. 아울러 리드 확인 및 관리를 지속적으로 전담할 사람들에게 반드시 다양한 보상책을 제시하여 동기부여를 해줌으로써 정해진 기준과 방법에 따라 리드 관리나 후속조치 작업의 효율성이 제고되도록 해야 한다.

제16장 전시회 참가 성과 측정

제1절 성과측정의 가치와 의의

오늘날 기업이 활용할 수 있는 마케팅 수단에 대한 선택의 폭이 더욱 넓어지고 기법도 한층 정교해지고 있지만, 동시에 각 마케팅 수단의 실행성과에 대한 평가도 더욱 엄격해지고 있다. 그 이유는 한정된 마케팅 예산을 어떤 수단에 집중하는 것이 가장 효율적인지에 대한 합리적 판단을 해야 하기 때문이다. 따라서 기업은 전시회 마케팅 프로젝트를 실행할 경우, 그에 수반되는 비용투자의 타당성을 확인하려고 한다. 만일 전시회에 참가하여 어떤 성과를 올렸는지 그 결과를 입증할 방법이 없다면 기업은 당연히 전시회 참가에 따른 예산지출을 꺼려하게 되고 오히려 투자성과를 가늠하기 쉬운 다른 마케팅 수단을 활용할 가능성이 높아질 수밖에 없을 것이다. 그럼에도 불구하고 현실적으로 상당수 기업들은 전시회 참가에 따른 성과 측정을 체계적으로 실시하지 않고 있거나, 성과측정을 하는 경우에도 단지 주관적 판단을 포함한 초보적 방법을 사용하고 있는 것으로 나타났다.

기업이 전시회 참가에 따른 성과를 측정해야 하는 이유는 단순히 투자회수율만을 확인해야 하기 때문이 아니고, 성과측정 결과를 통해서 다음과 같이 다양한 가치를 확인할 수 있기 때문이다.

<표 16-1> 전시회 참가 성과측정의 가치

• 사전에 설정한 전시회 참가목표의 달성여부 확인
• 전시회 참가에 따른 투자의 설명력 또는 당위성 확인
• 향후 전시회 프로젝트에 수반되는 위험요인 완화 또는 제거
• 향후 전시회 참가 활동의 효율성 제고방안 모색
• 향후 전시회 참가에 대한 투자방향 및 수준 결정

<표 16-1>에 요약을 했지만 기업의 전시회 참가에 따른 성과를 측정해야 하는 이유는 전시회 참가에 따른 투자의 당위성을 점검하는 동시에 전시회 참가 프로젝트의 지속적인 개선방안을 모색하면서 향후 전시회 참가에 대한 방향과 수준을 결정할 수 있는 근거가 되기 때문이다.

그런데 기업의 전시회 프로젝트 실행 담당자들에게 성과측정은 가장 어려운 작업으로 인식되고 있다. 그 이유는 우선 상당수 기업의 전시회 참가목표가 명문화되어 있지 않거나 계량화하기 어렵게 설정되어 있기 때문이다. 아울러 기업의 전시회 업무 담당자들조차 성과측정의 중요성을 간과하거나, 성과측정에 대한 체계적인 틀이나 방법론에 대한 이해나 지식이 부족하기 때문이다. 그 결과 여전히 많은 기업들은 전시회 참가에 따른 성과측정을 부스 현장 담당자들의 주관적 가치판단에 의지하고 있다. 결국 상당수 기업들은 참가성과에 대한 객관화된 평가작업도 없이 현장 담당자들의 직감이나 주관적 판단에만 의거하여 해당 전시회가 폐막되기 전에 현장에서 차기 전시회 참가신청을 하는 경우가 적지 않다. 그러나 여러 해에 걸쳐 참가했던 전시회라도 해당 전시회에 참가할 때마다 반드시 그 전시회가 자사의 판매 또는 마케팅 목표에 부합하는지를 검토해야 한다. 왜냐하면 산업과 시장의 추세나 동향은 매우 가변적이며 그에 따라 기업도 변화를 모색해야 하고, 전시회 자체도 산업과 시장의 변화에 맞추어 변화하기 때문이다.

그러나 상당수 기업의 전시회 업무담당자들이 전시회 참가에 따른 성과측정을 체계적으로 실시하지 못하는 까닭은 다음과 같이 전시회라는 메커니즘 자체에 내재되어 있는 구조적 특성 때문이다.

첫째, 전시회에서 발굴한 리드가 매출로 전환되었는지 추적하기가 쉽지 않기 때문이다. 왜냐하면 전시회에서 발굴된 리드가 실제 매출로 전환되기까지는 일반적으로 최소 1개월에서 12개월 이상의 시간이 경과되어야 하기 때문이다.

둘째, 기업들이 일반적으로 여러 가지 마케팅 수단을 동시에 활용하는 경우가 많기 때문에 새로운 매출이 전시회에 참가한 단독적 효과 때문에 발생한 것인지를 정확히 구별하기가 매우 어렵다.

한편, 성과측정에 관련해서 다음과 같은 현실적인 문제가 있기 때문에 기업의 전시회 프로젝트 담당자들은 성과측정 업무를 부담스럽거나 부가적 업무로 인식하거나 기피하는 경향을 보인다.

첫째, 전시회 업무를 전담하는 부서가 없는 경우, 전시회를 담당하는 직원들이 전시회 프로젝트 자체를 자신들의 주요 전담업무가 아니라 부가적 업무라는 인식을 갖고 있기 때문이다.

둘째, 전시회 마케팅 프로젝트가 전사적 차원에서 실행되지 않기 때문에 성과측정을 위한 사전준비가 미흡한 것은 물론, 측정을 담당할 인력이 부족하고 별도의 실행 예산도 없이 전시회에 참가하기 때문이다.

셋째, 자신들이 수행한 전시회 프로젝트가 투자대비 성과나 효율성이 높지 않을지 모른다는 우려에 따른 심리적 부담감을 갖고 있다. 따라서 성과측정 결과, 오히려 향후 전시회 참가 프로젝트를 수행하기 위한 예산이나 인력이 감축될지 모른다는 부담감을 갖고 있기 때문이다.

넷째, 성과측정을 체계적으로 수행할 수 있는 지식, 방법론 또는 기술이 부족하거나 서툴다는 경영진의 부정적 인식이나 평가를 받을지 모른다는 우려 때문이다.

이외에도 기업이 전시회 참가 성과측정을 체계적으로 하지 못하는 까닭은 여러 가지가 있을 수 있다. 일부 기업들의 경우, 전시회에 참가해 본 경험이 거의 없거나, 전시회 업무담당자가 전시회 프로젝트 수행경험이 부족해서 성과측정에 대한 지식과 방법을 모르기 때문일 수 있다. 또한 기업의 전체 마케팅 예산 대비 전시회 지출규모가 작거나 혹은 중소기업의 경우에 성과측정을 수행할 만한 인력과 예산상의 여력이 없을 수도 있고, 심지어 전시회 기간 전후에 걸쳐 단기적으로는 측정하기 어려운 참가목표를 갖고 있기 때문에 성과측정을 하지 못하는 경우도 있을 수 있다.

그러나 기업의 전체 마케팅 예산 중 전시회에 참가하기 위한 예산지출 비율이 높거나, 연간 전시회 참가횟수가 많은 기업일수록 전시회 참가업무를 특정 부서가 전담하도록 지정하여 그 책임소재를 분명히 하는 것이 바람직하다. 또한 전시회 마케팅 프로젝트 수행과정에서 성과측정이 필수적인 업무라는 인식이 확립되어야 한다. 물론 기업 내부적으로는 고위 경영진의 관심과 배려를 포함하여 전시회 프로젝트를 수행하는 일에 관련된 부서들로부터의 전사적인 협조가 뒷받침되어야 성과측정도 체계적으로 이루어질 수 있다.

제2절 성과측정의 과정

기업의 전시회 참가에 따른 성과측정이 이론적으로는 불가능한 것이 아니지만 실제 측정과정에는 상당한 어려움이 있다. 그러나 전시회 마케팅 기본계획의 원칙과 절차에 입각해서 진행한다면 전시회 참가성과를 측정하는 일이 어려운 작업만은 아니다. 물론 성과측정에 필요한 자료를 수집할 수 있는 효과적인 방법을 찾기 위해서는 <그림 16-1>에서와 같이 각 단계별로 몇 가지 절차와 규칙을 따라야 한다.

제1단계: 성과측정 기획 및 준비

- 성과측정의 목적 설정
- 전시회 참가목표 확인
- 성과측정 예산확보
- 성과측정 담당자 선정

↓

제2단계: 측정방법의 수립

- 측정변수 선정
- 자료수집방법의 선택
- 측정도구 준비 및 측정시기 결정

↓

제3단계: 성과측정 실행

- 사전, 현장 및 사후 측정

↓

제4단계: 결과 분석 및 보고서 작성

- 성과측정 결과 분석
- 결과보고서 작성 및 보고

〈그림 16-1〉 성과측정의 4단계 과정

1. 제1단계 성과측정 기획 및 준비

제 1 단계 과정에서는 우선 성과측정의 결과를 통해 기업이 얻고자 하는 것이 무엇인지를 명확히 해야 한다. 기업 내부적으로는 성과측정을 통해서 자사의 전시회 참가 프로젝트 수행활동을 객관적으로 평가해보고 동시에 차후 전시회 참가 프로젝트의 수행능력을 향상시킬 수 있는 발전적인 방안을 모색한다는 목표를 염두에 두어야 할 것이다. 아울러 전시회 자체에 대한 평가를 통해서 참가한 전시회의 특성과 지속적으로 참가할 만한 가치가 있는지 판단해 보고, 관람객들의 필요나 욕구를 정확히 이해하며, 나아가 시장이나 경쟁사의 동향을 파악해 보겠다는 목표를 갖는 것도 중요할 것이다. 즉, 무엇을 하기 위해 성과측정을 하려고 하는지 그 목적을 명확히 해 두어야 한다. 이때 전시회 프로젝트 담당부서는 사내 다른 부서들이 각각의 입장에서 전시회를 통해 무엇을 기대하는지에 대해 파악하여 그들을 참가목표 설정과정에 참여시키거나 목표를 공유하도록 노력해야 한다. 예를 들면, 판매부서는 고객과의 관계구축을, 제품개발부서는 제품 디자인이나 성능에 대한 고객반응을, 마케팅부서는 브랜드 인지도 제고를 기대할 수 있을 것이다. 따라서 성과측정 준비과정에서부터 각 부서가 기대하는 성과가 달성되었는지에 대한 여부를 가늠할 수 있도록 측정대상을 사전에 조율해야 한다. 이런 과정을 통해 성과측정 결과가 전사적(全社的)으로 어떻게 활용될 수 있는지에 대한 이해가 좀더 명확해지고, 궁극적으로는 성과측정의 결과에 근거하여 차기 전시회 프로젝트에 대한 합리적인 의사결정이 이루어질 수 있는 토대가 마련된다.

다음으로는 자사의 전시회 참가목표가 구체적이며 측정 가능한 형식으로 설정되어 있는지 여부를 반드시 확인해 두어야 한다. 기업이 전시회 참가에 따른 목표를 갖고 있지 않다면 성과를 측정할 대상이나 기준이 없다는 뜻이나 다름없다. 그런데 상당수 기업이 전시회 참가목표를 갖고 있다 하더라도 성과측정의 중요성을 이해하지 못한 나머지 그 참가목표가 대부분 추상적이며 부스 현장 담당자 몇 사람의 머리 속으로 기억만 되어 있을 뿐, 시각적으로 명문화되어 있지 않다. 성과측정이 체계적으로 이루어지려면 기업의 전시회 참가목표가 반드시 구체적(specific)이고, 계량 가능(measurable)하며, 시간적으로 한정된(time-limited) 목표로서의 요건을 갖추어야 한다. 가령, 전시회 참가목표를 단순히 '신제품 소개'라고 설정했다면, 이는 구체성 및 계량가능성 등과 같은 기본조건 등이 충족되지 못할 것이다. 반면에, '전시회 개최 직후 잠재고객의 자사 신제품에 대한 인지도 30% 향상'이라고 목표가 설정되었다면 이는 좀더 구체적으로 전략실행의 시간적 한도가 분명하고 목표를 계량적으로 측정할 수 있는 조건 등이 충족된 참가목표라고 할 수 있다.

아울러 이 단계에서 간과하지 말아야 할 점은 성과측정을 수행하기 위해 필요한 예산이나 인력도 반드시 확보해야 한다는 것이다. 성과측정에 필요한 별도의 예산항목이 편성되어 있지 않다면, 성과측정에 소요되는 비용은 다른 항목에서 임의로 변경해서 충당해야만 하는 경우가 발생하게 된다. 또한, 예산편성이 되어 있지 않다면 이는 성과측정 방법에 대해 사전에 체계적인 논의가 거의 없었으며, 성과측정 업무를 수행할 담당자 선정도 명확하게 이루어지지 않았다는 의미일 것이다.

성과측정 제 1 단계 과정에서 필요한 절차를 요약하자면, 기업은 가장 먼저 성과측정을 하고자 하는 목적을 명확히 해 두고, 이어서 구체적이며 측정가능한 전시회 참가목표를 확인 또는 설정해 두어야 하며, 또한 성과측정에 소요될 예산을 확보하고 담당인력을 사전에 선정하여 훈련해 두어야 한다. 일반적으로 성과측정에 필요한 예산은 전시회 마케팅 프로젝트 전체비용의 1~3% 정도 적당하다.[106)]

2. 제 2 단계 측정방법의 수립

제 2 단계에서는 개별기업의 참가목표에 대응하는 측정변수의 선정과 자료수집방법, 도구 및 시기 결정 등을 포함한 성과측정 방법을 수립해야 한다. 무엇을 측정해 보면 기업이 전시회에 참가한 성과를 가늠할 수 있는 것일까? '성과'란 바라던 결과를 이루었다는 뜻으로 목표가 전제된 개념으로 기업은 전시회에 참가한 목표를 달성했는지 여부를 측정해 봄으로써 그 성과를 가늠할 수 있다. 이때 측정변수란 다양한 참가목표의 내용 또는 개념을 대표할 수 있으면서 관찰 또는 조사 가능한 형태로 표현해 놓은 것이다. 예를 들면, 측정변수는 값, 크기 또는 빈도 등으로 나타낼 수 있는데, 만일 '새로운 고객발굴'이 중요한 참가

106) Mark Goldberg, Marketech.

목표라면 그 개념을 대표할 수 있는 변수를 무엇으로 나타내어 측정해야 하는지를 생각해야 한다.

참가목표에 대응하는 변수의 값을 구하기 위해서 적절한 자료 수집 방법, 도구 및 시기를 사전에 결정해 두어야 한다. 만일 어느 기업이 신제품 소개 또는 제품에 대한 인지도 제고를 참가목표로 설정했다면, 자료수집 방법은 전시회 관람객을 대상으로 설문지를 활용하여 전시회 현장에서 출구조사(exit survey)를 실시할 것인지, 아니면 전시회 폐막 이후 전화, 우편 또는 인터넷 등을 활용한 설문조사를 실시할 것인지 여부를 선택해야 한다. 유통업체 또는 대리점 확보(agent recruiting)가 목표라면, 실제적으로 부스 현장에서 그들과 접촉 및 상담한 횟수를 세어보고, 그 질적 수준을 또한 측정해야 하며, 리드확보가 주요 목표였다면 리드의 양적 및 질적 수준을 평가하기 위해서 발굴한 리드의 수를 계산해 보는 것은 물론, 전시회 폐막 후 일정기간 동안 리드가 어떠한 성격의 매출로 연결되었는지를 추적(tracking)할 필요도 있을 것이다.

아울러 각종 자료수집 도구도 미리 준비해 두어야 한다. 예를 들면, 전시회 운영자, 전시회에 참가한 경쟁업체, 또는 전시회 부대행사로서 각종 회의 등에 대한 활동을 체계적으로 기록 또는 평가할 수 있는 관찰 양식(observation form)을 준비해야 한다. 관람객들의 자사 제품에 대한 평가 및 인식 수준을 측정할 수 있는 설문양식(survey questionnaire)이 필요하며, 또한 리드가 매출로 전환되었는지 여부를 추적할 수 있는 도구를 준비해 두어야 한다.

3. 제3단계 성과측정 실행 : 사전, 현장 및 사후 조사 또는 측정

제3단계는 실제로 성과를 측정하는 것인데, 그 시기는 전시회 프로젝트가 진행되는 시간적 경과에 따라 전시회 개막 전 조사, 전시회 현장 또는 출구조사 및 전시회 폐막 후 조사 등 크게 세 단계로 나누어 실행하게 된다.

그러나 어느 시점에서 측정을 실시하는 것이 바람직할지에 대한 시기의 결정은 참가목표 측정을 위한 자료의 종류에 따라 서로 다르게 이루어져야 한다.

4. 제4단계 결과분석 및 보고서 작성

마지막 제4단계에서는 전시회 각 단계에서 실시한 조사가 완료되면 수집된 자료에 대해서 가급적 통계적으로 분석을 실시하고 그 결과를 바탕으로 전시회 참가결과 보고서를 작성하는 것이다. 이렇게 작성된 전시회 참가 결과 보고서는 기업의 최고 경영진과 사내 관련부서에 보고하여 피드백을 받은 후, 이를 반영하여 차기 전시회 참가계획서 작성에 참고하는 순환식 과정을 거치도록 한다.

제3절 성과측정 변수의 선정

참가목표의 개념을 대표할 수 있는 변수를 선정함에 있어서 가장 좋은 전략적 방법은 무엇일까? 기업이 전시회에 참가하는 가장 일반적이고 기본적인 동기나 목표는 고객들이 자사 부스를 보다 많이 방문하도록 유도하여 그들에게 자사의 제품이나 서비스를 소개하면서 제품에 대한 호의적인 인식을 심어주고, 궁극적으로는 구매행동에 나서도록 영향을 주고자 하는 것이다. 만일 특정 전시회에 참가한 기업이 기대 이상으로 많은 고객을 자사 부스로 유인을 했던지, 혹은 특정 제품이나 서비스에 대한 고객들의 인식이 좋아지고 구매행동에 관련하여 기대했던 변화를 불러일으켰다면 해당 기업의 전시회 참가 프로젝트는 성공적이었다고 평가할 수 있을 것이다. 따라서 전시회에 참가한 기업이 자사의 전시회 참가에 따른 성과를 측정하기 위해서는 부스를 방문한 관람객의 규모나 수준, 그들의 제품이나 서비스에 대한 반응과 인식, 구매관련 행동의 변화, 주문계약액수 등을 변수로 선정하여 측정하면 된다.

그러나 전시회에 참가하는 기업들은 기업의 규모, 현재 자사의 시장점유율, 신제품 출시시기, 소개하려는 제품의 종류 등의 다양한 입장 차이에 따라 참가목표의 방향과 종류가 다를 수 있기 때문에 참가성과를 측정하는 기준변수 또한 매우 다양할 것이다. 전시회에 참가하는 기업들이 추구하는 대표적인 참가목표와 그 참가성과를 측정하기 위해 이용할 수 있는 변수, 그리고 필요한 자료를 수집하는데 사용할 방법과 도구들은 <표 16-2>와 같다.

<표 16-2> 참가목표, 변수 및 자료수집 방법과 도구(예)

참가목표	관련변수	자료수집 방법 및 도구
신제품소개	부스 관람객 수 제품시연 횟수와 규모 신제품에 대한 반응	부스 담당자의 업무일지 관람객 집계, 관찰, 면접, 설문(전화, 우편, 인터넷)
신규고객확보 리드 발굴	부스 관람객의 인구통계적 특성 부스 관람객과의 접촉 횟수 확보된 리드의 수준과 규모	설문(전화, 우편, 인터넷) 전자식 명찰, 리드가(방명록)
판매	구매의향, 관람객의 구매영향력 주문계약 규모, 매출액	주문/판매계약서, 예산집행내역, 리드 기록, 설문
제품 인지도 향상	제품에 대한 고객의 인식 및 기억력 수준 언론・방송 광고/홍보의 횟수, 규모, 수준 등	설문(전화, 우편, 인터넷) 방송보도 및 광고내용
경쟁사 분석	경쟁사의 전시회 마케팅 활동특성 (경쟁사의 전시회 참가규모, 수준, 스폰서 활동, 부스의 크기 및 디자인 등)	관찰, 사진촬영

일반적으로 기업은 한 가지 이상의 참가목표를 갖고 전시회에 참가하는 경향을 보이는데, <표 16-2>에서 열거했듯이 신제품 소개, 신규고객 확보, 리드 발굴, 판매 또는 제품의 인지도 향상 등을 가장 중요한 목표로 삼고 있다. 그런데 이미 앞 절에서 언급했듯이 참가목표의 내용면에서 중소기업들은 전시회 현장에서의 주문계약 또는 판매에 보다 많은 관심을 갖지만, 대기업들은 제품이나 서비스의 소개 및 인지도 향상 등에 치중하는 경향을 보인다. 어떤 경우든 기업들은 이러한 참가목표에 대응하여 관련변수를 몇 가지 범주로 구성하고, 그

변수를 측정하기 위해 다양한 방법과 도구를 통해서 자료를 수집하여 그 결과를 분석해 봄으로써 전시회 참가성과를 가늠하게 된다.

그러나 기업의 입장에서는 전시회를 포함하여 모든 마케팅 수단의 성과를 측정하기 위해 시간과 장소에 상관없이 동일하게 적용할 수 있는 표준화된 변수를 갖고 있는 것이 바람직하다. 왜냐하면 표준화된 변수를 통해 마케팅 활동의 성과측정을 할 수 있다면, 각 마케팅 수단별로 측정한 성과를 서로 쉽게 비교할 수 있기 때문에 그 유용성이 높아질 것이기 때문이다. 예를 들면, 리드발굴에 소요되는 평균비용 및 각 리드 종류에 따른 매출전환 비율과 같은 변수는 다양한 마케팅 커뮤니케이션 수단들의 비용대비 가치나 효용성을 상대적으로 비교하기 쉽게 해줄 수 있을 것이다. 마찬가지로 만일 동일한 변수를 사용하여 지속적으로 자료수집을 할 수 있다면 어떤 중요한 추세변화를 이해하는데 매우 요긴하게 활용될 수 있을 것이다. 가령, 전시회에서 참가업체가 관람객 한 사람을 접촉하는데 소요되는 비용이 해마다 증가되고 있다는 결과가 드러난다면, 아마도 기업은 그 비용을 낮출 수 있는 방법을 찾고자 노력하게 될 것이다.

한편, 전시회 참가에 따른 기업 중심적인 활동만이 성과측정의 대상이 될 수 있는 것은 아니며, 오히려 고객 중심적 사고를 기반으로 하는 마케팅 원리에 충실하자면 고객의 인식이나 시각을 측정하는 것이 더욱 중요하다.

이런 맥락에서 보면, 전시회 기간 내에 이루어진 주문계약 액수, 부스 관람객 또는 리드의 규모 및 수준 등과 같은 변수들은 성과를 계량화하기는 쉽지만 참가업체 입장에서 성과를 측정하려는 것이다. 따라서 이런 변수들만으로는 고객인 관람객들의 우선적인 전시회 관람목적, 예를 들면, 참가업체 부스를 방문하여 제품을 둘러보거나 부스 담당자과 상담을 해 본 결과가 얼마나 만족스러웠는지 또는 성공적이었는지 등을 판단하기는 어렵다.

만일 어떤 기업이 전시회 현장에서 주문확보나 판매에 주력하기보다는 신제품 소개나 부스 방문객들의 자사 제품 또는 서비스에 대한 인지도 제고 등의 목표에 더 많은 관심을 갖고 있다고 가정하자. 이런 경우에 전시회 참가성과를 측정하는 일은 참가업체의 입장에서가 아니라 오히려 관람객의 입장에서 자사 제품에 대해 어떤 인식과 경험을 하게 되었으며, 또한 제품의 어떤 측면에서 어느 정도의 만족감을 느꼈는지 등에 대한 결과에 초점을 맞출 필요가 있을 것이다. 왜냐하면 마케팅 활동의 궁극적 지향점이 고객만족이라면 기업의 전시회 마케팅 프로젝트도 관람객의 제품에 대한 인식과 만족이라는 문제에 더 주목해야 할 것이기 때문이다. 따라서 전시회 부스를 방문한 관람객들이 자사 및 자사 제품에 대해서 보인 반응과 인식, 그리고 자사 부스 방문에 대한 만족감 정도 등을 체계적으로 측정하여 이해할 수 있다면, 향후 참가업체의 전시회 참가전략 수립에 많은 도움이 될 수 있을 것이다.

제4절 자료수집 방법 및 도구

이렇게 참가업체들은 다양한 방법으로 자사가 수행한 전시회 마케팅 프로젝트를 평가하게 되고 그 분석을 바탕으로 차기 전시회 참가 프로젝트의 효율성을 제고시킬 수 있는 방안을 모색할 수 있게 된다. 그런데 기업이 참가하는 전시회의 특성은 서로 다르고, 기업 자신의 전시회 참가목표가 다양한 만큼, 결국 전시회에 참가한 기업이 구하고자 하는 자료의 성격에 따라 여러 가지 측정방법과 도구가 요구된다. 일반적으로 자료를 수집하는 방법은 의사소통에 의한 방법과 관찰에 의한 방법으로 나누어 볼 수 있는데, 성과측정의 목적이나 자료의 특성에 따라 적합한 자료수집 방법을 달리 선택해야 한다.

자료수집 방법은 필요한 자료의 다양성, 자료수집 과정의 신속성과 비용, 수집된 자료의 객관성과 정확성 등을 기준으로 선택하면 된다. 자료의 다양성이 높을 경우에는 주관적 관찰방법보다는 설문조사와 같은 객관적 의사소통 방법이 더 적합하다. 또한 상황에 따라 다소 다르지만 자료수집의 신속성과 비용적 측면에서도 관찰방법보다는 의사소통 방법이 유리한 경우가 많다. 그러나 객관성이나 정확성 측면에서는 면접이나 설문조사는 조사자의 전달능력 등의 이유로 자료의 수준에 차이가 날 가능성이 많다. 반면에 관찰법은 자료의 객관성이 상대적으로 높은 장점이 있다. 본 장에서는 대표적인 의사소통방법인 대화식 면접방법과 설문조사방법, 그리고 관찰방법을 살펴본다.

1. 의사소통 방법

의사소통 방법은 필요한 자료를 설문지를 이용하거나 대화, 즉 면접을 통해 얻는 방법을 말한다. 기업의 마케팅 의사결정에 필요한 대부분의 정보는 소비자의 특성, 필요와 욕구, 행태 등 다양한 분야의 정보를 필요로 하는 경우가 많다. 면접방법이나 설문지법은 관찰방법에 비해 신속하게 자료를 수집할 수는 있지만, 반면에 관람객이 질문의 내용이 개인이나 자신이 속한 조직에 관련된 비밀사항이라고 느끼거나, 혹은 질문에 대한 답을 해 줄 수 있는 능력이 없으면 응답을 회피하는 등의 이유 때문에 자료를 구하기가 어렵다.

의사소통 방법은 그 소통수단에 따라 개인과의 직접 대면하는 방법과 설문지를 갖고 전화, 우편 및 인터넷을 통해 의사소통을 하는 방법으로 구분할 수 있다. 어떤 소통수단을 활용하든 가장 일반적인 의사소통 방법은 표준화된 질문지나 설문지를 이용하여 고객으로부터 자료를 구하는 것이다.

1) 대인 면접방법

가장 대표적인 대인 면접방법은 조사담당자가 질문을 하면 고객인 전시회 관람객은 그 질문에 따라 자신의 느낌이나 생각을 자유롭게 표현하고, 이를 조사자인 참가업체의 부스 담당자가 기록을 하는 것으로 심층면접방법(in-depth interview)과 포커스그룹 면접방법(focus group interview)이 있다. 또한 관람객이나 바이어가 아닌 자사 직원들 간의 회의(meeting)를 통해 그들의 주관적 관점에 따라 전시회 참가성과를 측정하는 방법이 있다.

심층면접방법은 어떤 질문에 대해 관람객이 자신의 느낌, 인식, 믿음 등을 자유롭게 이야기하도록 하는 방법으로서 어떤 행동의 이면에 감추어진 동기나 이유 등을 발견해 낼 수 있는 장점이 있다. 그러나 이 방법은 비용과 시간이 많이 소요되고 조사담당자의 면접능력이나 분석능력에 따라 조사결과의 신뢰도나 타당성이 큰 차이가 나는 단점이 있다. 포커스 그룹 면접방법은 심층면접법의 변형이다.

만일 전시회를 통해 중간 유통업체나 대리점 등을 확보하려는 목표를 갖고 있는 기업의 입장이라면, 잠재 유통망이 될 수 있다고 판단되는 고객집단에게 특정 주제에 대하여 토론을 벌이게 하는 것으로 자유로운 의사소통을 통해 자사가 필요로 하는 정보를 찾을 수 있는 방법이다. 예를 들어 신제품 개발의 아이디어 수집, 신제품에 대한 특정 지역에서의 반응이나 성공가능성 타진, 혹은 유통방법에 대한 새로운 대안 모색 등을 할 때 사용하기가 적합하다. 두 사람 이상이 모여서 의견을 주고받는 형식이란 관점에서 보면 심층면접방법이나 포커스 그룹 면접방법도 회의의 일종이다. 그러나 위의 방법은 전시회 참가업체 입장에서 보면 주로 고객인 관람객을 대상으로 실시할 수 있는 면접방법이다.

이와는 달리 회의를 통해 전시회 현장에 직·간접적으로 참여한 참가업체 직원들이 모여 내부적 시각에서 자사가 필요로 하는 자료를 수집할 수도 있다. 토론 및 회의를 통해서 전시회 참가성과를 측정할 경우, 그 시점은 전시회가 진행되는 동안 현장에서 매일 수행하는 업무를 평가하여 보고 다음날 업무수행의 효율성 제고 방안에 대해 의견을 교환할 수 있는 매일회의(daily briefing)와 전시회가 폐막된 직후 실행할 수 있는 평가회의(post-show evaluation briefing)가 있다. 회의는 무엇보다도 저비용으로 성과측정을 할 수 있는 도구로서 비록 부스 현장 담당자들을 중심으로 이루어지는 주관적 평가이지만 계량적으로 측정된 자료의 의미를 보완해주는 역할을 해 준다.

전시회가 폐막되고 나면 가급적 이른 시간 내에 부스 현장운영에 참여한 직원들을 중심으로 전시회 참가 프로젝트 전반에 대한 대면 토론 또는 평가회의를 갖는 것이 바람직하다. 이때 자사의 전시회 수행능력을 객관적으로 평가해 줄 수 있는 집단으로서 전시회 프로젝트 수행을 위해 전후방에서 도움을 준 전시회 주최측 매니저, 프레스 관계자 또는 전시회 부스에 물품이나 서비스를 공급해 준 업체관계자들도 초대해서 함께 토론을 할 수 있다면 바람직할 것이다. 회의나 토론의 형식은 대면회의, 전화회의, 인터넷 및 화상회의 등을 시간과 물리적 상황을 고려하여 선택하면 된다. 무엇보다도 전시회에 대한 기억력이 약화되기 전에 토론 또는 평가를 실시하되, <표16-2>와 같은 주제를 중심으로 진행한다.

<표 16-2> 전시회 사후 평가회의 토론 주제(예)

- 전시회 참가목표 대비 성과에 대한 전반적 평가
- 전시회 참가예산 대비 실제 집행비용 검토
- 자사의 마케팅목표와 참가한 전시회 특성의 적합성 여부
- 자사 부스의 규모, 수준 및 위치
- 부스 담당자 규모와 상담수준
- 전시된 상품의 적절성과 고객의 반응
- 사전 및 현장 프로모션의 효과
- 제품시연 방법과 성과
- 리드 발굴의 방법과 성과
- 상담자료 및 답례품의 적정성
- 경쟁업체의 전시회 프로젝트 운영 평가
- 고객, 다른 참가업체, 전시회 주최자 및 전문매체의 피드백 내용
- 차기 전시회 참가성과를 제고할 수 있는 아이디어 및 제언

2) 설문조사 방법

자료를 수집하는 방법 중에는 대화를 통한 대인 면접방법 이외에도 설문지를 활용하는 조사방법이 있다. 설문조사는 계량적 자료를 수집할 수 있는 방법으로서 기업의 전시회 참가 프로젝트에 대한 다면적 평가를 할 수 있다. 즉 관람객의 인구통계학적 특성은 물론 그들의 제품에 대한 반응 및 인식수준 그리고 부스 담당자의 상담수준 등을 포함하여 가장 포괄적으로 다양한 측면의 성과를 측정할 수 있다. 물론 정확한 자료를 수집하기 위해서는 가장 먼저 기업의 전시회 참가목표에 대한 개념들을 체계적이며 측정 가능한 형태로 전환시켜 두어야 한다. 아울러 설문지에 포함될 질문의 항목별 내용과 길이의 결정 및 응답형태까지도 조직적으로 설계해야 한다.[107]

107) 설문지 설계에 대한 보다 구체적인 방법에 대해서는 마케팅을 포함한 사회과학 조사방

또한 설문조사는 표적시장 고객들 중 일부를 표본(sample)으로 설정하여 시행하고, 그 분석결과를 바탕으로 전체 표적시장의 특성을 추정하게 된다. 따라서 가능하다면 충분한 크기의 표본을 확보하여 표본에 대한 자료분석 결과가 모집단이라 할 수 있는 기업의 표적시장 고객의 특성을 대표할 만큼의 신뢰성을 확보하도록 한다. 설문조사는 전시회 현장 또는 전화, 우편 그리고 인터넷 등의 다양한 수단을 통해 자료를 수집할 수 있다. 전시회 현장에서 실시하는 설문조사의 형태는 전시회가 진행되는 시간적 경과에 따라 전시회 개막전 설문조사, 전시회 현장 또는 출구조사 및 전시회 폐막 후 설문조사 등으로 크게 세 단계로 나누어 볼 수 있는데, 필요한 자료의 종류에 따라 설문조사의 시기를 결정하면 된다. 물론 어떤 수단을 사용할 것인지는 조사에 소요되는 시간이나 비용 그리고 조사의 형태에 따라 달라질 수 있다. 국내적으로는 우편을 통한 설문조사는 응답률이 너무 낮아 자주 사용되지 않으며, 일반적으로 전화와 인터넷을 통한 설문조사 방법이 많이 사용된다.

2. 관찰방법

전시회 환경에서의 관찰방법은 전시회 관람객의 반응이나 행동 또는 경쟁사의 부스나 경쟁사 부스 스텝들의 행동을 조사자가 관찰하여 분석하는 방법이다. 따라서 이 경우에는 조사담당자가 관람객이나 경쟁사가 필요한 행동을 할 때까지 기다려야 하기 때문에 신속성이 떨어지는 단점이 있지만, 조사결과의 객관성 쉽다는 장점이 있다.

경쟁기업에 대한 분석이 중요한 참가목표 중에 하나일 경우에는 자사 부스 담당자는 관찰을 통해 경쟁기업이 수행하는 전시회 마케팅 프로젝트의 전반적인 과정을 평가할 수 있다. 관찰을 통해 분석하고자 하는 경쟁 참가업체가 많을 경우이거나 관찰을 통해 어떤 시사점 또는 결론을 도출하고자 할 경우에는 기록양식을 미리 준비하여 관찰하게 된다. 예를 들면, 경쟁사의 전시회 부스에서

법론 책자를 참조바람.

의 마케팅 활동을 관찰하기 위해서는 <표 16-2>에서와 같은 항목들이 포함된 체계적인 기록양식을 준비해서 관찰조사를 시행할 수 있다.

<표 16-2> 관찰 기록 양식

☐ 일련번호:	☐ 조사시기:				
☐ 기업명:	☐ 부스의 번호:				
☐ 부스의 면적:	☐ 부스 담당자의 규모:				
부스의 위치	1	2	3	4	5
부스 디자인	1	2	3	4	5
부스 공간설계	1	2	3	4	5
그래픽 내용	1	2	3	4	5
제품 또는 서비스 진열상태	1	2	3	4	5
마케팅 메시지	1	2	3	4	5
부스 현장 프로모션	1	2	3	4	5
제품시연의 방법	1	2	3	4	5
부스 담당자의 상담방법	1	2	3	4	5
프로모션 자료 및 답례품	1	2	3	4	5
리드 발굴 기록 시스템	1	2	3	4	5
관찰자의 직책과 성명:					
관찰자의 의견 및 특기할 사항: ______________________________					
____					

또한 성과측정 목적이 요구하는 자료의 특성이나 상황에 따라 녹음기나 카메라와 같은 관찰도구가 사용될 수도 있다.

제5절 성과분석 — 무엇을 분석할 것인가?

한편, 위와 같이 다양한 측정방법과 자료수집 도구를 이용하여 확보한 자료를 활용하여 구체적으로 어떠한 성과를 분석할 것인가? 전시회 참가에 따른 성과측정은 수집된 자료를 의미적 또는 통계적으로 분석하여 다음과 같은 사실들을 규명함으로써 전시회 참가 프로젝트의 타당성을 확인 또는 정당화할 수 있어야 한다.

- 전시회의 성격 또는 특성에 대한 종합적 분석
- 관람객에 대한 인구통계학적 특성 파악
- 관람객의 필요, 욕구 및 구매 관련행동 규명
- 자사의 전시회 프로젝트 수행능력 평가
- 전시회를 통한 주문 확보 또는 매출 실적 평가

물론 전시회에 참가하는 기업들은 다양한 조사방법에 따라 여러 가지 참가목표의 달성여부를 측정할 수 있다. 예를 들어, <표 16-3>에서 볼 수 있듯이 참가업체는 다양한 측정방법을 사용하여 신제품 소개, 제품의 인지도나 이미지에 대한 인식수준 및 메시지 전달 등의 목표가 어느 정도 이루어졌는지 가늠할 수 있을 것이다. 또한 부스 현장에서 확보된 리드를 추적(tracking)해 보는 방법을 통해서 리드가 매출로 전환되어 매출증대 목표가 달성되었는지 또는 새로운 고객 창출의 목표가 달성되었는지 여부를 측정할 수 있다.

<표 16-3> 다양한 참가목표에 대응한 측정방법

	리드 분석	사후 조사	매출 전환 조사	사전/ 사후조사	인지도 및 태도조사	리드 추적	언론방송 보도분석
매출증대	√		√			√	
새로운 고객 창출	√	√	√	√		√	
신제품소개	√	√	√		√		√
인지도/이미지조사				√	√		√
메시지전달		√		√	√		√

그러나 전시회 프로젝트 성과측정은 우선적으로 기업이 설정한 목표의 종류에 따라 판매지향적 목표(selling-oriented objectives)를 중심으로 분석하는 방법과 마케팅 지향적 목표(marketing-oriented objectives)를 중심으로 분석하는 방법의 두 가지로 나누어 볼 수 있다. 판매지향적 목표를 측정하기 위해서는 투자회수율(ROI: Return on Investment)을, 마케팅 지향적 목표를 가늠하기 위해서는 목표달성률(ROO Return on Objectives)을 측정하여 전시회를 통한 기업의 세일즈 및 마케팅 목표의 달성여부를 가늠할 수 있다.

1. 판매지향적 목표에 대한 성과측정

일반적으로 기업들은 전시회에 참가하여 궁극적으로는 매출을 증대시키고자 하는 기대감을 갖는다. 그러나 전시회 현장에서의 매출 또는 주문확보를 우선적 목표로 설정하는 경우는 많지 않다. 물론 일부 산업의 경우에는 제품의 개발 또는 생명주기가 짧은 특성을 갖고 있어서 참가업체들이 전시회 현장에서의 주문확보에 주력하는 경우도 있다. 예를 들면 패션 또는 선물용품 전시회에서는 소매업체나 중간도매업체가 제품의 수요나 유행주기 등에 맞추기 위해 참가업체에게 직접적인 주문을 발주하는 경우가 많다. 이런 경우에는 참가업체가 전시회에 따라 비용대비 매출액 비율을 산출하여 전시회 참가성과를 평가하는 지표로 참고할 수도 있다. 물론 이때 참가업체들은 주문 확보만이 아니라 리드 발굴 목표도 동시에 갖고 있는 경우가 많기 때문에 비용대비 리드 수 또는 비용대비 매출액과 리드를 결합한 가치를 비율로 환산하여 비교하는 방법도 활용될 수 있다.[108] 따라서 여기에서는 우선 판매지향적 목표의 달성여부를 분석할 수 있는 방법부터 살펴보기로 하자.

1) 투자회수율(ROI: Return on Investment)

일반적으로 기업의 경영진들이 가장 관심을 갖고 지켜보는 성과지표는 전시회 마케팅 프로젝트의 투자회수율이다. 투자회수율은 다음과 같이 전시회 프로젝트에 집행된 예산 대비 전시회 참가로 비롯된 총 매출액이 차지하는 비율로 계산한다.

투자회수율 = 매출액 / 전시회 참가 프로젝트 예산

따라서 투자회수율은 전시회 폐막 직후까지 확보된 매출액을 기준으로 집계할 수 있는 잠정적인 예상 투자회수율과 폐막 이후 일정기간이 경과된 이후 집계된 매출액을 기준으로 계산되는 최종 투자회수율로 나누어 분석해 볼 수 있다. 기타 다양한 차원의 투자회수율을 가늠하기 위해 필요한 기본적 통계기준들로는 다음과 같은 것들이 있다.

108) Chapman, E.A. Jr.,(1995). Exhibit Marketing, 2nd ed., McGraw-Hill, Inc.

1. 발굴·확보된 리드수
2. 선별된 양질의 리드 비율
3. 선별된 양질의 리드수
4. 매출로 전환된 리드의 비율
5. 총 주문건수
6. 확보된 총 주문액
7. 주문당 평균 매출액
8. 전시회에서 발굴된 리드를 통해 예상되는 매출액
9. 전시회 참가를 위해 집행된 전체예산

가장 일반적으로 투자회수율을 계산하는 방법은 확보된 리드를 통해 예상되는 매출액 규모(8)를 전시회 참가를 위해 집행된 전체예산(9)으로 나누어 보는 것이다. 예를 들면, 기본적 시나리오를 다음과 같다고 가정해 보자.

총 관람객 = 20,000명
자사 제품에 관심을 갖고 있는 잠재 관람객의 비율과 규모 = 20% 및 4,000명
실제 자사 부스 방문객수 = 1000 명
총 투자비용 = 3,000만원
매출액 = 9천만원

이러한 가정을 갖고 전시회 참가 총 집행예산 대비 매출액으로 환산한 투자회수율은 9천만원/ 3천만원 = 3 이며, 1원 투자당 3원의 투자회수가 이루어진 것으로 계산할 수 있다. 따라서 투자회수비율이 3배에 이르는 전시회인 경우라면 차기 전시회에도 지속적으로 참가하는 것이 바람직할 것으로 추정할 수 있을 것이다. 물론 투자회수율(ROI) 측정은 전시회에서의 상담을 통해 발생된 매출액에 대한 실제적 결과수치가 없다면 불가능해진다. 따라서 위에서 설명했듯이 전시회가 폐막된 후 어느 시점까지 이루어진 매출액을 기준으로 할 것인지에 따라 투자회수율이 달라지게 된다.

2) 리드 발굴(Lead Generation)

총 투자비용 = 3,000만원

A급 리드 = 30개

B급 리드 = 90개

C급 리드 = 180개, 총 리드수 = 300개

만일 위와 같이 어느 기업이 전시회 현장에서 확보한 리드의 합계가 300개라면, 전시회 총 투자비용이 3천만원이었으므로 리드 1개를 확보하는 데 지출한 비용은 약 10만원(3천만원/300개)인 것으로 계산할 수 있다. 물론 부스 현장에서 발굴된 양질의 A급 리드를 기준으로 계산한다면, A급 리드 1개를 확보하는데 소요된 비용은 100만원(3천만원/30개)이 되는 셈이다.

이러한 분석결과의 시사점은 부스 현장에서 양질의 리드를 발굴하려면 상당한 비용이 소요된다는 것을 명확히 인식해야 한다는 것이다. 따라서 기업은 전시회 부스 담당자의 관람객 선별기법을 포함한 상담 및 리드 발굴능력을 제고시키기 위해 교육과 훈련에 보다 주력해야 한다는 것이다.

3) 리드 추적 조사(Lead Tracking)

리드 추적 조사란 전시회가 폐막된 후, 부스 현장에서 발굴·확보한 리드를 추적하여 어떤 리드가 매출로 실제 전환되었는지를 조사하여 리드의 질적 수준을 측정하는 방법이다. 그러나 리드가 실제 매출로 전환되었는지 여부를 추적하기 위해서는 상품과 서비스의 판매주기(sales cycle)에 따라 전시회 폐막 후 몇 개월이 경과한 후 시행해야 한다는 한계가 있다. 또한 지역별 유통망이나 대리점을 통해 주로 판매하는 기업들의 경우에는 리드 추적조사가 용이하지 않을 수도 있다. 아울러 무엇을 어떻게 판매하는가와 어떻게 추적을 하느냐에 따라 리드 추적(lead tracking)은 매우 시간과 비용이 많이 소요될 수 있다. 그리고 리드를 추적하여 분석해 보면 전시회 참가성과의 타당성을 입증할 수는 있겠지만, 전시회 참가 프로젝트의 수행과정에서 개선해야 할 사항이나 성과를 제고할 수 있는 방법에 대해서는 시사점을 얻기가 어렵다는 한계가 있다.

4) 주문확보(Taking Orders)

전시회에 참가하여 어떤 상품에 대해 어느 정도의 비용을 투입하여 어떤 규모의 주문확보를 기대할 수 있는지를 측정할 수 있는 방법이 있다. 물론 예상할 수 있는 주문확보 규모에 대해 현실적인 목표를 설정했느냐 하는 점이 중요한데 다음과 같이 가정해 보도록 하자.

확보된 주문건수 = 10건
총 매출액 = 6,000만원
총 지출비용 = 3,000만원

평균 주문액 = 6,000만원/10건 = 600만원/1건
투자회수율 = 6,000만원/3,000만원 = 2

이 경우에 전시회 참가에 지출한 총 비용이 3천만원이었고, 확보된 주문액수는 6천만원이므로 주문액수 대비 총 투자비용에 대한 투자회수율은 2가 되므로, 1원 투자당 2원의 투자회수가 이루어진 것으로 계산할 수 있다. 물론 총 매출액이 6천만원이고, 확보된 주문건수가 10건이므로, 주문 1건당 매출액은 6백만원이 된다. 기업이 참가하는 전시회에 따라 편차가 있겠지만, 이러한 분석은 차기 전시회의 목표설정이나 전략수립을 위한 판단근거가 된다.

2. 마케팅 지향적 목표에 대한 성과측정

산업의 종류에 따라 차이가 나긴 하지만 일반적으로는 기업의 규모가 클수록 전시회에 참가하여 부스 현장에서 주문확보나 매출을 올리려는 판매지향적 목

표(sales-oriented objectives)에 치중하기보다는 마케팅 지향적 목표(marketing-oriented objectives)에 더 많은 관심을 둔다. 마케팅 지향적 목표란 전시회 참가업체가 바이어와 미디어 등을 상대로 자사 또는 자사 신제품을 소개하면서 호의적인 이미지를 확립하거나 또는 브랜드 인지도를 제고시키려는 경우 등을 포함하여 고객집단과 장기적으로 우호적인 관계를 유지하기 위해 초점을 맞춘 목표라고 할 수 있으며, 다음과 같은 지표나 지수를 통해 그 성과를 측정할 수 있다.

1) 프로젝트 수행성과 지수(Performance Index)

기업의 마케팅 활동은 전시회를 포함한 모든 마케팅 커뮤니케이션 수단을 활용하여 기존 고객이나 잠재 고객들의 구매결정 행동을 한 단계 진전시키고자 하는 목적을 갖고 있다. 마케팅 커뮤니케이션 수단으로서의 전시회는 우선 기존 또는 잠재고객을 참가업체의 부스로 유인한 후, 부스를 방문한 고객들 중에서 자사 제품에 관심을 갖고 있는 사람들과 대면접촉 또는 상담을 하면서 그들이 구매가능성이 있는 고객인지 여부를 식별하고, 유망고객으로 판단된 고객이 구매행동에 나서도록 설득하여, 궁극적으로는 매출을 성사시키려는 목표를 갖고 있다.

기업은 결국 매출증대를 목적으로 전시회에 참가하지만 실제로 전시회 성과가 매출로 전환되는 비율이나 시기는 제품이나 서비스의 종류에 따라 일정기간이 지난 후에야 가능하게 된다. 따라서 기업의 전시회 참가성과 측정은 매출액을 변수로 이용하지 않고 일반적으로 관람객의 행동이나 질적 수준과 같은 대리변수(surrogate variables)를 이용하여 성과여부를 분석하는 방법이 이용되기도 한다. 그러나 전시회를 방문하는 모든 관람객이 자사의 표적시장과 일치하는 고객은 아니다. 더구나 전시회 방문객 모두가 참가업체 부스를 방문하는 것도 아니며, 특정 부스를 방문하는 관람객들도 모두가 실제로 부스 담당자와 직접 접촉이나 상담을 시도하지 않으며, 접촉을 했더라도 전시회 폐막 후 지속적인 관계가 유지되는 비율도 다를 것이다. 다음은 전시회 참가 프로젝트의 마케팅 지향적 목표에 대한 수행성과를 측정하는 대표적인 방법이다.

(1) **유인 효율성**(attraction efficiency)

전시회를 방문하는 모든 관람객이 참가업체의 표적시장과 일치하지는 않는다. 따라서 전시회 참가업체는 사전 또는 현장 프로모션을 통해서 예상 표적시장내의 잠재고객들이 전시회를 방문해 주도록 효과적으로 유인해야 한다. 유인 효율성이란 전시회를 방문할 것으로 추정되는 예상 표적시장 고객 중 실제로 자사 부스를 방문한 고객의 비율을 분석하는 측정방법이다.

(2) **접촉 효율성**(contact efficiency)

접촉 효율성이란 부스 담당자의 성과를 측정하는 데 사용할 수 있는데 자사의 제품 관람에 관심을 갖고 부스를 방문한 표적시장 고객들 중에서 실제로 부스 담당자와 접촉이나 상담을 한 고객의 비율을 의미한다. 만일 접촉효율성이 낮다면, 이는 참가업체 부스 담당자들이 부스 현장에서 고객을 선별하거나 접촉할 수 있는 능력을 제고시켜야 함을 시사하는 것이다. 따라서 접촉 효율성은 부스 담당인력의 규모나 그들에 대한 교육훈련과 같이 기업이 통제할 수 있는 요인의 효과를 분석할 수 있는 측정방법이다.

(3) **전환효율성**(conversion efficiency)

리드란 어떤 의미에서 보자면 부스 방문객이 전시회 폐막 이후 참가업체로부터의 후속적인 연락이나 방문을 요청하거나 허락한 것이다. 전환효율성이란 부스에서 관람객과의 이루어진 총 접촉건수 중에서 리드로 전환시킨 비율을 의미하며, 이는 부스 담당자의 고객선별 및 관리 능력을 나타내는 지수라고 할 수 있다. 즉 전환효율성은 부스 담당자가 전시회 부스 현장에서 접촉한 관람객과 효율적인 대화와 상담을 통해 자사의 제품이나 서비스에 대해 구체적인 관심을 갖게 된 고객의 비율을 나타내는 지수이다. 물론 경쟁관계에 있는 참가업체의 명성, 경쟁업체의 질적인 경쟁우위, 관심을 보이는 관람객의 향후 구매계획 등과 같이 참가업체 부스 담당자가 통제할 수 없으면서 전환효율성에 영향을 주는 요소는 여러 가지가 있다.

2) 신상품 소개(New Product Introduction)

참가업체는 전시회를 통해서 신제품이나 서비스를 소개하고자 할 때, 해당 상품에 대한 표적시장을 선정한 후, DM, 업계전문지 혹은 인터넷 등을 포함하여 다양한 프로모션을 통해서 자사가 특정 전시회에 참가한다는 사실을 알리게 된다. 이때 신제품 소개시 소요된 총비용은 신제품 소개 프로그램에 소요된 전체비용을 그 프로그램을 관람한 부스 방문객의 수로 나누어 보면, 신제품을 소개하기 위해서 관람객 1인당 어느 정도의 비용이 드는지를 분석할 수 있다.

광고 = 2,000,000원
DM = 1,500,000원
인건비 = 1,000,000원
비용 합계 = 4,500,000원
방문객수 = 1,500명
관람객 1인 평균 신상품소개 비용= 3,000원(450만원 /1,500명)

위의 가상적인 예시처럼 신상품 출시에 맞추어 전시회에 참가한 기업의 경우라면 순수하게 사전 프로모션을 위한 광고, DM 등에 들어간 비용이 총 450만원이었을 경우, 부스를 방문해서 신상품을 관람한 관람객이 모두 1,500명이었다면 신상품을 소개하기 위해 소요된 비용은 관람객 1인 평균 3,000원이었던 것으로 분석할 수 있다.

3) 인지도 제고(Brand Awareness)

전시회 개막 전 및 개막 후에 실행하는 설문조사는 자사 또는 자사 제품이나 서비스에 대한 관람객의 인지도, 기억력 또는 선호도 등의 변화에 대한 직접적 효과를 측정할 수 있는 가장 좋은 방법이다. 전시회 사전 조사는 관람객이 전시회 및 자사 부스 방문하기 전에 자사 및 자사 상품에 대한 현재의 인지도 수준을 가늠할 수 있게 해 주며, 사후 조사를 통해 전시회를 방문한 결과로서 관람객들의 상품에 대한 인지도에 어떤 변화가 생겼는지를 측정할 수 있다. 물론 전시회 사전 및 사후조사를 전시회 현장에서 실시할 경우에는 조사대상자를 동일하게 유지해야 한다는 전제조건 등이 충족되어야 하며, 설문지 설계와 조사대상자 표본선정에 유의해야 하며 사전 및 사후조사의 통계적 차이를 분석할 수 있는 지식도 요구된다.

인터넷을 이용하여 설문조사를 실시할 경우에는 조사대상 집단의 동일성을 유지할 수 있으며 관람객의 수가 많은 대규모 전시회의 경우에도 실행이 가능하다. 중소규모 기업의 경우에 전화나 우편을 통해서 사전 및 사후조사를 실시할 수는 있지만, 설문조사의 어려움과 비용 등을 고려하면 쉽지 않은 분석방법일 것이며, 대기업의 경우에도 정확한 인지도 제고여부 등을 분석하기 위해서 전문적인 조사대행업체에 의뢰하는 사례가 많다.

4) 기존고객과의 접촉(Contact with Current Customer)

모든 기업이 신규고객을 창출하기 위한 목적으로만 전시회를 참가하는 것은 아니다. 상당수 기업들은, 특히 시장점유율이 상대적으로 높은 경우에 신규고객 확보만이 아니라 기존고객과의 관계를 우호적으로 유지하는 일을 더욱 중요하게 생각한다. 특히 해외시장의 경우에는 고객관리의 어려움이 많기 때문에 전시회를 통해서 기존고객과의 접촉과 유대관계를 강화해 둘 필요가 있을 것이다. 따라서 기존고객들이 중요한 핵심 고객군을 이루고 있다면 이들을 대상으로 자사 부스를 반드시 방문해야 하는 특별한 이유를 명기한 특별 초대장을 제작·발송해야 한다. 이 때 기존고객과 전시회를 통해 접촉하는데 소요되는 비용의 계산은 기존고객을 초청 또는 유인하는 데 소요된 총 비용을 실제로 자사 부스를 방문한 기존고객의 수로 나누면 된다.

• 환대공간 설치/운영 비용(초청 프로모션 비용포함) = 420만원
• 부스를 방문한 기존고객 수 = 70명
• 기존고객 1인당 현장접촉 비용 = 6만원(420만원/ 70명)

위의 예시와 같이 중요한 핵심 고객(key account)을 초청하기 위해서 프로모션을 실시하는 것은 물론 그들을 특별히 환대하기 위해서 별도의 환대공간을 설치하여 운영하는데 약 420만원이 소요되었고, 실제로 부스를 방문한 기존고객의 수가 70명이었다면 기존고객 1인당 전시회 현장 접촉비용은 약 6만원이 소요된 것으로 분석할 수 있다.

5) 상품 관심도 및 고객 관심도(Audience Interest)

기타 계량적 측정이 가능한 전시회 참가목표로는 상품 관심도(Product Interest) 와 관람객 관심도(Audience Interest)가 있다. 상품 관심도란 기업이 전시회에 출품한 제품 또는 서비스에 관심을 갖고 있는 관람객의 비율을 의미한다. 한편, 관람객 관심도란 자사 전시회 부스를 방문하여 정보획득이나 접촉을 하고자 하는 관람객의 비율을 의미한다. 예를 들어, 다음과 같은 시나리오를 생각해 보자.

전체 관람객 수 = 20,000명
일반 관람객 수 = 10,000명
순수 바이어 수 = 10,000명
자사 상품군에 대한 관심도 = 30%
관람객 관심도 = 40%

위와 같이 가정할 경우, 전시회 전체 관람객수 2만명 가운데, 자사 상품군에 대한 관심을 갖고 있는 순수 바이어는 약 3,000명(10,000 × 0.3)이며, 그 중에서도 자사 부스를 직접 방문하여 정보를 수집하거나 상담을 하는데 관심을

갖고 있는 바이어는 약 1,200명(3,000 × 0.4)이 되는 것이다.

6) 전시회 폐막 후 리드 조사(Post-Show Lead Survey)

전시회 폐막 후 리드조사는 기업이 전시회 참가 프로젝트 활동을 통해 바이어들의 제품 구매결정 과정에 어느 정도의 영향을 주었는지 측정하는 것이다. 즉, 전시회를 통한 기업의 마케팅 커뮤니케이션 목표의 달성여부를 분석하는 방법으로서 예를 들어, 자사제품이나 서비스에 대한 인지도 증가율, 브랜드 식별력과 이미지 제고율, 제품에 대한 기억력 등을 포함하여 관람객의 질적 수준 및 잠재적 구매력을 측정하는 것이다. 이를 통해 전시회 참가 프로젝트가 양질의 바이어를 접촉하는데 어느 정도 기여를 하는지 가늠할 수 있을 것이다.

그러나 설문조사를 진행하는 방법론적인 정확성을 유지하는 것이 중요하다. 전시회의 경우 제품의 상품수명주기 또는 판매주기에 따라 흔히 조사기간이 수개월 동안 진행될 수 있다. 조사대상자 집단을 선정하는 것도 무작위로 조사대상고객을 선정하는 방법과 차이점을 파악하기 위해서 제품별 또는 리드별로 조사집단을 나누어 조사하기도 한다.

7) 언론방송 보도 분석

언론방송 보도분석이란 전시회 참가 이전에 산업내 평판이 좋거나 영향력있는 언론 또는 방송매체를 선정하여 이들을 대상으로 프레스 키트를 개발하고, 특별 초대장을 제작·발송하여 홍보성 기사나 방송보도를 유도하거나 전시회 현장에서 인터뷰 약속을 이끌어내는 등 전시회 참가업체가 펼칠 수 있는 홍보활동에 대한 성과를 측정하는 방법이다.

이 분석방법은 언론방송 보도와 관련하여 게재된 기사의 사본이나 방송된 내용의 녹화를 요청하거나 직접 구하고, 아울러 보도된 기사와 똑같은 크기의 광고에 대한 가격 또는 방송시간 가격이나 영향력을 조사하여 간접적으로 성과를 측정하는 방법이다.

또한 자사의 마케팅 메시지가 기사화된 정기간행물의 독자 규모를 계산한 다음, 전시회 참가예산 중 광고 및 홍보비용을 발행부스(total circulation)로 나누어 계산해 보면, 해당 정기간행물 독자 1인당 가격을 산출할 수 있을 것이다. 즉, 특정 전시회 참가를 위해 집행한 광고 및 홍보비용이 모두 600만원이고, 해당 간행물의 발행부수가 1만권이라면 잠재고객이라고 간주되는 해당 간행물의 독자 1인에게 자사의 마케팅 메시지를 노출시키는데 소요된 평균비용은 600원이라고 추정할 수 있다.

제17장 전시회 참가 결과보고서 작성

제1절 결과보고서의 가치와 중요성

전시회 마케팅 프로젝트의 실무 책임자가 수행해야 하는 마지막 과업은 성과 측정을 통해서 얻어진 모든 자료와 정보를 통합하는 것이다. 최종 보고서 안에 집약된 모든 정보는 기업이 참가했던 여러 전시회 중에서 어떤 전시회의 참가 성과가 가장 좋았는지 여부와 어떤 전시회의 참가를 유보하는 것이 바람직한지 등의 결정 뿐만 아니라, 차후 전시회 참가준비를 위한 기획서를 작성하고 참가 목표와 예산을 책정함에 있어서도 중요한 가이드 라인의 역할을 하게 된다. 그러나 최근까지도 국내적으로는 많은 기업들이 전시회 참가결과에 대한 보고서 작성을 소홀히 하는 경향이 있다. 그 주된 이유는 고위 경영진들이 판매 및 마케팅 수단으로서 전시회가 갖고 있는 잠재적 가치에 대한 인식이 부족하고, 또한 기업의 임원들은 물론 실무 담당자들까지도 전시회 참가 결과보고서 작성이 왜 중요한지에 대한 이해가 부진하기 때문이다.

1. 고위 경영진의 전시회 프로젝트에 대한 인식 부족

세일즈 및 마케팅 수단으로서 전시회가 중요한 잠재적 가치를 갖고 있음에도 불구하고 상당수 기업의 고위 경영진들이 전시회 참가 프로젝트에 대해 관심이 부족하거나 소극적인 태도를 보인다면 그 이유는 일반적으로 다음과 같이 설명할 수 있다.

첫째, 전시회가 제공하는 전략적 가치, 특히 세일즈 리드 창출 및 판매주기 가속화 등에 대한 이해가 부족하기 때문이다. 즉 판매 및 마케팅 수단으로서의 전시회의 잠재적 가치나 효용성에 대한 인식이 미흡하여 전시회를 단순히 물류적 관점으로 잘못 이해하고 있기 때문이다. 그 결과 전시회 참가를 수익창출을 할 수 있는 투자기회로 인식하지 못하고 오히려 불가피한 비용을 유발하는 매체로 오해하는 경우가 많다.

참고로, 북미지역 전시회에 참가한 바이어들을 대상으로 그들이 최종적인 구매결정을 하기 위해서 이용하는 매체가 무엇인지를 설문조사한 결과, 응답자의 90%가 전시회 방문이라고 답을 했는데, 이는 직접 방문 또는 현장 판매(70%), 업계 전문지 광고(55%), 또는 텔레마케팅(50%) 등을 훨씬 능가하는 수준인 것으로 나타났다.[109] 또한 TradeShow Week지가 인터넷을 통해 실시한 조사에 따르면, 전시회에 참가한 세일즈 담당자들의 52%는 전시회를 통해서 창출된 리드가 다른 어떤 마케팅 수단에 의해 확보된 리드에 비해서 가치가 있다고 응답한 것으로 나타났다.[110] 아울러 전시회를 통해 발굴한 리드는 필드 세일즈 방문을 통해 확보한 리드에 비해 매출을 성사시키는데 비용이 56% 적게 든다고 한다.[111] 게다가 전시회에서 확보한 리드의 48%는 매출을 성사시키기 위해 추가적인 세일즈 방문이 필요치 않으며, 1~3차례 방문이 필요한 경우도

109) CEIR Research Report PE II, 2000.
110) TradeShow Week, 2002. May 2.
111) CEIR Research Report SM17, 1999.

37%에 불과한 것으로 드러나면서 그 효율성이 매우 뛰어난 것으로 보고되고 있다.

둘째, 대부분의 고위 경영진들은 전시회 참가 프로젝트에 비해 다른 이슈들이 보다 더 중요하다고 인식하는 경향이 있다. 물론 지금까지 전시회 마케팅에 대한 체계적인 교육이나 훈련을 받아 본 경험이 없기 때문에 대부분 국내기업 임원들의 이러한 인식부족은 당연한 것으로 생각될 수도 있다. 그러나 전시회의 상대적 가치의 잠재력에 대한 인식이 부족하기 때문에 전사적(全社的) 관점에서 전시회 참가전략 수립의 중요성이 간과되기 쉽고, 또한 동 프로젝트를 체계적으로 실행할 수 있는 사내의 시스템이 구축되기 어려워진다. 따라서 기업 경영진의 전시회에 대한 관심부족은 전시회 참가업무 담당자들로 하여금 전시회 프로젝트 수행성과를 측정하는데 큰 관심을 쏟지 않게 만들며, 그 때문에 전시회 참가에 대한 결과보고 시스템도 갖추지 못하게 된다.

2. 결과보고서 작성의 중요성

위에서 설명한 기업 임원들의 전시회 프로젝트에 대한 인식이 부족한 이유를 다른 관점에서 보자면 아마도 그들이 자사의 전시회 참가 프로젝트의 결과에 대해 체계적으로 작성된 결과보서를 받아 본 경험이 드문 탓이라고 할 수 있을 것이다. 그러나 전시회 참가 프로젝트에 대한 결과보고서를 작성 및 보고해야 기본적인 이유는 다음과 같이 정리할 수 있을 것이다.

첫째, 전시회 참가 프로젝트에 대한 투자가 자사의 발전에 실질적으로 기여한 성과를 구체적으로 입증하기 위해서

둘째, 전시회 참가 프로젝트의 전체적인 수행과정을 평가하여 성과가 좋았던 과정과 미흡했던 과정을 비판적으로 검토하여 향후 보다 좋은 성과를 올릴 수 있는 전략적 시사점을 도출하기 위해서

셋째, 전시회 참가 프로젝트에 필요한 지속적인 예산지원과 사내 관련부서로

부터의 필요한 협력을 요청하기 위해서

넷째, 전시회 참가 프로젝트 담당부서의 노력이나 기여도에 대해 정당한 인정을 받기 위해서

전시회 참가 프로젝트에 대한 결과보고서를 작성해야 하는 궁극적인 이유는 기업의 세일즈 및 마케팅 목표를 달성하기 위한 수단으로서 전시회를 가장 효율적으로 활용할 수 있는 전략과 전술이 포함된 향후 전시회 참가 프로젝트의 실행계획을 수립하기 위한 기본적인 틀 또는 가이드 라인이 된다는 점이다.

3. 결과 보고의 대상

전시회 결과보고서는 누구에게 제출 또는 보고해야 하는가? 기본적으로는 전시회 참가 프로젝트를 성공적으로 실행하는 과정에 영향을 줄 수 있는 관계자들 모두에게 보고해야 한다. 즉 사장, 부사장, 이사 및 주요 부서장은 물론 경우에 따라서는 주주총회를 포함하여 투자에 관련된 모든 이해관계자(stakeholders)에게도 보고해야 할 경우가 있다. 결과보고서의 내용을 전달하는 방법은 가능하다면 직접 대면 보고를 하는 것이 바람직하고, 보고 대상이 되는 모든 이해 관계자들의 의견을 수렴하여 차후 전시회 참가 프로젝트의 전략수립에 적극 반영하도록 해야 한다.

제2절 결과보고서의 핵심내용

그렇다면 기업의 경영진들은 결과보고서를 통해 무엇을 알고 싶어 할까? 전시회 업무 담당자 및 보고서 작성자는 기업 경영진들이 일반적으로 전시회 참가비용에 대한 투자회수율(ROI)에 가장 많은 관심을 둔다는 점을 유념할 필요가 있다. 즉, 자사의 전시회 참가목표 중에서도 경영진들은 일반적으로 전시회 참가가 자사에게 어떤 실익을 가져다 주었는지, 특히 매출증대 목표 달성에 궁극적으로 어떻게 기여했는지를 가장 주목하는 경향이 있다. 물론 전시회를 통해 얼마나 많은 유망 잠재고객을 발굴했는지 또는 전시회 업무 담당부서가 계획했던 전략의 실효성이 실제로 있었는지에 대해서도 관심을 갖고 있을 것이다. 한편 사내 각 부서별로 자사의 전시회 참가 프로젝트 결과에 대해 갖는 관심의 초점은 서로 다르기 때문에 결과보고서를 작성하는 담당자는 다양한 이해관계자들의 입장이나 그들이 원하는 정보에 대해 주목할 필요가 있다. 따라서 전시회 결과보고서는 기본적으로 다음과 같은 내용을 중심으로 작성하면 될 것이다.

- **임원용 요약** (Executive Summary)
- **산업 또는 시장의 추세변화** (Trend Analysis)
- **전시회 관람객 특성** (Targeted Audience Profile)
- **사전 및 현장 프로모션 성과분석** (Promotion Performance Evaluation)
- **측정 가능한 목표에 대비시킨 성과분석** (ROI & ROO Analysis)
- **경쟁사 분석** (Competitive Intelligence)
- **향후 전시회 참가에 대한 시사점 또는 제언** (Implications & Suggestions)
- **참가한 전시회 성과 상호 비교분석** (Cross Evaluation)

1. 임원용 요약 (Executive Summary)

전시회 참가결과 보고서 전체 내용의 핵심을 가급적 한 페이지로 요약하여 결과보고서 겉면 표지 위에 첨부하여 시간기근과 정보과잉 때문에 혼란을 겪을 수 있는 기업 경영진이 결과보고서 내용 중 무엇을 중점적으로 보는 것이 좋을지를 판단할 수 있도록 편의를 제공해야 한다.

2. 산업 및 전시회의 추세변화(Trend Analysis)

1) 산업 및 시장의 추세

- 산업 및 시장의 추세변화가 자사에 미칠 영향 분석

2) 전시회의 추세

- 전시회의 주제 및 전시형태
- 관람객 및 전시품목의 변화
- 부스 임대비용
- 프로모션의 기법

3. 전시회 관람객의 특성(Audience Analysis)

- 관람객 분석 : 관람객 구성비율, 인구통계적 특성 등 분석
- 표적시장 고객 : 부스를 방문한 관람객의 프로파일과 상품관심도

4. 사전 및 현장 프로모션 성과분석(Promotion Analysis)

- 프로모션 상품
- 웹사이트 : 전시회 개막 전과 폐막 후 웹사이트 방문수
- 고객
- 전시회 스페셜
- 환대 부스로의 초대
- VIP 이벤트

5. 판매관련 성과분석(Performance Evaluation)

- 확보된 총 리드 수
- 제품별 또는 항목별로 확보된 리드수
- 현장주문 계약액 및 매출 전환 예상액

6. 홍보효과 분석(Press Coverage)

- 프레스 미팅
- 접촉한 언론방송매체
- 프레스 콘퍼런스의 성과
- 프레스 릴리지 게재가능성 여부
- 향후 자사상품 소개기사 게재가능성 여부
- 프레스 키드의 규모

7. 고객의 인식과 행동 -(Visitor's Perception & Behavior)

- 고객의 자사 부스 방문동기
- 자사 부스 방문 및 제품에 대한 기억력
- 자사 프로모션에 대한 연상력
- 고객의 부스 방문의 성과: 무엇을 알게 되었고 배웠는지?
- 요청한 자료는 제때에 받아 보았는지
- 부스 방문결과, 구매결정에 영향을 받았는지?
- 고객 불만사항

8. 세미나 또는 콘퍼런스(Seminar or Conference)

- 참석한 세미나 또는 콘퍼런스에서 학습한 내용
- 튜토리얼 : 연사, 세션 참가자 수, 워크숍/세미나를 통해 창출된 리드 수

9. 경쟁사 분석(Competitive Intelligence)

- 전시회에 참가한 경쟁사
- 경쟁사들의 부스 크기, 디자인과 위치
- 부스의 방문객 통행량
- 신상품, 상품의 핵심적 가치
- 부스 운영인력의 규모와 기술
- 전시회 마케팅을 위한 투자규모(경쟁업체 비교분석, <표 17-1> 참조)

<표 17-1> 전시회에 참가한 경쟁사 분석표(예)

	자사	경쟁사 A	경쟁사 B	경쟁사 C
부스의 위치				
부스의 규모				
핵심 제품 또는 서비스				
전시 부스의 주제 및 메시지				
메시지 전달방법(그래픽, 브로셔, 기타)				
부스 운영인력의 규모				
부스 운영인력의 구성				
부스 운영인력의 수준				
부스의 방문객 통행량				
현장 시연(Live Demo) 방법				
답례품				
기타 특기할 사항				

10. 향후 전시회를 위한 제언(Suggestion)

이번 전시회 참가에서 성과를 올리는데 특별히 효과가 있었던 전략과 전술, 기타 특이한 사항을 포함해서, 향후 성과제고를 위해 개선되어야 할 점 및 차후 전시회 참가시 도움이 될 만한 새로운 아이디어나 제언 등을 포함시켜야 한다.

11. 전시회의 수평 및 수직적 비교(Comparison Analysis)

전시회 참가 결과보고서의 내용 중 가장 마지막으로 포함시켜야 할 것은 같은 해 참가했던 다른 전시회 참가성과와 수평적 비교분석한 자료와 과거 참가했던 전시회 참가성과를 수직적으로 비교분석한 자료이다.

제3절 효과적인 결과보고서 작성 방법

전시회 참가 프로젝트의 책임자가 경영진에게 전시회에 참가하기 위한 기획안을 보고할 경우, 또는 참가 후 결과를 보고하는 경우에도 경영진으로부터 자사의 전시회 참가에 대한 승인이나 수행성과에 대한 인정을 충분히 확보하지 못할 수 있다. 그 이유는 흔히 보고서에 담겨 있는 내용 자체보다는 보고서를 작성하거나 전달하는 커뮤니케이션 방법이 문제가 될 수 있기 때문이다.

전시회에 참가하기 위해 기획안을 작성해야 하는 것처럼 전시회 참가를 마치고 그 결과를 효과적으로 보고하는 것도 프로젝트를 수행하는 준비단계에서부터 준비하고 기획할 필요가 있다. 결과보고서 작성에서 유의해야 할 기본적인 사항은 다음과 같다.

- 보고서 작성을 위한 기획 - 목표설정과 보고 대상자 이해
- 1페이지로 요약 (executive summary)
- 서술형 보다는 시각적인 도표나 그래프 활용
- 결과를 수치화하여 명쾌하게 설명
- 다른 사람으로 하여금 읽어보게 하고 코멘트나 제언 수용
- 가급적 경영진에게 직접 대면 보고
- 보고서 양식의 표준화 및 반복사용으로 일관성 유지

1. 목표를 정확히 설정해야 한다

결과보고서를 제출 또는 발표함으로써 정확히 어떤 결과를 얻고자 하는지 명확히 해 두어야 한다. 예를 들어, 결과보고서를 처음으로 작성하는 경우에는 전시회 참가를 통해서 자사가 어떤 혜택을 얻게 되었는지를 강조하는데 목표를 둘 필요가 있을 것이다. 반면에 이미 여러 차례에 걸쳐 다양한 전시회에 참가한

경험이 있는 경우에는 참가했던 전시회에서 거둔 성과를 상대적으로 비교하여 차후에 어느 전시회에 참가할 것인지를 정하거나 수행전략의 개선점을 강조하는데 목표를 두고 결과보고서를 작성할 수도 있을 것이다.

2. 보고 대상자를 이해해야 한다

누구에게 결과를 보고할 것인지를 명확히 해 두어야 한다. 나아가 그들이 기업 안팎으로 어떤 역할이나 책임을 맡고 있는지 또는 보고를 받을 사람과 보고를 하는 사람은 어떤 관계인지도 염두에 두어야 한다. 그리고 보고를 받을 사람은 어떤 의사소통방법을 선호하는지도 점검해야 한다. 예를 들면 보고 회의를 갖기 전에 임원용 요약(executive summary)을 반드시 읽어보기 원하는지, 혹은 주문계약액수 등과 같은 성과수치에만 주목하는지 등을 사전에 파악하는 것도 의미가 있다.

3. 결과보고서는 보고하는 것이 아니라 '판매'한다는 인식이 필요하다

결과보고서를 작성하는 사람은 결과보고서를 단순히 제출해야 한다거나 기업 내부의 고객인 임원진과 전시회 프로젝트를 수행하는 데 관련된 여러 부서에 '보고'(報告)한다는 입장보다는 보고서를 '판매'(販賣)해야 한다는 인식을 갖는 것이 바람직하다. 따라서 상품을 제작하듯이 결과보고서 작성 자체를 체계적으로 기획할 필요가 있으며 그 시작은 이미 전시회 참가 이전부터 이루어져야 한다.

4. 우선 1페이지로 요약한다

직급에 따라 차이는 있지만, 기업의 최고 내부고객인 경영진들은 특히 시간기근과 정보 과잉의 상황을 겪게 마련이다. 이러한 경영진들은 보고서에 적혀 있는 내용이 아무리 훌륭하다 하더라도 길이가 너무 길면 그것을 검토함에 있어서 부담을 느낀다. 따라서 보고서를 읽어야 할 사람들이 보고서를 다 읽어 보기 전에, 시간을 들여서 읽어볼 만한 가치가 있는지 여부를 스스로 판단할 수 있도록 근거나 단서를 제공해 줄 필요가 있다. 따라서 결과보고서 전체 내용을 가급적 한 페이지로 요약(executive summary)하여 보고서 겉면 표지 위에 첨부해 놓음으로써 내부 고객들이 한 페이지짜리 요약문을 먼저 읽어본 후 결과보고서 전체를 '구매'(購買)해서 읽어볼지 여부를 판단할 수 있도록 편의를 제공해 주어야 한다.

5. 내용을 가급적 시각적으로 표현한다

한편 보고서 작성 방식에 있어서는 일반적으로 보고할 내용이 서술적인 글보다는 시각적인 도표나 그림 또는 그래프 등으로 표현되면 읽는 사람들이 훨씬 더 빠르게 이해하고 오래 기억하게 된다. 특히 전시회 참가 성과측정에 대해서 설명을 해야 할 때는 가급적 글로 풀어쓰기 보다는 수치나 그래프를 활용하여 시각적으로 명쾌하게 설명하도록 해야 한다. 아울러 보고서 작성의 앞머리에는 보고서 작성의 목적을 명확히 밝히고, 특히 전시회 참가를 통해 자사가 어떤 이익이나 가치를 확보 또는 확인하게 되었는지를 분명하게 설명하는 것이 중요하다.

6. 보고서 양식을 표준화하고 완성도를 높인다

완성된 보고서는 반드시 제3자로 하여금 읽어보게 하여 오자나 탈자를 찾아내는 것은 물론이고, 표현방식을 포함하여 다양한 각도에서 코멘트나 제언을 받아 형식적 측면뿐만 아니라, 내용적 측면에서도 완성도를 높이도록 해야 한다. 그리고 결과보고서 양식은 가급적 정형화해서 만들어 두고 서로 다른 전시회에 참가했을 경우에도 결과보고서 작성 양식 자체는 일관성을 유지하여 보고서의 내용을 쉽게 비교해 볼 수 있도록 해야 한다. 끝으로 결과보고서는 가능하다면 전시회 참가 프로젝트의 책임자가 핵심 경영진에게 직접 대면 보고를 하는 것이 바람직할 것이다.

Appendices

참고문헌

1. 국내문헌

김용관(2003). 산업자원부 무역전시기반조성사업: 무역관련기업 전시업무 담당자 전문교육 과정 결과보고서. 국제전시컨벤션연구원.

박석희(1994). 관광조사연구기법. 일신사.

채서일(2002). 마케팅, 제2판. 학현사.

______(1997). 마케팅조사론, 제3판, 학현사.

2. 외국문헌

AUMA.(2004). AUMA Praxis: Successful participation in trade fair. January 2004. http://www.auma.de/content.

Bellizzi, J.A. & Lipps, D.J.(1984). Managerial guidelines for trade show effectiveness. Industrial Marketing Management, 10.

Bello, D.C.(1992). Industrial buyer behavior at trade shows: Implications for selling effectiveness. Journal of Business Research, 25.

Blythe, J.(2002). Using trade fairs in key account management. Industrial Marketing Management, 31.

Blythe, J.(2000). Objectives and Measures at UK Trade Exhibitions. Journal of Marketing Management 16.

Blythe, J. & Rayner, T.(1996). The evaluation of non-selling activities at British trade exhibitions - An exploratory study. Marketing Intelligence and Planning. 14(5).

Bonoma, T.(1983). Get more out of your trade shows. Harvard Business Review. January/February.

Browning, J.M.. & Adams, R.J.(1988). Trade shows: An effective promotional tool for the small industrial business. Journal of Small Business Management, October.

Carpenter, G. & K. Nakamoto(1989). Consumer Preference Formation and Pioneering Advantage, Journal of Marketing Research, August.

Cavanaugh, S.(1976). Setting Objectives and Evaluating the Effectiveness of Trade Show Exhibits, Journal of Marketing 40.

CEIR.(2003). Power of Exhibitions, PE 2.03: Exhibitions Provide Business Opportunities.

CEIR.(2001). How the Exhibit Dollar is Spent, SM 22.

CEIR.(2001). How Much Time Attendees Spend at Exhibitions, ACRR 1154.

CEIR.(2000). Reaching Unknown Prospect - Exhibition Attendees Not Reached by Regular Sales Calls. ACRR 1120.

CEIR.(2000) Exhibitions Attract Untapped Market of Visitors with Buying Authority, ACRR 1130.

CEIR.(2000). Staggering stats: Substantiate exhibition participation [brochure]

CEIR. The Power of Exhibitions: Attendance Quality Series. Facts about manufacturing show attendees. PE 6.

CEIR. Attendee Purchase Practices At a Major Health Care Conference, AC 17.

CEIR. The High Tech Trade Show Audience. AC: 24A.

Chapman, E.A. Jr.(1995). Exhibit Marketing, 2nd ed. McGraw-Hill, Inc.

Exhibitor.(2005). Seven Sneaky Ways Exhibit Staff Sabotages Your Booth. Nov.

EXPO.(2003). Exhibitor budgets on the rise, but so are costs, EXPO. Nov/Dec: 12.

Friedman, S.(1992). Exhibiting at Trade Shows - Tips and Techniques for Success, Crisp Publication.

Gibson, J., J. Ivancevich & J. Donnelly(1990). Organizations: Behavior, Structure and Processes, BPI.

Glob, S.(1988). Sell overseas at trade fairs. Nation's Business, March.

Godar & O'Connor(2001). Same Time Next Year - Buyer Trade Show Motives, Industrial Marketing Management 30.

Gopalakrishna, S. & Lilien, L.(1995). A three-stage model of industrial trade show performance. Marketing Science, 14(1).

Gopalakrishna, S., Lilien, G. W. & Sequeira, I.K.(1995). Do trade show pay off?. Journal of Marketing, July.

Hansen, K.(1999). From selling to relationship marketing at international trade fairs. Journal of Convention & Exhibition Management, 2(1).

Head, J.(2000). Positioning, Objectives, and Selection Factors for Trade Shows. CEIR, MC 24.

Herbig, P., O'Hara, B. & Palumbo, F.(1994). Measuring trade show effectiveness: An effective exercise? Industrial Marketing Management, 23.

Hultsman, W.(2001). From the eyes of an exhibitor: Characteristics that make exhibitions a success for all stakeholders. Journal of Convention & Exhibition Management, Vol.3.

IAEM(1998). The New Exhibitor's Handbook, IAEM.

Jacobs, J. & Kent(2001). Success Factors Among Computer, Electronics, Telecommunications Exhibitors. CEIR. PE 2.05.01.

Jurisevic, I.S.(2002). Exhibitions and Trade Shows, Prentice Hall.

Kerin, R.A. & Crone, W.L.(1987). Assessing trade show functions and performance. Journal of Marketing. 5(July).

Kijewski, V., Yoon, E. & Young, G.(1993). How exhibitors select trade shows. Industrial Marketing Management, 22.

Kim, Yong-Kwan(2005). Korean Exhibitors' Management Practices in Overseas Exhibitions. Journal of Hospitality, Tourism & Leisure Science, 2005-1.

Konopacki A. (2000). The Extended Reach of the Exhibitor's Sales Message, CEIR. SM 36.

Hansen, K.(1996). The dual motives of participants at international trade shows. International Marketing Review, 13(2).

KOTRA(2002). A Survey on the demand for corporate participation in overseas trade shows. KOTRA Internal Report.

Miller, S.(1999). How to get the most out of trade shows(3rd ed.), NTC Business Books.

Miller, S.(2003) The Most Wanted Marketing Strategy for Exhibitors, WA: Hikelly Productions, Inc.

Morgan, M. & Ludford, J.(2000). Are trade exhibitions used effectively as promotional tools? Proceedings of Convention/Expo Summit, Las Vegas, Nevada, USA.

Morris M.(1998). Industrial and Organizational Marketing, Merrill Publishing Co.
Morrow, S.L.(1997). The art of the show. IAEM Education Foundation.
O'Hara, B, Palumbo, F. & Herbig, P.(1993). Industrial trade shows abroad. Industrial Marketing Management. 22.
Parasuraman, A.(1981). "The Relative Importance of Industrial Promotion Tools", Industrial Marketing Management. 10.
Sales & Marketing Management(2002) Tips for Booth Partnership, 10.
Sashi, C.M. & Perretty, J.(1992). Do trade shows provide value? Industrial Marketing Management, 21.
Seringhaus, F.H.R. & Rosson, P.J.(1998). Management and performance of international trade fair exhibitors. International Marketing Review. 15(5).
Shipley, D., Egan, C. & Wong K.S.(1993). Dimension of trade show exhibiting management. Journal of Marketing Management. 9.
Shoham, A.(1992) Selecting and Evaluating Trade Shows, Industrial Marketing Management 21.
Siskind, B.(1997) The power of exhibit marketing. 4th ed. Self-Control Press.
__________(2005) Powerful Exhibit Marketing, John Wiley & Sons Canada Ltd.
Slater, R.(1985). Organization Size and Differentiation. Research in the Sociology of Organizations. 4.
Tanner, J.F. & Chonko, L.B.(1995). Trade show objectives, management, and staffing practices. Industrial Marketing Management, 24.
Tanner, J.F., Chonko, L.B. & Ponsurick, T.V.(2001). A learning model of trade show attendance. Journal of Convention & Exhibition Management. 3.
Tanner, J. & Weilbaker, D.(2000). Boothmanship I: Sink or Swim?. CEIR. EC1.
Tanner, J.(2000). Come One, Come All: Segmenting Attendees by Title, CEIR AC 37.
Tanner, J.(1999). The Most Effective Methods in Attracting Attendees. CEIR AC 31.
Trade Daily.(2001). Trade show policy: Government support for corporate participation in overseas trade shows, April 18.
Trade Show Bureau.(1989). Analysis of Trade Show and Conference Attendees Regarding Their Opinions of Why They Attend Various Trade Shows and Conferences, Research Report #1100.

Trade Show Bureau(1992). Trade Shows in the Purchasing Cycle, Research Report, Audience Characteristics. #25.

Weisgal M.B.(1997). Show and sell, New York: AMACOM.

Williams, J.D., Gopalakrishna, S. & Cox, J.M.(1993) Trade show guidelines for smaller firms.

Industrial Marketing Management. 22.

http://www.auma.de AUMA Praxis: Successful Participation in Trade Fairs, 2004.

http://www.auma.de Press Release No. 12, Number of decision-makers at trade fairs grows: Trade fair visit becoming a matter of course, 2005.

http://www.auma.de/aktuell/presse05/gb-presse3-2005.html.

http://www.exhibitornet.com/exhibitormagazine/june2001/promotion.asp

INDEX

가

나

다

라

마

바

자

하

英

<저자소개>

■ 김 용 관

저자는 미국 Texas A&M대학에서 박사학위를 취득했으며, 용인대, 이화여대 교수 및 미국 UNLV 객원교수를 거쳐 현재 주로 전시산업 및 컨벤션산업에 관련된 연구, 강의 및 컨설팅을 하고 있다.
E-mail... tradeshow@hanmail.net

◆ 전시·컨벤션관련 주요 강의 및 연구 실적

2006년 해외 무역 마케팅 실무자 교육(중소기업지원센터)
2005년 KOTRA – KEMBA(헬싱키경영경제대학원) 전시마케팅(KOTRA)
2003년 무역거래기반조성 사업 중 전시지원업무 담당자 교육 프로젝트 수행(산업자원부)
2003년 해외 IT전시참가 성공전략 교육 프로젝트 수행(정보통신부, 한국정보통신산업협회)
2002년 국제광산업박람회 개최방안 연구(광주광역시, 국토개발원)
2002년 한국의 무역성장과 무역전시산업 발전추이 상관관계분석(무역진흥기금관리위원회)
2001년 무역전시장 특화 발전전략 방안연구(산업자원부, 산업연구원)
2000년 2000년 ASEM회의의 행사준비방안연구(ASEM기획단)

◆ 전시·컨벤션관련 주요경력

산업자원부 무역거래기반조성 전문위원
산업자원부 전시회육성심의위원회 위원
문화관광부 자문위원
경기도 관광정책자문위원
KINTEX 건립자문위원
한국무역협회 국제협력자문위원
COEX, BEXCO, IC-Cheju 경영자문위원

기업과 전시회마케팅

2007년 5월 3일 인 쇄
2007년 5월 10일 발 행

著 者 김 용 관
發行人 (寅製) 秦 旭 相
發行處 白山出版社

서울시 성북구 정릉3동 653-40
등록 : 1974. 1. 9. 제1-72호
전화 : 914-1621, 917-6240
FAX : 912-4438
http://www.baek-san.com
edit@baek-san.com

저자와 합의
인지첩부 생략

값 20,000원
ISBN 978-89-7739-973-0